ज़ाहिर

ज़ाहिर

पाओलो कोएलो

अनुवाद : प्रभात रंजन

MANJUL
मंजुल पब्लिशिंग हाउस

MANJUL

मंजुल पब्लिशिंग हाउस

कॉरपोरेट एवं संपादकीय कार्यालय

• द्वितीय तल, उषा प्रीत कॉम्प्लेक्स, 42 मालवीय नगर, भोपाल-462 003

विक्रय एवं विपणन कार्यालय

• सी-16, सेक्टर 3, नोएडा, उत्तर प्रदेश, 201301

वेबसाइट : www.manjulindia.com

वितरण केन्द्र

अहमदाबाद, बेंगलुरू, भोपाल, कोलकाता, चेन्नई,
हैदराबाद, मुम्बई, नई दिल्ली, पुणे

पाओलो कोएलो द्वारा लिखित मूल अंग्रेजी पुस्तक
द *ज़ाहिर* का हिन्दी अनुवाद

सर्वप्रथम ब्राज़ील में एडिटोरा रॉको द्वारा 2005 में प्रकाशित

यह हिन्दी संस्करण सेंट जोंडी असोसियाडोस एजेन्सिया लिटरेरिया
एस एल यू, बार्सिलोना, स्पेन के सहयोग से प्रकाशित
www.santjordi-asociados.com

The Zahir by Paulo Coelho – Hindi edition

यह हिन्दी संस्करण 2022 में पहली बार प्रकाशित

ISBN 978-93-5543-039-7

कवर डिज़ाइन : मेघा शर्मा
अनुवाद : प्रभात रंजन

मुद्रण व जिल्दसाज़ी : थॉमसन प्रेस (इंडिया) लिमिटेड

हे मैरी, पवित्र माता, हमारे लिए दुआ कीजिए,
हम आपके पास आए हैं।

आमीन

कैसे आदमी हो, सौ भेड़ें हैं तुम्हारे पास, अगर उसकी
एक भेड़ खो जाए, तो वह 99 भेड़ों को भटकने के लिए
छोड़कर उसके पीछे नहीं भागता जो खो गया है,
तब तक जब तक कि उसको पा नहीं लेता?

ल्यूक *15:4*

इथाका

जब तुम इथाका की यात्रा पर निकलो,
प्रार्थना करना कि सड़क लम्बी हो,
रोमांच से भरी, ज्ञान से भरपूर।
लेस्ट्रीगोनियंस और साइक्लोप्स,
गुस्सैल समुद्री देवता - उनसे मत डरना :
तुमको अपने मार्ग में उनके जैसा कोई नहीं मिलेगा
अगर तुम्हारे विचार बुलंद रहें, अगर कोई अच्छी
भावना तुम्हारी आत्मा और शरीर का स्पर्श करे।
लेस्ट्रीगोनियंस और साइक्लोप्स,
क्रोधी समुद्री देवता - तुम्हारा उनसे कभी सामना नहीं होगा,
अगर तुम उनको अपनी आत्मा में बनाए रखते हुए नहीं चलते हो,
अगर तुम्हारा हृदय उनको तुम्हारे सामने नहीं ले आए तो।

प्रार्थना करना कि सड़क लम्बी हो।
गर्मियों में ऐसी कई सुबहें होती हैं, जब,
ऐसे आनंद और खुशी के साथ
तुम ऐसे बंदरगाहों में प्रवेश करोगे, जिनको पहली बार देखा हो
फ़ोनेशियन बाज़ार में रुकना,
और अच्छे-अच्छे कपड़े ख़रीदना,
मोती और मूँगे, गहरा पीला और आबनूस,
और सभी तरह के मादक परफ़्यूम,
जितने तरह के सुगंधित परफ़्यूम तुम ले सको

मिस्र के अनेक नगरों में जाना,
विद्वानों से सीखने के लिए।
हमेशा अपने दिमाग़ में इथाका का ध्यान रखना।
वहाँ पहुँचना सबसे बड़ा लक्ष्य हो तुम्हारा।
लेकिन इस यात्रा में किसी तरह की जल्दबाजी मत दिखाना।
बेहतर है कि यह कई वर्षों तक चलता रहे
और तुमको बुढ़ापे में उस द्वीप पर लेकर जाए,
इस दौरान तुमने जो कुछ कमाया हो सारी संपत्ति के साथ,
यह उम्मीद मत रखना कि इथाका तुमको सम्पत्ति देगा।
इथाका ने तुमको इतनी अच्छी यात्रा जो दी है।
उसके बिना तो तुम सड़क पर निकले ही नहीं होते।
उसके पार तुम्हें देने के लिए और कुछ नहीं है।
और अगर वह तुमको उम्मीद से कम लगे,
तो इथाका ने तुमको धोखा नहीं दिया।
इतने सारे अनुभवों के कारण तुम बुद्धिमान बन चुके हो,
अब तो तुमको समझ आ ही गया होगा कि इथाका का मतलब क्या है।

कोंस्टेंटाइन कवाफ़ी (1863-1933)
अंग्रेज़ी में अनुवाद रे डालवेन

समर्पण

कार में मैंने इस बात का ज़िक्र किया कि मैंने अपनी किताब का पहला ड्राफ़्ट पूरा कर लिया है। बाद में, जब हम लोगों ने पाइरेनीस में उस पहाड़ पर चढ़ाई शुरू की जिसको हम दोनों पवित्र मानते थे और हम दोनों ही वहाँ कुछ बेजोड़ समय बिता चुके थे, वहाँ मैंने उससे पूछा कि क्या वह किताब के मूल विषय या इसके शीर्षक के बारे में जानना चाहती है; उसने कहा कि उसको जानना बहुत अच्छा लगेगा, लेकिन मेरी किताब के सम्मान में उसने उस समय कुछ नहीं पूछा, उसको बहुत ख़ुशी महसूस हो रही थी - बहुत ख़ुशी।

मैंने उसको तब किताब का शीर्षक और इसके विषय के बारे में बताया। हम उस ख़ामोशी में चलते रहे और वापस लौटते हुए हमें एक आवाज़ सुनाई दी, हवा बहने लगी थी, पत्रहीन वृक्षों के ऊपर से बहती हुई नीचे हमारी तरफ़ आ रही थी, इस वज़ह से पहाड़ एक बार फिर अपने जादू और अपनी ताक़त को दिखा रहा था।

अचानक बर्फ़ गिरने लगी। मैं रुक गया और उस पल के बारे में सोचने लगा : बर्फ़ गिर रही थी, आकाश स्लेटी हो गया था, जंगल था, मेरे साथ स्त्री थी। वही स्त्री जो सदा से मेरे बगल में रही है।

उस समय मेरा मन हो रहा था कि उसको बता दूँ, लेकिन मैंने यही तय किया कि जब वह पहली बार इस किताब को पढ़ेगी तभी इसके बारे में जाने। यह किताब तुमको समर्पित है - क्रिस्टीना, मेरी पत्नी।

लेखक

लेखक होर्खे लुई बोर्गीस के अनुसार ज़ाहिर का विचार इस्लामी परम्परा से आया है और यह माना जाता है कि इसका उदय 18वीं सदी में किसी वक्त हुआ। अरबी भाषा में *ज़ाहिर* का अर्थ होता है, जो दिखाई दे, जो मौजूद हो, जो चाहकर भी नज़र में आए बिना नहीं रह पाए। यह कोई व्यक्ति है या विचार है, जिसके संपर्क में हम जब आते हैं, तो यह धीरे-धीरे हमारे हर विचार पर हावी हो जाता है, हम कुछ और सोच ही नहीं पाते। इसको या तो पावनता की अवस्था कहा जाता है या पागलपन की।

फ़्यूबोर्ग सेंट पेरेस

एनसाइक्लोपीडिया ऑफ़ द फ़ैंटैस्टिक (1953)

मैं आज़ाद हूँ

उसका नाम एस्तर था; एक युद्ध संवाददाता, जो इराक़ से उस समय इसलिए लौट आई, क्योंकि उस देश के ऊपर आक्रमण होना अनिवार्य लग रहा था; उसकी उम्र तीस साल, शादीशुदा लेकिन बच्चे नहीं हुए थे। वह एक अनजान पुरुष था, तेईस से पच्चीस साल के बीच की उम्र, नैन-नक़्श स्याह मंगोलियाई। दोनों को अंतिम बार रु फुबर्ग सेंट ऑनोर के एक कैफ़े में देखा गया था।

पुलिस ने बताया वे पहले भी मिलते थे, हालाँकि यह कोई नहीं जानता था कि कभी-कभी मिलते थे या अक्सर : एस्तर हमेशा कहती थी कि वह आदमी, जिसने मिख़ाइल नाम के पीछे अपनी असली पहचान को छुपा रखा था, वह बहुत ख़ास था, लेकिन उसने कभी यह नहीं बताया था कि वह आदमी उसके पत्रकारिता के पेशे के लिहाज से ख़ास था या उसके स्त्री रूप के लिए ख़ास था।

पुलिस ने औपचारिक जाँच शुरू की। जाँच के कई बिंदु रखे गए - अपहरण, ब्लैकमेल या अपहरण के बाद हत्या - इनमें से किसी भी बात से इंकार नहीं किया जा सकता, क्योंकि समाचार जुटाने के अपने काम के सिलसिले में वह अक्सर ऐसे लोगों के संपर्क में आती थी, जिनके संपर्क आतंकवादियों से होते थे। पुलिस ने यह पाया कि ग़ायब होने के कुछ सप्ताह पहले से उसके बैंक खाते से नियमित रूप से धन की निकासी की गई थी : जाँच करने वाले अधिकारियों का मानना था, यह राशि उसने सूचनाओं के एवज में दी होगी। वह अपने साथ बदलने के लिए कपड़े लेकर नहीं गई थी, लेकिन अजीब बात यह थी कि उसका पासपोर्ट कहीं नहीं मिला।

वह एक अजनबी इंसान था, नौजवान, उसका पुलिस में कोई रिकॉर्ड नहीं था, उसकी पहचान का कोई सूत्र नहीं था।

वह एस्तर थी, उम्र तीस साल, पत्रकारिता के लिए उसको दो अंतरराष्ट्रीय पुरस्कार मिल चुके थे, और वह शादीशुदा थी।

मेरी पत्नी।

मैं तत्काल संदेह के घेरे में आ गया और मुझे हिरासत में ले लिया गया, क्योंकि मैंने यह बताने से इंकार कर दिया कि जिस दिन वह ग़ायब हुई थी, उस दिन मैं कहाँ था। बाद में, जेल के एक अधिकारी ने मेरी कोठरी का दरवाज़ा खोला और कहा कि मैं आज़ाद हूँ।

और मैं आज़ाद क्यों हूँ? क्योंकि आजकल हर कोई हर किसी के बारे में सब कुछ जानता है; आपको बस पूछना भर होता है और सूचना सामने होती है : आपने अपने क्रेडिट कार्ड का इस्तेमाल कहाँ किया था, आपने समय कहाँ बिताया, आप किसके साथ सोए। जहाँ तक मेरी बात है, तो यह और आसान था : एक औरत, वह भी पत्रकार थी, मेरी पत्नी की दोस्त, तलाक़शुदा - इसी वज़ह से उसको यह बताने में कोई परेशानी नहीं हुई कि वह मेरे साथ सोई थी - जब उसने मेरी गिरफ़्तारी के बारे में सुना तो वह मेरे गवाह के रूप में सामने आई। उसने इस बात का ठोस सबूत दिया कि उस दिन से लेकर रात तक मेरे साथ थी, जिस दिन एस्तर ग़ायब हुई थी।

मैंने प्रमुख इंस्पेक्टर से बात की, उसने मेरा सामान लौटा दिया और मुझसे माफ़ी माँगी, साथ ही यह भी कहा कि मुझे हिरासत में लेना पूरी तरह से क़ानून के दायरे में था, और मेरे पास ऐसा कोई आधार नहीं था कि मैं सरकार के ऊपर कोई आरोप लगा सकूँ या मानहानि का दावा कर पाऊँ। मैंने कहा कि इनमें से कुछ भी करने का मेरा कोई इरादा भी नहीं था, लेकिन मैं इस बात से अच्छी तरह परिचित हूँ कि हम सब लगातार संदेह के घेरे में होते हैं और चौबीस घंटे हमारे ऊपर नज़र रखी जाती है, चाहे हमने कोई अपराध नहीं भी किया हो।

'आप जाने के लिए आज़ाद हैं,' उसने जेल अधिकारी के शब्दों को दोहराते हुए कहा।

मैंने पूछा : क्या इस बात की संभावना नहीं लगती है कि मेरी पत्नी के साथ सच में कुछ हुआ हो? उसने मुझे एक बार यह कहा था कि आतंकवादियों के बीच उसके इतने सूत्र हैं कि कई बार उसको ऐसा लगने लगता है कि कोई उसका पीछा कर रहा है।

इंस्पेक्टर ने बात बदल दी। मैं ज़ोर देता रहा, लेकिन उसने कुछ नहीं कहा। मैंने पूछा कि क्या वह अपने पासपोर्ट पर यात्रा कर पाएगी, और उसका जवाब था, बिलकुल, उसने कोई अपराध नहीं किया है। वह मुक्त रूप से देश से आ-जा क्यों नहीं सकती है?

'यानी, हो सकता है कि वह अब फ़्रांस में नहीं हो?'

'आपको क्या लगता है कि वह आपको इसलिए छोड़कर चली गई, क्योंकि आप इस औरत के साथ सो रहे थे?'

इस बात से आपको कोई लेना-देना नहीं होना चाहिए, मैंने जवाब दिया। इंस्पेक्टर एक पल के लिए रुका फिर कुछ गम्भीर हो गया; उसने कहा कि मेरी गिरफ़्तारी सामान्य जाँच की प्रक्रिया का हिस्सा थी, लेकिन उसको इस बात का बहुत अफ़सोस है कि मेरी पत्नी ग़ायब हो गई। वह खुद भी शादीशुदा है और उसको मेरी किताबें पसंद नहीं हैं (वह जितना बेवक़ूफ दिखता था, उतना बेवक़ूफ था नहीं! वह जानता था कि मैं कौन हूँ!), वह खुद को मेरी जगह रखकर इस बात की कल्पना कर सकता था कि मेरे ऊपर क्या गुज़र रही होगी।

मैंने उससे पूछा कि अब मुझे क्या करना चाहिए। उसने मुझे अपना कार्ड दिया और कहा कि मुझे कुछ पता चले तो उससे संपर्क करूँ। मैंने यह दृश्य कई फ़िल्मों में देखा था, और मुझे संतोष नहीं हुआ; इंस्पेक्टर हमेशा उससे अधिक जानते होते हैं, जितना कि वे कहते हैं कि वे जानते हैं।

उसने मुझसे यह पूछा कि क्या मैं कभी उस आदमी से मिला था, जिसके साथ एस्तर आख़िरी बार जीवित देखी गई थी। मैंने कहा मैं उसके कोड नेम जानता हूँ, लेकिन मैं जाती तौर पर इसको नहीं जानता था। उसने मुझसे पूछा कि मेरे घर में कोई परेशानी तो नहीं चल रही थी। मैंने बताया कि हम लोग दस साल से साथ हैं और जैसी समस्या आम तौर पर शादीशुदा जोड़ों के साथ होती है, हमारे साथ भी वही थी - इससे अधिक कुछ नहीं।

उसने आहिस्ता से पूछा कि क्या हाल-फिलहाल आप लोगों ने तलाक़ के बारे में बात की थी, या आपकी पत्नी आपको छोड़ने के बारे में तो नहीं सोच रही थी। मैंने उसे बताया कि हम लोगों ने इस तरह की संभावनाओं के बारे में कभी सोचा भी नहीं था, और एक बार फिर से कहा कि जिस तरह से 'सभी विवाहित जोड़ों' के साथ होता है कभी-कभी हम लोग एक दूसरे से असहमत हो जाते थे।

अक्सर या बस कभी-कभी?

कभी-कभार, मैंने बताया।

उसने और विनम्रता से पूछा कि क्या आपकी पत्नी को यह संदेह था कि उसकी दोस्त के साथ आपका कोई चक्कर था। मैंने उसको बताया कि उसकी दोस्त के साथ मैं पहली और आख़िरी बार सोया था। यह कोई अफ़ेयर नहीं था; यह सब इसलिए हुआ, क्योंकि तब हमारे पास करने को कुछ और नहीं था। वह बोरियत भरा दिन था, उस दिन लंच के बाद हम दोनों के पास ऐसा कोई काम नहीं था जो बेहद ज़रूरी रहा हो, और ऐसे में यह फ़रेबी खेल ज़िंदगी में नया रस पैदा कर देता है; इसलिए हम साथ-साथ बिस्तर पर चले गए।

'आप किसी के साथ महज इसलिए बिस्तर पर चले जाते हैं, क्योंकि वह बोरियत भरा दिन होता है?'

मैं उसको यह कहना चाह रहा था कि इस तरह की बातों का उसकी जाँच से कोई लेना-देना नहीं है, लेकिन मुझे उसकी मदद की ज़रूरत थी, या शायद बाद में उसकी मदद की ज़रूरत होती - आख़िरकार फ़ेवर बैंक भी तो होता है जो दिखाई नहीं देता, लेकिन मुझे हमेशा ही वह बहुत उपयोगी लगता रहा है।

'कई बार, हाँ। जब करने के लिए कुछ दिलचस्प नहीं होता, और औरत कुछ मस्ती चाह रही हो, मेरा मन कुछ रोमांचक करने का, और बस हो जाता है। अगले ही दिन आप दोनों ऐसे जताते हैं मानो कुछ हुआ ही नहीं हो, और ज़िंदगी इसी तरह चलती रहती है।'

उसने हाथ मिलाकर मेरा शुक्रिया अदा किया और यह कहा कि उसकी दुनिया में यह सब इस तरह नहीं होता। यह स्वाभाविक बात है कि बोरियत, ऊब होती है, जैसे किसी के साथ बिस्तर पर जाकर सोने की ख़्वाहिश, लेकिन सब कुछ बहुत क़ाबू में रहता है, और कोई अपनी मर्ज़ी या ख़्वाहिश के हिसाब से कुछ नहीं करता।

'शायद कलाकारों को अधिक आज़ादी होती है', उसने टिप्पणी की।

मैंने कहा कि मुझे उसकी दुनिया के बारे में इल्म था, लेकिन मैं समाज और लोगों के अलग-अलग विचारों के बीच तुलना नहीं करना चाहता था। मैं ख़ामोशी से उसके अगले क़दम की प्रतीक्षा करने लगा।

'आज़ादी की बात कर रहा था,' उसने कहा, वह इस बात से कुछ निराश लग रहा था कि एक लेखक ने पुलिस अफ़सर के साथ बहस करने से इंकार कर दिया, 'आप जाने के लिए आज़ाद हैं। अब आपसे मेरी मुलाक़ात हो गई है, अब मैं आपकी किताबें भी पढ़ूँगा। मुझे याद है, मैंने कहा था कि मुझे आपकी किताबें पसंद नहीं आई, लेकिन सच्चाई यह है कि मैंने असल में आपकी किताबें पढ़ी ही नहीं हैं।'

ऐसा नहीं था कि मैं इस तरह के शब्द पहली सुन रहा था या इस तरह के शब्द आख़िरी बार सुनूँगा। बल्कि इस सारे मामले में हुआ यह कि मुझे एक और पाठक मिल गया। मैंने उससे हाथ मिलाया और वहाँ से निकल आया।

***

मैं आज़ाद था। जेल से बाहर आ गया, मेरी पत्नी रहस्यमय हालात में ग़ायब हो गई, कामकाज की कोई निश्चित दिनचर्या नहीं, मुझे नए लोगों से मिलने में कोई दिक़्क़त नहीं होती, मैं अमीर था, मशहूर हस्ती, और अगर एस्तर ने सच में मुझे छोड़ दिया है तो मुझे उसकी जगह कोई न कोई मिल ही जाएगी। मैं आज़ाद था, स्वतंत्र।

लेकिन आज़ादी क्या होती है?

मैंने अपनी ज़िंदगी का बड़ा हिस्सा किसी न किसी चीज़ की गुलामी में बिताया है, इसलिए मुझे इस शब्द का अर्थ आना चाहिए। जब मैं बच्चा था तभी से मैंने आज़ादी को जीवन में सबसे क़ीमती बनाने की लड़ाई लड़ी। मैंने अपने माता-पिता से लड़ाई की, जो चाहते थे कि मैं इंजीनियर बनूँ, लेखक नहीं। मैंने स्कूल में दूसरे लड़कों के साथ लड़ाई लड़ी, वे मुझे देखते ही क्रूर क़िस्म के चुटकुले सुनाने लगते थे, और जब पानी मेरे और उनके नाक से ऊपर बहने लगा, और अपनी माँ से कई दोपहर तक अपना दर्द छिपाता रहा - क्योंकि इस समस्या को सुलझाने का काम मेरा था ना कि उनका - तब जाकर मैं उनको यह बता पाया मैं बिना रोए उनकी मार सहता रहता था। अपने जीवन-यापन के लिए काम की तलाश में मैंने काफ़ी लड़ाई लड़ी, और मैंने एक हार्डवेयर स्टोर में डिलेवरी मैन के रूप में काम किया, ताकि मैं अपने आपको उस पुराने ढर्रे से आज़ाद कर सकूँ जो परिवार में आपको

ब्लैकमेल करने के लिए कहा जाता रहा है : 'हम तुम्हें धन देंगे, लेकिन तुमको यह करना होगा, वह करना होगा।'

जब मैं किशोर था तो मैंने उस लड़की के लिए लड़ाई लड़ी, जिसे मैं प्रेम करता था और वह भी मुझे प्रेम करती थी, हालाँकि इसमें मैं सफल नहीं हो पाया; उसने अंत में मुझे इस वज़ह से छोड़ दिया, क्योंकि उसके माता-पिता उसे यह समझा पाने में कामयाब रहे कि मेरा कोई भविष्य नहीं है।

मैंने अगली नौकरी पत्रकारिता में की थी जहाँ मैंने पत्रकारिता की द्वेष भरी दुनिया से लड़ाई लड़ी, जबकि मेरे पहले बॉस ने मुझे तीन घंटे तक बिठाए रखा था और उसने तब मेरी तरफ़ ध्यान दिया जब तक मैंने उस किताब को फाड़ना शुरू कर दिया, जिसको वह पढ़ रहा था : उसने आश्चर्य से मुझे देखा और उसको महसूस हुआ कि यह कोई ऐसा आदमी है, जिसमें सब्र भी था और यह अपने दुश्मन का सामना भी कर सकता है, एक अच्छे संवाददाता में ये सब गुण ज़रूरी होते हैं। मैंने समाजवादी विचारों के लिए संघर्ष किया, जेल गया, बाहर आया और फिर संघर्ष करता रहा, और ऐसे महसूस करता रहा मानो मैं मजदूर वर्ग का नायक हूँ - लेकिन एक दिन मैंने बीटल्स के गाने सुन लिए और यह महसूस किया कि रॉक संगीत मार्क्स से अधिक दिलचस्प है। मैंने अपने पहली, दूसरी और तीसरी पत्नी से प्रेम पाने के लिए संघर्ष किया। मैंने उस साहस के लिए संघर्ष किया, जिससे कि मैं अपनी पहली, दूसरी और तीसरी पत्नी को छोड़ दिया, क्योंकि उनके लिए मुझे जो प्यार महसूस होता था वह बाक़ी नहीं रह गया, और मुझे लगा कि उन रिश्तों से निकल जाना चाहिए, और मुझे एक दिन वह इंसान मिली जो इस दुनिया में मेरी ही तलाश में आई थी - और वह उन तीनों में से कोई नहीं थी।

मैंने उस साहस के लिए भी संघर्ष किया कि मैं अख़बार की अपनी नौकरी को छोड़कर लिखने के रोमांच में खुद को डुबा सकूँ, जबकि मैं इस बात को अच्छी तरह से जानता था कि इस देश में लेखन की बदौलत अपना जीवन-यापन नहीं कर सकता। एक साल के बाद मैंने हार मान ली - एक हज़ार से अधिक पन्ने लिख लेने के बाद - ऐसे जीनियस के लिखे पन्ने, जिनको मैं भी नहीं समझ पाता था।

जब मैं संघर्ष कर रहा था तब मैंने सुना कि लोग आज़ादी की बातें कर रहे थे, और जितना ही वे इस ख़ास अधिकार की हिमायत कर रहे थे

ऐसा लग रहा था कि वे अपने माता-पिता की ख़्वाहिशों के उतने ही गुलाम बनते जा रहे थे, ऐसी शादी के जिसमें वे सामने वाले से यह वादा करते थे कि उसके साथ वे अपनी बाक़ी ज़िंदगी बिता देंगे, बाथरूम में वज़न मापने की मशीन के गुलाम, खानपान की संतुलित आदतों के गुलाम, आधे-अधूरे कामों के गुलाम, उन प्रेमियों के गुलाम, जिनको वे ना नहीं कह पाते थे, या यह कि अब सब ख़त्म हो गया, उन सप्ताहांतों के गुलाम, जिनमें ऐसे लोगों के साथ लंच करना पड़ता था, जिनको वे पसंद भी नहीं करते थे। ऐशो-आराम के गुलाम, ऐशो-आराम के दिखावे के गुलाम। ज़िंदगी की गुलामी उन्होंने चुनी नहीं थी, लेकिन वैसी ज़िंदगी जीने का फ़ैसला उन्होंने इसलिए किया, क्योंकि किसी ने उनको यह समझा दिया कि यह सब बेहतरी के लिए था। और इस तरह उनके दिन और रात एक जैसे बीतते, ऐसे दिन-रात जिनमें रोमांच महज किताबी बात थी या टेलिविज़न पर दिखाई देने वाली कोई छवि, टेलिविज़न हर वक्त चलता रहता था, और जैसे ही दरवाज़ा खुलता वे कहते :

'मेरी इसमें दिलचस्पी नहीं है। फिलहाल मेरा मूड नहीं है।'

जब उन्होंने कभी आज़माया ही नहीं तो उनको यह समझ में कैसे आया कि उनका मूड हो रहा है या नहीं? लेकिन पूछने का कोई मतलब नहीं था; असल में सच बात यह थी कि वे ऐसे किसी भी तरह के बदलाव से डरते थे जो उनकी उस दुनिया को छिन्न-भिन्न कर दे, जिस दुनिया की उनको आदत पड़ चुकी थी।

इंस्पेक्टर ने कहा कि मैं आज़ाद हूँ। मैं अब आज़ाद हूँ और जब मैं जेल में था तब भी आज़ाद था, क्योंकि आज़ादी आज भी वह चीज़ है, जिसको मैं दुनिया में सबसे अधिक चाहता हूँ। ज़ाहिर है, इसके कारण मुझे वैसी वाइन भी पीनी पड़ी जो मुझे अच्छी नहीं लगी, ऐसे काम करने पड़े जो मुझे नहीं करने चाहिए थे और जो मैं फिर कभी नहीं करूँगा; इसके कारण मेरी आत्मा और शरीर पर दाग़ पड़ गया, इसका मतलब था कुछ लोगों को दुखी करना, हालाँकि बाद में मैंने उन लोगों से माफ़ी माँगी, तब मुझे यह बात समझ आई कि मैं कुछ भी कर सकना था सिवाय इसके कि किसी और इंसान को मजबूर करूँ कि वह मेरे पागलपन में मेरा साथ दे, ज़िंदगी के प्रति मेरी लालसा में। मुझे अपनी तकलीफ़ के दिनों का कोई अफ़सोस नहीं है; मैं अपने घावों को ऐसे ढोता रहा जैसे वे तमगे हों। मैं जानता हूँ कि आज़ादी की बड़ी क़ीमत चुकानी होती है, उतनी ही बड़ी जितनी बड़ी

गुलामी की चुकानी होती है। अंतर बस इतना होता है कि आप आनंद और मुस्कराहट के साथ चुकाते हैं, जबकि हो सकता है कि आपकी वह मुस्कराहट आँसुओं में डूबी हो।

***

जब मैं पुलिस स्टेशन से निकला तो बाहर दिन बहुत सुहाना था, इतवार की धूप भरी दोपहर, जिससे मेरी दिमाग़ी हालत का पता नहीं चल रहा था। बाहर वकील मेरा इंतज़ार कर रहा था, उसने सांत्वना के कुछ शब्द कहे और फूलों का एक गुलदस्ता दिया। उसने बताया कि उसने सभी अस्पतालों और शवगृहों को फ़ोन किया (जब कोई लौटकर घर नहीं आता तो आप ऐसा करते हैं), लेकिन एस्तर का कोई सुराग़ उस समय तक नहीं मिल पाया था। उसने बताया कि वह पत्रकारों को इसकी तलाश करने से रोक पाने में कामयाब रहा कि मुझे कहाँ बंद रखा गया था। उसने कहा कि वह मुझसे क़ानूनी रणनीति को लेकर बात करना चाहता था ताकि अगर भविष्य में मेरे ऊपर कोई आरोप लगे तो मैं अपना बचाव कर सकूँ। उसने जितनी भी परेशानियाँ उठाई थीं उनके लिए मैंने उसका शुक्रिया अदा किया; मुझे यह पता था कि वह किसी तरह की क़ानूनी रणनीति बनाना नहीं चाहता था, बस वह मुझे अकेले नहीं छोड़ना चाहता था, क्योंकि उसको यह समझ नहीं आ रहा था कि पता नहीं मैं किस तरह से बर्ताव करूँ (क्या मैं शराब पीकर फिर से गिरफ़्तार हो जाऊँगा? क्या मैं कोई बखेड़ा खड़ा कर दूँगा? क्या मैं आत्महत्या की कोशिश करूँगा?)। मैंने उससे कहा कि मुझे कुछ ज़रूरी काम निपटाने थे और हम दोनों इस बात को जानते थे कि मुझे क़ानून से कोई परेशानी नहीं थी। वह ज़ोर देता रहा, लेकिन मैंने कोई मौक़ा ही नहीं दिया - आख़िरकार, मैं एक आज़ाद इंसान था।

आज़ादी। बुरी तरह से अकेले रहने की आज़ादी।

मैंने पेरिस के बीच शहर से टैक्सी ली और उससे कहा कि वह मुझे आर्क दे ट्रीयोम्फ़े के पास छोड़ दे। मैं चैंप्स-इलिसीस के रास्ते होटल ब्रिस्टल की तरफ़ बढ़ा, जहाँ एस्तर और मैं उस दिन हॉट चॉकलेट पीने जाते थे जब हम दोनों में से कोई विदेश की यात्रा से लौटकर आता था। वह हमारी घर वापसी के मौक़े पर अदा की जाने वाली रस्म थी, उस प्रेम में डूब जाने की

रस्म, जिसने हम दोनों को एक कर रखा था, जबकि ज़िंदगी हमें अलग-अलग रास्तों पर भेजती रहती थी।

मैं चला जा रहा था। लोग मुस्करा रहे थे, बच्चे ख़ुश थे कि ठंड के मौसम के बीच में उनको कुछ घंटे वसंत के मिल गए थे, सड़क पर गाड़ियों का आना-जाना सामान्य था, सब कुछ व्यवस्थित लग रहा था - सिवाय इसके कि उनमें से किसी को यह नहीं पता था कि अभी-अभी मैंने अपनी पत्नी को खोया है; वे इस बात को जानना भी नहीं चाहते थे, उनको इस बात की परवाह भी नहीं थी। क्या वे इस बात को नहीं समझ सकते कि मैं कैसी तकलीफ़ में था? उन लोगों को उदास महसूस करना चाहिए, उनका रवैया सहानुभूति से भरा होना चाहिए, उस आदमी के लिए मददगार होना चाहिए, जिसने प्रेम को ऐसे खोया था, जिस तरह कोई अपना ख़ून गँवा देता है; लेकिन वे लगातार हँसे जा रहे थे, अपनी तुच्छ ज़िंदगी में डूबे जो सप्ताहांत में ही संभव हो पाता था।

कितनी अजीब सोच है! मैं जिन लोगों के बीच से गुज़र रहा था हो सकता है कि उनमें से कुछ लोग भी बुरी तरह से टूटे हुए हों, और मुझे इस बारे में कुछ पता नहीं कि वे कैसे और क्यों तकलीफ़ में हैं।

मैं एक बार में गया और मैंने सिगरेट ख़रीदी; सामने वाले आदमी ने अंग्रेज़ी भाषा में जवाब दिया। मैं दवा की एक दुकान में गया, वहाँ से अपनी पसंद का मिंट ख़रीदा, और दुकान के कर्मचारी ने अंग्रेज़ी में जवाब दिया (दोनों बार मैंने सामान फ्रेंच में बोलकर माँगा था)। होटल पहुँचने के पहले मुझे दो लड़कों ने रोका, तुलूज से आए थे, वे एक ख़ास दुकान की तलाश में थे; उन्होंने कुछ अन्य लोगों से भी पूछताछ की, लेकिन किसी को यह समझ नहीं आ रहा था कि वे कह क्या रहे थे। हो क्या रहा है? मेरी गिरफ़्तारी के 24 घंटे के भीतर ही क्या उन्होंने चैंप्स एलिसीस की भाषा बदल दी?

पर्यटन और पैसों के बल पर चमत्कार किए जा सकते हैं, लेकिन इस बात पर मेरा ध्यान पहले क्यों नहीं गया? क्योंकि एस्तर और मैं लम्बे समय से यहाँ हॉट चॉकलेट पीने के लिए नहीं मिले थे, जबकि उस दौरान हम दोनों ही कई बार बाहर गए और आए थे। कुछ और बात हो जाती थी जो ज़्यादा ज़रूरी हो जाती। कोई ऐसी मुलाक़ात जिसको टाला नहीं जा सकता हो। हाँ, मेरी जान, हम लोग अगली बार जल्दी ही लौटकर यहाँ हॉट चॉकलेट पिएँगे; आज मेरी कोई बहुत ज़रूरी मीटिंग है, मैं तुमको लेने एयरपोर्ट नहीं आ

पाऊँगा, टैक्सी लेकर आ जाना; मेरा मोबाइल ऑन रहेगा, कोई बहुत ज़रूरी बात हो तो कॉल कर लेना; नहीं तो रात को तो मिलेंगे ही।

मेरा मोबाइल! मैंने जेब से निकाला और तत्काल उसको ऑन कर लिया; वह कई बार बजा, और हर बार मेरा दिल धड़कने लगता था। फ़ोन की छोटी सी स्क्रीन पर मुझे कई लोगों के नाम दिखाई दे रहे थे जो मुझसे संपर्क करना चाहते थे, लेकिन मैंने किसी को जवाब नहीं दिया। मुझे उम्मीद थी कि किसी 'अनजान' नम्बर से फ़ोन आ जाए, क्योंकि वह उसका फ़ोन हो सकता था, मेरी पत्नी का, कारण यह है कि महज 20 लोगों को मेरा नम्बर पता था और उन लोगों ने इस बात की क़सम खा रखी थी कि वे किसी को मेरा नम्बर नहीं देंगे। लेकिन ऐसे किसी नम्बर से फ़ोन नहीं आया, केवल विश्वस्त साथियों के फ़ोन आ रहे थे। वे इस बात को जानने के लिए ज़रूर बेचैन थे कि हुआ क्या था, वे मदद करना चाहते थे (लेकिन कैसे?), क्या पता मुझे किसी मदद की ज़रूरत हो।

मेरा फ़ोन घनघनाता जा रहा था। क्या मुझे जवाब देना चाहिए? क्या मुझे इनमें से किसी से मिलना चाहिए?

मैंने यह तय किया कि मैं तब तक अकेले रहूँगा, जब तक कि मैं इस बात को समझ नहीं लूँ कि क्या चल रहा है।

मैं ब्रिस्टल होटल पहुँच गया, जिसके बारे में एस्तर हमेशा से यह कहती आई थी कि यह पेरिस का अकेला ऐसा होटल था, जहाँ उपभोक्ताओं को मेहमान के रूप में देखा जाता था ना कि ऐसे बेघर लोगों की तरह जो शरण लेने के लिए आए हों। मेरा स्वागत इस तरह से किया गया मानो मैं उस परिवार का मित्र हूँ; मैंने उस सुंदर घड़ी के पास बैठने के लिए मेज़ का चुनाव किया; मैं पियानो सुनता हुआ बाहर बगीचे में देखने लगा।

मुझे व्यावहारिक होने की ज़रूरत थी, विकल्पों को समझने की ज़रूरत थी, आख़िर, ज़िंदगी तो चलती रहती है ना। मैं ना तो पहला इंसान हूँ ना ही आख़िरी, जिसकी पत्नी उसको छोड़ कर चली गई हो, लेकिन क्या वह धूप वाले दिन में हुआ था जब सड़क पर सभी लोग मुस्करा रहे थे और बच्चे गाए जा रहे थे, वसंत का पहला लक्षण दिखाई देने लगा था, सूरज चमक रहा था और ड्राइवर चौराहों पर पैदल चलने वालों के लिए रुक रहे थे?

मैंने नैपकीन उठा लिया। मैं अपने दिमाग़ से इन विचारों को हटाकर उनको कागज़ पर लिख लेना चाहता था। भावनाओं को परे कर यह सोचना चाहिए कि मुझे क्या करना चाहिए।

* * *

अगर इस संभावना पर विचार करें कि सचमुच में उसका अपहरण हो गया हो और और मुझे उसका पति और संगी होने के कारण उसकी तलाश में ज़मीन-आसमान एक कर देना चाहिए। इस संभावना का जवाब यह था : वह अपने साथ अपना पासपोर्ट लेकर गई थी।

पुलिस को इस बारे में पता नहीं था, लेकिन वह अपने साथ अपने निजी उपयोग के कई वस्तुएँ भी लेकर गई थी, उन वस्तुओं में एक बटुआ था, जिसमें कई बड़े-बड़े संतों के चित्र थे, और वह जब भी विदेश जाती थी उस बटुए को लेकर जाती थी। उसने अपने बैंक से पैसे भी निकाले थे।

निष्कर्ष : यह साफ़ था कि वह इस रिश्ते से मुक्त होना चाहती थी।

* * *

अगर इस संभावना के ऊपर विचार करें कि उसके साथ किसी ने कोई वादा किया हो और बाद में पता चला हो कि वह वादा असल में एक फंदा था।

जवाब : उसने पहले भी खुद को कई बार ख़तरनाक स्थिति में डाल लिया था; यह उसके काम का हिस्सा था, लेकिन वह जब भी ऐसा करती थी तो मुझे उसके बारे में चेतावनी दे दिया करती थी, क्योंकि मैं अकेला इंसान था, जिसके ऊपर वह पूरी तरह भरोसा कर सकती थी। वह मुझे बता देती थी कि वह कहाँ जा रही होती थी, किससे मिलने जा रही होती थी (हालाँकि मुझे किसी तरह का ख़तरा नहीं हो; इसलिए वह आमतौर पर उस आदमी का *कोड नेम* बताती), और अगर एक निश्चित समय तक अगर वह वापस नहीं आए तो मुझे क्या क्या करना चाहिए।

निष्कर्ष : वह अपने किसी सूत्र से मिलने की योजना नहीं बना रही थी।

* * *

अगर इस संभावना पर विचार करें कि वह किसी और पुरुष से मिली थी।

जवाब : इसका कोई जवाब नहीं है। सभी संभावनाओं में यही एक ऐसी संभावना है, जिसका कोई मतलब बनता है। और फिर भी मैं इसके ऊपर यक़ीन नहीं कर सकता, मैं इस बात में विश्वास नहीं कर सकता कि वह इस तरह से छोड़कर चली जाएगी, वह भी बिना कोई कारण बताए। एस्तर और मैं दोनों इस बात पर गर्व महसूस करते थे कि हम लोगों ने ज़िंदगी की मुश्किलों का सामना साथ मिलकर किया। हम दोनों ने तकलीफ़ें झेलीं, और हम लोगों ने कभी एक दूसरे से कोई झूठ नहीं बोला, हालाँकि यह क़ायदा होता है कि अगर आप किसी और के साथ रिश्ते में हों तो उसका जिक्र नहीं किया जाए। लेकिन मुझे इस बात का इल्म था कि जब से उसकी मुलाक़ात मिख़ाइल नामक इंसान से हुई थी तब से वह काफ़ी बदल गई थी, लेकिन क्या इससे यह साबित हो जाता है कि इसके कारण उस शादी का अंत हो जाए जो दस साल तक चली?

अगर वह उसके साथ सोई भी हो और उससे उसको प्रेम हो गया हो तो भी क्या उस रोमांचक सफ़र पर निकल जाने के पूर्व, जिससे वापसी का कोई रास्ता नहीं था उसने उस दौर को उसकी तुलना में रखकर नहीं देखा होगा जो हम लोगों ने साथ-साथ गुज़ारे और जितना कुछ भी हम लोगों ने साथ-साथ फ़तह किया? वह जहाँ चाहे वहाँ जाने के लिए आज़ाद थी, वह पुरुषों से घिरी रहती थी, उन सैनिकों के बीच जिन्होंने ना जाने कब से किसी औरत को देखा तक नहीं होता था, लेकिन मैंने उससे कभी कोई सवाल नहीं पूछा, और उसने मुझे कभी कुछ बताया भी नहीं। हम दोनों आज़ाद थे, और हमें इस बात का गर्व था। लेकिन एस्तर ग़ायब हो गई थी और उसने जो सूत्र छोड़ा था वह केवल मुझे दिखाई दे रहा था, मानो वह कोई गुप्त संदेश रहा हो : मैं जा रही हूँ।

क्यों?

क्या यह सवाल जवाब की माँग करता है?

नहीं। क्योंकि इसके जवाब में मेरी अपनी असमर्थता छिपी है कि मैं जिस औरत से प्यार करता था उसको अपने साथ रख नहीं पाया। क्या उसकी तलाश करनी चाहिए और उसे वापस आने के लिए मनाना चाहिए? उससे मिन्नत करनी चाहिए कि हमारी शादी को एक मौक़ा और दे?

यह बात अजीब लगती है : बेहतर यही होगा कि मैं उसी तरह से इस तकलीफ़ को भी झेलूँ जिस तरह मैंने अतीत में झेली है, जब वे लोग मुझे छोड़कर चले गए, जिनको मैंने प्रेम किया था। बेहतर यही होगा कि मैं अपने घावों को उसी तरह से सहलाऊँ जिस तरह से अतीत में सहलाया। कुछ समय के लिए मैं उसके बारे में पागलों की तरह सोचूँगा, मैं कड़वाहट से भर जाऊँगा, मैं अपने दोस्तों को बोर कर दूँगा, क्योंकि मैं उनसे बस यही बात करता रहूँगा कि मेरी पत्नी ने मुझे छोड़ दिया। जो भी हुआ मैं उसको उचित साबित करने की कोशिश करूँगा, उसके साथ बिताए हर पल के बारे में दिन-रात सोचता रहूँगा, मैं इस नतीजे पर पहुँचूँगा कि उसने मेरे साथ कुछ ज़्यादा सख़्ती की, जबकि मैंने सदा अच्छे से अच्छा करने की कोशिश की। मैं किसी और औरत को ढूँढ़ लूँगा। जब मैं सड़क पर चलूँगा तो मैं हर उस स्त्री को देखूँगा जो उसके जैसी लगती हो। मैं रात और दिन पीड़ा झेलूँगा, रात और दिन पीड़ा झेलूँगा। इसमें हफ़्तों लग सकते हैं, महीनों और शायद एक साल या उससे भी अधिक।

और फिर एक सुबह जब मैं सोकर उठूँगा तो पाऊँगा कि मैं किसी और चीज़ के बारे में सोच रहा हूँ, और फिर मुझे यह समझ आ जाएगा कि जो बुरा था वह बीत चुका है। मेरे दिल पर हो सकता है खरोंच पड़ जाए, लेकिन वह फिर ठीक हो जाएगा, और एक बार फिर से वह ज़िंदगी की सुंदरता को देखने लायक़ हो जाएगा। ऐसा पहले भी हो चुका है, यह फिर होगा, मुझे पक्का पता है। जब कोई आपको छोड़ जाता है तो इसका मतलब यह होता है कि कोई और आने वाला होता है – मैं फिर से प्यार को पा लूँगा।

एक पल के लिए मैं अपनी इस नई स्थिति के मज़े लेता हूँ : अविवाहित और करोड़पति। मैं जिसके साथ चाहूँ दिनदहाड़े जा सकता हूँ। मैं पार्टियों में उस तरह से बर्ताव कर सकता हूँ, जिस तरह से मैंने बरसों से नहीं किया हो। यह ख़बर तेज़ी से फैल जाएगी, और जल्दी ही सभी तरह की औरतें, युवा और जो बहुत युवा नहीं हों, अमीर और जो उतनी अमीर नहीं हो पाई हों जितना होना चाहती हों, बुद्धिमान और वैसी औरतें भी जो इसमें माहिर हों कि केवल वही बात सुनें जो उनको लगता हो कि मुझे सुनना पसंद होगा, सब मेरे दरवाज़े को खटखटाने के लिए आएँगी।

मैं इस बात में यक़ीन करना चाहता था कि आज़ाद होना कितनी अच्छी बात है। एक बार फिर से आज़ाद। अपने सच्चे प्रेम की तलाश के लिए फिर से तैयार, जो मेरी प्रतीक्षा में होगी और जो मुझे फिर से इस तरह अपमानित नहीं होने देगी।

★★★

मैंने अपनी हॉट चॉकलेट समाप्त की और घड़ी की तरफ़ देखा; मुझे पता था कि मेरे लिए इस बात का आनंद उठाने के लिहाज से बहुत जल्दी थी कि मैं एक बार फिर मानवता का हिस्सा बन चुका था। कुछ पल के लिए मैं यह कल्पना करता रहा कि एस्तर सामने के दरवाज़े से आने ही वाली थी, सुंदर फ़ारसी कालीन पर चलते हुए, मेरे बगल में आकर बैठ जाती है और कुछ नहीं कहती, एक सिगरेट निकालकर पीने लगती है, मेरे हाथ थामे वह बाहर बगीचे में देख रही थी। आधे घंटे बीत गए, और आधे घंटे तक मैं उस कहानी में यक़ीन किए रहा जो मैंने अभी-अभी बनाई थी, तब मुझे जाकर यह समझ आया कि यह महज मेरी कल्पना थी।

मैं घर नहीं जाना तय करता हूँ। मैं रिसेप्शन पर जाकर कमरे के बारे में पता करता हूँ, और एक टूथब्रश और डियोड्रेंट की माँग करता हूँ। होटल के कमरे भरे हुए थे, लेकिन मैनेजर ने मेरे लिए इंतज़ाम कर दिया : मुझे एक अच्छा सुइट मिल गया, जिसकी खिड़की से एफ़िल टॉवर दिखाई दे रहा होता है, बाहर बरामदा, पेरिस की छत, एक के बाद एक रोशनी आ रही थी, इतवार के डिनर के लिए परिवार एक के बाद एक आते जा रहे थे। और चैंपस-एलिसीस में मुझे जो महसूस हो रहा था वही भावना फिर से लौट आई : मेरे आसपास जितना ही सब कुछ सुंदर-सुंदर दिखाई देता है उतना ही दुखी मैं महसूस करता हूँ।

टेलिविज़न नहीं। रात का भोजन नहीं। मैं बरामदे में बैठकर अपनी पिछली ज़िंदगी के बारे में सोचने लगा, एक नौजवान जिसने प्रसिद्ध लेखक बनने का ख़्वाब देखा था, और जिसने अचानक पाया कि सच्चाई बहुत अलग थी - वह जिस भाषा में लिखता था उस भाषा को लगभग कोई नहीं पढ़ता था, ऐसे देश में जिसके बारे में कहा जाता है कि कोई पाठक नहीं है। उसके परिवार ने उसको युनिवर्सिटी पढ़ने जाने के लिए मजबूर कर दिया

(किसी भी युनिवर्सिटी में पढ़ने से काम चलेगा, मेरे बच्चे, एक डिग्री होनी चाहिए, नहीं तो तुम कुछ भी नहीं बन पाओगे)। उसने विद्रोह कर दिया, दुनिया में जिस समय हिप्पियों का दौर था उसने दुनिया भर की यात्रा की, एक गायक से मिला, कुछ गाने लिखे, और वह अचानक अपनी बहन से अधिक कमाई करने लगा, जिसने अपने माता-पिता की हर बात मानी और केमिकल इंजीनियर बनने का फ़ैसला किया...

मैंने और गाने लिखे, वह गायक और प्रसिद्ध होता गया; मैंने कई अपार्टमेंट ख़रीद लिए और फिर मेरा उस गायक से झगड़ा हो गया, लेकिन फिर भी मेरे पास इतनी पूँजी जमा हो गई थी कि अगले कुछ साल तक मुझे कोई काम करने की ज़रूरत नहीं थी। मैंने पहली शादी जिस स्त्री से की वह उम्र में मुझसे बड़ी थी, मैंने काफ़ी कुछ सीखा - किस तरह सम्भोग किया जाता है, गाड़ी कैसे चलाई जाती है, अंग्रेज़ी भाषा कैसे बोली जाती है, देर तक बिस्तर में कैसे पड़े रहा जाता है - लेकिन हम अलग हो गए क्योंकि उसको ऐसा लगने लगा था कि मैं भावनात्मक रूप से अपरिपक्व थी, और हर ऐसी लड़की का पीछा करने के लिए तैयार रहता था जिसके स्तन बड़े होते थे। मैंने दूसरी और तीसरी बार ऐसी औरतों के साथ शादी की जिनसे मुझे लगा कि भावनात्मक स्थिरता मिल पाएगी : मैं जो चाहता था वह मुझे मिला, लेकिन मैंने यह पाया कि मैं जिस तरह की स्थिरता मैं चाहता था एक तरह की गहरी नीरसता से उसका अटूट संबंध था।

दो बार और तलाक़। फिर से आज़ाद, लेकिन यह महज भावना है; आज़ादी का मतलब ज़िम्मेदारियों की कमी नहीं होती, बल्कि चुन पाने की क्षमता होती है - और अपने आपको उसके लिए समर्पित करना जो मेरे लिए सबसे अच्छा हो।

मैं प्रेम की तलाश करता रहा, गीत लिखता रहा। जब लोग पूछते कि मैं क्या करता हूँ तो मैं कहता कि लेखक हूँ। जब वे यह कहते कि वे बस मेरे गीतों को जानते हैं, मैं कहता कि यह सब मेरे काम का हिस्सा है। जब वे माफ़ी माँगते और कहते कि उन्होंने कभी मेरी कोई किताब नहीं पढ़ी, तो मैं उनको समझाता था कि मैं एक परियोजना पर काम कर रहा हूँ - जो झूठ होता था। सच बात यह थी कि मेरे पास पैसे थे, संपर्क थे, लेकिन किताब लिखने का साहस मेरे अंदर नहीं था। वैसे तो मेरा सपना संभव किया जा

सकता था, लेकिन अगर मैंने कोशिश की और असफल हो गया तो मेरी बाक़ी ज़िंदगी का क्या हो जाएगा; इसलिए यही बेहतर है कि सच्चाई का सामना करने के बजाय सपने को ही पालते रहा जाए, क्योंकि हो सकता है सपने को सच करने से कुछ हाथ ही नहीं आए।

एक दिन एक पत्रकार मेरा इंटरव्यू करने आई। उसने मुझसे पूछा कि मुझे कैसा लगता है जब मेरा काम पूरे देश में जाना जाता है, जबकि मुझे कोई नहीं जानता, क्योंकि आमतौर पर मीडिया में गायक की ही चर्चा होती है। वह सुंदर थी, बुद्धिमान और शांत। हम लोग फिर एक पार्टी में मिले, जहाँ काम का कोई दबाव नहीं था, और उसी रात मैं उसके साथ बिस्तर में था। मुझे उससे प्यार हो गया, लेकिन उसकी दूर-दूर तक इसमें कोई दिलचस्पी नहीं थी। मैं जब भी उसको फ़ोन करता वह कहती कि बहुत व्यस्त है। वह जितना ही मुझे ठुकराती, मेरी उसमें दिलचस्पी उतनी ही बढ़ती जाती, आख़िरकार मैंने उसको इसके लिए तैयार कर लिया कि वह मेरे साथ उस घर में एक वीकेंड बिताए जो गाँव में था (मैं अपने परिवार में विद्रोही माना जाता रहा, लेकिन कई बार आपका विद्रोह भी काम कर जाता है - अपने दोस्तों में मैं अकेला ही था, जिसने जीवन में इतनी जल्दी शहर से दूर गाँव में एक घर ख़रीद लिया था)।

हम लोगों ने तीन दिन समुद्र के किनारे अकेले बिताए। मैं उसके लिए खाना पकाता, और वह अपने काम से जुड़ी कहानियाँ मुझे सुनाती रही और उसको मुझसे प्यार हो गया। हम वापस शहर में आ गए, और वह मेरे अपार्टमेंट में नियमित रूप से सोने लगी। एक सुबह वह समय से पहले चली गई और टाइपराइटर लेकर वापस आई; और फिर उसके बाद से बिना कुछ कहे सुने मेरा घर उसका भी घर हो गया।

जो मतभेद मेरा पिछली पत्नियों के साथ हुआ था वही होने लगा : स्त्रियाँ हमेशा स्थिरता और वफ़ादारी की तलाश में रहती हैं, जबकि मैं रोमांच और किसी अज्ञात वस्तु की तलाश में था। इस दफ़ा, हालाँकि यह रिश्ता कुछ लम्बा चला। बहरहाल, दो साल बाद मैंने यह तय किया कि एस्तर के लिए समय आ गया है कि वह अपना टाइपराइटर लेकर अपने अपार्टमेंट में वापस चली जाए, साथ वह सब सामान भी अपने साथ ले जाए जो वह लेकर आई थी।

'यह चलने वाला नहीं है।'

'लेकिन तुम मुझसे प्यार करते हो और मैं तुमसे, क्या यह सही नहीं है?'

'मुझे नहीं पता। अगर तुम मुझसे यह पूछना चाह रही हो कि मुझे तुम्हारा साथ पसंद है या नहीं तो जवाब हाँ है। लेकिन अगर तुम मुझसे यह पूछना चाहती हो कि क्या मैं तुम्हारे बिना रह सकता हूँ तो इसका जवाब भी हाँ में होगा।'

'मुझे ख़ुशी है कि मैं पुरुष के रूप में पैदा नहीं हुई। मैं अपने स्त्री होने को लेकर बहुत ख़ुश हूँ। तुम लोग हम स्त्रियों से बस यही चाहते हो कि हम खाना अच्छा पकाएँ। जबकि दूसरी तरफ़ पुरुषों से यह आशा की जाती है कि वह सब कुछ कर पाए - उसको घर चलाने लायक़ होना चाहिए, सम्भोग करना चाहिए, बच्चों की देखभाल करे, घर में पैसे लाए और ज़िंदगी में सफल हो।'

'यहाँ तो वह भी नहीं है : मैं अपने आपसे ही बहुत ख़ुश हूँ। मुझे तुम्हारा साथ अच्छा लगता है, लेकिन मुझे नहीं लगता है यह सब काम करने वाला है।'

'तुमको मेरा साथ पसंद है, लेकिन तुमको अपने आप में रहने से नफ़रत भी है। तुम हमेशा मौज-मस्ती की तलाश में रहते हो ताकि अधिक ज़रूरी चीज़ों को भुला सको। तुम हमेशा अपनी रगों में जोश को महसूस करना चाहते हो, लेकिन तुम यह भूल जाते हो कि उनके माध्यम से एक ही चीज़ बहती रहनी चाहिए जो ख़ून है।'

'मैं ज़रूरी समझी जाने वाली चीज़ों से भाग नहीं रहा। मुझे किसी ज़रूरी चीज़ का एक उदाहरण दो।'

'किताब लिखना।'

'वह तो मैं किसी भी समय लिख सकता हूँ।'

'अच्छा ठीक है, फिर लिखो। उसके बाद अगर तुम चाहो तो हम अलग-अलग रास्ते पर जा सकते हैं।'

मुझे उसकी यह टिप्पणी बहुत अजीब लगी; मैं जब चाहे एक किताब लिख सकता हूँ, मैं प्रकाशकों, पत्रकारों को जानता हूँ, जो सब मेरे लिए कुछ करना चाहते हैं। एस्तर एक स्त्री है, जिसको मुझे खोने का डर है; इसलिए वह नई-नई चीज़ों को ईजाद कर रही है। मैंने उससे कहा कि यह सब ख़त्म हो चुका है, हमारा रिश्ता अब अपने अंतिम पड़ाव पर है, यह बात ऐसी नहीं है कि वह क्या सोचती है कि किस बात से मुझे ख़ुशी होगी, बात प्रेम की है।

प्रेम क्या होता है? उसने पूछा। मैंने आधे घंटे तक समझाने की कोशिश की और फिर मुझे समझ में आया कि मुझे इसकी कोई अच्छी परिभाषा नहीं आती।

फिर उसने कहा, चूँकि मुझे यह नहीं पता कि प्रेम को किस तरह से परिभाषित किया जाए; इसलिए मुझे एक किताब लिखने की कोशिश करनी चाहिए।

मैंने कहा कि इन दो चीज़ों का आपस में कोई संबंध नहीं है। मैं उसी दिन अपार्टमेंट से निकल जाऊँगा, और वह जब तक चाहे उसमें रह सकती थी। जब तक उसको रहने के लिए कोई और जगह नहीं मिल जाती तब तक मैं किसी होटल में रह लूँगा। उसने कहा कि ठीक है, मैं उस समय जा सकता हूँ, और अपार्टमेंट एक महीने के अंदर ख़ाली हो जाएगा - वह कल से ही रहने के लिए कोई नई जगह देखना शुरू कर देगी। मैंने अपना सामान पैक करना शुरू कर दिया, वह एक किताब पढ़ने लगी। मैंने कहा कि अभी देर हो गई है, मैं कल जाऊँगा। उसने कहा कि मुझे उसी समय निकल जाना चाहिए, क्योंकि हो सकता है कि कल मैं इस बारे में उतनी दृढ़ता से नहीं सोच पाऊँ या शायद मेरा निश्चय वैसा नहीं रह जाए। मैंने उससे पूछा कि क्या वह मुझसे मुक्त होना चाह रही थी। उसने हँसते हुए कहा कि इस रिश्ते को तो मैं समाप्त करना चाह रहा था। हम सोने के लिए चले गए, और अगले दिन जाने की ख़्वाहिश वैसी नहीं रह गई, और मुझे लगा कि इस बारे में फिर से सोचना चाहिए। हालाँकि एस्तर का कहना था कि मसला

अभी ख़त्म नहीं हुआ था, क्योंकि यह सब तब तक बार-बार होता रहेगा जब तक कि मैं उस चीज़ के लिए ख़तरा उठाने के लिए तैयार नहीं होता जो मुझे लगता है कि मेरी ज़िंदगी का असली मक़सद है; इससे होगा यह कि अंत में वह दुखी हो जाएगी और मुझे छोड़ देगी। इसके अलावा, यह कि अगर वह गई तो वह तत्काल बीच के सारे संपर्क तोड़ देगी ताकि उसको वापस नहीं आना पड़ जाए। मैंने उससे पूछा कि उसके कहने का मतलब क्या था। उसने कहा कि वह किसी और लड़के के साथ प्रेम में पड़ जाएगी।

वह अख़बार में अपने काम पर चली गई, और मैंने एक दिन की छुट्टी ले ली (गाने लिखने के अलावा मैं एक रिकॉर्डिंग कम्पनी में काम भी करता था)। मैं टाइपराइटर पर बैठ गया। मैं एक बार फिर उठा और अख़बार पढ़ने लगा, कुछ ज़रूरी चिट्ठियों के जवाब दिए, जब यह हो गया तो कुछ ऐसी चिट्ठियों के जवाब देने लगा जो ज़रूरी नहीं थे। उसके बाद मैंने उन कामों की सूची बनाई जो करने थे, संगीत सुनने लगा, बाहर ब्लॉक का एक चक्कर लगाया, बेकरी वाले से कुछ बातें की, घर आया, और अचानक सारा दिन बीत गया और मैंने एक लाइन भी नहीं लिखी थी। मैंने यह तय किया कि मैं एस्तर से नफ़रत करने लगूँगा, क्योंकि वह मुझे ऐसे कामों को करने के लिए दबाव डाल रही थी जो मैं करना नहीं चाहता था।

जब वह घर आई तो उसने मुझसे कुछ नहीं कहा, लेकिन मैंने यह स्वीकार किया कि मैं कुछ भी नहीं लिख पाया। उसने कहा कि मेरे आँखों में वही भाव है जो कल था।

अगले दिन मैं काम पर गया, लेकिन उस शाम मैं फिर से उस मेज़ पर गया जहाँ टाइपराइटर रखा था। मैंने कुछ देर पढ़ाई की, टेलिविज़न देखा, संगीत सुनने लगा, फिर मशीन के पास गया, इस तरह से दो महीने गुज़र गए, पन्ने के पन्ने जमा होते गए, बहुत सारे पन्ने जिनके ऊपर 'पहली लाइन' लिखी थी, लेकिन कभी पैराग्राफ़ पूरा नहीं कर पाया।

मैंने तमाम तरह के बहाने बनाए - इस देश में कोई नहीं पढ़ता, मैंने अभी प्लॉट तैयार नहीं किया है, या यह कि मेरे पास प्लॉट तो बहुत जानदार है, लेकिन उसको किस तरह आगे बढ़ाया जाए मैं उसकी खोज में हूँ। फिर यह भी तो है कि मैं लेख लिखने या गीत लिखने में व्यस्त हूँ। दो महीने और गुज़र गए, और एक दिन वह हाथ में हवाई जहाज का टिकट लेकर आ गई।

'बहुत हो गया,' उसने कहा। 'यह जताना बंद करो कि तुम बहुत व्यस्त हो, कि तुम ज़िम्मेदारियों के बोझ तले दबे हुए हो, कि तुम जो कर रहे हो दुनिया चाहती है कि तुम वही काम करते रहो, जाओ कुछ समय के लिए घूम आओ।' मैं जिस अख़बार में कभी-कभी लेख लिखता था, बहुत आराम से उसका संपादक हो सकता था, मैं बहुत आराम से उस रिकॉर्डिंग कम्पनी का अध्यक्ष बन सकता था, जिसके लिए मैं गीत लिखता था, और जहाँ मैं इसलिए काम करता था, क्योंकि वे यह नहीं चाहते थे कि मैं उनकी प्रतिद्वंद्वी कम्पनियों के लिए गाने लिखूँ। जो मैं कर रहा था वह तो मैं कभी भी कर सकता था, लेकिन मेरे सपने इंतज़ार नहीं कर सकते थे। चाहे मैं इसको स्वीकार कर लूँ या भूल जाऊँ।

कहाँ का टिकट है?

स्पेन का।

मैं हैरान रह गया। हवाई टिकट महँगा तो था ही, मैं इस तरह से नहीं जा सकता था, मेरे पास एक करियर है, और मुझे उसका ध्यान भी रखना था। संगीत के बहुत सी साझेदारियाँ जो भविष्य में हो सकती थीं मुझे उनको खोना पड़ता; समस्या मेरी नहीं थी, हमारी शादी की समस्या थी। मैं सचमुच में किताब लिखना चाहता था, मुझे कोई नहीं रोक सकता था।

'अगर तुम चाहो तो लिख सकते हो, लेकिन तुम चाहते ही तो नहीं हो,' उसने कहा। 'तुम्हारी मुश्किल मैं नहीं हूँ, बल्कि तुम खुद हो; इसलिए बेहतर यही होगा कि तुम कुछ समय अपने साथ ही बिताओ।'

उसने मुझे एक नक़्शा दिखाया। मुझे मैड्रिड जाना चाहिए जहाँ से बस पकड़ कर मुझे पाइरेनीस जाना था, जो फ़्रांस की सीमा से लगा हुआ है। वहाँ से तीर्थयात्रा का एक मध्यकालीन पवित्र मार्ग शुरू होता है : जो सैंटियागो जाता है। मुझे पूरे दिन चलना होगा। वह दूसरी तरफ़ मेरी प्रतीक्षा में होगी और फिर मैं जो भी कहूँगा वह मान लेगी : यह कि मैं उससे अब प्यार नहीं करता, और यह कि साहित्यिक कृति लिखने जितनी ज़िंदगी मैंने अभी नहीं जी है, यह कि मैं लेखक बनने के बारे में सोचता भी नहीं, कि यह और कुछ नहीं बल्कि किशोरावस्था में देखा गया एक सपना था।

यह पागलपन है! जिस औरत के साथ मैं दो साल से रह रहा हूँ वह मेरी ज़िंदगी के फ़ैसले लेने लगी है, मुझे मजबूर कर रही है कि मैं अपना काम छोड़ दूँ और चाहती है कि मैं पूरे देश की यात्रा करूँ! इसलिए यह

पागलपन ही होगा कि उसकी बात को मैं गम्भीरता से लूँ। कई रात मैं नशे में डूब जाता, मेरी बगल में वह भी नशे में पड़ी रहती थी - जबकि उसको पीना अच्छा नहीं लगता था। मैं आक्रामक हो जाता; मैं यह कहता कि उसको मेरी आज़ादी से ईर्ष्या होती है, यह कि पागलपन भरा यह पूरा विचार ही उसके जेहन में इसलिए आया, क्योंकि मैंने यह कहा था कि मैं उसको छोड़ना चाहता था। उसका कहना था कि यह सब तब शुरू हुआ जब मैं स्कूल में पढ़ता था और लेखक बनना चाहता था - अब और उसको टालना नहीं चाहिए, अगर अब मैंने अपना सामना नहीं किया तो बाक़ी उम्र मेरी शादी करने और तलाक़ देने में ही निकल जाएगी, अपने अतीत से जुड़ी सुंदर सुंदर कहानियाँ सुनाते सुनाते धीरे-धीरे मैं ढल जाऊँगा।

ज़ाहिर है, मैं यह तो नहीं मान सकता कि वह सही थी लेकिन उसके कहने में सच्चाई तो थी। और जितना ही इस बात का अहसास मुझे होता जाता था मैं उतना ही आक्रामक होता जाता। वह बिना किसी शिकायत के मेरे उग्र स्वभाव को स्वीकार कर रही थी; वह मुझे बस यह याद दिलाती रहती थी कि मेरे जाने की तिथि पास आ रही थी।

एक रात, यात्रा के दिन से ठीक पहले, उसने सम्भोग करने से मना कर दिया। मैंने मारिजुआना की एक पूरी सिगरेट पी ली, दो बोतल वाइन पी और मेहमानख़ाने के बीचोंबीच पेशाब कर दी। जब मुझे होश आया तो मुझे यह समझ आया कि मैं बहुत नीचे चला गया था, और बाक़ी यही बचा था कि मैं ऊपर पहुँचने के लिए छलांग लगाऊँ। और मैं, जिसको अपने साहस को लेकर बहुत गर्व था, अपनी ज़िंदगी में कितना अधिक डरपोक, नीच सोच का और रोमांच से दूर रहने वाला बन चुका था। अगली सुबह, मैंने उसको एक चुम्बन के साथ उठाया और उससे कहा कि मैं वही करूँगा जो वह सुझाव दे रही थी।

मैं निकल पड़ा और 38 दिन तक मैं सैंटियागो के मार्ग में चलता रहा। जब मैं पहुँचा तो मुझे यह समझ आया कि मेरी असली यात्रा वहीं से शुरू हुई। मैंने मैड्रिड में रह जाने का फ़ैसला किया और अपनी रॉयल्टी के सहारे रहने लगा, ताकि एक ऐसा समुद्र बन जाए जो मुझे एस्तर के शरीर से अलग कर दे, जबकि हम अभी भी एक थे और हमारे बीच अक्सर फ़ोन पर बातचीत होती थी। शादीशुदा होना और इस बात को जानते रहना कि मैं जब चाहे उसकी बाँहों में जा सकता हूँ बहुत राहत पहुँचाने

वाला होता था, और इस दरम्यान दुनिया की सारी आज़ादी का लुत्फ़ उठा लिया जाए।

मुझे कैटेलन भाषी एक वैज्ञानिक से प्यार हो गया, वह अर्जेंटीना की रहने वाली थी और वह गहने बनाती थी, और एक नौजवान लड़की से भी जो मेट्रो में गाया करती थी। मेरे गानों से रॉयल्टी आ रही थी और वह इतनी थी कि मैं आराम से अपनी ज़िंदगी गुज़ार सकूँ, मुझे कोई काम भी नहीं करना था और मेरे पास कुछ भी करने के लिए बहुत समय होता था...यहाँ तक कि किताब लिखने के लिए भी।

किताब तो हमेशा कल तक के लिए इंतज़ार कर सकती थी, क्योंकि मैड्रिड के मेयर ने यह आदेश जारी किया था कि मैड्रिड में एक बड़ी पार्टी होनी चाहिए और उसने एक नारा दिया था – 'मैड्रिड मुझे मार डालेगा' – और उसने सभी लोगों से यह कहा कि वे हर रात कई बारों में जाएँ, और उसने एक मुहावरा ईजाद किया 'मैड्रिड के नज़ारे,' जो कुछ ऐसा था, जिसको मैं कल तक के लिए नहीं टाल सकता था; सब कुछ इतना मज़ेदार था, दिन छोटे होते थे और रातें लम्बी।

एक दिन एस्तर ने मुझे फ़ोन करके कहा कि वह मुझसे मिलने के लिए आ रही है : उसका कहना था कि हम लोगों के बीच जो हालात बने हुए थे उसको सदा-सदा के लिए निपटा लेना चाहिए। उसने अगले सप्ताह के लिए अपना टिकट बुक किया, जिसने मुझे इस बात के लिए पर्याप्त समय दे दिया कि मैं ख़ूब सारे बहाने बना सकूँ। ('मैं पुर्तगाल जा रहा हूँ, और एक महीने में वापस आ जाऊँगा,' मैंने उस लड़की से कहा जो मेट्रो में गाने गाती थी और जो मेरे साथ किराए के उस अपार्टमेंट में रह रही थी और जिसके साथ मैं हर रात 'मैड्रिड के नज़ारे' में जाता था)। मैंने अपार्टमेंट को ठीक-ठाक किया, उस घर से किसी महिला की मौजूदगी के छोटे-छोटे सबूतों तक को हटाया, अपने दोस्तों से कहा कि वे इस बारे में एक लफ़्ज भी नहीं कहें, क्योंकि मेरी बीवी एक महीने के लिए रहने आ रही थी।

एस्तर जब जहाज से उतरी तो पता चला कि उसने बाल बहुत भयानक ढंग से कटवा लिए हैं और उसमें वह पहचान में ही नहीं आ रही थी। हम स्पेन के अंदरूनी हिस्सों में गए, जो एक रात के लिए बहुत मायने रखते थे, लेकिन अगर उन जगहों पर मैं दुबारा जाना चाहूँ तो शायद खोज भी नहीं पाऊँ। हम बुलफ़ाइट देखने जाते, फ़्लैमांको देखने जाते, और मैंने यह

जताया कि मैं दुनिया का सबसे अच्छा पति था, क्योंकि मैं यह चाहता था कि वह घर यह महसूस करते हुए लौटे कि मैं उसको अभी भी प्यार करता था। पता नहीं क्यों, लेकिन मैं उसको इस बात का अहसास करवाना चाहता था, शायद कहीं गहरे मुझे यह पता था कि मैड्रिड के सपने का आख़िरकार अंत हो जाएगा।

मैंने उसके हेयरकट के बारे में शिकायत की और उसने बालों को पहले की तरह ही सुंदर कटवा लिया। उसकी छुट्टी के बस दस दिन बचे थे और मैं चाहता था कि वह ख़ुशी-ख़ुशी घर जाए और मुझे मैड्रिड का आनंद उठाने के लिए अकेले छोड़ दे, जो मुझे मारे डाल रहा था, डिस्कोथेक, जो सुबह के दस बजे खुल जाते, बुलफ़ाइट, उन्हीं पुराने विषयों को लेकर लगातार बातें, शराब, औरतें, और अधिक बुलफ़ाइट, और शराब, और औरत, और किसी तरह की कोई दिनचर्या नहीं।

एक इतवार जब हम लोग एक बार की तरफ़ जा रहे थे जहाँ सारी-सारी रात खाना मिलता था कि उसने उस विषय को छेड़ दिया, जिसके बारे में बात नहीं हो रही थी : वह किताब जिसके बारे में मैंने कहा था कि मैं लिख रहा था। मैं शेरी की पूरी बोतल पी गया, और लौटते समय रास्ते में लोहे के हर दरवाज़े को मारता हुआ, सड़क पर लोगों को गालियाँ देते हुए, मैंने उससे पूछा कि अगर उसका मक़सद मेरी ज़िंदगी को नर्क बनाना और मेरी ख़ुशियों को तबाह करना था तो उसने यहाँ आने की जहमत ही क्यों उठाई। उसने कुछ नहीं कहा, लेकिन हम दोनों यह समझ गए थे कि हमारे रिश्ते की मियाद पूरी हो गई थी। रात में मुझे ऐसी नींद आई, जिसमें कोई सपना नहीं आया, और अगली सुबह मैंने बिल्डिंग के मैनेजर को शिकायत की कि फ़ोन काम नहीं कर रहा था, और साफ़-सफ़ाई करने वाली महिला के बारे में बताया, जिसने एक सप्ताह से बिस्तर नहीं बदला था, ख़ूब देर तक नहाया ताकि पिछली रात की खुमारी उतर जाए, फिर मैं अपने टाइपराइटर पर बैठ गया, एस्तर को बस यह दिखाने के लिए कि मैं कोशिश कर रहा था, मैं ईमानदारी से कोशिश कर रहा था कि उपन्यास पर काम कर सकूँ।

और अचानक जैसे चमत्कार हो गया। मैंने उस औरत की तरफ़ देखा, जिसने कॉफ़ी बनाई थी और अब अख़बार पढ़ रही थी, जिसकी आँखें थकी और बेचैन लग रही थीं, जब वह शांत रहती थी तो ऐसे ही रहती थी, जो हमेशा अपने हावभाव से प्यार नहीं जताती थी, वह औरत जो मुझे तब 'हाँ'

कहने के लिए मजबूर कर देती थी जब मेरा मन 'नहीं' कहने का होता, जो मुझे इसके लिए मजबूर कर रही थी, जो उसको लगता था कि मेरी ज़िंदगी का कारण थी, जो सही भी था, जिसने मुझे इसलिए अकेले रहने दिया, क्योंकि वह अपने आप से अधिक मुझे प्यार करती थी, जिसने मुझे अपने सपने की खोज में भेजा; और अचानक उस छोटी-सी शांत महिला को देखकर, जिसकी आँखें शब्दों से अधिक बयान करती थीं, जो अंदर से डरी हुई रहती थीं, लेकिन अपने काम में हमेशा से बहुत साहसी थी, जो अपने आपको बिना झुकाए किसी को प्यार कर सकती थी, और जो अपने पुरुष के लिए लड़ते हुए कभी माफ़ी नहीं माँगती थी, अचानक मेरी अंगुलियाँ टाइपराइटर के बटन पर चलने लगीं।

पहला वाक्य उभरा। फिर दूसरा वाक्य।

दो दिन मैंने कुछ नहीं खाया, मैं बहुत कम सोता, शब्द ना जाने कहाँ से आ रहे थे, उसी तरह जिस तरह से तब आते थे, जब गीत लिखा करता था, उन दिनों में जब बहुत सारी बहसों और निरर्थक बातचीत के बाद संगीत के मेरे सहयोगी और मैं इस बात को समझ जाते कि अब समय आ गया है इस गाने की धुन तैयार कर दी जाए। इस दफ़ा मैं जानता था कि ये शब्द एस्तर के दिल से निकल रहे थे; मेरे प्रेम का पुनर्जन्म हो गया था, मैं इसलिए किताब लिख रहा था, क्योंकि वह थी, क्योंकि उसने हर मुश्किल वक्त में मेरा साथ दिया, कोई शिकायत नहीं की, एक बार भी उसने खुद को पीड़ित के रूप में नहीं देखा। मैंने उस अनुभव को लिखने से शुरुआत की जिसने पिछले कुछ सालों में मुझे सबसे ज़्यादा प्रभावित किया था - सैंटियागो के सफ़र ने।

***

लिखते हुए मुझे यह अहसास हुआ कि जिस तरह से मैं इस दुनिया को देखता हूँ उसमें बहुत बड़े बदलाव आए हैं। कई सालों से मैं जादू, कीमियागिरी और टोने का अभ्यास कर रहा था; मुझे इस विचार में बहुत आकर्षण था कि लोगों का एक छोटा-सा समूह किसी बड़ी शक्ति के आवेश में हों, जिसको शेष मानवता के साथ किसी भी तरह साझा नहीं किया जा सकता हो, क्योंकि इतने बड़े ज्ञान को अनुभवहीन हाथों में सौंप देने का नतीजा बहुत

ख़तरनाक हो सकता था। मैं कई गुप्त सभाओं का सदस्य था, मैं सम्मोहन से जुड़ी संस्थाओं से जुड़ा था। मैं गूढ़, ख़ूब महंगी किताबें ख़रीदता, काफ़ी समय उन कर्मकांडों में बिताता। मैं कई संस्थाओं से जुड़ता, कई संस्थाओं से अलग होता, हमेशा यही सोचता कि आख़िरकार मेरी मुलाक़ात ऐसे किसी इंसान से होगी जो मुझे अदृश्य संसार के रहस्यों के बारे में बताएगा। लेकिन अंत में, मुझे यह जानकर बहुत निराशा होती कि इनमें से अधिकतर लोग, भले उनका इरादा बुरा नहीं होता था, किसी न किसी रूढ़िवादी परम्परा का पालन कर रहे होते थे और कट्टर होते जा रहे थे, क्योंकि कट्टरता एकमात्र ऐसा मार्ग है, जिसके माध्यम से आप उन शंकाओं पर विराम लगा सकते हैं, जो इंसान को लगातार परेशान करती रहती हैं। मैंने यह पाया कि इनमें से बहुत से कर्मकांड वास्तव में कारगर होते थे, लेकिन मैंने यह भी पाया कि जो लोग अपने आपको जीवन के रहस्यों का ज्ञाता मानते हैं, यह मानते हैं कि वे उनको जानते हैं, जो यह दावा करते हैं कि उनको वे तरीक़े पता हैं, जिसके कारण उनके अंदर यह क्षमता आती है कि वे अपनी हर ख़्वाहिश को पूर कर सकें, उनका प्राचीन पद्धतियों के साथ कोई लेना-देना नहीं रह गया था। सैंटियागो की यात्रा में आम लोगों के संपर्क में आने के बाद मुझे यह समझ आया कि ब्रह्मांड अपनी संकेत भाषा में काम करती है, और इस भाषा को समझने के लिए आपको अपने आसपास की गतिविधियों को खुले दिमाग़ से देखना होता है - इन बातों ने मुझे यह सोचने पर मजबूर किया कि क्या तंत्र-मंत्र रहस्यों के दरवाज़े खोल देता है। सैंटियागो की यात्रा को लेकर अपनी किताब में मैंने इस विचार के उभरने और उसके अंत को लेकर इन शब्दों में अपने विचार व्यक्त किए हैं : 'आपको करना बस यह होता है कि आप ध्यान दें; जब आप तैयार होते हैं संदेश हमेशा आते हैं, और अगर आप इन संकेतों को पढ़ पाते हैं तो आप हर उस बात को समझ जाएँगे, जिसके आधार पर आप अपना अगला क़दम उठा सकें।'

***

हम इंसानों की दो बड़ी समस्याएँ हैं : पहला यह जानना कि शुरुआत कब करनी चाहिए, और दूसरा यह जानना कि कब रुक जाना चाहिए।

एक सप्ताह बाद, मैंने पहले, दूसरे और तीसरे ड्राफ़्ट की शुरुआत की। अब मैड्रिड में मेरा मन नहीं लग रहा था, अब घर जाने का समय आ

गया था। मुझे यह महसूस हुआ कि एक चक्र पूरा हो गया और मुझे तत्काल रूप से दूसरे चक्र की शुरुआत करनी थी। मैंने उस शहर को उसी तरह से अलविदा कहा जिस तरह से मैं ज़िंदगी में हमेशा अलविदा कहा करता था : यह सोचते हुए कि हो सकता है कि मेरा दिमाग़ बदल जाए और मैं एक दिन वापस लौट आऊँ।

मैं एस्तर के साथ अपने देश लौट आया, मैं पूरी तरह से समझ गया था कि अब शायद नए काम करने का समय आ गया था, लेकिन जब तक मैं करता (और मैंने नहीं किया, क्योंकि मुझे उसकी ज़रूरत नहीं थी) मैं अपनी किताब को नए सिरे से लिखने में लग गया। इस बात में मेरा यक़ीन नहीं था कि स्पेन में एक आदमी के रोमांटिक, लेकिन मुश्किल भरे सफ़र के अनुभवों में किसी की दिलचस्पी भी होगी।

चार महीने बाद, जब मैं अपनी किताब का दसवाँ ड्राफ़्ट लिख रहा था तो मैंने पाया कि मेरी टाइप की हुई किताब और एस्तर दोनों ग़ायब थे। चिंता के मारे मैं पागल ही होने वाला था कि वह पोस्ट ऑफ़िस के एक रसीद के साथ लौटकर आ गई - उसने पांडुलिपि अपने एक पुराने प्रेमी को भेज दी थी, जो एक छोटा-सा प्रकाशन चलाता था।

उसके पूर्व प्रेमी ने किताब प्रकाशित कर दी। इसके बारे में मीडिया में कहीं एक शब्द तक नहीं छपा, फिर भी कुछ लोगों ने किताब ख़रीदी। उन्होंने कुछ अन्य लोगों को पढ़ने के लिए कहा, उन लोगों ने भी किताब ख़रीदी और फिर कुछ और लोगों को पढ़ने के लिए कहा। छह महीने बाद पहला संस्करण बिक गया। एक साल बाद, तीन और संस्करण निकल गए और मैं उस चीज़ से धन कमाने लगा, जिसके बारे में मैंने सपने में भी नहीं सोचा था कि कमा पाऊँगा - साहित्य से।

मुझे नहीं पता था कि यह सपना कितने दिन चलेगा, लेकिन मैंने यह फ़ैसला किया कि मैं अब हर पल को ऐसे जिऊँगा जैसे यह आख़िरी पल हो। और मैंने पाया कि इस सफलता ने वे दरवाज़े खोल दिए लम्बे समय से जिसके खुलने का मैं इंतज़ार में था : मेरी अगली किताब को छापने में कुछ अन्य प्रकाशकों ने भी दिलचस्पी दिखाई।

ज़ाहिर है, मैं हर साल तो सैंटियागो की यात्रा पर तो नहीं जा सकता था; इसलिए अब मैं क्या लिखूँगा? क्या मैं इसी नीरस तरीक़े से टाइपराइटर के सामने बैठ जाऊँगा और लिखने के अलावा हर काम कर रहा होऊँगा?

यह महत्त्वपूर्ण है कि मैं दुनिया के अपने विज़न को साझा करूँ और अपने जीवन के अनुभवों का वर्णन करूँ। मैंने कुछ दिन और कई रातों तक यह कोशिश की और फिर पाया कि यह असंभव था। फिर एक शाम *द थाउजेंड ऐंड वन नाइट* में एक दिलचस्प कहानी पर मेरी नज़र गई; इसमें मुझे अपने पथ का संकेत नज़र आया, कुछ ऐसा, जिससे मुझे यह समझने में मदद मिली कि मैं कौन हूँ और मैंने उस फ़ैसले को लेने में इतना लम्बा वक़्त क्यों लिया जो हमेशा से मेरे इंतज़ार में था। मैंने उस कहानी को एक अन्य कहानी का आधार बनाया जो एक गड़रिए के बारे में थी जो अपने सपने की तलाश में जाता है, उसने सपना देखा था कि मिस्र के पिरामिड में एक ख़ज़ाना गड़ा हुआ है। फिर मैंने उसके जीवन के प्रेम के बारे में लिखा जो उसके इंतज़ार में वहाँ था, जिस तरह से जब मैं परिक्रमा कर रहा था तो एस्तर मेरे इंतज़ार में थी।

अब मैं कोई ऐसा आदमी नहीं रह गया था जो कुछ बनने के सपने देख रहा था : मैं वह गड़रिया था जो रेगिस्तान से गुज़र रहा था, लेकिन वह कीमियागर कहाँ था जो उसको आगे बढ़ने में मदद करता? जब मैंने इस उपन्यास को पूरा किया, मुझे पूरी तरह से यह समझ नहीं आया कि मैंने लिखा क्या है : यह एक तरह से वयस्कों के लिए परीकथा की तरह था, और वयस्कों की दिलचस्पी युद्ध, सेक्स या ऐसी कहानियों में होती है जो वर्चस्व की होती हैं। बहरहाल, प्रकाशकों ने उस किताब को स्वीकार कर लिया, किताब प्रकाशित हुई, और मेरे पाठकों ने एक बार फिर से मुझे बेस्टसेलर लिस्ट में पहुँचा दिया।

तीन साल बाद मेरा विवाहित जीवन बहुत अच्छा चल रहा था; मैं वह कर रहा था जो मैं हमेशा से करना चाहता था; पहला अनुवाद आया, फिर दूसरा, और फिर सफ़लता आई - और धीरे-धीरे मेरी किताबें दुनिया के चारों कोने में पहुँच गईं।

मैंने पेरिस जाने का फ़ैसला किया, कारण था वहाँ के कैफ़े, वहाँ के लेखक और वहाँ का सांस्कृतिक जीवन। मैंने पाया कि इनमें से अब कुछ भी बाक़ी नहीं बचा था : कैफ़े पर्यटकों से भरे थे और उन लोगों की तसवीरों से जिन्होंने उन स्थानों को प्रसिद्ध बनाया। वहाँ के अधिकतर लेखक विषय से अधिक शैली को लेकर चिंतित थे; वे मौलिक होने की कोशिश करते थे, लेकिन जो लिखते थे वह बहुत फीका होता था। वे अपनी छोटी-सी दुनिया

में क़ैद हो गए थे, और मैंने एक दिलचस्प फ़्रेंच शब्द सुना, जिसका मतलब था एक दूसरे की मदद करना। इसका व्यावहारिक मतलब यह होता है कि मैं आपकी किताब के बारे में अच्छी-अच्छी बातें करूँ, आप मेरी किताब के बारे में अच्छी-अच्छी बातें कीजिए, और इस तरह से हम एकदम नया सांस्कृतिक संसार बना लेंगे, एक क्रांति, एक नया दिखाई देने वाला दर्शन; हम इसलिए पीड़ित होते हैं, क्योंकि हमें कोई नहीं समझता है, लेकिन अतीत के सभी जीनियस लोगों के साथ यही हुआ : महान कलाकार होने का यह लक्षण होता है कि आपके समकालीन आपको समझ नहीं पाते। चापलूसी भारी समीक्षाओं से शुरू-शुरू में ऐसे लेखकों को कुछ सफलता मिल जाती है : लोग ऐसी रचनाओं की खुलेआम आलोचना से बचते हैं, जिसको वे समझ नहीं पाते, लेकिन उनको जल्दी ही यह बात समझ आ जाती है कि उनेक साथ धोखा किया जा रहा है और वे ऐसे चापलूस आलोचकों के ऊपर विश्वास करना छोड़ देते हैं।

इंटरनेट और उसकी सरल भाषा के सहारे माहौल में बदलाव आया है। पेरिस में एक समानांतर संसार उभर आया है : नए लेखक इसके लिए संघर्ष कर रहे हैं कि उनके शब्द और उन शब्दों के मायने समझ आ जाएँ। मैं कैफ़े में इन लेखकों के साथ शामिल हो गया, जिनको कोई सुन नहीं रहा था, क्योंकि ना तो लेखक ना ही कैफ़े तब तक प्रसिद्ध हुए थे। मैंने अपनी शैली विकसित की और मैंने एक प्रकाशक से यह सीखा कि मुझे बस यह सीखने की ज़रूरत है कि परस्पर समर्थन कैसे दिया जाता है।

'फ़ेवर बैंक (मदद बैंक) क्या होता है?'

'तुमको पता है। सभी जानते हैं।'

'शायद, लेकिन मुझे अभी भी समझ नहीं आ रहा कि आप कह क्या रहे हैं।'

'सबसे पहले एक अमेरिकी लेखक ने इसका ज़िक्र किया था। यह दुनिया का सबसे शक्तिशाली बैंक होता है, और आप पाएँगे कि यह ज़िंदगी के सभी क्षेत्रों में होता है।'

'हाँ, लेकिन मैं एक ऐसे देश से आता हूँ, जहाँ साहित्य की कोई परम्परा नहीं रही है। मैं किसी की क्या मदद कर सकता हूँ?'

'इससे कोई फ़र्क़ नहीं पड़ता। मैं तुमको एक उदाहरण देता हूँ : मुझे पता है कि तुम एक होनहार लेखक हो, और इसलिए एक दिन तुम बहुत प्रभावी लेखक बन जाओगे। मैं इस बात को इसलिए जानता हूँ, क्योंकि तुम्हारी तरह मैं भी कभी बहुत महत्त्वाकांक्षी था, आज़ाद था, ईमानदार था। अब मेरे अंदर वह ऊर्जा नहीं रही जो कभी थी, लेकिन मैं तुम्हारी मदद करना चाहता हूँ, क्योंकि मैं अभी ठहरना नहीं चाहता। मैं रिटायर होने के बारे में नहीं सोच रहा, मैं अभी भी उस आकर्षण भरे संघर्ष के बारे में सपने देख रहा हूँ जो ज़िंदगी है, शक्ति है, महानता है।'

'मैं तुम्हारे खाते में जमा करना शुरू कर दूँगा - लेकिन नक़दी नहीं, समझे, संपर्क। मैं तुमको ख़ास-ख़ास लोगों से मिलवाऊँगा, मैं कुछ ख़ास सौदों का इंतज़ाम करूँगा, लेकिन वे सब वैध होंगे। तुमको यह पता होगा कि तुम मेरे क़र्ज़दार हो, लेकिन मैं तुमसे कुछ माँगूँगा नहीं।'

'और फिर एक दिन...'

'बिलकुल। एक दिन मैं तुमसे कोई मदद माँगूँगा और ज़ाहिर है तुम "नहीं" कहना चाहोगे, लेकिन तुम इस बात को समझ रहे होगे कि तुम मेरे क़र्ज़दार हो। मैं जो कहूँगा जब तक तुम वह करते रहोगे, मैं तुम्हारी मदद करता रहूँगा, और दूसरे लोगों को ऐसा लगेगा कि तुम एक जहीन, विश्वास

करने लायक़ इंसान हो, और इसलिए वे भी तुम्हारे खाते में जमा करते जाएँगे - हमेशा संपर्कों के रूप में, क्योंकि यह दुनिया संपर्कों से बनी है ना कि किसी और चीज़ से। एक दिन वे भी तुमसे मदद माँगेंगे, और तुम उन लोगों की इज़्ज़त और मदद करोगे, जिन लोगों ने तुम्हारी मदद की थी, और देखते ही देखते दुनिया भर में तुम्हारा दायरा बढ़ जाएगा, जिसको भी जानना चाहिए तुम उनको जान जाओगे और तुम्हारा प्रभाव बढ़ता ही जाएगा।'

'तुम मुझे जो करने के लिए कहो मैं उसे मना भी तो कर सकता हूँ।'

'कर सकते हो। फ़ेवर बैंक ख़तरनाक धंधा है, किसी अन्य बैंक की तरह ही। तुम हो सकता है वह मदद करने से मना कर दो जो मैं माँगूँ, क्योंकि तुमको यह लगता हो कि तुम उस मदद के लायक़ थे, क्योंकि तुम सबसे अच्छे हो और सभी लोगों को तुम्हारी प्रतिभा अपने आप पहचान लेनी चाहिए। ठीक है, फिर मैं तुमको शुक्रिया अदा करूँगा और किसी और से मदद की माँग करूँगा, जिसके खाते में मैंने बहुत कुछ जमा किया होगा; लेकिन उसके बाद से बिना मेरे कहे सभी को इस बात का पता चल जाएगा कि तुम्हारा ऐतबार नहीं करना चाहिए।'

'तुमको जितना आगे बढ़ना चाहिए उससे आधा ही आगे बढ़ पाओगे, और निश्चित रूप से उतना तो बिलकुल नहीं जितना कि तुमने चाहा होगा। एक निश्चित बिंदु पर तुम्हारी ज़िंदगी में उतार आना शुरू हो जाएगा, तुम आधे सफ़र को ही पूरा कर पाओगे, पूरी दूरी तय नहीं कर पाओगे, तुम आधे ख़ुश आधे उदास रहोगे, ना हताश, ना संतुष्ट। ना तो तुम ठंडे रहोगे ना गर्म, गुनगुने बनकर रह जाओगे, और जैसा कि किसी धार्मिक किताब में एक इंजीलवादी ने कहा था : 'गुनगुनी चीज़ें तश्तरी में अच्छी नहीं लगती हैं।"'

प्रकाशक ने मेरे फ़ेवर बैंक के खाते में बहुत सारा जमा कर दिया - या कहें संपर्क दे दिया। मैंने सीखा, तो भुगता भी, मेरी किताबों के अनुवाद फ़्रेंच भाषा में हुए, और जैसी कि उस देश की परम्परा रही है, वहाँ अजनबियों का स्वागत किया जाता है। यही नहीं, अजनबी को ख़ूब सफलता भी मिलती है! दस साल के बाद मेरे पास एक बड़ा अपार्टमेंट था, जिसका रुख़ सीन नदी की तरफ़ था, मुझे पाठक पसंद करने लगे और आलोचक नफ़रत (जब तक मेरी किताब की 100,000 प्रतियाँ नहीं बिकी थीं, तब तक वे मुझे प्यार करते थे, लेकिन उसके बाद से मैं 'वह जीनियस बन गया जिसको समझा नहीं गया')। मैं तुरंत बदले में भुगतान करने लगा और जल्दी ही मैं भी लोगों को संपर्क उधार देने लगा। मेरा प्रभाव बढ़ने लगा। मैंने सीख लिया कि किस तरह से मदद माँगनी चाहिए और जब दूसरे मदद माँगें तो किस तरह मदद की जाए।

एस्तर को भी पत्रकार के रूप में काम करने की अनुमति मिल गई। जिस तरह से किसी भी शादी में होता है वैसी नोक-झोंक को छोड़कर मैं बहुत संतुष्ट था। मुझे यह बात पहली बार समझ में आई कि अपने पुराने प्रेम संबंधों और शादियों को लेकर मुझे जितनी भी हताशा महसूस हुई थी उसका कोई संबंध उन औरतों से नहीं था, बल्कि वह मेरी अपनी कड़वाहट के कारण था। लेकिन एस्तर अकेली औरत थी, जिसने एक बात बहुत साफ़ तरीक़े से समझ ली थी : उसको पाने की कोशिश में, सबसे पहले मुझे अपने आप को ढूँढ़ना पड़ेगा। हम लोग आठ साल से साथ-साथ थे; मुझे लगता है कि वह मेरी ज़िंदगी का असली प्यार है, और हालाँकि कभी-कभार (या ईमानदारी से कहूँ कि अक्सर) अपने सामने आने वाली कुछ लड़कियों के प्यार में पड़ जाता हूँ, लेकिन मैंने कभी तलाक़ के बारे में नहीं सोचा। मैंने उससे कभी यह पूछा भी नहीं कि मेरे विवाहेतर संबंधों के बारे में उसको पता था या नहीं। उसने इस संबंध में कभी कुछ नहीं कहा।

इसीलिए मुझे तब बड़ी हैरानी हुई जब हम लोग सिनेमा से निकल रहे थे तो उसने मुझसे कहा कि उसने अपनी पत्रिका से पूछा है कि वह क्या अफ़्रीका के गृह युद्ध पर रिपोर्ट लिख सकती है।

'क्या कह रही हो?'

'मैं यह कह रही हूँ कि मैं युद्ध संवाददाता बनना चाहती हूँ।'

'पागल हो गई हो। तुमको ये सब करने की कोई ज़रूरत नहीं है। तुम पहले से ही जो करना चाहती थी वह काम कर रही हो। अच्छा कमा लेती हो - क्या तुम्हारे लिए ये कमाई कम है। तुम्हारे मदद बैंक में वे सारे संपर्क हैं जो चाहिए। तुम होनहार हो और तुम्हारे साथ काम करने वाले तुम्हारी इज़्ज़त करते हैं।'

'अच्छा ठीक है, फिर ये समझ लो कि मैं अकेली रहना चाहती हूँ।'

'मेरी वज़ह से?'

'हम लोगों ने अपनी ज़िंदगी साथ-साथ बनाई है। मैं अपने पति को प्यार करती हूँ और वह भी मुझे प्यार करता है, हालाँकि वह बहुत वफ़ादार पति नहीं है।'

'इस बारे में तुमने पहले कभी कुछ नहीं कहा था।'

'कारण यह है कि इस बात से मुझे फ़र्क़ नहीं पड़ता। मेरा मतलब है, वफ़ादारी क्या होती है? यही सोच ना कि मेरे पास एक शरीर है और आत्मा है जो मेरी नहीं है? क्या तुम इस बात की कल्पना कर सकते हो कि जब से हम साथ हैं तब से मैं किसी और पुरुष के साथ नहीं सोई?'

'मुझे इसकी परवाह नहीं है और मैं जानना चाहता भी नहीं हूँ।'

'अच्छा, ना ही मैं करती हूँ।'

'फिर दुनिया के दूर-दराज के किसी देश में चल रहे युद्ध को लेकर लिखने की बात कहाँ से आ गई?'

'मैंने कहा ना कि मैं लिखना चाहती हूँ।'

'तुमको जो चाहिए क्या वह नहीं मिला?'

'मेरे पास वह सब है जो किसी औरत को चाहिए।'

'फिर तुम्हारी ज़िंदगी में गड़बड़ क्या है?'

'यही बात है। मेरे पास सब कुछ है, लेकिन मैं ख़ुश नहीं हूँ। और मैं अकेली नहीं हूँ, पिछले सालों के दौरान मैंने तरह-तरह के लोगों का इंटरव्यू लिया : अमीरों का, ग़रीबों का, ताक़तवर लोगों का, और उनका जो किसी तरह अपना गुज़र-बसर कर रहे थे। मैंने सभी लोगों की आँखों में असीम कड़वाहट देखी, एक ऐसी उदासी, जिसके बारे में लोग स्वीकार नहीं करना चाहते थे, लेकिन वह फिर भी कहीं दिखाई दे ही जाता था। सुन रहे हो ना?'

'हाँ, मैं सुन रहा हूँ। मैं बस सोच रहा था। क्योंकि तुम्हारे हिसाब से तो कोई भी ख़ुश नहीं है?'

'कुछ लोग ख़ुश दिखाई देते हैं, लेकिन वे इस बारे में ज़्यादा सोचते ही नहीं। कुछ लोग योजनाएँ बनाते हैं : मुझे एक पति चाहिए, एक घर, दो बच्चे, एक घर ग्रामीण इलाक़े में। जब तक वे इन सब बातों में डूबे रहेंगे तब तक वे ऐसे साँड़ की तरह बने रहेंगे जो बुलफ़ाइट में जाने का इंतज़ार कर रहा हो : वे सहज भाव से कुछ प्रतिक्रिया करते हैं, वे बिना यह जाने कि निशाना कहाँ है गोली चलाते रहते हैं। वे अपनी कार ख़रीद लेते हैं, कई बार वे फ़ेरारी कार भी ख़रीद लेते हैं, और वे सोचते हैं कि ज़िंदगी का अर्थ यही है, और वे इसको लेकर कोई सवाल नहीं करते। फिर वे अपनी आँखों की उस उदासी को छुपा नहीं पाते, जिसके बारे में उनको स्वयं पता नहीं होता। तुम ख़ुश हो?'

'पता नहीं।'

'मुझे यह भी नहीं पता कि सभी लोग दुखी हैं। मैं यह जानता हूँ कि सब लोग व्यस्त हैं : समय से अधिक काम कर रहे हैं, बच्चों के बारे में चिंतित रहते हैं, अपने पतियों के बारे में, करियर के बारे में, डिग्री के बारे में, कल वे क्या करने वाले हैं उसके बारे में, उनको क्या-क्या ख़रीदना है, उनको क्या कुछ व्यवस्थित रखने की ज़रूरत है ताकि उनको हीन भावना का अहसास नहीं हो, आदि-आदि। बहुत कम लोगों ने मुझसे कहा : "मैं दुखी हूँ।' ज़्यादातर लोगों ने कहा : "मैं ठीक हूँ। मेरे पास वह सब है जो मुझे चाहिए था।" फिर मैंने पूछा : "आपको किस बात से ख़ुशी महसूस होती है?" जवाब : "मेरे पास वह सब है जो किसी आदमी के पास होना चाहिए - परिवार, घर, अच्छी सेहत।" मैंने फिर पूछा : "क्या आपने कभी ठहरकर यह सोचा है कि क्या ज़िंदगी का यही मतलब है?" जवाब : "हाँ,

यही मतलब होता है।" मैंने फिर ज़ोर दिया : "यानी ज़िंदगी का मतलब है काम, परिवार, बच्चे जो बड़े होकर आपसे दूर चले जाएँगे, एक पति या पत्नी जो सच्चे प्रेमी के बजाय आपका अधिक दोस्त बन जाए। और ज़ाहिर है, एक दिन आपका काम भी ख़त्म हो जाएगा। जब ऐसा होगा तो आप क्या करेंगे?" जवाब : इसका कोई जवाब नहीं मिला। उन लोगों ने बात बदल दी।'

'नहीं, वे यह कहते हैं कि : "जब हमारे बच्चे बड़े हो जाएँगे, जब मेरे पति – या मेरी पत्नी – भावुक प्रेमी के बजाय हमारे दोस्त बन जाएँगे, जब मैं रिटायर हो जाऊँगा तो मेरे पास वह करने का समय होगा जो मैं हमेशा से करना चाहता था : यात्रा।" सवाल : "लेकिन अभी तो आपने कहा कि आप बहुत ख़ुश हैं? तो क्या आप जो करना चाहते थे वह काम इस वक्त नहीं कर रहे?" जवाब में वे कहते कि इस समय वे बहुत व्यस्त हैं और बातचीत का विषय बदल देते।'

'अगर मैं ज़ोर देने लगती तो वे कुछ वैसी बात करने लगते जो उनके पास नहीं होता था। व्यवसायी ने वैसा सौदा नहीं किया जो वे चाहते थे, घरेलू महिलाओं को कुछ और आज़ादी और धन चाहिए, वह लड़का जिसको किसी से प्यार है उसको यह डर कि कहीं उसकी प्रेमिका उससे बिछड़ ना जाए, नए-नए ग्रेजुएट विद्यार्थी यह सोचते कि वह अपने करियर का चुनाव खुद करेगा या उसके लिए वह चुना जाएगा, डेंटिस्ट गायक बनना चाहते थे, गायक राजनेता बनना चाहते थे, राजनेता लेखक बनना चाहते थे, लेखक किसान बनना चाहता था। मैं जब भी किसी ऐसे आदमी से मिला जो वही काम कर रहा था जो वह करना चाहता था, उस आदमी की आत्मा तकलीफ़ में ही दिखी। उसको तब तक वह शांति मिली नहीं होती थी। इसलिए मैं एक बार और पूछता हूँ : "क्या तुम ख़ुश हो?"'

'नहीं, मुझे औरतें मिली, प्यार मिला, वह करियर जिसका मैंने सपना देखा था, मैंने इस तरह की आज़ादी पाई, जिससे मेरे दोस्त ईर्ष्या करते हैं, यात्राएँ, सम्मान, इज़्ज़त। लेकिन कुछ है...'

'क्या?'

'मुझे ऐसा लगता है कि अगर मैं रुका तो मेरी ज़िंदगी का कोई मतलब नहीं रह जाएगा।'

'तुम कभी बड़े चैन से मेरे हाथ को अपने हाथ में लिए पेरिस में नहीं टहलते हुए यह नहीं कह सकते : मैं जो चाहता था वह मुझे मिल गया, अब बाक़ी ज़िंदगी मज़े करते हैं।'

'मैं पेरिस की तरफ़ देख सकता हूँ, तुम्हारा हाथ अपने हाथ में ले सकता हूँ, लेकिन ये शब्द नहीं कह सकता?'

'मैं तुमसे शर्त लगाती हूँ कि इस सड़क पर जितने लोग चल रहे हैं उनको भी ऐसा ही महसूस हो रहा है। वह सुंदर स्त्री जो अभी हमारे सामने से गुज़री, अपने दिन ऐसे गुजारती है जैसे समय को थामकर रखना चाहती हो, हमेशा वज़न तौलने की मशीन पर वज़न तौलती रहती है, क्योंकि उसको लगता है कि प्रेम का मतलब यही होता है। सड़क की दूसरी तरफ़ देखो : एक जोड़ा दो बच्चों के साथ दिखाई दे रहा होगा। उनको इसी बात से बड़ी ख़ुशी महसूस होती है कि वे अपने बच्चों के साथ बाहर निकले, लेकिन साथ ही, अंदर ही अंदर वे लगातार एक तरह के डर के माहौल में रहते हैं : उनको लगता रहता है कि कहीं यह नौकरी नहीं चली जाए, कहीं उनको कोई बीमारी नहीं हो जाए, हेल्थ इंश्योरेंस शायद काम नहीं आए, बच्चा कहीं गाड़ी के नीचे नहीं आ जाए। और इस तरह की बातों से ध्यान बँटाने के लिए वे कोई ऐसा जरिया ढूँढ़ने में लगे रहते, जिससे इस तरह की त्रासदियों से वे बच सकें, अपने आपको दुनिया से बचा सकें।'

'और कोने में खड़ा वह भिखारी?'

'मुझे उसके बारे में नहीं पता। मैंने कभी किसी भिखारी से बात नहीं की है। वह देखने से बहुत दयनीय लगता है, लेकिन बाक़ी भिखारियों की तरह उसकी आँखों को देखकर ऐसा लगता है कि वह कुछ छिपा रहा हो। उसकी उदासी इतनी साफ़ तौर पर दिखाई दे रही थी कि मुझे यक़ीन ही नहीं हो रहा था।'

'क्या कमी हो सकती है?'

'मुझे कुछ नहीं पता। सेलिब्रिटी मैगजीन (मशहूर हस्तियों पर पत्रिका) में मैंने देखा है कि सभी लोग मुस्कराते हुए, सुखी दिखाई देते हैं, लेकिन मैंने खुद एक सेलिब्रिटी से शादी कर ली है मैं यह जानती हूँ कि यह सब इसी तरह से नहीं होता है : फ़ोटो में सभी लोग हँस रहे होते थे, लेकिन देर रात या सुबह होते-होते माहौल बदल चुका होता था। "मैगजीन में लगातार दिखाई देने के लिए मुझे क्या करना चाहिए?" "मैं इस बात को किस तरह

छिपाए रखूँ कि मेरे पास अपनी आलीशान ज़िंदगी को जीने के लिए अब धन नहीं रहा?" "कैसे मैं अपनी आलीशान ज़िंदगी को इस तरह दिखाऊँ कि वह किसी की भी ज़िंदगी से अधिक आलीशान लगे?" "इस फ़ोटो में जो हीरोइन दिखाई दे रही है और जिसके साथ खड़ा मैं मुस्करा रहा हूँ वह कल मेरा रोल चुरा सकती है!" "मैंने उससे बेहतर कपड़े पहने हैं या नहीं? जब हम एक दूसरे से नफ़रत करते हैं तो मुस्कराते क्यों रहते हैं?" "हम इस मैगजीन के पाठकों को ख़ुशियाँ क्यों बेचते हैं जबकि वे अपने आप से बुरी तरह से नाख़ुश होते हैं, अपनी प्रसिद्धि के गुलाम बनकर जीने लगते हैं।"

'हम लोग प्रसिद्धि के गुलाम नहीं हैं।'

'परेशान मत हो। मैं यह बात हम लोगों के संदर्भ में नहीं कह रही।'

'फिर तुमको क्या लगता है कि क्या चल रहा है?'

'वर्षों पहले, मैंने एक किताब पढ़ी थी, जिसमें एक दिलचस्प कहानी थी। ज़रा सोचिए कि युद्ध में हिटलर की जीत हुई होती, उसने सभी यहूदियों को मार दिया होता और उसने लोगों को यह समझा दिया होता कि सच में ऊँची नस्ल होती है। इतिहास की किताबों में बदलाव आना शुरू हो गया होता और उसके उत्तराधिकारी सभी इंडियंस का सफ़ाया कर देते। तीन सौ साल के बाद अश्वेतों का भी उन्मूलन कर दिया गया होता, और पाँच सौ वर्षों में शक्तिशाली युद्ध विजेता नस्ल इस धरती से सभी प्राचीन नस्लों का सफ़ाया कर देती। इतिहास की किताबों में बर्बरों के ख़िलाफ़ किसी युद्ध की बात लिख दी जाती, लेकिन उसको कोई नहीं पढ़ता, क्योंकि उनका कोई महत्त्व नहीं होता।'

नाजीवाद के जन्म के दो हज़ार साल के बाद टोक्यो के एक बार में, जिस शहर में पाँच सौ सालों से क़द में लम्बे, नीली आँखों वाले लोग रह रहे थे, हैन्स और फ़्रिट्ज़ बियर का आनंद ले रहे थे। एक बिंदु पर हैन्स फ़्रिट्ज़ को देखता है और उससे पूछता है : 'फ़्रिट्ज़, क्या तुमको ऐसा लगता है कि यह सब हमेशा से ऐसा था?'

'क्या?' फ़्रिट्ज़ पूछता है।

'यह दुनिया।'

'बिलकुल दुनिया हमेशा से ऐसी ही थी, क्या हम लोगों को यही नहीं पढ़ाया गया है?'

'हाँ, पता नहीं मैंने ऐसा बेवक़ूफी भरा सवाल क्यों पूछा,' हैन्स ने कहा। वे बियर पीते हुए इधर-उधर की बातें करते हैं और फिर इस सवाल को ही पूरी तरह से भूल जाते हैं।'

'तुमको भविष्य में बहुत दूर जाने की ज़रूरत नहीं है, तुमको बस दो हज़ार साल पहले जाने की ज़रूरत है। क्या तुम सोच सकते हो कि तुम किसी गिलोटिन की पूजा कर रहे हो, किसी वधस्थल की या इलेक्ट्रिक चेयर की?'

'मैं समझ रहा हूँ कि तुम कहना क्या चाह रही हो - इंसान को दी जाने वाली पीड़ाओं में सबसे बड़ी पीड़ा, सलीब। मुझे यह याद है कि सिसरो ने इसके बारे में लिखा था कि यह सबसे "घृणास्पद सज़ा" थी, जिसमें मरने से पहले उस इंसान को बहुत अधिक पीड़ा होती थी, जिसको सलीब पर लटकाया जाता था। फिर भी, आजकल लोग उसको गले में लटकाकर चलते हैं, उसको अपने शयन कक्ष में टाँगते हैं और उसको एक धार्मिक चिह्न मानने लगे हैं, इस बात को भूलकर कि वे जिसे देख रहे हैं, वह पीड़ा पहुँचाने का एक साधन था।'

'दो सौ पचास साल पहले किसी ने यह तय किया कि शीत संक्रांति के आसपास जो गैर-ईसाई त्योहार मनाया जाता था उसको समाप्त कर दिया जाना चाहिए, वह समय तब होता है जब सूरज धरती से सबसे दूर होता है। धर्मदूत और उसके बाद आने वाले प्रचारक जीसस के संदेश को फैलाने में बहुत व्यस्त थे, जो यह था कि रोमन के सूर्य देवता का जन्मोत्सव, जो 25 दिसम्बर को मनाया जाता था वह चिंता की बात थी। उसके बाद एक बिशप ने यह फ़ैसला किया कि संक्रांति के समय जो *सूर्य के जन्मोत्सव का त्योहार* मनाया जाता था, वह ग़लत था और फिर फ़ैसला हो गया। अब हम लोग चर्च में मास करते हैं, गाँव के दृश्य बनाते हैं, तोहफ़े देते हैं, सर्मन सुनाए जाते हैं, लकड़ी के हौद में प्लास्टिक की गुड़िया, और यह अटूट आस्था कि जीसस क्राइस्ट का जन्म उसी दिन हुआ था!'

'और फिर क्रिसमस ट्री बनाया जाता। तुमको पता है कि यह परम्परा कहाँ से आई है?'

'नहीं पता।'

'सेंट बोनीफ़ेस जब बच्चे थे तो एक तरह का कर्मकांड किया जाता था, जो देवता ओडिन के सम्मान में किया जाता था, उन्होंने उस कर्मकांड का "ईसाईकरण" करने का फ़ैसला किया। साल में एक बार जर्मनी के

आदिवासी ओक के पेड़ के आसपास तोहफ़े रख देते थे और बच्चों से खोजने के लिए कहते थे। उनको ऐसा लगता था कि इससे उनके आदिम देवता को ख़ुशी मिलेगी।'

'हैन्स और फ़्रिट्ज़ की कहानी की तरफ़ वापस लौटते हैं : क्या आपको ऐसा लगता है कि सभ्यता, इंसानी रिश्ते, हमारी उम्मीदें, हमारी जीत, किसी और गूढ़ कहानी से आई होती है?'

'जब तुमने सैंटियागो के सफ़र के बारे में लिखा था तो तुम भी इसी नतीजे पर नहीं पहुँचे थे? तुमको ऐसा लगता था बहुत कम लोगों को जादुई संकेतों का मतलब पता था, लेकिन अब तुमको यह समझ आ गया है कि उसका अर्थ हम सभी को पता होता है, हुआ बस यह है कि हम उसको भूल गए हैं।'

'उसको जान लेने से भी कोई फ़र्क़ नहीं पड़ता है। लोग पूरी कोशिश करते हैं कि उनके अंदर जो भरपूर जादुई संभावनाएँ होती हैं उसको याद ना रखें या स्वीकार नहीं करें, क्योंकि इससे उनकी अपनी छोटी-सी दुनिया में उथल-पुथल मच जाएगी।'

'लेकिन हम सब में वह क्षमता होती है, नहीं?'

'बिलकुल, हम लोगों में वह साहस नहीं होता है कि हम अपने सपनों का पीछा कर सकें या उन संकेतों का पीछा करें। शायद इसी वज़ह से उदासी आती है।'

'मुझे नहीं पता। मैं यह नहीं कह रही कि मैं हर वक़्त उदास रहती हूँ। मैं भी मज़े करती हूँ, तुमको प्यार करती हूँ, अपने काम को बहुत पसंद करती हूँ। फिर भी कभी-कभी मुझे बहुत उदासी होती है, जिसमें कभी-कभी डर और ग्लानि का भाव भी मिल जाता है; वह भाव गुज़र जाता है, लेकिन बाद में फिर लौट-लौट आता है, और फिर चला जाता है। हैन्स की तरह, मैंने भी यही सवाल पूछा; जब मैं कोई जवाब नहीं दे पाती तो मैं उसको भूल जाती हूँ। मैं जाकर भूखे बच्चों की मदद कर सकती हूँ, जीसस के नाम पर लोगों को बचाने के लिए कोशिश कर सकती हूँ, कुछ ऐसा जिससे यह लगे कि मैं भी किसी काम की हूँ, लेकिन मैं करना नहीं चाहती।'

'फिर तुम युद्ध की रिपोर्टिंग क्यों करना चाहती हो?'

'क्योंकि मुझे लगता है कि युद्ध के काल में पुरुष अपनी ज़िंदगी को चरम पर जीते हैं; आख़िरकार, अगले ही दिन उनकी मृत्यु भी हो सकती है ना। इस तरह से जीने वाले व्यक्ति को ज़रूर बहुत अलग तरह से काम करना चाहिए।'

'तो तुम हैन्स के सवाल का जवाब पाना चाहती हो?'

'हाँ।'

आज होटल ब्रिस्टल के सुंदर सुइट में मैं बैठा हुआ था, हर घंटे की आवाज़ के साथ पाँच मिनट के लिए एफ़िल टावर चमकने लगता था, मेरे बगल में वाइन की एक ख़ाली बोतल पड़ी हुई थी और मेरी सिगरेट ख़त्म होती जा रही थी, लोग मेरा ऐसे अभिवादन कर रहे थे जैसे कुछ हुआ ही नहीं हो, तब मैंने खुद से पूछा : क्या यह सब उस दिन शुरू हुआ, जिस दिन हम सिनेमा देखकर बाहर निकल रहे थे? क्या उसको ऐसी किसी अबूझ सी स्टोरी की तलाश में जाने देना चाहिए या मुझे अड़ जाना चाहिए कि वह इस बारे में बिलकुल भूल जाए, क्योंकि वह मेरी पत्नी थी और उसको मेरे साथ रहना चाहिए, मुझे उसके साथ की ज़रूरत है?

बकवास। उस समय मुझे पता था, जैसा कि अब पता है कि मेरे पास इसके सिवा कोई विकल्प नहीं था कि मैं वह सब मान लूँ जो वह चाहती थी। अगर मैंने कहा होता : 'मेरे और युद्ध संवाददाता होने के बीच किसी एक को चुन लो,' तो मैं हर उस बात के साथ बेवफ़ाई करता जो एस्तर ने मेरे लिए किया था। उसने अपने लक्ष्य के बारे में जो बताया था मुझे उसके ऊपर ख़ास भरोसा नहीं था - उसने कहा था कि वह अख़बार के लिए कोई अबूझ सी स्टोरी करना चाहती थी, लेकिन मैंने इससे यह समझा कि वह कुछ और आज़ादी चाहती थी, वह इन सबसे निकल जाना चाहती थी, भरपूर भावनाओं का अनुभव करना चाहती थी। और इसमें ग़लती क्या थी?

मैंने इस बात को समझाते हुए उससे कहा कि यह मदद बैंक से बहुत बड़ी निकासी थी (जिसके बारे में मैं अब सोचता हूँ तो मुझे ऐसा कहना बहुत बेतुका लग रहा)। दो साल तक एस्तर ने तरह तरह के द्वंद्वों का अनुभव बहुत क़रीब से किया, जितनी जल्दी वह जूते नहीं बदल रही थी उससे अधिक जल्दी से वह अलग-अलग देशों में जाती रही। जब भी वह लौटकर आती तो मैं सोचता कि वह अब जाना छोड़ देगी - किसी ऐसी जगह पर लम्बे समय तक रह पाना मुश्किल होता है जहाँ ना ढंग का भोजन मिलता हो, ना रोज़ नहाना हो पाता हो, ना कोई सिनेमा, ना थिएटर। मैंने उससे पूछा कि क्या उसको हैन्स के सवाल का जवाब मिल गया, वह हर

बार यही कहती कि वह सही रास्ते पर थी, और वह इस सबसे संतुष्ट थी। कई बार वह कई-कई महीने घर से दूर रहती थी; इसके विपरीत कि 'शादी के आधिकारिक इतिहास' में जो कहा जाता है उसके विपरीत (मैंने उसकी शब्दावली का प्रयोग शुरू कर दिया था), कि दूरी से हमारा प्रेम और मज़बूत हुआ, और उसने बताया कि हम दोनों एक दूसरे के लिए कितना मायने रखते थे। हमारा रिश्ता, जिसके बारे में मैंने सोचा था कि जब हम पेरिस आए थे वह अपने आदर्श बिंदु तक पहुँच गया था, वह अब और बेहतर होता जा रहा था।

जहाँ तक मुझे समझ आता है मिख़ाइल से उसकी भेंट तब हुई जब मध्य एशिया के किसी देश में साथ जाने के लिए उसको एक अनुवादक की ज़रूरत थी। पहले पहल उसके बारे में वह बहुत उत्साह में बातें करती थी - वह बहुत संवेदनशील इंसान था, वह एक ऐसा इंसान था, जिसने दुनिया को उसके असली रूप में देखा था ना कि उसको ऐसा बताया गया था कि दुनिया कैसी होनी चाहिए। वह एस्तर से पाँच साल छोटा था, लेकिन उसमें कोई ऐसा गुण था, जिसको एस्तर जादुई कहती थी। मैं सब्र और विनम्रता के साथ सुनता, मानो मुझे उस लड़के और उसके विचारों से कोई लेना-देना हो, लेकिन सच बात यह थी कि मैं इन सबसे बहुत दूर था, मेरे दिमाग़ में वह सब चलता रहता था जो मुझे करना था, लेख लिखने को लेकर विचार, पत्रकारों और प्रकाशकों के सवालों के दिए जाने वाले जवाब, किस तरह उस स्त्री को आकर्षित किया जाए, जिसको देखकर लगता था कि उसकी मुझमें दिलचस्पी थी, भविष्य में किताब के प्रचार को लेकर योजना।

मुझे नहीं पता कि एस्तर ने इन बातों पर ध्यान दिया या नहीं। मैं इस बात पर ध्यान देने से चूक गया कि मिख़ाइल हमारी बातचीत से दूर होता जा रहा था, उसके बाद पूरी तरह से ग़ायब हो गया। एस्तर का बर्ताव अजीब-सा हो गया था, जब वह पेरिस में भी होती थी तो वह अक्सर रातों को घर से बाहर रहती, कहती कि वह भिखारियों पर एक लेख लिखने के लिए शोध कर रही थी।

मुझे ऐसा लगा कि उसका ज़रूर किसी के साथ चक्कर रहा होगा। सप्ताह भर मैं परेशान रहा और मैंने अपने आप से पूछा : क्या मुझे उसको अपने संदेह के बारे में बता देना चाहिए या यह जताते रहना चाहिए जैसे कुछ हुआ ही नहीं हो? मैंने नज़रअंदाज़ करने का फ़ैसला किया, इस

सिद्धांत के तहत कि जो आँखों से नहीं देखा हो दिल में उसकी तकलीफ़ नहीं पालनी चाहिए। मैं इस बात को लेकर निश्चिंत था कि इस बात की कोई संभावना नहीं थी कि वह मुझे छोड़ दे। मैं जो बना उसके लिए उसने बहुत मेहनत की थी, और एक मौसमी प्यार के कारण इस सबको जाने देना अतार्किक बात होती।

अगर एस्तर के संसार में मेरी सच में दिलचस्पी रही होती तो मैंने कम से कम उससे यह पूछा होता कि उसके अनुवादक दोस्त और उसकी 'जादुई' संवेदना का क्या हुआ। मुझे उसकी इस चुप्पी को लेकर संदेह में रहना चाहिए था, इस जानकारी के अभाव में। मुझे उससे कहना चाहिए था कि वह जब भिखारियों के बारे में 'शोध यात्रा' करने जाती है तो मैं भी चलना चाहूँगा।

जब वह कभी-कभार यह पूछती थी कि क्या उसके काम में मेरी दिलचस्पी थी तो मेरा जवाब हर बार यही होता : 'हाँ, मुझे दिलचस्पी तो है, लेकिन मैं किसी तरह का हस्तक्षेप नहीं करना चाहता। मैं यह चाहता हूँ कि तुम आज़ादी के साथ अपने चुने हुए सपने का पीछा करो, जिस तरह से तुमने ऐसा करने में मेरी मदद की थी।'

ज़ाहिर है ऐसा कहना एक तरह से यह कहना ही था कि मेरी कोई ख़ास दिलचस्पी इन बातों में नहीं थी। लेकिन चूँकि लोग हमेशा उसी बात में यक़ीन करते हैं जिस बात में वे यक़ीन करना चाहते हों, इसलिए एस्तर मेरे जवाब से संतुष्ट हो जाती।

***

जब मैं पुलिस की क़ैद से आज़ाद हुआ था तब इंस्पेक्टर ने जो बात कही थी वह बात मुझे फिर याद आई : *अब तुम आज़ाद हो।* लेकिन आज़ादी क्या होती है? क्या यह देखना कि आप जो काम कर रहे हैं उसमें आपके पति की कोई दिलचस्पी नहीं है? क्या यह अपने आपको अकेले महसूस करना होता है और ऐसा कोई नहीं हो जिसके साथ आप अपने दिल की बातों को साझा कर सकें, क्योंकि आपने जिस आदमी से शादी की है वह बस अपने काम से काम रखता है, अपने महत्त्वपूर्ण, शानदार और मुश्किल पेशे में?

मैंने एफ़िल टावर को देखा : एक घंटा और गुज़र गया था, और वह एक बार फिर ऐसे चमक रही थी जैसे वह हीरे की बनी हो। मुझे कुछ

याद नहीं था जब से मैं खिड़की पर बैठा था तब से ऐसा कितनी बार हो चुका था।

मैं जानता था कि शादी की आज़ादी के नाम पर मैंने इस बात पर ध्यान नहीं दिया कि मिख़ाइल मेरी पत्नी की बातचीत से ग़ायब हो चुका था, उसके बाद वह एक बार में फिर प्रकट हुआ और फिर से ग़ायब हो गया, इस बार वह उसको भी अपने साथ लेता चला गया, और पीछे प्रसिद्ध, सफल लेखक को मुख्य संदिग्ध के रूप में छोड़ गया।

या इससे भी बुरा यह कि एक ऐसे पुरुष की तरह जिसे उसकी पत्नी ने छोड़ दिया हो।

हैन्स का सवाल

ब्यूनस आयर्स में ज़ाहिर 20 सेंटावो का आम सिक्का है; अंग्रेज़ी के अक्षर एन और टी 2 की संख्या के साथ चाकू या चिट्ठी खोलने वाले चाकू का निशान; उसके पीछे 1929 का साल लिखा होता है। (गुजरात में 18वीं सदी के अंत में ज़ाहिर एक बाघ था; जावा में वह सुराकार्ता मस्जिद का एक अंधा आदमी था, जिसको धार्मिक लोगों ने पत्थर मारे; पर्सिया में वह एक खगोलीय यंत्र था, जिसको नादिरशाह ने समुद्र में फेंक देने का आदेश दिया था; महदी के जेल में 1892 ईस्वी के आसपास एक छोटा-सा कंपास था, जिसको रुडोल्फ़ कार्ल वॉन स्टालिन ने छुआ था...)

एक साल बाद मैं होर्खे लुई बोर्खेज की कहानी के बारे में सोचते हुए उठा, जिसमें यह था कि किसी भी चीज़ को एक बार छू लेने या देख लेने से उसको कभी भुलाया नहीं जा सकता, और धीरे-धीरे वह हमारे ख़यालों पर इस क़दर हावी हो जाता है कि हम पागल हो जाते हैं। मेरा ज़ाहिर कोई रूमानी रूपक नहीं है - कोई अंधा आदमी, कंपास, बाघ या कोई सिक्का।

उसका एक नाम है, और वह नाम है एस्तर।

जेल से निकलने के तत्काल बाद मैं अख़बारों में सनसनीख़ेज ख़बर की तरह छपा : उनकी शुरुआत अपराध के आरोप के साथ होती, लेकिन, अदालती कार्रवाई से बचने के लिए वे उस ख़बर कि अंत हमेशा इस बात से करते कि मुझे दोषमुक्त कर दिया गया था (दोषमुक्त? मेरे ऊपर तो आरोप भी नहीं था!)। उन्होंने एक सप्ताह बीतने दिया; वे यह देखना चाहते थे कि बिक्री अच्छी हो रही थी या नहीं (उनकी बिक्री बढ़ी थी, क्योंकि मैं उस तरह का लेखक था, जिसके ऊपर कोई संदेह नहीं करता था, और सभी इस बारे में जानाना चाहते थे कि यह कैसे संभव था कि जो आदमी आध्यात्मिकता के बारे में लिखता है उसके जीवन में कोई कोई अंधेरा पहलू भी हो)। उसके बाद वे आरोप लगाने लगे, उनका आरोप यह था कि मेरी पत्नी ने मुझे इसलिए छोड़ दिया, क्योंकि मेरा किसी और स्त्री के साथ संबंध था : एक जर्मन पत्रिका ने तो यह संकेत दिया था कि शायद किसी गायिका के साथ मेरा संबंध था, जो मुझसे 20 साल छोटी थी, जिसने कहा था कि

वह मुझसे नॉर्वे की राजधानी ओस्लो में मिली थी (यह बात सच थी, लेकिन यह मुलाक़ात फ़ेवर बैंक के कारण संभव हुई थी - मेरे एक दोस्त ने साथ चलकर बियर पीने के लिए कहा था, और हम बस रात के खाने तक साथ रहे)। उस गायिका का कहना था कि हमारे बीच कुछ भी नहीं था (फिर कवर पर हमारी फ़ोटो क्यों डाली?) और इस मौक़े का फ़ायदा उठाकर उसने यह घोषणा की कि वह नया एल्बम जारी कर रही थी : उसने पत्रिका और मेरा दोनों का इस्तेमाल किया, और मुझे अभी भी यह बात समझ नहीं आ रही है कि उस एल्बम की असफलता का कारण इस तरह का सस्ता प्रचार था (वैसे एल्बम बुरा नहीं था, प्रेस रिलीज के कारण सब गुड़ गोबर हो गया)।

प्रसिद्ध लेखक को लेकर यह सनसनी बहुत दिन तक चल नहीं पाई; यूरोप में और ख़ासकर फ़्रांस में बेवफ़ाई को ना केवल स्वीकृति है, बल्कि चुपके-चुपके उसकी प्रशंसा भी की जाती है। और कोई भी उस बारे में पढ़ना नहीं चाहता है जो कभी उनके साथ भी हो सकता है, उनके जीवन में भी हो सकता है।

यह विषय पहले पन्ने से ग़ायब हो गया, लेकिन इसको लेकर क़यास लगाए जाते रहे : उसका अपहरण हो गया था; उसने इसलिए घर छोड़ दिया, क्योंकि उसकी मार-कुटाई होती थी (एक वेटर की फ़ोटो थी, जिसका कहना था कि हम लोग अक्सर झगड़ते थे : मुझे याद है कि मैंने बहस की थी, एस्तर के साथ एक रेस्तराँ में एक दक्षिण अमेरिकी लेखक को लेकर उसके विचारों के कारण हमारे बीच बहस हुई थी, क्योंकि उसके विचार मेरे विचारों से एकदम उलट थे)। एक ब्रिटिश टेबलॉयड का आरोप यह था कि मेरी पत्नी एक इस्लामी आतंकवादी संगठन के साथ भूमिगत हो गई थी, भाग्य अच्छा था कि इसकी कोई गम्भीर प्रतिक्रिया नहीं हुई।

यह दुनिया इस कदर धोखे, तलाक़, हत्याओं, हत्या की कोशिश की घटनाओं से भरी हुई है कि एक महीने बाद लोग इस विषय को भूल गए। बरसों के अनुभव ने मुझे यह सिखाया है कि इस तरह की चीज़ों से मेरे वफ़ादार पाठकों के ऊपर कोई प्रभाव नहीं पड़ता (ऐसा पहले भी हुआ था जब अर्जेंटीना के एक टेलिविज़न कार्यक्रम में एक पत्रकार ने यह कहा था कि उसके पास इस बात के सबूत थे कि चिली की आगामी प्रथम महिला के साथ मेरी गुप्त भेंट हुई थी - लेकिन मेरी किताबें बेस्टसेलर सूची में बनी रही)। एक अमेरिकी कलाकार ने यह कहा था : सनसनी पंद्रह मिनट तक

ही चलती है। मेरी असली चिंता बहुत अलग थी : अपनी ज़िंदगी को फिर से पटरी पर लाना, नए प्रेम की तलाश, किताब लिखने में लग जाना, और अपनी पत्नी की यादों को उस छोटी-सी दराज में बंद कर देना जो प्रेम और नफ़रत की सीमा पर थी।

या मुझे यह कहना चाहिए कि मेरी पूर्व पत्नी की यादें (मुझे इस शब्द की आदत डालने की ज़रूरत थी)।

मैंने होटल के कमरे में जो देखा था उसका कुछ हिस्सा ठीक साबित हुआ। कुछ समय तक, मैं अपने अपार्टमेंट से शायद ही निकला : मुझे समझ नहीं आ रहा था कि दोस्तों का सामना कैसे किया जाए, किस तरह से उनकी आँखों में देखकर यह कहा जा सके : 'मेरी पत्नी ने एक जवान लड़के के लिए मुझे छोड़ दिया।' जब मैं बाहर निकला तो किसी ने मुझसे कुछ नहीं पूछा, लेकिन वाइन के कुछ गिलास पी लेने के बाद मैंने खुद उस विषय को उठाया - मानो मैंने सभी लोगों के दिमाग़ को पढ़ लिया, मानो मुझे सच में ऐसा लगता हो कि उनके जीवन में इसके अलावा कोई और काम नहीं रह गया था कि मेरी निजी ज़िंदगी के बारे में जानें, लेकिन वे इतने विनम्र या दम्भी थे कि कुछ कहते नहीं थे। सब मेरे मूड पर निर्भर करता था, कई बार एस्तर मुझे किसी संत जैसी लगती थी, जिसको बेहतर चाहिए था, या कई बार एक चालाक, बेवफ़ा औरत लगने लगती, जिसने मुझे ऐसी स्थिति में लाकर छोड़ दिया था कि लोग मुझे अपराधी तक समझने लगे थे।

दोस्त, जान-पहचान के लोग, प्रकाशक या डिनर के किसी बड़े आयोजन में मेरे बगल में बैठने वाले लोग पहले कुछ उत्सुकता के साथ सुनते। हालाँकि फिर धीरे-धीरे मैंने यह देखा कि वे बात बदल देते थे; वे कुछ हद तक तो इस विषय में दिलचस्पी दिखाते थे, लेकिन वह उस समय उनकी उत्सुकता का विषय नहीं रह गया था : उनकी अधिक दिलचस्पी उस अभिनेत्री के बारे में बात करने में रहती थी, जिसकी हत्या एक गायक ने कर दी थी या उस किशोरी के बारे में जिसने एक किताब में कुछ जाने-माने राजनेताओं के साथ अपने संबंधों के बारे में लिखा था। एक दिन मैड्रिड में मैंने यह अनुभव किया कि आयोजनों में और रात के भोजन के समय मेहमान मुझे देखकर कटने लगे। हो सकता है कि मुझे यह अच्छा लगता रहा हो कि मैं अपनी भावनाओं को ज़ाहिर करूँ, एस्तर को दोष दूँ या उसको दुआ दूँ, लेकिन मुझे समझ में आने लगा कि मेरी हालत एक धोखा खाए पति से भी

बुरी हो चुकी थी : मैं एक ऐसे उबाऊ इंसान में बदलता जा रहा था, जिसके आसपास कोई रहना ही नहीं चाहता था।

मैंने उसके बाद से यह तय किया कि अब अपने दर्द को चुपचाप सहना है, और एक बार फिर से मेरे लेटर बॉक्स में आमंत्रणों की झड़ी लग गई।

लेकिन ज़ाहिर, जिसके बारे में मैं पहले चिढ़ या प्यार के साथ सोचा करता था, मेरे अंदर बढ़ने लगा। मैं जिस औरत से भी मिलता मैं उसमें एस्तर को ढूँढ़ने लगता। मैं उसको हर बार में देखता, हर सिनेमा में, बस स्टाप पर। एक से अधिक बार टैक्सी ड्राइवर को चलते-चलते रुक जाने को कहा या किसी पीछा करने को, जब तक मुझे यह समझ नहीं आया कि वह इंसान वह नहीं था, जिसकी मुझे तलाश थी।

जब ज़ाहिर मेरी हर सोच पर छाने लगा, तो मुझे उसके तनाव से मुक्ति की ज़रूरत महसूस हुई, कुछ ऐसा जो मुझे निराशा में डूबने से बचा सके।

इसका एक ही हल नज़र आ रहा था : प्रेमिका।

मैं तीन या चार स्त्रियों के प्रति आकर्षित हुआ, लेकिन फिर मेरी मुलाक़ात 35 साल की फ्रेंच अभिनेत्री मैरी से हुई। वह अकेली ऐसी स्त्री थी जो इस तरह की बकवास नहीं कर रही थी : 'मुझे तुम एक पुरुष के रूप में अच्छे लगे, ना कि एक मशहूर हस्ती के रूप में जिससे हर कोई मिलना चाहता हो।' या 'काश! तुम इतने प्रसिद्ध नहीं होते' या उससे भी बदतर बात : 'पैसों में मेरी कोई दिलचस्पी नहीं है।' वह अकेली थी जो मेरी सफलता से सच में ख़ुश थी, क्योंकि वह खुद भी प्रसिद्ध थी और जानती थी कि प्रसिद्धि का अपना मतलब होता है। प्रसिद्धि कामोत्तेजना की तरह होती है। यह किसी स्त्री के अहं के लिए अच्छा होता है, क्योंकि जब वह किसी ऐसे आदमी के साथ होती है तो उसको यह पता होता है कि वह आदमी किसी को भी चुन सकता था, लेकिन उसने उसी को चुना।

हम लोग अक्सर पार्टियों और आयोजनों में साथ-साथ जाते; हमारे रिश्तों को लेकर चर्चाएँ होने लगीं, लेकिन ना तो उसने ना ही मैंने इस बारे में ना तो हाँ कहा ना नहीं कहा, मामला अधर में झूलता रह गया, और पत्रिकाओं के लिए बाक़ी यही रह गया कि एक प्रसिद्ध चुम्बन की तसवीर का इंतज़ार करें - जो कभी आया ही नहीं, क्योंकि हम दोनों को इस तरह से दिखावा करना पसंद नहीं था। वह अपनी फ़िल्मों में लगी रही मैं अपने

काम में; जब जाने का समय होता तो मैं मिलान चला जाता, और जब वह चाहती तो पेरिस में आकर मुझसे मिल लेती; हम दोनों एक दूसरे के पास थे, लेकिन एक दूसरे के ऊपर निर्भर नहीं थे। मैरी ऐसे जताती थी मानो उसको पता ही नहीं हो कि मेरे अंदर क्या चल रहा था, और मैं ऐसे जताता था जैसे मुझे उसके अंदर के हाल की कोई ख़बर नहीं हो (एक विवाहित पड़ोसी के लिए असंभव प्रेम, जबकि वह जिस पुरुष के साथ चाहे जा सकती थी)। हम दोस्त थे, संगी थे, हमें एक जैसी चीज़ें पसंद थीं; हम लोग यह भी कह सकते थे कि हम दोनों के बीच एक तरह का प्यार था, लेकिन वह उस तरह के प्रेम से अलग था जो मैं एस्तर के लिए महसूस करता था और मैरी अपने पड़ोसी के लिए महसूस करती थी।

मैं फिर से किताबों पर ऑटोग्राफ़ देने लगा, व्याख्यान देने के निमंत्रण स्वीकार करने लगा, लेख लिखने लगा, दान आदि के लिए आयोजित डिनर में हिस्सा लेने लगा, टेलिविज़न के कार्यक्रमों में आने लगा, नए कलाकारों के साथ कार्यक्रम में भाग लेने लगा। मैं हर काम कर रहा था सिवाय उसको छोड़कर जो मुझे करना चाहिए था, यानी किताब लिखना।

हालाँकि इस बात से मुझे फ़र्क़ नहीं पड़ता था, क्योंकि दिल ही दिल में मुझे ऐसा लगने लगा था कि लेखक के रूप में मेरा जीवन ख़त्म हो चुका था, क्योंकि जिस औरत ने इसकी शुरुआत करवाई थी वह अब मौजूद नहीं थी। मैंने अपने सपने को भरपूर तौर पर जिया था, मैं उससे भी आगे निकल गया जहाँ तक सौभाग्यशाली लोग ही पहुँच पाते हैं, मैं अपनी बाक़ी ज़िंदगी मौज-मस्ती करते हुए बिता सकता था।

मैं हर सुबह यही सोचता। दोपहर के समय मुझे यह बात समझ में आई कि मुझे जो एक चीज़ करना सच में बहुत पसंद था वह लेखन था। रात होते-होते मैं अपने आपको एक बार फिर से समझाने की कोशिश करने लगता कि मेरा सपना पूरा हो गया और मुझे कुछ नया करना चाहिए।

अगला साल स्पेन में पवित्र साल था, सेंट जेम्स ऑफ़ कोमपोस्टेला यानी 25 जुलाई का दिन रविवार को पड़ता था तो *ऐनो सेंटो कोमपोस्टेलानो* नाम का त्योहार मनाया जाता था। सैंटियागो के गिरजाघर में एक विशेष दरवाज़ा 365 दिन खुला रखा जाता था और परम्परा के मुताबिक़ जो कोई भी उस दरवाज़े से होकर गुज़रता था उसको कई तरह के ख़ास आशीर्वाद हासिल हो जाते थे।

पूरे स्पेन में तरह-तरह के उत्सव मनाए जाते थे, और वैसे भी मैंने जो तीर्थयात्रा की थी उससे बहुत आभारी महसूस कर रहा था; इसलिए मैंने यह तय किया कि कम से कम एक उत्सव में हिस्सा लिया जाए : बास्क प्रांत में एक व्याख्यान में हिस्सा लेना। अपनी दिनचर्या से बाहर निकलकर यानी किताब लिखने की कोशिश/पार्टी में जाने/एयरपोर्ट जाने/मिलान में मैरी से मिलने जाने/रात के खाने के लिए जाने/किसी होटल में जाने/एयरपोर्ट जाने/इंटरनेट देखने/फिर से एयरपोर्ट जाने/इंटरव्यू देने/किसी और एयरपोर्ट पर जाने को छोड़कर मैंने वहाँ की क़रीब 1,400 किलोमीटर की यात्रा अकेले की।

हर कहीं - यहाँ तक कि उन जगहों पर भी जिन जगहों पर मैं पहले नहीं गया था, मुझे अपने ज़ाहिर की याद आती रही। मैं यह सोचता कि अगर एस्तर यह सब देखती तो कितनी ख़ुश हो जाती, उसको रेस्तराँ में खाने में या नदी के किनारे घूमने में कितना मज़ा आता। मैंने रात बेयोन में बिताई, और सोने जाने के पहले मैंने टेलिविज़न चलाया तो मुझे यह पता चला कि फ़्रांस और स्पेन की सीमा पर क़रीब 5,000 ट्रक फँस गए थे, क्योंकि अचानक बर्फ़ की बहुत तेज़ आँधी आ गई थी।

मैं यह सोचते हुए उठा कि अब मुझे गाड़ी चलाकर वापस पेरिस चले जाना चाहिए : वहाँ के आयोजन को रद्द करने के लिए मेरे पास बहुत अच्छा बहाना था, और आयोजक इसको अच्छी तरह समझ भी जाएँगे कि यातायात में अफरा-तफरी का माहौल था, सड़कों पर बर्फ़ थी, फ़्रांस और स्पेन दोनों देशों की सरकार अपने अपने देश के नागरिकों से यह कह रही

थी कि वे उस वीकेंड घर से नहीं निकलें, क्योंकि दुर्घटना की आशंका बहुत अधिक थी। हालात कल रात से भी अधिक ख़राब थे : सुबह के अख़बारों में यह ख़बर थी कि एक तरफ़ की सड़क पर ही करीब 17,000 लोग फँसे हुए थे; नागरिक सुरक्षा के लोगों को जुटाया गया था ताकि उन लोगों को भोजन और रहने के लिए अस्थायी ठिकाना मुहैया करवाया जा सके, क्योंकि बहुत से लोगों का ईंधन ख़त्म हो चुका था और वे कार हीटर का इस्तेमाल नहीं कर पा रहे थे।

होटल के कर्मचारी ने मुझे यह बताया कि वहाँ जाना जान पर खेलने जैसा था, एक छोटा-सा रास्ता था, जिससे मैं जा सकता था, उस रास्ते से जाम से तो बचाव हो जाएगा, लेकिन मुझे सफ़र में दो घंटे अधिक समय लगता, और इस बात की कोई गारंटी नहीं दे सकता था कि सड़क की हालत क्या होगी। मैंने मन ही मन यह तय किया कि जाया जाए; कुछ था जो मुझे खींच रहा था, बर्फ़ीली सड़क पर और सड़क पर सब्र के साथ घंटों जाम में इंतज़ार करते हुए।

शायद यह शहर का नाम था : विटोरिया यानी जीत। शायद मुझे यह अहसास हो रहा था कि मुझे सुविधाओं की आदत पड़ चुकी थी और संकट की स्थिति को सँभालने की अपनी क्षमता को मैं खो चुका था। या शायद यह उन लोगों का जोश था जो उस समय कई शताब्दी पहले बने गिरजाघर को नया रूप देने में लगे थे, और अपनी कोशिशों की तरफ़ ध्यान आकर्षित करने के लिए उन्होंने कुछ लेखकों को व्याख्यान देने के लिए बुलाया था। या शायद यह अमेरिका को जीतने वाले स्पेनी और पुर्तगालियों का पुराना मुहावरा था : 'ज़िंदगी मायने नहीं रखती है बल्कि सफ़र मायने रखता है।'

इसलिए मैंने सफ़र जारी रखा। क़रीब दस घंटे के बाद मैं विटोरिया पहुँचा, जहाँ कुछ लोग बेहद तनाव में मेरा इंतज़ार कर रहे थे। उन्होंने मुझे बताया कि इस तरह की बर्फ़ीली आँधी 30 से अधिक सालों से नहीं आई थी, उन लोगों ने इस प्रयास के लिए मेरा शुक्रिया अदा किया, और अपने तय कार्यक्रम में लग गए, जिसमें सैंटा मारिया के गिरजाघर की यात्रा भी शामिल थी।

चमकती आँखों वाली एक लड़की ने मुझे कहानी सुनानी शुरू की। शुरू में शहर की दीवार थी, लेकिन इसके एक हिस्से का इस्तेमाल गिरजाघर बनाने में किया गया। कई साल बीत गए, और वह गिरजाघर अब चर्च हो

गया। एक और शताब्दी बीती, और वह चर्च गोथिक शैली का गिरजाघर बन गया। उस गिरजाघर ने अच्छे दिन देखे थे, उसके ढाँचे में कोई समस्या थी, कुछ समय के लिए उसको ख़ाली छोड़ दिया गया था, उसको जब नए सिरे से बनाया जाने लगा तो इमारत का पूरा ढाँचा बिगड़ गया, हर पीढ़ी को ऐसा लगता कि उसने उस समस्या का हल ढूँढ़ लिया है और वह उसको मूल की तरह बना लेंगे। इसलिए आने वाली सदियों में उन्होंने यहाँ एक दीवार उठाई, दूसरी तरफ़ एक शहतीर डाला, रंगीन शीशों वाली खिड़कियाँ बनाई।

गिरजाघर सब कुछ सहता रहा।

मैं उस गिरजाघर के चारों ओर घूमता रहा, उसको नए सिरे से बनाने का जो काम किया जा रहा था उसके बारे में ध्यान से देखता रहा : इस बार वास्तुकारों का यह कहना था कि उन्होंने इसका समाधान ढूँढ़ लिया है। हर तरफ़ धातु से सहारा दिया गया था, आगे क्या करना था इसको लेकर बड़ी-बड़ी बातें की जा रही थीं और जो काम पहले किया गया था, उसकी आलोचना की जा रही थी।

और अचानक गिरजाघर के मध्य भाग में मुझे कुछ बड़ी ज़रूरी बात समझ में आई : वह गिरजाघर मैं हूँ, वह हम सब हैं। हम सब बड़े हो रहे थे और हमारे रूप-आकार बदल रहे थे, हम लोगों ने यह ध्यान दिया कि कुछ कमज़ोरियाँ थीं, जिनको ठीक किए जाने की ज़रूरत थी, ज़रूरी नहीं है कि हम हर बार सबसे अच्छा समाधान ही तलाश करें, लेकिन फिर भी हम ईमानदार और सहज होने की कोशिश करते, दीवारों, दरवाज़ों और खिड़कियों के सम्मान में नहीं, बल्कि अंदर के उस ख़ाली स्थान के सम्मान में जहाँ पूजा करना हमारे लिए सबसे अधिक मायने रखता था।

हाँ, हम सब गिरजाघर ही हैं, इसमें कोई शक नहीं; लेकिन मेरे गिरजाघर के अंदरूनी हिस्से में क्या था?

एस्तर, मैरी ज़ाहिर।

वह सब कुछ महसूस कर लेती थी। वह एकमात्र कारण थी कि मैं ज़िंदा था। मैंने आसपास देखा और मुझे जो व्याख्यान देना था उसकी तैयारी करने लगा, और मैं यह बात समझ गया कि मैं क्यों उस बर्फ़, और रास्ते के जाम के बीच साहस के साथ वहाँ आया था : यह याद दिलाने के लिए कि हर दिन मुझे अपने आपको नए सिरे से बनाने की ज़रूरत थी, और

अपनी ज़िंदगी में पहली बार यह मान लेने के लिए कि मैं अपने आप से अधिक किसी दूसरे इंसान को अधिक प्यार करता था।

पेरिस वापसी के रास्ते में, मौसम कुछ ज़रूरत से अधिक ही अच्छा था - मैं एक तरह से ख़ुमारी में था : मुझे कुछ समझ नहीं आ रहा था, मेरा ध्यान बस सड़क की भीड़ पर था। जब मैं घर वापस पहुँचा तो मैंने अपनी कामवाली से कहा कि वह किसी को आने नहीं दे, और उससे पूछा कि क्या वह कुछ दिन के लिए मेरे घर में रह सकती है और मेरे लिए सुबह का नाश्ता, दिन का खाना और रात का भोजन बना सकती है। जो छोटा-सा उपकरण मुझे इंटरनेट से जोड़ता था मैंने उसको पूरी तरह से नष्ट कर दिया। मैंने अपने टेलिफ़ोन का प्लग निकाल लिया। अपने मोबाइल फ़ोन को बॉक्स में रखा और उसे अपने प्रकाशक को यह कहते हुए भेज दिया, जब मैं खुद उसको लेने आऊँ तब वह मुझे मेरा फ़ोन दे।

एक सप्ताह तक मैं हर सुबह सीन नदी के किनारे टहलने जाता, और जब मैं लौटकर आता, मैं अपने-आपको अपने पढ़ाई के कमरे में बंद कर लेता। मानो मैं देवदूत की आवाज़ का अनुसरण करता हुआ या तो कोई किताब लिखता या कोई चिट्ठी, अपने सपनों की स्त्री के नाम एक लम्बी चिट्ठी, जिस औरत से मैंने प्यार किया था और जिसको सदा प्यार करता रहूँगा। यह किताब हो सकता है एक दिन उसके हाथों में पहुँच जाए, और अगर नहीं पहुँच पाया कम से कम मुझे तो इससे राहत महसूस होगी। मैं अपने घायल अहं के साथ संघर्ष नहीं करता, अब हर कहीं एस्तर को नहीं खोजता रहता हूँ, हर बार, हर सिनेमा में, हर बार डिनर के समय, मैं उसको मैरी या अख़बारों में नहीं तलाश करता रहता था। इसके विपरीत, मुझे इस बात से ख़ुशी थी कि वह मौजूद थी; उसने मुझे यह बताया था कि मैं उस तरह के प्यार में समर्थ था, जिसके बारे में मुझे खुद कुछ नहीं पता था, और इससे मैं कुछ अच्छा महसूस करने लगता।

मैं यह स्वीकार करता हूँ कि ज़ाहिर या तो मुझे पावनता की अवस्था में लेकर जाएगा या पागलपन की।

उधेड़ने का समय और सीने का समय - यह शीर्षक ओल्ड टेस्टामेंट की किताब एक्स्लेसियास्टस से लिया गया था - किताब का प्रकाशन अप्रैल के आख़िर में हुआ। मई के दूसरे सप्ताह तक यह किताब बेस्टसेलर सूची में पहले नम्बर पर पहुँच चुकी थी।

पत्र-पत्रिकाओं के साहित्यिक संस्करणों ने कभी मेरे ऊपर उदारता नहीं दिखाई थी और इस बार तो उन्होंने हमले और तेज़ कर दिए। मैंने उनसे कुछ मुहावरे निकाले और उनको अपनी नोटबुक में पुरानी समीक्षाओं के साथ चिपका दिए; उनमें एक सी ही बातें कही गई थीं, बस किताब का नाम बदल गया था :

'...हम बहुत मुश्किल वक्त में जी रहे हैं, उसके बावजूद लेखक ने यथार्थ से भागने के लिए प्रेम की एक कहानी का सहारा लिया है...' (मानो लोग प्रेम के बिना जी ही सकते हों)

'...छोटे-छोटे वाक्य, कृत्रिम शैली...' (मानो लम्बे-लम्बे वाक्यों में ख़ूब गम्भीर बातें रहती होंगी)

'...लेखक ने सफलता के रहस्य की खोज की है - मार्केटिंग के रूप में...' (मानो मैं किसी ऐसे देश में पैदा हुआ होऊँ जहाँ साहित्य की लम्बी परम्परा रही हो और अपनी पहली किताब में लगाने के लिए मेरे पास लाखों डॉलर रहे हों)

'...यह उसकी अन्य किताबों की तरह ही ख़ूब बिकेगी, जिससे यह बात साबित होती है कि कम तैयार पाठक किस तरह आपने आसपास की त्रासदी से बचना चाहते हैं...' (मानो उनको यह पता ही हो कि तैयार पाठक कैसे होते हैं)।

हालाँकि कुछ समीक्षाएँ अलग-सी थीं, उनमें यह लिखा था कि पिछले साल जो सनसनी मुझे लेकर फैली थी उसका फ़ायदा उठाकर मैं और पैसे कमाना चाहता हूँ। हमेशा की तरह इस तरह की नकारात्मक समीक्षाओं के कारण मेरी किताबों की बिक्री पहले से अधिक ही हुई : मेरे जो वफ़ादार

पाठक थे वे तो वैसे भी मेरी किताब ख़रीदते, और जो लोग उस दुर्भाग्यपूर्ण घटना के बारे में भूल गए थे उनको वह सब याद आ गया और उन लोगों ने इसीलिए किताब ख़रीदी, क्योंकि एस्तर के ग़ायब होने के बारे में वे मेरी बात सुनना चाहते थे (चूँकि यह किताब उसके बारे में नहीं थी, बल्कि प्रेम की सराहना में लिखी गई किताब थी; इसलिए उनको बड़ी निराशा हुई होगी और उन्होंने बिना किसी संदेह के यह मान लिया होगा कि आलोचकों की राय सही थी)। किताब के अधिकार उन सभी देशों में तत्काल बिक गए जिन देशों में आम तौर पर मेरी किताबें बिका करती थीं।

प्रकाशक को भेजने के पहले मैरी ने टाइप की हुई प्रति पढ़ी थी, मैंने उसको ऐसी स्त्री के रूप में दिखाया था जैसी कि मुझे लगता था कि वह थी : बजाय ईर्ष्यालु होने के, या यह कहने के कि मुझे उसके बारे में इस तरह से खुलेआम नहीं लिखना चाहिए था, उसने मुझे किताब छपवाने के लिए उत्साहित किया और जब किताब सफल हो गई तो वह बहुत ख़ुश हो गई। उस समय वह एक ऐसे संत के उपदेशों को पढ़ने में लगी थी, जिसको लोग कम जानते थे, जिसको वह हमारी बातचीत के दौरान उद्धृत कर रही थी।

'जब लोग हमारी तारीफ़ कर रहे हों तो हमें अपने आचरण के ऊपर कड़ी निगाह रखनी चाहिए।'

'आलोचक कभी हमारी तारीफ़ नहीं करते।'

'मेरा मतलब है तुम्हारे पाठक : तुमको पहले से अधिक ख़त मिले हैं। तुमको ऐसा लगने लगेगा कि तुम अपने आपसे बेहतर हो गए हो, और इस तरह तुम्हारे भीतर झूठ-मूठ की सुरक्षा का भाव आ जाएगा, जो ख़तरनाक हो सकता है।'

'जब से मैं विटोरिया एक गिरजाघर की यात्रा से आया हूँ मुझे नहीं लगता है कि मैं उससे बेहतर हो गया हूँ जैसा कि मुझे लगता था, लेकिन उसका कोई संबंध पाठकों की चिट्ठी से नहीं है। यह बात बेतुकी लग सकती है, लेकिन मैंने प्रेम को खोज लिया।'

'वाह! मुझे तुम्हारी किताब में जो बात अच्छी लगी वह यह कि तुमने किसी भी बिंदु पर अपनी किताब में अपनी पूर्व पत्नी को दोष नहीं दिया है। और अपने आपको भी दोष नहीं दिया है।'

'मैंने यह सीख लिया है कि यह सब करने में वक्त नहीं गँवाना चाहिए।'

'अच्छी बात है। यह ब्रह्मांड हमारी ग़लतियों को ठीक कर देता है, उनमें सुधार कर देता है।'

'क्या तुमको ऐसा लगता है कि एस्तर का ग़ायब हो जाना किसी तरह का "सुधार" था?'

'मेरा पीड़ा और त्रासदी की रोग निवारक क्षमता में कोई भरोसा नहीं है; वे इसलिए होते हैं क्योंकि वे ज़िंदगी का हिस्सा होते हैं और उनको किसी सज़ा के तौर पर नहीं देखा जाना चाहिए। सामान्य तौर पर यह ब्रह्मांड हमें यह बताता है कि जब हम अपने जीवन की सबसे महत्त्वपूर्ण चीज़ को अपने से जुदा करते हैं तो हम किस हालत में ग़लत होते हैं : हमारे दोस्त। और मुझे लगता है कि मेरा यह कहना सही है कि तुम्हारे साथ यही हो रहा था।'

'हाल में ही मैंने कुछ सीखा : हमारे सच्चे दोस्त वे होते हैं जो हमारे साथ तब होते हैं जब कुछ अच्छा हो रहा होता है। वे हमारा उत्साह बढ़ाते हैं और हमारी सफलताओं से ख़ुश होते हैं। झूठे दोस्त बस मुश्किल वक्त में आते हैं, चेहरे पर दुःख का भाव लिए, ऐसे जैसे हमारी मदद करेंगे, जबकि असल में हमारी पीड़ा से उनके अपने दुखी जीवन में कुछ राहत मिलती है। जब पिछले साल मेरे हालात ख़राब थे तो बहुत सारे ऐसे लोग मुझे "सांत्वना" देने आए, जिनको मैंने पहले कभी नहीं देखा था। मुझे इससे नफ़रत है।'

'यही मेरे साथ हुआ।'

'लेकिन मैं इसके लिए बहुत आभारी हूँ, मैरी कि तुम मेरी ज़िंदगी में आई।'

'इतनी जल्दी आभार नहीं जताना चाहिए, हमारा रिश्ता अभी उतना मजबूत नहीं है, असल में मैं यह सोच रही हूँ कि या तो पेरिस में रहने के लिए आ जाऊँ या तुमको मिलान में रहने आने के लिए कहूँ : जहाँ तक हमारे काम की बात है तो इससे दोनों को कोई फ़र्क़ नहीं पड़ने वाला। तुम हमेशा घर में काम करते हो और मैं हमेशा बाहर। क्या तुम बातचीत के इस विषय को बदलना चाहोगे या हम इस संभावना के ऊपर विचार करते रहें?'

'मैं बातचीत के इस विषय को बदलना चाहता हूँ।'

'आओ फिर कुछ और बात करते हैं। किताब लिखने के लिए बहुत साहस की ज़रूरत होती है। लेकिन जो बात मुझे हैरान कर रही है वह यह कि तुमने एक बार भी उस नौजवान का ज़िक्र नहीं किया।'

'उसमें मेरी कोई दिलचस्पी नहीं है।'

'तुम्हारी दिलचस्पी होनी चाहिए। बीच-बीच में तुमको अपने आप से पूछना चाहिए : उस लड़की ने उसे क्यों चुना?'

'मैंने अपने आप से यह बात कभी नहीं पूछी।'

'तुम झूठ बोल रहे हो। मैं तो यह बात भी जानना चाहती हूँ कि मेरे पड़ोसी ने अभी तक अपनी बोरिंग, मुस्कराती हुई पत्नी को तलाक़ क्यों नहीं दिया, वह हमेशा घर के कामकाज, खाना पकाना, बच्चों और तरह-तरह के हिसाब-किताब में लगी रहती है।'

'तुम यह कह रही हो कि मैं उससे नफ़रत करता हूँ, क्योंकि उसने मुझसे मेरी पत्नी छीन ली?'

'नहीं, मैं तुमको यह कहते हुए सुनना चाहती हूँ कि तुमने उसको माफ़ कर दिया।'

'मैं यह नहीं कर सकता।'

'यह मुश्किल है, मैं समझती हूँ, लेकिन तुम्हारे पास और कोई विकल्प नहीं है। अगर तुम ऐसा नहीं करते तो तुम हमेशा उस तकलीफ़ के बारे में सोचते रहोगे जो उसने तुमको पहुँचाई और तुम्हारा दर्द कभी कम नहीं हो पाएगा। मैं यह नहीं कह रही कि तुमको उसे पसंद करना चाहिए। मैं यह भी नहीं कह रही कि तुमको उसकी तलाश करनी चाहिए। मैं यह भी नहीं कह रही कि तुम उसको देवता समझने लगो। उसका नाम क्या था? क्या यह रूसी नाम जैसा था?'

'इससे कोई फ़र्क़ नहीं पड़ता कि उसका नाम क्या था?'

'अच्छा? तुम तो उसका नाम भी नहीं लेना चाहते। क्या तुम अंधविश्वासी हो?'

'मिख़ाइल। यही उसका नाम है।'

'नफ़रत की ऊर्जा से तुमको कुछ हासिल नहीं होगा; लेकिन माफ़ कर देने की ऊर्जा, जो प्रेम के रूप में सामने आती, तुम्हारे जीवन को सकारात्मक रूप दे देगी।'

'अब तुम किसी तिब्बती साधु की तरह से बात कर रही हो, गम्भीरता से कही गई ऐसी बातें सिद्धांत में तो अच्छी लगती हैं, लेकिन इनको व्यवहार में अपनाना असंभव होता है। इस बात को मत भूलो कि मुझे पहले ही चोट पहुँच चुकी है।'

'सही बात है, और तुम अभी भी उस जख़्म को अपने अंदर सँभाले चल रहे हो, जैसे स्कूल जाने वाले किसी बच्चे को अपने आँसू अपने माता-पिता से छिपाने होते हैं। तुम्हारे अंदर अभी भी उस दुबले-पतले छोटे से लड़के की छाप है, जिसको प्रेमिका नहीं मिल पाई और जो खेलकूद में अच्छा नहीं था। तुम्हारे साथ कुछ अन्याय हुआ और उसके कारण जो खरोंच तुम्हारे दिल पर पड़ी तुम आज तक उसको नहीं भर पाए हो। लेकिन इसके कारण क्या भला हुआ?'

'तुमसे यह सब किसने कहा?'

'मुझे समझ में आ गया। मैं यह तुम्हारी आँखों में देख सकती हूँ, और इससे कोई फ़ायदा भी नहीं होने वाला। इससे हो यही रहा है कि अपने ऊपर तुम्हारा अफ़सोस बढ़ता जा रहा है, क्योंकि तुम ऐसे लोगों के शिकार बने जो तुमसे मज़बूत थे। या इसके कारण तुम दूसरे ही चरम पर जा सकते हो और छिपकर उन लोगों पर हमला करने की भावना तुम्हारे अंदर जाग जाती है, जिन्होंने तुमको तकलीफ़ पहुँचाई। यह समय की बर्बादी नहीं है?'

'यह सब इंसान होने की पहचान है।'

'अच्छा, ठीक है, लेकिन यह ना तो बुद्धिमानी कही जा सकती है ना ही इसको तार्किक कहा जा सकता है। इस धरती पर तुम्हारा जो समय है उसको कुछ सम्मान देना सीखो, और इस बात को समझो कि ईश्वर ने तुमको हमेशा माफ़ किया है और हमेशा माफ़ करेंगे।'

चैम्पस इलिसीस के एक मेगास्टोर में जुटी भीड़ को देखते हुए मैंने सोचा : इनमें से कितने लोग ऐसे होंगे, जिनका अपनी-अपनी पत्नियों के साथ उसी तरह का अनुभव हुआ होगा, जिस तरह का अनुभव मुझे हुआ?

बहुत कम। शायद एक या दो। फिर भी, उनमें से अधिकतर लोग मेरी नई किताब से अपने आपको जोड़ पाएँगे।

लेखन दुनिया की सबसे एकांतिक गतिविधियों में से एक है। हर दो साल में एक बार मैं कम्प्यूटर के सामने बैठकर अपनी आत्मा के अज्ञात समुद्र को देखता हूँ, और मुझे कुछ द्वीप दिखाई देते हैं - ऐसे विचार जो इस दौरान विकसित हुए और जो तब तक पक चुके होते हैं और जिनको आज़माने का समय आ गया होता है। उसके बाद मैं अपनी नाव में सवार हो जाता हूँ - जिसको दुनिया कहा जाता है - और फिर सबसे नज़दीक के द्वीप पर निकल जाता हूँ। रास्ते में, मुझे तेज़ धाराएँ, हवा और तूफ़ान मिलते हैं, लेकिन मैं सबके बीच अपनी नाव खेता जाता हूँ, थक जाता हूँ, इस बात को समझ जाता हूँ कि मैं अपने चुने गए रास्ते से भटक गया हूँ और मैं जिस द्वीप पर पहुँचने की कोशिश कर रहा था वह अब मुझे दिखाई भी नहीं दे रहा।

हालाँकि मैं लौट नहीं सकता, मुझे किसी न किसी तरह चलते रहना होगा नहीं तो मैं बीच समुद्र में डूब जाऊँगा; उस बिंदु पर जाकर एक के बाद एक ख़तरनाक दृश्य मेरी आँखों के सामने से गुज़रने लगता है, जैसे यह कि अपना शेष जीवन अतीत की सफलताओं के बारे में बात करते हुए बिता रहा हूँ, या नए लेखकों की बहुत बुरी तरह से आलोचना करता हुआ बिताऊँगा, महज इस कारण कि मुझे नई किताब प्रकाशित करवाने का साहस नहीं है। क्या लेखक बनना मेरा सपना नहीं था? इसलिए मुझे जीवन भर मुझे लगातार वाक्य, अनुच्छेद, अध्यायों को बनाते हुए चलना है, और अपने आपको सफलता या असफलता के द्वंद्व में फँसने से बचाए रखना है। अन्यथा, मेरी ज़िंदगी का क्या मतलब रह जाता है? फ़्रांस के दक्षिण में एक पुरानी मिल ख़रीद सकना और अपने बगीचे की देखभाल कर पाना? व्याख्यान देने लगना, क्योंकि लिखने से अधिक आसान बोलना होता है?

दुनिया से सोची-समझी, रहस्यमय ढंग से ग़ायब होकर एक ऐसी कहानी गढ़ना जो मुझे बहुत से सुखों से वंचित कर दे?

इस तरह के चिंताजनक विचारों के प्रभावित होकर मैं अपने अंदर ऐसी ताक़त और साहस को पाता हूँ जो मुझे पता नहीं होता कि मेरे अंदर था : वे मुझे अपनी आत्मा के अनजान हिस्सों में ले कर जाती हैं। फिर मैं स्वयं को धारा के बीच बहने देता हूँ, और आख़िरकार मैं अपनी नाव का लंगर मैं उस द्वीप पर डाल देता हूँ जहाँ बहते-बहते मैं पहुँच जाता हूँ। मैं दिन-रात यह बताते हुए बिताता हूँ कि मैंने क्या देखा, इस बात पर विचार करते हुए कि मैं जो कर रहा हूँ क्यों कर रहा हूँ, अपने आप से यह कहता रहता हूँ कि यह इतनी परेशानी उठाने लायक़ और कोशिश करने लायक़ नहीं है, कि मुझे किसी को कोई बात साबित नहीं करनी है कि मुझे जो चाहिए था सब मिल गया और उससे बहुत अधिक जितना कि मैंने कभी सपने में भी नहीं सोचा था।

मैंने इस बात पर ध्यान दिया कि मैं उसी प्रक्रिया से गुज़र रहा था जिस प्रक्रिया से तब गुज़रा था जब मैं अपनी पहली किताब लिख रहा था : मैं सुबह क़रीब नौ बजे उठ जाता, नाश्ते के तत्काल बाद अपने कम्प्यूटर पर बैठने के लिए तैयार हो जाता; उसके बाद मैं अख़बार पढ़ने लग जाता, फिर आसपास टहलने निकल जाता, आसपास किसी बार में जाकर बतियाने लगता। घर वापस आता एक बार फिर से कम्प्यूटर को देखता, फिर अचानक ध्यान आता कि मुझे कुछ फ़ोन करने हैं, उसके बाद फिर कम्प्यूटर देखने लगता, तब तक दिन का भोजन तैयार हो जाता, और खाने के बैठ जाता और यह सोचने लगता कि मुझे ग्यारह बजे लिखने के लिए बैठ जाना चाहिए था, लेकिन अब मुझे नींद की ज़रूरत है, मैं दोपहर के पाँच बजे उठ जाता हूँ, उसके बाद आख़िरकार मैं कम्प्यूटर पर जाकर बैठ जाता, ईमेल देखने की कोशिश करने लगता, तब मुझे याद आता कि मैंने इंटरनेट का अपना कनेक्शन नष्ट कर दिया था; वह स्थान यहाँ से दस मिनट दूर है जहाँ मैं ऑनलाइन हो सकता था, लेकिन मैं नहीं गया, अपनी अंतरात्मा को ग्लानि भाव से मुक्त करने के लिए क्या मुझे आधे घंटे लिख नहीं लेना चाहिए?

मैं शुरुआत कर्तव्य भावना से करता, लेकिन अचानक वह 'चीज़' मुझे अपने वश में कर लेती और मैं अपने आपको रोक नहीं पाता। कामवाली मुझे रात के खाने के लिए बुलाने आती और मैं उससे कहता वह मुझे परेशान

नहीं करे; लेकिन एक घंटे के बाद वह मुझे फिर से बुलाने के लिए आ जाती; मुझे भूख लगी होती है, लेकिन मुझे एक लाइन और लिखनी होती है, एक और वाक्य लिखना होता है, एक और पन्ना लिखना होता है। जब तक मैं खाने की मेज़ पर गया, खाना ठंडा हो चुका था, मैं जल्दी-जल्दी खाकर वापस अपने कम्प्यूटर पर चला गया - मेरा इसके ऊपर क़ाबू नहीं रह गया था कि मेरे क़दम कहाँ पड़ रहे थे, वह द्वीप मुझे समझ में आने लगा था, मैं उसके रास्तों पर बढ़ने लगा, मुझे ऐसी ऐसी चीज़ें मिलने लगीं, जिनके बारे में मैंने नहीं सोचा था, सपने में भी नहीं सोचा था। मैंने एक कप कॉफ़ी पी, फिर एक और कप, और दो बजे रात में मैंने आख़िरकार लिखना बंद कर दिया, क्योंकि मेरी आँखें थक गई थीं।

मैं बिस्तर पर चला गया, एक घंटे तक और इस बात को लेकर नोट बनाता रहा कि मुझे अगले परिच्छेद में किन-किन बातों का इस्तेमाल करना है और हमेशा पूरी तरह से निरर्थक साबित हो जाते - उससे होता यह है कि मेरा दिमाग़ ख़ाली हो जाता है और नींद आ जाती है। मैं अपने आप से यह वादा करता कि अगली सुबह ठीक 11 बजे लिखना शुरू कर दूँगा। और अगले दिन फिर वही होता - टहलना, बातचीत, दोपहर का भोजन, दोपहर की नींद, ग्लानि भाव, फिर इंटरनेट कनेक्शन नष्ट करने के कारण चिढ़, आख़िरकार, मैं बैठकर अपना पहला पन्ना लिख पाता...

अचानक, दो, तीन, चार, ग्यारह सप्ताह गुज़र गए, और मुझे यह बात समझ में आ गई कि मेरे लेखन का अंत होने वाला है; मैं ख़ालीपन से भर गया, एक ऐसे आदमी के ख़ालीपन से जिसने शब्दों में वह लिखा जिन बातों को वह अपने आप तक ही रख सकता था। अब, मुझे अंतिम वाक्य की तरफ़ बढ़ना है - और मैं बढ़ गया।

जब मैं लेखकों की जीवनियाँ पढ़ता तो मुझे हमेशा ऐसा लगता कि वे जब वे यह लिख रहे होते थे कि 'किताब अपने आप लिख जाती है, लेखक तो बस टाइपिस्ट होता है' तो वे अपने पेशे में अधिक दिलचस्पी पैदा करने के लिए ऐसा लिखते हैं। अब जब मैं यह जानता हूँ कि यह बात पूरी तरह से सही थी, किसी को यह नहीं पता होता है कि धारा उसको एक ख़ास द्वीप पर ले जाएगी, उस द्वीप पर नहीं जहाँ वे पहुँचना चाहते थे। फिर मोह में आकर उसको बार-बार लिखने, संपादित करने का काम शुरू हो जाता, और जब लगता कि अपने लिखे को एक बार और पढ़ना सहा नहीं जा

सकता तो मैं उसको प्रकाशक के पास भेज देता, जहाँ उसका पुनः संपादन किया जाता, फिर किताब का प्रकाशन होता। और मेरे लिए यह लगातार हैरानी की बात होती कि दूसरे लोग भी उसी द्वीप की तलाश में थे जो उनको मेरी किताब में मिला। एक आदमी दूसरे से कहता, यह रहस्य; शृंखला बढ़ती जाती, और कोई लेखक जो अपने एकांतिक अभ्यास करते हुए सोचता है वह एक पुल, एक नाव बन जाती है, एक ऐसा साधन, जिसके माध्यम से लोग यात्रा और संवाद करते।

उसके बाद से मैं वह आदमी नहीं रह जाता जो तूफ़ान में खो गया था : मैं अपने आपको अपने पाठकों के माध्यम से पाता, तब मुझे अपना लिखा समझ आने लगता जब मैं यह देखता कि दूसरे भी मेरी बात समझ पा रहे थे, लेकिन पहले यह बात समझ नहीं आती। कई दुर्लभ मौक़ों पर, उस मौक़े की तरह जो अभी घटित होने ही वाला था, मैं उन लोगों की आँखों में देखकर यह समझ पाता कि मेरी आत्मा अकेली नहीं थी।

★★★

नियत समय पर मैंने किताबों पर हस्ताक्षर करने शुरू कर दिए। ज़रा-सी देर के लिए आँखों-आँखों में संपर्क और एकता, ख़ुशी और एक दूसरे के सम्मान का भाव। कुछ लोगों से हाथ मिलाया जाता, कुछ चिट्ठियाँ, तोहफ़े और टिप्पणियाँ। 90 मिनट के बाद मैंने दस मिनट आराम के लिए कहा, किसी ने शिकायत नहीं की, और मेरा प्रकाशक (जैसा कि फ़्रांस में किताब पर हस्ताक्षर करने के दौरान ऐसी परम्परा बन चुकी है) यह घोषणा कर देता है कि इस दौरान भी जो लोग लाइन में हैं उन सबको शैम्पेन दी जाए (मैंने यह कोशिश की कि यह परम्परा दूसरे देशों में भी अपनाई जाए, लेकिन वे यही कहते कि फ़्रांस की शैम्पेन महँगी होती है, और वे मिनरल वाटर पेश करने लगते, लेकिन इससे भी उन लोगों के लिए सम्मान का भाव दिखाई देता था जो अभी भी लाइन में इंतज़ार में होते थे)।

मैं अपनी मेज़ पर लौट आया। दो घंटे के बाद भी मैं थका हुआ महसूस नहीं कर रहा था, बल्कि जोश से भरपूर लग रहा था, जबकि उस आयोजन को देखने वालों को ऐसा लग रह था कि मैं थक गया होऊँगा; लेकिन मैं तो पूरी रात यह करता रह सकता था। हालाँकि किताब की दुकान

ने अपने दरवाज़े बंद कर लिए थे और क़तार कम होती जा रही थी। अंदर चालीस लोग बचे हुए थे, वे तीस हुए, 20, 11, 5, 4, 3, 2 और अचानक हमारी आँखें मिलीं।

'मैं अंत तक इंतज़ार करता रहा। मैं सबसे आख़िरी आदमी होना चाहता था, क्योंकि मेरे पास आपके लिए संदेश है।'

मुझे समझ नहीं आ रहा था कि क्या कहा जाए। मैंने एक तरफ़ देखा, वहाँ प्रकाशक थे, किताबों की बिक्री से जुड़े लोग और किताब बेचने वाले लोग, सब बड़े जोश में बात कर रहे थे; जल्दी ही वे खाते-पीते हुए दिन भर के जोश-खरोश भरे काम के बारे में बातें करने वाले थे, और कुछ वैसी अजीब बातों के बारे में बात करने वाले थे जो उस दौरान हुई जब मैं किताबों पर हस्ताक्षर कर रहा था।

मैंने उसको पहले कभी नहीं देखा था, लेकिन मुझे समझ में आ गया था कि वह कौन था। मैंने उसके हाथ से किताब ली और लिखा : 'शुभकामनाओं के साथ मिख़ाइल के लिए।'

मैंने कुछ नहीं कहा। मैं नहीं चाहता था कि वह चला जाए - एक शब्द, एक वाक्य, अचानक कोई हरकत होती और हो सकता था कि वह चला जाता और फिर कभी वापस नहीं आता। पलक झपकते ही मुझे यह समझ आ गया कि बस वही मुझे ज़ाहिर की दुआ या बद्दुआ से बचा सकता था, क्योंकि बस वही है जो जानता है कि उसको कहाँ तलाश किया जाए, और मैं आख़िरकार वे सवाल पूछ पाऊँगा जो मैं लम्बे समय से अपने आप से पूछता रहा था।

'मैं आपको यह बताना चाहता था कि वह अच्छी है और हो सकता है कि वह आपकी किताब भी पढ़े।'

प्रकाशक, बिक्री से जुड़े लोग और किताब की दुकान वाले आदमी सब आ गए। सबने मुझे गले से लगाते हुए कहा कि आज का दिन ज़बर्दस्त रहा। आओ चलते हैं आराम से बैठकर कुछ पीते हैं और बातें करते हैं।

'मैं इस नौजवान को डिनर के लिए साथ लाना चाहता था,' मैंने कहा। 'यह क़तार में खड़ा आख़िरी आदमी था और यह उन सभी पाठकों का प्रतिनिधि हो सकता है जो आज हम लोगों के साथ थे।'

'मुझे नहीं लगता कि मैं आ पाऊँगा। मुझे कुछ और काम है।'

और मेरी तरफ़ मुड़ते हुए लगभग भौंचक्का होते हुए वह बोला :

'मैं आपको बस संदेश देने आया था।'

'क्या संदेश?' किताबों की बिक्री से जुड़े एक आदमी ने पूछा।

'यह आमतौर पर अपने साथ किसी को बुलाते नहीं हैं!' प्रकाशक ने कहा। 'आ जाओ, सब चलते हैं और डिनर लेते हैं!'

'यह आपकी विनम्रता है, मुझे हर गुरुवार एक मीटिंग में जाना होता है।'

'यह कब शुरू हुआ?'

'दो घंटे में।'

'और कहाँ?'

'एक आर्मेनियाई रेस्तराँ में।'

मेरा ड्राइवर भी आर्मेनियाई था, उसने पूछा कि किस रेस्तराँ में और उसने बताया कि वह जगह उस जगह से महज 15 मिनट की दूरी पर है जहाँ हम खाना खाने जा रहे थे। सब मुझे ख़ुश करने के लिए पूरी कोशिश में थे : उनको लग रहा था मैं जिस आदमी को डिनर पर बुला रहा था उसको ख़ुश होना चाहिए, और इस तरह के सम्मान के लिए गौरवान्वित होना चाहिए, इसलिए बाक़ी सब चीज़ें इंतज़ार कर सकती थीं।

'तुम्हारा नाम क्या है?' मैरी ने पूछा।

'मिख़ाइल।'

'अच्छा, मिख़ाइल,' और मुझे समझ में आ गया कि मैरी सब कुछ समझ गई थी, 'तुम हम लोगों के साथ घंटे भर के लिए तो आ ही सकते हो; हम जिस रेस्तराँ में जा रहे हैं वह पास में ही है। उसके बाद ड्राइवर तुमको वहाँ ले जाएगा जहाँ तुम जाना चाहते हो। अगर तुम चाहो तो हम सब इस रेस्तराँ के रिज़र्वेशन को रद्द कर तुम्हारे साथ आर्मेनियाई रेस्तराँ में जाकर खाना खा सकते हैं - ऐसा करने से शायद तुमको कम चिंता हो।'

मैं उसको देखे जा रहा था। वह ना तो ख़ास सुंदर था ना कुरूप। ना लम्बा ना नाटा। उसने काले कपड़े पहने हुए थे, साधारण और सुरुचिपूर्ण - और सुरुचिपूर्ण कहने से मेरा आशय था कि ना तो उसने बड़े ब्रांड के कपड़े पहने थे ना ही किसी डिज़ाइनर के।

मैरी ने मिख़ाइल का हाथ पकड़ा और दरवाज़े की तरफ़ बढ़ गई। किताब की दुकान में उन पाठकों के लिए हस्ताक्षर करने के लिए किताबों का ढेर पड़ा था जो उस आयोजन में आ नहीं पाए थे, लेकिन मैंने वादा किया कि अगले दिन आ जाऊँगा। मेरे पैर काँप रहे थे, दिल बहुत तेज़ी से धड़क रहा था, और तब भी मुझे यह जताते रहना था कि सब कुछ सही था, कि मुझे इस बात की ख़ुशी थी कि किताबों पर हस्ताक्षर का वह कार्यक्रम बहुत सफल रहा कि मेरी दिलचस्पी उस बात में थी जो दूसरे लोग कर रहे थे। हम लोगों ने चैम्पस एलिसीस को पार किया, आर्क दे त्रियोम्फ़े के पीछे सूरज डूब रहा था, और किसी कारण से मुझे ऐसा लगा कि यह एक संकेत था, अच्छा संकेत।

कम से कम तब तक जब तक कि मैं हालात को अपने वश में रख पाता।

मैं उससे बात क्यों करना चाहता हूँ? प्रकाशन जगत के लोग मुझसे बातें किए जा रहे थे और मैं जैसे स्वचालित तरीक़े से जवाब दे रहा था, किसी ने इस बात पर ध्यान नहीं दिया कि मैं उस समय उस बातचीत से बहुत दूर था, मैं इस बात को समझने की कोशिश कर रह था मैंने रात के खाने पर किसी ऐसे आदमी को क्यों बुलाया, जिससे मुझे नफ़रत करना चाहिए था। क्या मैं यह जानना चाहता था कि एस्तर कहाँ थी? क्या मैं इस नौजवान से बदला लेना चाहता था, जो इतना खोया-खोया था, इतना असुरक्षित, फिर भी इतना क़ाबिल था कि इसने उस इंसान को मुझसे छीन लिया, जिसे मैं प्यार करता था? क्या मैं अपने आपको यह बताना चाहता था कि मैं बेहतर था, उस आदमी से बहुत बेहतर? क्या मैं उसको घूस देना चाहता था, उसको पटाना चाहता था, क्या यह चाहता था कि वह समझा-बुझाकर मेरी पत्नी को वापस आने के लिए कहे?

मैं इन सवालों के जवाब नहीं दे सकता, और इस बात से कोई फ़र्क़ भी नहीं पड़ता। अभी तक मैंने बस एक बात कही थी : 'मैं इस आदमी को डिनर के लिए निमंत्रित करना चाहता हूँ।' मैंने पहले इस दृश्य की कई बार कल्पना की थी : हम मिले तो मैंने उसका गला पकड़ लिया, उसको मारने लगा, एस्तर के सामने उसको आपमानित किया; या मैं उसकी कुटाई करने लगा ताकि एस्तर को यह दिखाई दे कि उसके लिए मैं किस कदर लड़ाई कर रहा था, उसके लिए कितनी तकलीफ़ उठा रहा था। मैंने इस तरह के

दृश्यों की कल्पना की थी कि मैं आक्रामक हो गया, या मैंने झूठ-मूठ की बेपरवाही दिखाई या सार्वजनिक रूप से तमाशा कर दिया, लेकिन यह बात मेरे दिमाग़ में कभी नहीं आई थी कि 'मैं इस आदमी को डिनर के लिए निमंत्रित करना चाहता हूँ।'

यह पूछने की कोई ज़रूरत नहीं कि मैं अब क्या करूँगा, अब मुझे बस यही करना था कि मैरी के ऊपर नज़र रखनी थी, जो मिख़ाइल का हाथ थामे मुझसे कुछ क़दम आगे चल रही थी, इस तरह मानो वह उसकी प्रेमिका हो। वह उसको जाने नहीं देने वाली थी, और मुझे इस बात से हैरानी भी हो रही थी कि वह मैरी मदद क्यों कर रही थी, जबकि उसको यह पता था कि इस नौजवान से मिलने का मतलब यह भी हो सकता था कि मैं यह पता लगा सकता था कि मेरी पत्नी कहाँ रह रही थी।

हम पहुँच गए। मिख़ाइल मुझसे कुछ दूरी पर बैठा; शायद वह मेरे साथ बातचीत में फँसने से बचना चाहता था। हँसी-मज़ाक़, शैम्पेन, वोदका, मछली के अंडे - मैंने मेन्यू को देखा और मैं यह देखकर डर गया कि किताब की दुकानवाला स्नैक्स पर ही हज़ार डॉलर ख़र्च कर रहा था। सामान्य बातचीत हो रही थी; मिख़ाइल से यह पूछा गया कि उसको दोपहर का कार्यक्रम कैसा लगा; उसने कहा कि उसको मज़ा आया; उससे किताब के बारे में पूछा गया; उसने कहा कि उसको बहुत अच्छा लगा। उसके बाद सब उसको भूल गए और सबका ध्यान मेरी तरफ़ आ गया - जिस तरह से सब हुआ क्या मैं उससे ख़ुश था, जिस तरह से लोगों को क़तार में लगाया गया था उससे मैं ख़ुश था, क्या सुरक्षा दल ने अच्छी तरह से काम किया? मेरा दिल अभी भी धड़क रहा था, लेकिन मैं ऊपर से शांत बना रहा। मैंने हर बात के लिए उन लोगों का शुक्रिया अदा किया, जिस कुशल तरीक़े से उन लोगों ने वह आयोजन किया था।

आधे घंटे की बातचीत और थोड़ी अधिक वोदका लेने के बाद मैंने यह देखा कि मिख़ाइल सहज महसूस कर रहा था। अब सबका ध्यान उसकी तरफ़ नहीं था, उसको अब बहुत बोलने के लिए नहीं कहा जा रहा था, उसको बस कुछ देर और यह सब झेलना था और वह जा सकता था। मैं यह जानता था कि आर्मेनियाई रेस्तराँ के बारे में वह झूठ नहीं बोल रहा था; इसलिए अब मेरे पास कम से कम एक सूत्र तो था। मेरी पत्नी ज़रूर पेरिस में ही है! मुझे दोस्ताना बर्ताव करना चाहिए, उसका विश्वास जीतने की

कोशिश करनी चाहिए, शुरुआती तनाव अब दूर हो चुका था।

एक घंटा बीत गया। मिख़ाइल ने अपनी घड़ी की ओर देखा और मैंने यह देखा कि वह जाने के लिए तैयार था। मुझे कुछ करना चाहिए - अभी। मैं उसको जितनी बार देखता मुझे अपना होना उतना बेमानी और निरर्थक लगने लगता और मैं सोचने लगता कि एस्तर ने मेरे बदले ऐसे आदमी को क्यों चुन लिया जो इतना गैर-दुनियादार था (उसने कहा था कि उसके अंदर 'जादुई' शक्ति थी)। हालाँकि मेरे लिए यह मुश्किल होता जा रहा था कि मैं यह जताऊँ कि मुझे उस आदमी से बात करने में कोई दिक़्क़त नहीं हो रही थी जो मेरा दुश्मन था, मुझे कुछ करना चाहिए।

'आइए हम अपने पाठक के बारे में कुछ और जानते हैं,' मैंने कहा, और उसके बाद ख़ामोशी छा गई। 'यह उनमें से एक है, जो किसी भी समय जा सकता है, और इसने अपनी ज़िंदगी के बारे में एक शब्द भी नहीं कहा। क्या करते हो?'

वोदका के कई पैग पीने के बाद भी मिख़ाइल शालीन लग रहा था।

'मैं आर्मेनियाई रेस्तराँ में मीटिंग करवाता हूँ।'

'किन लोगों की मीटिंग?'

'मैं स्टेज पर खड़े होकर कहानियाँ सुनाता हूँ। दर्शक-दीर्घा के लोग भी कहानियाँ सुनाते हैं।'

'अपनी किताब में भी मैं यही काम करता हूँ।'

'मुझे पता है, इसीलिए तो मैं पहली बार...'

वह कहने जा रहा था कि वह कौन था।

'क्या तुम्हारा जन्म यहीं हुआ था?' मैरी ने उसको अपनी बात पूरी करने से पहले ही बीच में टोक दिया ('...मैं आपकी पत्नी से कैसे मिला था')।

'मेरा जन्म कज़ाकिस्तान के स्टेपीज़ (घास के मैदानों) में हुआ था।'

कज़ाकिस्तान। किसमें इतना साहस था कि यह पूछता कि कज़ाकिस्तान कहाँ है?

'कज़ाकिस्तान कहाँ है?' बिक्री से जुड़े एक व्यक्ति ने पूछा।

ऐसे लोग बड़े भाग्यशाली होते हैं जो इस बात को स्वीकार करने से नहीं डरते कि वे किसी बारे में कुछ नहीं जानते हैं।

'मैं यह इंतज़ार कर रहा था कि कोई उससे यह सवाल करे,' और मिख़ाइल की आँखें जैसे चमक उठीं। 'मैं जैसे ही कहता हूँ कि मेरा जन्म कहाँ हुआ था, उसके क़रीब दस मिनट के बाद ही लोग यह कहने लगते हैं कि मैं या तो पाकिस्तान से हूँ या अफ़गानिस्तान से... मेरा देश मध्य एशिया में है। उसका क्षेत्रफल फ़्रांस से बहुत बड़ा है, लेकिन वहाँ की आबादी महज 14 मिलियन है जबकि फ़्रांस की क़रीब 60 मिलियन।'

'यानी वह ऐसी जगह है जहाँ कोई इस बात की शिकायत नहीं कर सकता कि वहाँ जगह की कमी है,' प्रकाशक ने हँसते हुए कहा।

'यह ऐसा देश है जहाँ पिछली शताब्दी के दौरान किसी को किसी तरह की शिकायत करने का अधिकार नहीं था, अगर वह चाहता तो भी नहीं। जब कम्युनिस्ट शासन ने निजी संपत्ति को ख़त्म कर दिया तो पशुओं को वैसे ही छोड़ दिया गया और 48.6 फ़ीसदी आबादी मर गई। आप समझ रहे हैं ना कि इसका मतलब क्या हुआ? 1932 से 1933 के बीच मेरे देश की आधी आबादी भूख से मर गई।'

ख़ामोशी छा गई। आख़िरकार, उत्सव के बीच में त्रासदी आ गई, और वहाँ मौजूद एक आदमी ने बात को बदलने की कोशिश की।

जबकि मैंने इस बात पर ज़ोर दिया कि मेरे 'पाठक' को अपने देश के बारे में कुछ और बताना चाहिए।

'स्टेपीज कैसे होते हैं?' मैंने पूछा।

'वे एक तरह के विशाल मैदान होते हैं, जिसमें किसी तरह की हरियाली नहीं होती, मुझे पता है कि आपको इस बारे में पता है।'

मुझे पता था, लेकिन इस बातचीत को जारी रखने के लिए इस बार सवाल पूछने की बारी मेरी थी।

'कज़ाकिस्तान से मुझे कुछ याद आया', मेरे प्रकाशक ने कहा। 'कुछ समय पहले मुझे वहाँ रहने वाले एक लेखक की टाइप की हुई पांडुलिपि मिली, जिसमें स्टेपीज़ में किए गए आणविक परीक्षणों के बारे में लिखा था।'

'हमारे देश की मिट्टी और इसकी आत्मा में ख़ून है। इन परीक्षणों के कारण वह भी बदल गया जिनको बदला नहीं जा सकता था, जिसकी क़ीमत हम आने वाली कई पीढ़ियों तक चुकाएँगे। हम लोगों ने एक पूरे समुद्र को ग़ायब कर दिया।'

अब बोलने की बारी मैरी की थी।

'कोई समुद्र को ग़ायब नहीं कर सकता।'

'मेरी उम्र 25 साल है, और इतना ही समय लगा, एक पीढ़ी, शताब्दियों से वहाँ जो पानी था उसको मिट्टी हो जाने में। कम्युनिस्ट शासन के कर्ता-धर्ताओं ने दो नदियों अमु-दरिया और सीर-दरिया का रुख़ बदल दिया ताकि वे कपास के खेतों में पानी दे सकें। इसमें वे सफल नहीं हो पाए, लेकिन तब तक बहुत देर हो चुकी थी, समुद्र वहाँ सूख गया था, और उपजाऊ धरती बंजर हो गई।'

पानी की कमी का प्रभाव पर्यावरण पर पड़ा। आजकल, हर साल आने वाली धूल भरी आँधी 150,000 टन नमक और धूल को फैला देती है। 50 मिलियन लोगों के ऊपर सोवियत अधिकारियों के इस गैर-ज़िम्मेदाराना और पलटे नहीं जा सकने वाले फ़ैसले का प्रभाव पड़ा। जो थोड़ा बहुत पानी बचा था वह भी प्रदूषित था और उसके कारण तरह-तरह की बीमारियाँ फैल जाती हैं।'

वह जो कह रहा था उन बातों का मैंने मन ही मन अंदाज़ा लगाया। यह मेरे किसी व्याख्यान के लिए उपयोगी हो सकता था। मिख़ाइल बोलता जा रहा था, और उसकी आवाज़ से त्रासदी झलक रही थी।

'मेरे दादा कहते थे कि अराल सागर को कभी नीले सागर के नाम से जाना जाता था, क्योंकि उसके पानी का रंग नीला था। अब वह है ही नहीं, और फिर भी वहाँ के लोगों ने उस जगह को छोड़ कहीं और जा बसने से इंकार कर दिया : उनको अभी भी लहरों और मछलियों के सपने आते हैं, उनके पास अभी भी मछली पकड़ने के काँटे हैं और वे नावों और चारे की बात करते हैं।'

'क्या आणविक परीक्षण की बात सही है?' मेरे प्रकाशक ने पूछा।

'मुझे लगता है कि उस देश में पैदा हुए हर आदमी को यह महसूस होता है कि धरती को कैसा महसूस हुआ, क्योंकि हर कज़ाक अपने ख़ून में अपनी धरती को लेकर चलता है। क्योंकि चालीस वर्षों तक वह धरती आणविक या थर्मोन्यूक्लियर बमों के कारण काँपती रही, 1989 में कुल 456 परीक्षण हुए। उन परीक्षणों में 116 परीक्षण खुले में किए गए, जिसका मतलब यह हुआ कि एक बम उस बम से 2500 गुना अधिक शक्तिशाली था जो

द्वितीय विश्वयुद्ध के दौरान हिरोशिमा पर गिराया गया था। नतीजा यह हुआ कि हज़ारों लोग रेडियोधर्मिता के शिकार हो गए और फिर बाद में उनको फेफड़े का कैन्सर हो गया, जबकि इस दौरान हज़ारों बच्चे ऐसे पैदा हुए जिनके शरीर में या तो कोई अंग ग़ायब था या जो मानसिक रूप से बीमार थे।'

मिख़ाइल ने अपनी घड़ी देखी।

'अगर आप बुरा नहीं मानें तो मैं जाना चाहूँगा।'

उस मेज़ पर मौजूद आधे लोगों को दुःख हुआ, बातचीत अब दिलचस्प होने लगी थी। बाक़ी आधे लोग ख़ुश हुए : ऐसे ख़ुशी के मौक़े पर ऐसी त्रासदी की बात करना बेतुका लग रहा था।

मिख़ाइल ने सिर हिलाते हुए सभी को अलविदा कहा और मुझे गले से लगा लिया, इसलिए नहीं कि उसको मुझसे कोई ख़ास मोहब्बत हो गई थी, बल्कि उसको फुसफुसाकर कुछ कहना था :

'जैसा कि मैंने आपको पहले कहा था, वह अच्छी है। चिंता मत कीजिए।'

'चिंता मत कीजिए,' उसने यही कहा था। मैं ऐसी औरत के बारे में क्यों चिंता करूँ जिसने मुझे छोड़ दिया? उसकी वज़ह से पुलिस ने मुझसे पूछताछ की, अख़बार के पहले पन्नों पर सनसनीखेज समाचार बना। उसकी वज़ह से मैंने तकलीफ़ भरे वे दिन-रात गुज़ारे, लगभग अपने सभी दोस्तों को खो दिया और...'

'... और *उधेड़ने का समय और सीने का समय* लिखा। अच्छा, हम दोनों वयस्क हैं, हमें ज़िंदगी का बहुत सारा अनुभव है। अपने आपको धोखा नहीं देना चाहिए। ज़ाहिर है, तुमको यह पता होना चाहिए कि वह कैसी है। बल्कि, मैं तो और आगे बढ़कर कहूँगी : क्या तुम उससे मिलना चाहते हो?'

'अगर तुम इस बात को लेकर इतनी निश्चिंत थीं तो तुमने उसको हमारे साथ डिनर पर चलने के लिए क्यों कहा? अब मुझे एक सुराग़ मिल गया है : वह हर गुरुवार को आर्मेनियाई रेस्तराँ में आता है।'

'मुझे पता है। बेहतर है कि तुम इसका ध्यान रखो।'

'क्या तुम मुझे प्यार नहीं करतीं?'

'कल से ज़्यादा और आने वाले कल से कम, जैसा कि स्टेशनरी शॉप में मिलने वाले पोस्टकार्ड में लिखा होता है। हाँ, बिलकुल मैं तुमसे प्यार करती हूँ। मैं तुमसे बेहद प्यार करती हूँ, तुमको अब तक यह बात पता होनी चाहिए। मैं तो अपना पता बदलकर तुम्हारे इस बड़े से अपार्टमेंट में रहने आने की योजना बना रही हूँ, लेकिन जब भी मैं इस बारे में बात करती हूँ तुम बात बदल देते हो। बहरहाल, मैं अपने अहं को भूलकर यह समझाने की कोशिश करती हूँ कि साथ रहना हम लोगों के लिए कितना बड़ा क़दम होगा, और तुमको यह कहते सुनना चाहती हूँ कि यह बहुत जल्दी होगी; शायद तुमको इस बात का डर है कि तुम मुझे उसी तरह से खो दोगे जिस तरह से तुमने एस्तर को खोया, या शायद तुम अभी भी इस इंतज़ार में हो कि वह वापस लौट आए, या शायद तुम अपनी आज़ादी को खोना नहीं चाहते, या शायद तुमको अकेले रहने में तो डर लगता ही है किसी के साथ रहने

से भी डरते हो - कुल मिलाकर, हमारा रिश्ता अपने आप में एक मुसीबत है। लेकिन अब चूँकि तुमने पूछा है तो मेरा जवाब यह है : मैं तुमसे बहुत अधिक प्यार करती हूँ।'

'फिर तुमने मदद क्यों की?'

'क्योंकि मैं हमेशा के लिए एक ऐसी औरत के भूत के साथ नहीं रहना चाहती जो बिना एक शब्द बताए घर से चली गई। मैंने तुम्हारी किताब पढ़ी है। मुझे ऐसा लगता है कि उसको खोजकर इस मसले को सुलझाने के बाद ही तुम्हारा दिल पूरी तरह से मेरा हो पाएगा। यही मेरे उस पड़ोसी के साथ हुआ, जिससे मैं प्यार करती थी। मैंने इस बात को बहुत क़रीब से देखा था कि जब जहाँ तक हमारे रिश्ते की बात थी तो वह कितना कायर था, किस तरह से वह जिस चीज़ को दिल से चाहता था उसको उसके प्रति कभी वचनबद्ध नहीं होना चाहता था, लेकिन जो वह वास्तव में महसूस करता था उसको असल में कर पाना बहुत ख़तरनाक था। तुमने कहा कि पूर्ण आज़ादी जैसी कोई चीज़ नहीं होती; जो होती है वह यह कि आपको कुछ भी चुन पाने की आज़ादी होती है और फिर उस फ़ैसले के प्रति स्वयं को पूरी तरह से समर्पित कर देने की। जितना ही मैं अपने पड़ोसी के क़रीब गई उतना ही मुझे तुम अच्छे लगते गए : एक ऐसा आदमी जो अपनी उस पत्नी के साथ प्यार में था, जिसने उसको छोड़ दिया और जो उसके साथ अब कुछ और नहीं करना चाहती थी। तुमने ना केवल ऐसा करने का फ़ैसला किया, बल्कि तुमने अपने फ़ैसले को सार्वजनिक भी कर दिया। तुमने अपनी किताब में ऐसा लिखा है; किताब का एक परिच्छेद तो मुझे दिल से याद है :

"जब मेरे पास खोने के लिए कुछ नहीं था, तो मुझे सब कुछ दिया गया। जब मैं अपने अस्तित्व को भूल गया तो मैंने अपने आपको पाया। जब-जब अपमान सहकर भी मैं चलता रहा तो मुझे यह समझ में आ गया कि मैं अपने भाग्य को चुनने के लिए आज़ाद था। शायद मेरे साथ कुछ गड़बड़ है, पता नहीं, शायद मेरी शादी एक सपना थी जो जब चलती रही मैं उसको समझ नहीं सका। मैं यही जानता हूँ कि मैं उसके बिना भी रह सकता था, मैं उसको एक बार और देखना चाहता था, वह कहना चाहता था जो मैं तब नहीं कह पाया जब हम साथ थे : मैं तुमको खुद से ज़्यादा प्यार करता हूँ। मैं यह कह पाता, तब जाकर मैं अपना जीवन शांति से बिता पाता, क्योंकि इस प्यार ने मुझे मुक्त कर दिया।"

'मिख़ाइल ने मुझे यह बताया कि एस्तर शायद इस किताब को पढ़ेगी। यही बहुत है।'

'शायद तुम उसको पूरी तरह प्यार कर सको इसलिए तुमको उसको खोजना होगा और उसके मुँह पर सब कह देना होगा। यह शायद संभव नहीं हो पाए, क्योंकि वह शायद तुमसे मिलना नहीं चाहे, लेकिन तुमको एक बार कोशिश तो करनी चाहिए। मैं भी उस "आदर्श स्त्री" से मुक्त हो जाऊँगी और शायद तुम भी उसकी लगातार मौजूदगी से मुक्त हो जाओगे, जिसको तुम ज़ाहिर कहते हो।'

'तुम बहुत साहसी हो।'

'नहीं, मैं नहीं हूँ, मैं तो डरती हूँ। लेकिन मेरे पास और कोई विकल्प नहीं है।'

अगली सुबह मैंने यह क़सम खाई कि मैं यह पता करने की कोशिश नहीं करूँगा कि एस्तर ज़िंदा थी या नहीं। दो साल तक, मैंने अपने मन में यह बात बसा ली थी कि उसको छोड़ने के लिए मजबूर किया गया, या उसका अपहरण कर लिया गया था अथवा उसे कोई आतंकी समूह ब्लैकमेल कर रहा था। अब जबकि मुझे यह पता चल चुका था कि वह ज़िंदा थी और अच्छी भी (उस नौजवान ने यही बात मुझे बताई थी), तो फिर उससे मिलने की कोशिश क्यों करना? मेरी पूर्व पत्नी को यह हक़ था कि वह अपनी ख़ुशी तलाश करे, और मुझे उसके फ़ैसले का सम्मान करना चाहिए।

इस फ़ैसले पर मैं चार घंटे से कुछ अधिक समय तक क़ायम रहा; बाद में दोपहर में मैं एक चर्च गया, वहाँ मोमबत्ती जलाई तथा एक और वादा किया, इस समय एक पवित्र वादा : कि उसको तलाश करने की कोशिश करूँगा। मैरी सही कह रही थी। इस बात के लिहाज से मेरी उम्र बहुत हो चुकी थी कि अपने आपको धोखा देता रहूँ और यह जताता रहूँ कि मुझे कोई परवाह नहीं। जाने के उसके फ़ैसले का मैंने सम्मान किया, लेकिन उसी इंसान ने मुझे बर्बाद कर दिया, जिसने मुझे ज़िंदगी बनाने में मदद की थी। वह हमेशा से बहुत बहादुर थी; लेकिन इस बार वह क्यों वह ऐसे ग़ायब हो गई जैसे कोई चोर रात में भागता है, बिना अपने पति की आँखों में देखे और उसको यह बताए कि क्यों? हम दोनों ही इतने बड़े तो थे ही कि अपने किए के परिणामों का सामना कर पाते : मेरी पत्नी (या कहूँ कि पूर्व पत्नी) का बर्ताव पूरी तरह से उसके अपने व्यक्तित्व के विपरीत था, मैं यह जानना चाहता था कि क्यों।

* * *

वह कोई और सप्ताह था, रेस्तराँ में उस 'अभिनय' के पहले। अगले कुछ दिनों में मैंने कुछ इंटरव्यू के लिए हामी भरी, जो मैं आम तौर पर कभी नहीं भरता; मैंने कई लेख अख़बारों के लिए लिखे, योग और ध्यान किया, एक

रूसी पेंटर के बारे में किताब पढ़ी, एक और किताब नेपाल में घटित किसी अपराध के बारे में पढ़ी, दो किताबों की भूमिका लिखी, और चार किताबों की अनुशंसा लिखी, जो प्रकाशक मुझसे लिखने के लिए कहते रहते थे, और मैं हर बार मना कर देता था।

अभी भी काटने के लिए बहुत सारा समय था; इसलिए मैंने फ़ेवर बैंक के कुछ क़र्ज़ उतारने का फ़ैसला किया - डिनर के कुछ आमंत्रणों को स्वीकार किया, कुछ स्कूलों में छोटी-मोटी चर्चाएँ कीं जहाँ दोस्तों के बच्चे पढ़ते थे, गोल्फ़ क्लब गया, एवेन्यू दे सुफ़्फ़्रें में एक किताब की दुकान में जाकर किताबों पर हस्ताक्षर किए जो मेरे एक दोस्त की थी (उसने तीन दिन पहले दुकान के शीशे पर विज्ञापन लगाया था और कुल 20 लोग आए)। मेरे सेक्रेटरी ने कहा कि ज़रूर मैं बहुत ख़ुश था, क्योंकि उसने बरसों में मुझे इस क़दर सक्रिय नहीं देखा था; मैंने कहा कि बेस्टसेलर लिस्ट में किताब के आ जाने के कारण जोश में आकर मैं पहले से अधिक मेहनत करने लगा हूँ।

उस सप्ताह मैंने दो काम नहीं किए। एक, मैंने वह पांडुलिपि नहीं पढ़ी, जो किसी ने मुझे भेजी थी - मेरे वकील का कहना था कि ऐसी किताबों को तत्काल भेजने वालों को लौटा देना चाहिए, नहीं तो हो सकता है कि कोई यह दावा कर दे कि मैंने उसकी कहानी चुरा ली है (मुझे यह बात कभी समझ नहीं आई कि लोग मुझे अपनी पांडुलिपि क्यों भेजते हैं - मैं कोई प्रकाशक तो हूँ नहीं)।

दूसरा, मैंने नक़्शे में यह नहीं देखा कि कज़ाकिस्तान कहाँ था, मिख़ाइल का विश्वास जीतने के लिए मुझे इस बारे में कुछ और जानकारी प्राप्त करने की कोशिश करनी चाहिए, जहाँ से वह आया था।

लोग सब्र के साथ इंतज़ार में थे कि कोई आए और उस दरवाज़े को खोल दे जो रेस्तराँ के पीछे वाले कमरे में लेकर जाता था। सेंट जेरमेन डेस-प्रेस के कई बारों में जो आकर्षण था वैसा यहाँ कुछ नहीं था, यहाँ कॉफ़ी का प्याला पानी के गिलास के साथ पेश नहीं किया जाता था, ना ही वहाँ सजे-धजे अच्छी तरह से बात करने वाले लोग थे। जैसे थिएटर के गलियारों की तरह सुरुचि नहीं दिखती थी, शहर के दूसरे छोटे-छोटे रेस्तराँ में जो शो आयोजित किए जाते थे वहाँ वैसा कुछ जादुई भी नहीं था, वहाँ अभिनेता इस उम्मीद में हमेशा पूरी मेहनत करते थे, जिससे अगर दर्शक दीर्घा में अगर कोई प्रसिद्ध इम्प्रेसारियो यानी प्रस्तुतकर्ता बैठा हो तो वह शो ख़त्म होने के बाद उसको आकर अपना परिचय दे, उनसे कहे कि उन्होंने बहुत अच्छा काम किया और उनको किसी प्रसिद्ध कला केंद्र में शो के लिए आमंत्रित करे।

ईमानदारी से कहूँ, तो मुझे यह समझ नहीं आता है कि इस तरह की जगहों पर इतनी भीड़ क्यों रहती है : इनका कोई ज़िक्र मैंने उन पत्रिकाओं में नहीं देखा जो पेरिस में मनोरंजन और कला की विशिष्ट पत्रिकाएँ मानी जाती हैं।

***

इंतज़ार करते समय मैंने वहाँ के मालिक से बात की तो पता चला कि उसकी योजना रेस्तराँ के उस पूरे इलाक़े को थिएटर में बदल देने की है।

'हर सप्ताह अधिक से अधिक लोग आते हैं,' उसने बताया। 'शुरू-शुरू में मैं इसलिए मान गया, क्योंकि एक पत्रकार ने मदद माँगी थी, और उसने कहा कि बदले में वह मेरे रेस्तराँ की समीक्षा अपनी पत्रिका में प्रकाशित कर देगा। इसके अलावा, बृहस्पतिवार को उस कमरे का उपयोग शायद ही कभी होता था, और जब लोग इंतज़ार कर रहे थे, वे वहाँ खाना खा रहे थे; असल में, मैं सप्ताह के बाक़ी दिनों के मुक़ाबले बृहस्पतिवार को शायद अधिक पैसों

की माँग करने लगा। एक ही बात की फ़िक्र मुझे सताती है कि इसमें काम करने वाले अभिनेता एक मत को मानने वाले होते हैं, और आपको शायद यह बात पता हो कि यहाँ का क़ानून बहुत सख़्त है।'

हाँ, मुझे पता था; कुछ लोगों ने मुझे यह सुझाव भी दिया था कि मेरी किताबों का संबंध किसी ख़ास दार्शनिक प्रवृत्ति से था, धार्मिक शिक्षा को लेकर उनमें एक ख़ास तरह का नज़रिया होता है जो सामान्य रूप से स्वीकृत मान्यताओं से हटकर होता था। फ़्रांस वैसे तो बहुत उदार देश था, लेकिन इस मुद्दे को लेकर वह कुछ सशंकित रहता था। हाल में एक लम्बी रपट आई थी, जिसमें यह बताया गया था कि कुछ लोगों का अनजाने में मत परिवर्तन करवा लिया गया था। मानो वे लोग स्कूल, युनिवर्सिटी, टूथपेस्ट, कार, फ़िल्म, पति, पत्नी, प्रेमी चुनने के मामले में अपने हिसाब से फ़ैसले ले पा रहे थे, लेकिन जब धर्म या मत की बात आती तो उनको आसानी से बरगला दिया जाता था।

'वे अपने आयोजनों का प्रचार किस तरह से करते हैं?' मैंने पूछा।

'मुझे कुछ नहीं पता। जब भी मैंने कोई आयोजन किया तो उन लोगों से अपने रेस्तराँ के प्रचार के लिए भी कहा।'

और किसी तरह की शंका को दूर करने के लिए, चूँकि उसको यह नहीं पता था कि मैं कौन था, उसने आगे कहा : 'वैसे, यह कोई मत, कोई संप्रदाय नहीं है। वे बस अभिनेता हैं।'

***

कमरे का दरवाज़ा खुला, लोग एक छोटी-सी टोकरी में पाँच यूरो डालते और अंदर चले जाते। अंदर, एक स्टेज बनाया गया था, जिसके ऊपर दो लड़के और दो लड़कियाँ शांत भाव से खड़े थे, सभी ने सफ़ेद स्कर्ट पहन रखी थी, जिनमें ख़ूब स्टार्च दिया गया था, जिससे वे अलग से नजर आ रहे थे। इन चारों के अलावा एक बुजुर्ग आदमी भी था, जिसने हाथ में नगाड़ा पकड़ रखा था, और एक औरत थी, जिसके हाथ में कांसे की झाल थी, जिसमें छोटे छोटे घुँघरू लगे हुए थे; जब भी वह औरत झालों को आपस में टकराती तो उससे धातुई बारिश जैसी आवाज़ आती।

दोनों नौजवानों में एक मिख़ाइल भी था, हालाँकि वह जब किताब पर हस्ताक्षर करने के कार्यक्रम में मिला था उससे बिलकुल अलग लग रहा था : उसकी आँखें शून्य में कहीं टिकी हुई थीं, उनमें एक ख़ास तरह की चमक थी।

दर्शक कमरे में बिखरी हुई कुर्सियों पर बैठ गए। वहाँ मौजूद नौजवान लड़के-लड़कियों ने इस तरह से कपड़े पहने हुए थे कि अगर आप उनसे बाहर सड़क पर मिलते तो आपको लगता कि वे ड्रग्स के नशे में हैं। अधेड़ उम्र के कर्मचारी या अधिकारी अपनी-अपनी पत्नियों के साथ आए थे। कुछ बच्चे भी थे, जिनकी उम्र 9-10 साल की लग रही थी, जो शायद अपने माता-पिता के साथ आए थे। कुछ बुजुर्ग भी आए थे, जिनको यहाँ आने में बड़ी मशक़्क़त करनी पड़ी होगी, क्योंकि सबसे नजदीकी मेट्रो स्टेशन वहाँ से पाँच ब्लॉक की दूरी पर था।

वे शराब पी रहे थे, सिगरेट पी रहे थे, ज़ोर-ज़ोर से बातें कर रहे थे मानो स्टेज पर मौजूद लोग उनके लिए मायने ही नहीं रखते हों। बातचीत की आवाज़ धीरे-धीरे तेज़ होती जा रही थी; हँसी-मज़ाक़ चल रहा था, बिलकुल पार्टी जैसा माहौल था। एक मत या संप्रदाय? शायद यह सिगरेट पीने वाले लोगों का समूह था। मैं बेचैनी के साथ चारों तरफ़ देख रहा था और यह सोच रहा था कि वहाँ मौजूद औरतों में कहीं एस्तर दिखाई दे जाए, जबकि उन औरतों की देह-दशा भी मेरी पत्नी (मैं पूर्व पत्नी कहने का आदी क्यों नहीं हो पा रहा?) से नहीं मिलती-जुलती थी। मैंने एक सजी-धजी महिला से पूछा कि वहाँ क्या सब चल रहा था। उसमें शायद जवाब देने का सब्र नहीं था; उसने मेरी तरफ़ ऐसे देखा मानो मैं कोई नौसिखिया हूँ, एक ऐसा आदमी जिसको ज़िंदगी के रहस्यों के बारे में दीक्षित किए जाने की ज़रूरत थी।

'प्रेम कहानियाँ,' उसने बताया। 'कहानियाँ और ऊर्जा।'

कहानियाँ और ऊर्जा। शायद मुझे इस विषय को छेड़ना नहीं चाहिए था, हालाँकि वह महिला पूरी तरह से सामान्य दिखाई दे रही थी। पहले मैंने सोचा कि किसी और से पूछा जाए, लेकिन फिर यह तय किया कि सबसे अच्छा यह है कि कुछ नहीं कहा जाए। मैं कुछ देर में खुद पता कर लूँगा। मेरे बगल में बैठे एक सज्जन मेरी तरफ़ देखकर मुस्कराए :

'मैंने आपकी किताबें पढ़ी हैं, और इसलिए मुझे यह पता है कि आप यहाँ क्यों आए हैं।'

मैं तो जैसे सदमे में आ गया। क्या इसको मिख़ाइल और मेरी पत्नी के बीच के संबंधों के बारे में पता था - बल्कि मुझे यह बात सुधार कर कहानी चाहिए - स्टेज पर मौजूद एक आदमी और मेरी पूर्व पत्नी के बीच के संबंधों के बारे में?

'आपके जैसे लेखक को तेंगरी (प्राचीन मंगोल देवता) के बारे में ज़रूर पता होना चाहिए। उनका गहरा संबंध उनके साथ होता है, जिनको आप "प्रकाश-योद्धा" कहते हैं।'

'बिलकुल', मैंने राहत की साँस लेते हुए कहा।

और मेरे ख़याल से मैंने कभी तेंगरी के बारे में सोचा भी नहीं था।

बीस मिनट बाद, तब तक कमरे में सिगरेट का गहरा धुआँ भर चुका था, हम लोगों ने झाल की आवाज़ सुनी। चमत्कारिक रूप से बातचीत बंद हो गई, वहाँ जो अफरा-तफरी का माहौल था उसकी जगह पर एक धार्मिक वातावरण बन गया; दर्शक और स्टेज पर मौजूद लोग पूरी तरह से शांत हो गए; वहाँ बस एक ही आवाज़ आ रही थी जो बगल के रेस्तराँ से आ रही थी।

मिख़ाइल जैसे सम्मोहित अवस्था में लग रहा था और ऐसा लग रहा था जैसे दूर कहीं कुछ देख रहा हो, उसने कहना शुरू किया :

'मंगोलियाई उत्पत्ति संबंधी मिथक में : एक जंगली कुत्ता आया जो नीला और मटमैला रंग का था और जिसका भाग्य देवताओं ने लिखा था। उसकी साथी एक छोटी हिरणी थी।"

उसकी आवाज़ बहुत अलग लग रही थी, स्त्रियों की तरह, आत्मविश्वास से लबरेज।

'इस तरह एक और प्रेम कहानी की शुरुआत हुई। वह जंगली कुत्ता साहसी था, ताक़तवर था, और हिरणी मृदु स्वभाव की, सहज बुद्धिमान और सुरुचि से भरपूर। शिकारी और शिकार मिले और एक दूसरे से प्यार करने लगे। प्रकृति का नियम यह कहता है कि एक को दूसरे को मिटा देना चाहिए, लेकिन प्रेम में ना कोई अच्छा होता है ना बुरा, ना कोई निर्माण होता है ना विनाश, बस गति होती है। और प्रेम ने प्रकृति के इस नियम को पलट दिया।'

उसने अपने हाथ से इशारा किया और स्टेज पर खड़े चार लोगों ने बत्ती उसके स्थान की बत्ती जला दी।

'मैं जिस स्टेपीज़ से आया हूँ वहाँ जंगली कुत्ते को स्त्री के रूप में देखा जाता है। संवेदनशील, शिकार करने में पूरी तरह माहिर क्योंकि उसने अपने इस हुनर को आज़माया है, लेकिन वह डरपोक भी है। वह अपनी वहशी ताक़त नहीं दिखाता, बल्कि रणनीति से काम लेता है। साहसी, चौकन्ना, फुर्तीला। वह पल भर में पूरी तरह आराम की मुद्रा को छोड़ उस अवस्था में आ सकता है जैसे शिकार पर झपटने वाला हो।'

पूरी तरह से अभ्यस्त जैसे मैं कहानियाँ लिखने के मामले में हूँ, मैंने सोचा : और उस नन्हीं हिरणी का क्या हुआ?' मिख़ाइल कहानियाँ सुनाने और हवा में टंगे सवालों के जवाब देने में समान रूप से माहिर था :

'उस नन्हीं हिरणी में पुरुषों की तरह तेज़ भागने और धरती को समझने की क्षमता थी। दोनों अपने प्रतीकात्मक संसार में साथ-साथ सफ़र करते रहे, दो असम्भव जिन्होंने एक दूसरे को पाया था, और चूँकि दोनों अपनी-अपनी प्रकृति और उसकी बाधाओं को पार कर चुके थे; इसलिए उन्होंने इस संसार को भी संभव बनाया, यह उत्पत्ति को लेकर मंगोलिया का मिथक है : दो भिन्न-भिन्न प्रकृति से प्रेम का जन्म हुआ। विपरीत परिस्थितियों में प्रेम मजबूत होता है। संघर्ष और रूपांतरण में प्रेम संरक्षित होता है।'

हमारे पास अपना जीवन है। संसार आज जहाँ है वहाँ पहुँचने में इसको बहुत समय लगा, इसको बहुत कोशिशें करनी पड़ीं, और जितनी अच्छी तरह हो सकता था हम लोगों ने अपने आपको संगठित किया; यह आदर्श नहीं है; लेकिन हम बने रहे। फिर भी कुछ है जो नहीं है, और इसी वज़ह से हम आज रात यहाँ जुटे हैं, ताकि हम अपने होने के कारण के बारे में सोचने में एक दूसरे की मदद कर सकें। ऐसी कहानियाँ सुनाना, जिनका कोई मतलब नहीं होता, ऐसे तथ्यों की तलाश करना जो उस साँचे में नहीं आते जिस तरह से हम यथार्थ को देखते हैं, इसलिए लगता है कि एक या दो पीढ़ियों में हम जीने का कोई और जरिया ढूँढ़ सकते हैं।

जैसा कि दांते ने *डिवाइन कॉमेडी* में लिखा था : 'जिस दिन इंसान सच्चे प्रेम को प्रकट होने देगा, तो जो चीज़ें आज हमें बिलकुल सही प्रतीत होती हैं उनको लेकर भ्रम पैदा हो जाएगा और हम जिनको भी सही और सच्चा समझते हैं वह सबको पलट कर रख देगा।' जिस दिन इंसान यह सीख जाएगा कि प्यार किस तरह किया जाता है तो यह संसार वास्तविक

हो जाएगा; तब तक हम इस विश्वास के सहारे रहेंगे कि हम इस बात को जानते हैं कि प्रेम क्या होता है, लेकिन हमारे अंदर वह साहस नहीं होगा कि हम उसका उस तरह से सामना कर पाएँ जिस तरह का वह होता है।

प्रेम उन्मुक्त शक्ति का नाम है। जब हम उसको वश में करने की कोशिश करते हैं, वह हमें बर्बाद कर देता है। जब हम उसको बंदी बनाने का प्रयास करते हैं तो वह हमें अपना गुलाम बना लेता है। जब हम उसको समझने का प्रयास करते हैं तो वह हमें गुम और अस्त-व्यस्त अवस्था में छोड़ जाता है।

धरती की यह शक्ति हमें ख़ुशी देने के लिए है, हमें ईश्वर और अपने आसपास के क़रीब लाने के लिए है, और अभी हम जिस तरह से प्रेम करते हैं हम हर एक मिनट की शांति के लिए एक घंटा बेचैनी में बिताते हैं।'

मिख़ाइल कुछ देर रुका। झाल की अजीब ध्वनि फिर गूंजी।

'हर बृहस्पतिवार को हम प्रेम की कहानियाँ नहीं सुनाने वाले हैं। हम प्रेम के अभाव की कहानियाँ सुनाने वाले हैं। हम यह देखेंगे कि सतह पर क्या होता है - वह सतह जिसके ऊपर हम सभी आचारों और मूल्यों को पाते हैं - ताकि यह समझा आ सके कि सतह के नीचे क्या होता है। जब हम उस सतह के नीचे देखेंगे तो हम अपने आपको पा लेंगे। शुरू कौन करना चाहेगा?'

कई लोगों ने हाथ उठा दिए। मिख़ाइल ने एक युवती की तरफ़ इशारा किया जो देखने में अरब लग रही थी। वह अपने आप एक आदमी की दिशा में मुड़ गई, जो कमरे में दूसरी तरफ़ था।

'जब आप किसी औरत के साथ बिस्तर में होते हैं तो क्या कभी ऐसा हुआ कि आप उत्तेजित नहीं हो पाए हों?'

सब हँसने लगे। हालाँकि उस आदमी ने सीधे कोई जवाब नहीं दिया।

'क्या तुम इसलिए पूछ रही हो, क्योंकि तुम्हारा प्रेमी नपुंसक है?'

एक बार फिर सब हँसने लगे। जब मिख़ाइल बोल रहा था तो मुझे एक बार फिर इस बात का संदेह हुआ कि वह ज़रूर किसी नए क़िस्म का संप्रदाय था, लेकिन जब संप्रदायों की बैठक होती है तो मैं यह नहीं सोच सकता कि वहाँ सिगरेट और शराब पी जाती होगी, एक दूसरे के सेक्स जीवन को लेकर शर्मिंदा करने वाले सवाल पूछे जाते होंगे।

'नहीं, वह नहीं है,' उस लड़की ने सख़्ती से कहा। 'लेकिन कई बार उसके साथ ऐसा हो जाता है। और मुझे लगता है कि अगर आपने मेरे सवाल को गम्भीरता से लिया होता तो आपका जवाब यह होता कि 'हाँ, मेरे साथ कई बार ऐसा हुआ है।' सभी संस्कृतियों और देशों में, प्रेम और सेक्स की भावनाओं से अलग हटकर सभी पुरुषों को कभी ना कभी नपुंसकता का अनुभव होता है, ख़ासकर तब जब वे उस स्त्री के साथ होते हैं, जिसके साथ रहने की ख़्वाहिश उसमें सबसे अधिक होती है। यह बहुत सामान्य बात है।'

हाँ, यह आम बात थी, और जिस आदमी ने मुझसे यह बात कही थी वह एक मनोचिकित्सक था, जिससे मिलने मैं तब गया था जब मुझे लगा कि मुझे किसी तरह की समस्या थी।

वह लड़की कहे जा रही थी :

'लेकिन हम लोगों को जो कहानी सुनाई गई उसमें यह होता है कि पुरुष को हमेशा ही उत्तेजना होती है। जब उसमें यह नहीं होती तो वह किसी काम का नहीं रह जाता, और स्त्री को यह समझ आ जाता है कि वह अब इतनी आकर्षक नहीं रह गई है कि उस पुरुष को उत्तेजित कर सके। चूँकि यह एक ऐसा विषय है, जिसके ऊपर बातचीत नहीं की जाती है; इसलिए वह अपने किसी दोस्त के साथ इस बारे में बात नहीं कर सकता। वह अपने साथ लेटी स्त्री को वही पुराना झूठ बोल देता है : 'मेरे साथ ऐसा पहले कभी नहीं हुआ था।' उसको अपने आप पर शर्म आने लगती है और उस स्त्री से दूर भाग जाता है, जिसके साथ हो सकता है उसका बहुत अच्छा रिश्ता क़ायम हो जाता, बशर्ते उसने अपने आपको दूसरा, तीसरा या चौथा मौक़ा दिया होता। अगर उसने उसने अपने दोस्तों के प्रेम पर अधिक भरोसा किया होता, अगर उसने सच बोला होता, तो शायद उसको यह पता चल जाता कि वह अकेला नहीं था, जिसके साथ ऐसा हुआ। अगर उसने स्त्री के प्यार पर अधिक भरोसा किया होता तो उसने अपने आपको इतना आपमानित महसूस नहीं किया होता।'

तालियाँ बज उठीं। सिगरेट जलाए जाने लगे, मानो वहाँ मौजूद बहुत से स्त्री-पुरुषों ने राहत की साँस ली।

मिख़ाइल ने एक आदमी की तरफ़ इशारा किया जो किसी बड़ी कम्पनी का अधिकारी लग रहा था।

'मैं एक वकील हूँ और मेरी महारत तलाक़ के उलझे मामलों को सुलझाने में है।'

'इसका मतलब क्या हुआ?' दर्शकों में से किसी ने पूछा।

'इसका मतलब यह हुआ कि दोनों में से कोई एक पक्ष तलाक़ के लिए तैयार नहीं हो।' वकील ने जवाब दिया, इस तरह टोक दिए जाने के कारण वह चिढ़ा हुआ लग रहा था, क्योंकि उसको यह अजीब लग रहा था कि इतने सहज क़ानूनी शब्द का मतलब भी किसी को नहीं पता हो सकता था।

'बोलिए,' मिख़ाइल ने जिस आत्मविश्वास के साथ कहा कि मैंने उस आत्मविश्वास की उस नौजवान से कल्पना ही नहीं की थी जो मुझे किताब पर हस्ताक्षर वाले कार्यक्रम के दिन मिला था।

वकील ने बोलना शुरू किया :

'आज मुझे लंदन की फ़र्म ह्यूमन ऐंड लीगल रिसोर्सेज से एक रपट मिली। उसमें लिखा है :

क) किसी कम्पनी में काम करने वाले दो-तिहाई कर्मचारियों में प्रेम संबंध होता है। कल्पना कीजिए! इसका मतलब यह हुआ कि अगर किसी कम्पनी में तीन लोग काम करते हैं तो दो लोगों में किसी न किसी तरह का अंतरंग संबंध होगा।

ख) 10 प्रतिशत लोग इस वज़ह से अपनी नौकरी छोड़ देते हैं, 40 प्रतिशत लोगों का जो संबंध होता है वह तीन महीने से अधिक समय तक चलता है, और अगर काम करने वालों का पेशा ऐसा हो, जिसमें उनको लम्बे समय तक घर से बाहर रहना पड़ता हो तो दस में से आठ लोगों के बीच अफ़ेयर हो जाता है।

क्या यह अविश्वसनीय नहीं है?'

'बिलकुल है, हमें इन आँकड़ों को सलाम करना चाहिए!' नौजवानों के उस समूह के एक नौजवान ने जवाब दिया, जिस समूह के सभी लोगों ने इस तरह से कपड़े पहने हुए थे मानो वे डाकुओं के ख़तरनाक समूह से जुड़े हों। 'हम सभी आँकड़ों में यक़ीन रखते हैं। इसका मतलब यह हुआ कि मेरी माँ ज़रूर मेरे पिता के प्रति वफ़ादार नहीं रही होगी, लेकिन इसमें उसकी कोई ग़लती नहीं है, यह ग़लती आँकड़ों की है!'

कमरे में और अधिक हँसी छूटी, और अधिक सिगरेटें जलाई गईं, और अधिक राहत महसूस की गई, मानो वहाँ मौजूद लोग ऐसी बातें सुन रहे थे, जिनको सुनने से वे हमेशा से डरते आए थे और अब उनको सुनने के बाद जैसे वे किसी तरह की चिंता से मुक्त हो गए हों। मैं एस्तर और मिख़ाइल के बारे में सोचने लगा – '...ऐसे पेशे जिनमें काम करने वालों को लम्बे समय तक घर से बाहर रहना पड़ता हो उनमें दस में से आठ...'

मैं अपने बारे में सोचने लगा और कई बार ऐसा मेरे साथ हुआ भी। आख़िरकार वे आँकड़े हैं। हम अकेले नहीं हैं। ईर्ष्या, परित्याग, अवसाद की कहानियाँ सुनाई जा रही थीं, लेकिन मैं सुन नहीं रहा था। मेरा ज़ाहिर पूरे जोश के साथ लौट आया था, हालाँकि कुछ पल के लिए ही, मुझे यह लग रहा था कि मैं एक छोटे-से ऐसे समूह में बैठा था जहाँ सामूहिक चिकित्सा चल रही थी, मैं असल में उसी आदमी के साथ एक कमरे में था जिसने मुझसे मेरी पत्नी छीन ली थी। मेरे पड़ोस में बैठे आदमी ने जिसने मुझे पहचान लिया था मुझसे पूछा कि क्या मुझे मज़ा आ रहा है। उसने एक पल के लिए मेरे ज़ाहिर से मेरा ध्यान हटाया, और मुझे जवाब देने में ख़ुशी महसूस हो रही थी।

'मुझे कुछ समझ नहीं आ रहा। मुझे वहाँ सेल्फ़ हेल्प ग्रुप जैसा माहौल लग रहा है, जैसे शराबियों का होता है या गुमनाम लोगों का या शादी में सहायता देने वालों का।'

'लेकिन आप जो सुन रहे हैं वह सच्चा नहीं लग रहा है आपको?'

'शायद, लेकिन फिर वही बात कि मुझे कुछ मतलब समझ नहीं आ रहा।'

'यह इस शाम का सबसे महत्त्वपूर्ण बिंदु नहीं है; यह अकेला नहीं महसूस करने का एक जरिया है। हम अपनी-अपनी ज़िंदगियों के बारे में बात करने से यह समझ पाते हैं कि बहुत सारे लोगों ने ऐसा अनुभव किया था।'

'और इन बातों का व्यावहारिक नतीजा क्या होता है?'

'अगर हम अकेले नहीं होते तो हम स्वयं को अधिक शक्तिशाली महसूस करते हैं, जिससे यह पता लगा सकें कि हमसे कहाँ ग़लती हुई और हम उसके हिसाब से अपनी दिशा को बदल सकते हैं। लेकिन जैसा कि मैंने कहा उस नौजवान ने जैसा कि शुरू में कहा था उसके और उस

पल के बीच एक तरह से इंटरवल है जब हम अपनी ऊर्जा का आह्वान करते हैं।'

'कौन नौजवान?'

झाल की आवाज़ के साथ हमारी बातचीत बीच में रुक गई। इस बार नगाड़े वाले बुज़ुर्ग इंसान ने बोलना शुरू किया।

'तर्क-वितर्क का समय बीत चुका है। आइए अब संस्कार की तरफ़ बढ़ते हैं, उस भावना की ओर जो सब कुछ बदल कर रख देती है। जो लोग आज रात यहाँ पहली बार आए हैं उनको यह बता दूँ कि इस डांस से प्रेम को स्वीकार करने की हमारी क्षमता बढ़ जाती है। प्रेम अकेली वस्तु है जो हमारी बुद्धि और रचनात्मकता को सक्रिय कर देता है, जो हमें शुद्ध करके मुक्त कर देता है।'

सिगरेटें बुझने लगीं, गिलास रखने की आवाज़ें थम गईं। कमरे में अजीब तरह की शांति छा गई; एक युवती दुआ करने लगी :

'हम नाचेंगे, स्त्री, तुम्हारे सम्मान में। काश! हमारा नृत्य हमें आकाश में उड़ने लायक़ बनाए।'

क्या मैंने सही सुना? क्या उसने 'स्त्री' शब्द का प्रयोग किया?

उसने किया। दूसरी युवती ने चार मोमबत्तियाँ जला दी; बाक़ी बत्तियाँ बुझा दी गई। सफ़ेद कपड़ों में चार आकृतियाँ, जिनके स्कर्ट में कड़क कलफ़ लगा हुआ था, स्टेज से नीचे उतरकर दर्शकों में आकर बैठ गई। क़रीब आधे घंटे तक, दूसरा नौजवान, बहुत गहरी आवाज़ में बार-बार दोहराया जाने वाला गीत गाने लगा, जिसमें दिलचस्पी के कारण मैं अपने ज़ाहिर को कुछ देर के लिए भूल गया और एक तरह की नींद में चला गया। यहाँ तक कि वह बच्चा जो प्रेम की कहानी के सत्र के दौरान ऊपर नीचे भाग रहा था अब ख़ामोश और स्थिर होकर बैठ गया, उसकी आँखें स्टेज पर गड़ी हुई थीं। वहाँ बैठे कुछ लोगों ने आँखें मूँद ली थीं, कुछ लोग नीचे फ़र्श पर देख रहे थे या कुछ शून्य में निहार रहे थे, जैसा कि मैंने मिख़ाइल को करते देखा था।

जब उसने गाना बंद किया, झाल और नगाड़े की आवाज़ से जो संगीत उभर रहा था वह मुझे अफ़्रीका के धार्मिक आयोजनों के संगीत जैसा लग रहा था।

सफ़ेद कपड़ों वाली आकृतियाँ झूमने लगीं, और उस खचाखच भरे कमरे में बैठे लोग उनके लिए जगह बनाने लगे ताकि उनकी स्कर्ट को हवा में उड़ने के लिए जगह मिल सके। संगीत तेज़ बजने लगा, और वह चारों ओर तेज़ी से लहराते हुए नाचने लगी, उस आवाज़ पर जिसकी कोई भाषा नहीं थी, मानो वह सीधे देवदूतों या उस 'स्त्री' से संवाद कर रही हो।

मेरे पड़ोस में बैठा आदमी उठा और वह भी झूमने लगा और कुछ बोल रहा था जो मुझे समझ में नहीं आ रहा था। दर्शकों में बैठे दस-बारह लोग उठे और झूमने लगे, जबकि बाक़ी लोग आदर और विस्मय से देखे जा रहे थे।

***

मुझे नहीं पता कि यह नृत्य कितनी देर तक चलता रहा, लेकिन लेकिन साजों की आवाज़ मेरे दिल की धड़कन से ताल मिला रही थी, और मेरा बहुत मन होने लगा कि मैं भी कुछ करूँ, अजीब-सी बातें कहूँ, अपने शरीर को झुमाऊँ; यह सोचकर कि ऐसा करना अजीब लगेगा मैंने अपने ऊपर क़ाबू रख और वहाँ पागलों जैसी हरकत नहीं की। इस बीच, एस्तर, मैरी ज़ाहिर की छवि मेरी आँखों के सामने आने लगी, ऐसा कभी नहीं हुआ था, मुस्कराती हुई मुझसे कह रही थी कि 'उस स्त्री' की प्रशंसा करो।

मैं अपने आप से संघर्ष करता रहा कि उस अनजान कर्मकांड में शामिल नहीं होऊँ, मैं तो चाह रहा था कि यह सब जल्दी से जल्दी ख़त्म हो जाए। मैं उस बात के ऊपर ध्यान लगाने की कोशिश कर रहा था, जिसके कारण उस रात मैं वहाँ आया था - मिख़ाइल से बात करने, उसको कहूँ कि वह मुझे मेरे ज़ाहिर से मिलवा दे, लेकिन मेरे लिए शांत बैठ पाना मुश्किल होता जा रहा था। मैं अपनी कुर्सी से उठा और जैसे ही सावधानी से, शर्माते हुए मैंने क़दम थिरकाने शुरू किए अचानक संगीत की आवाज़ बंद हो गई।

उस कमरे में बस मोमबत्ती की रोशनी थी, और उसमें मुझे उन लोगों की थकी हुई साँसें सुनाई दे रही थीं जो नाच रहे थे। धीरे-धीरे आवाज़ मद्धिम पड़ने लगी, और बत्तियाँ वापस जला दी गईं, और ऐसा लगने लगा जैसे सब कुछ सामान्य हो गया। गिलासों में फिर से बियर, वाइन, पानी,

कोल्ड ड्रिंक भरे जाने लगे, बच्चे दौड़ मचाने लगे और ज़ोर-ज़ोर से बातचीत करने लगे, और अचानक ही सभी लोग बातचीत करने लगे, मानो कुछ भी नहीं, एकदम कुछ नहीं हुआ हो।

'अब बैठक समाप्त करने का समय आ गया है,' उस युवती ने कहा जिसने मोमबत्तियाँ जलाई थीं। 'अल्मा एक अंतिम कहानी सुनाने वाली है।'

अल्मा वह महिला थी जो झाल़ बजा रही थी। उसके बोलने के लहजे से लग रहा था जैसे वह पूरब की रहने वाली थी।

'एक आदमी के पास भैंस धी। भैंस की आपस में फँसी हुई सींगों को देखकर उसने सोचा कि अगर वह उन सींगों के बीच बैठ गया तो ऐसा लगेगा जैसे वह सिंहासन पर बैठा हो। एक दिन, जब भैंसे का ध्यान कहीं और था तो वह उसकी सींग के बीच चढ़ गया और उसी तरह से बैठ गया। लेकिन भैंस ने तत्काल अपने पैरों को हिलाकर उसको नीचे पटक दिया। जब उस आदमी की पत्नी ने देखा तो वह रोने लगी।'

'रोओ मत,' वह आदमी उठते हुए बोला। 'मुझे तकलीफ़ तो हुई लेकिन मेरा सपना भी पूरा हो गया।'

लोग उठकर जाने लगे। मैंने अपने पड़ोस में बैठे आदमी से पूछा कि उसको कैसा लगा।

'आपको इस बारे में जानना चाहिए। इस बारे में अपनी किताबों में लिखिएगा।'

मुझे कुछ समझ नहीं आया, लेकिन मैंने ऐसे जताया कि जैसे मुझे सब समझ आ गया हो।

'हो सकता हो कि मुझे पता हो, लेकिन मैं आपसे पूछकर ताक़ीद करना चाह रहा था।'

उसने मुझे ऐसे देखा मानो उसको मेरी बात का भरोसा नहीं हुआ हो, और उसको इस बात पर संदेह-सा होने लगा कि मैं वही लेखक था, जिसको वह सोचता था कि वह जानता था।

'मैं इस ब्रह्मांड की ऊर्जा के संपर्क में था,' उसने जवाब दिया। 'मैंने अपनी आत्मा में ईश्वर को महसूस किया।'

और वह चला गया, ताकि उसने जो कहा था उसके बारे में उसको विस्तार से नहीं बताना पड़ जाए।

ख़ाली कमरे में अब केवल चार अभिनेता थे, दो संगीतकार और मैं। स्त्रियाँ महिलाओं के बाथरूम में चली गई थीं, शायद कपड़े बदलने के लिए। पुरुषों ने जो सफ़ेद कपड़े पहन रखे थे उन्होंने वहीं कमरे में बदल लिए और फिर से सामान्य कपड़े पहन लिए। उन्होंने तत्काल साजो-सामान दो बड़े बक्सों में रखना शुरू कर दिया।

जिस बुज़ुर्ग आदमी ने उस कार्यक्रम के दौरान नगाड़ा बजाया था, उसने पैसे गिनने शुरू किए और उनके छह बराबर-बराबर हिस्से कर दिए। मुझे लगता है कि तब जाकर मिख़ाइल का ध्यान इस बात पर गया कि कमरे में मैं भी मौजूद था।

'मेरे ख़याल से मैंने आपको यहाँ देख लिया था।'

'और मुझे लगता है कि तुमको कारण समझ आ गया होगा।'

'अपने शरीर से दैवी ऊर्जा के गुज़रने के बाद मुझे हर चीज़ का कारण समझ में आने लगा है। मुझे प्रेम और युद्ध का कारण समझ आने लगा है। मुझे यह समझ आने लगा है कि कोई आदमी उस स्त्री की तलाश में क्यों रहता है, जिसे वह प्यार करता है।'

मुझे एक बार फिर से यह महसूस हुआ मानो मैं तलवार की धार पर चल रहा था। अगर उसको यह पता था कि मैं यहाँ अपने ज़ाहिर के कारण था, तब तो उसको यह भी पता होगा कि इससे एस्तर के साथ उसके संबंधों को ख़तरा था।

'क्या हम बात कर सकते हैं, उस तरह से जिस तरह से दो इज़्ज़तदार लोग किसी महत्त्वपूर्ण चीज़ के लिए लड़ाई कर रहे होते हैं?'

ऐसा लगा कि मिख़ाइल थोड़ा झिझक गया।

मैं कहता रहा : 'मुझे पता है मैं घायल और लस्त-पस्त बाहर आऊँगा, उस आदमी की तरह जो भैंस की सींगों के बीच बैठना चाहता था, लेकिन मैं इसका हक़दार हूँ। मैं इसलिए इसका हक़दार हूँ, क्योंकि इसके कारण मुझे जो तकलीफ़ हुई, हालाँकि अनजाने में। मुझे नहीं लगता है कि अगर मैंने एस्तर के प्यार का सम्मान किया होता तो उसने मुझे छोड़ा होता।'

'आप कुछ नहीं समझते,' मिख़ाइल ने कहा।

मुझे इन शब्दों से चिढ़ हो गई। एक 25 साल का लड़का उस अनुभवी आदमी से ऐसा कैसे कह सकता था जिसने तकलीफ़ उठाई थी, ज़िंदगी ने

जिसकी परीक्षा ली थी कि उसको कुछ समझ नहीं आता? मुझे अपने ऊपर क़ाबू रखना था, अपने आपको विनम्र बनाए रखना था, जो ज़रूरी था वह करना था। मैं भूतों के साथ इसी तरह नहीं रह सकता था, मैं यह नहीं चाहता था कि मेरी पूरी दुनिया इसी तरह से ज़ाहिर के प्रभाव में रहे।

'शायद मैं सच में नहीं समझता, लेकिन इसी वज़ह से तो मैं इस जगह पर आया हूँ – वही समझने के लिए। जो हुआ उसकी समझ के बाद अपने आपको मुक्त करने के लिए।'

'आप सब कुछ बहुत साफ़-साफ़ समझ रहे थे, और फिर आपने अचानक समझना बंद कर दिया; कम से कम एस्तर ने मुझे यही बताया। जैसा कि सभी पतियों के साथ होता है, एक ऐसा बिंदु आता है जब आप अपनी पत्नी को सामान की तरह देखने लगते हैं, संपत्ति समझने लगते हैं।'

मेरा कहने का मन हो रहा था : 'उसने यह बात मुझे स्वयं क्यों नहीं बताई? उसने मुझे अपनी ग़लतियों को दुरुस्त करने का मौक़ा क्यों नहीं दिया ताकि एक 25 साल के लड़के के लिए मुझे छोड़कर नहीं जाती जो उसके साथ उसी तरह से बर्ताव कर रहा था, जिस तरह से मैं कर रहा था।' लेकिन मैंने कुछ अधिक सावधानी से कहा।

'मुझे ऐसा नहीं लगता है कि यह बात सही है। तुमने मेरी किताब पढ़ी है, तुम मेरी किताब के कार्यक्रम में इसलिए आए थे, क्योंकि तुम यह समझते थे कि मुझे कैसा महसूस हो रहा था और तुम मुझे दिलासा देने आए थे। मेरा दिल अभी भी छलनी है : क्या तुमने कभी ज़ाहिर के बारे में सुना है?'

'मैं इस्लाम धर्म में पला-बढ़ा हूँ; इसलिए हाँ, मुझे इसके बारे में पता है।'

'अच्छा, एस्तर मेरी ज़िंदगी की हर जगह को भरती है। मुझे लगा कि अपनी भावनाओं के बारे में लिखने से मैं उसकी मौजूदगी से आज़ाद हो जाऊँगा। अब मैं उसको अधिक ख़ामोशी से प्यार करता हूँ, लेकिन मैं किसी और चीज़ के बारे में नहीं सोच सकता। मैं तुम्हारे सामने हाथ जोड़ता हूँ, तुम जो कहोगे मैं करूँगा, लेकिन मैं यह चाहता हूँ कि तुम मुझे यह समझा दो कि वह इस तरह से ग़ायब क्यों हुई। तुमने ही कहा है ना कि मुझे कुछ नहीं पता।'

यह बहुत मुश्किल था, अपनी पत्नी के प्रेमी के सामने खड़े होकर यह मिन्नत करना कि वह इस बात को समझने में मेरी मदद करे कि हुआ क्या था। अगर मिख़ाइल मेरी किताब के कार्यक्रम में नहीं आया होता, तो शायद विटोरिया के गिरजाघर में वह पल ही काफ़ी होता जब मैंने उसके लिए अपने प्यार का इज़हार किया था और जिसके कारण मैंने *उधेड़ने और सीने का समय* लिखी थी। लेकिन भाग्य को शायद कुछ और ही मंजूर था, और इस बात की संभावना ने कि मैं अपनी पत्नी को एक बार फिर से देख सकता था, सब गड़बड़ कर दिया था।

'आइए किसी दिन साथ लंच करते हैं,' मिख़ाइल ने एक लम्बी चुप्पी के बाद कहा। 'आपको सच में कुछ समझ नहीं आ रहा। लेकिन आज मेरे शरीर से जो दैवी ऊर्जा गुज़री है वह आपके ऊपर कृपालु है।'

हम लोगों ने अगले दिन मिलने का तय किया। घर के रास्ते में, मुझे एक बातचीत याद आई जो एस्तर के ग़ायब होने के तीन महीने पहले हुई थी।

बातचीत शरीर से होकर दैवी ऊर्जा के गुज़रने को लेकर थी।

'उनकी आँखें सच में अलग तरह की हैं। साफ़ है कि उनमें मौत का डर है, लेकिन उससे भी आगे बढ़कर त्याग का विचार भी है। उनका जीवन इसलिए सार्थक है, क्योंकि वे किसी मक़सद के लिए अपनी ज़िंदगी देने के लिए तैयार रहते हैं।'

'तुम सैनिकों के बारे में बात कर रही हो ना?'

'हाँ, और मैं किसी ऐसी बात के बारे में भी बात कर रही हूँ, जिसको स्वीकार कर पाना बहुत मुश्किल है, लेकिन मैं उस बारे में यह भी नहीं जता सकता कि मैं नहीं समझता। युद्ध एक संस्कार है। ख़ूनी संस्कार, लेकिन प्रेम का संस्कार भी है।'

'तुम पागल हो गई हो।'

'हो सकता है। लेकिन मैं कई और युद्ध संवाददाताओं से मिली, जो एक के बाद दूसरे देश में ऐसे जा रहे थे मानो मौत की दिनचर्या उनकी ज़िंदगी का हिस्सा हो। वे किसी बात से डरते नहीं थे, वे उसी तरह से ख़तरों का सामना करने वाले थे, जिस तरह से कोई सैनिक करता है। और यह सब ख़तरा वे उठाते थे समाचार के लिए? मुझे ऐसा नहीं लगता। वे ख़तरों के बिना नहीं रह सकते, रोमांच के बिना, जब तक उनके ख़ून में उबाल नहीं आए वे नहीं रह सकते। उनमें से एक पत्रकार विवाहित पुरुष था, उसके तीन बच्चे भी थे, उसने मुझे बताया कि जिस स्थान पर उसको सबसे सहज महसूस होता है वह जगह युद्ध का मैदान है, जबकि वह अपने परिवार को बहुत प्यार करता था और हर वक़्त अपनी पत्नी और बच्चों के बारे में बात करता रहता था।'

'मुझे यह बात बिलकुल समझ नहीं आई। देखो एस्तर, मैं तुम्हारी ज़िंदगी में दख़ल देना नहीं चाहता, लेकिन मुझे लगता है कि इस तरह के अनुभव से तुमको बहुत नुक़सान होगा।'

'मुझे ज़्यादा नुक़सान ऐसी ज़िंदगी जीने से होगा, जिसका कोई मतलब नहीं। युद्ध में सब जानते हैं कि उनको कुछ ख़ास तरह का अनुभव हो रहा होता है।'

'तुम्हारा मतलब है एक ऐतिहासिक पल से?'

'नहीं, यह इतना बड़ा कारण नहीं होता कि इसके लिए अपनी जान को जोखिम में डाला जाए। नहीं, मेरा मतलब है कि वे इंसान के वास्तविक पहलू का अनुभव ले रहे होते हैं।'

'युद्ध?'

'नहीं, प्यार।'

'तुम उनकी तरह होती जा रही हो।'

'मुझे भी ऐसा लगता है।'

'अपनी समाचार एजेंसी से कहो कि तुमने बहुत काम कर लिया।'

'मैं नहीं कह सकती। यह ड्रग्स जैसा नशा होता है। जब तक मैं युद्ध क्षेत्र में रहूँगी, मेरी ज़िंदगी का कुछ मक़सद रहेगा। कई-कई दिनों तक मैं नहाती भी नहीं, जो सैनिक खाते हैं मैं भी वही खाती हूँ, रात में बस तीन घंटे सोती हूँ और गोलियों की आवाज़ के साथ जाग जाती हूँ। मुझे पता होता है कि मैं जिस जगह पर बैठी हुई हूँ वहाँ किसी भी पल कोई ग्रेनेड फेंक दे सकता है, और इसी से मुझे ज़िंदगी मिलती है, समझे? असली ज़िंदगी, मेरा मतलब है एक-एक पल, एक-एक मिनट। उदासी के लिए कोई जगह नहीं होती, ना संदेह के लिए, कुछ नहीं; बस ज़िंदगी के लिए बहुत सारा प्यार होता है। सुन रहे हो ना?'

'हाँ-हाँ।'

'यह ऐसा है जैसे कोई दैवीय रोशनी हर युद्ध के बीच चमक उठती थी, बुरे से बुरे हालात में। युद्ध के पहले और बाद में डर लगता है, लेकिन तब नहीं जब गोलियाँ चल रही होती हैं, क्योंकि उस दौरान पुरुषों को आप संपूर्ण रूप में देखते हैं, बड़े से बड़े कारनामे करने लायक़ रूप में, सबसे अमानवीय रूप में। वे गोलियों की बौछार के बीच किसी साथी सैनिक को बचाने के लिए जा सकते हैं तो साथ ही साथ किसी भी हिलती-डुलती चीज़ को गोली मार सकते हैं - बच्चे, औरत - जो भी उनकी सीमा में आ जाएगा मारा जाएगा। छोटे-छोटे क़स्बों में रहने वाले लोग, जिन क़स्बों में कभी कुछ हुआ ही नहीं और जहाँ वे भद्र नागरिकों की तरह रहते आए थे, वही लोग संग्रहालयों पर आक्रमण करते हुए पाए जाते हैं, सैकड़ों साल पुरानी कलाकृतियों को बर्बाद करते हुए देखे जाते हैं और ऐसी चीज़ों को चुराते

हुए, जिनकी उनको ज़रूरत भी नहीं होती। वे अपनी बर्बरता की तसवीरें उतारते हुए बहुत गर्व महसूस करते हैं। और ऐसे लोग जो युद्ध के पहले बेवफ़ा, चालबाज़ होते थे वे ऐसी सामूहिक भावना से भर जाते हैं कि कुछ भी ग़लत काम कर ही नहीं सकते। यह पागलपन से भरी दुनिया है। सब कुछ उल्टा-पुल्टा।'

'क्या इससे तुमको उस सवाल का जवाब दे पाने में मदद मिली, जिसके बारे में तुमने मुझे कहानी सुनाई थी कि हैन्स ने फ़्रिट्ज़ से पूछा था?'

'हाँ, इसका जवाब जेसुइट तेयार दु शार्दान के लिखे कुछ शब्दों में है, ये वही आदमी हैं, जिन्होंने कहा था कि हमारा संसार प्रेम की परतों से घिरा है। उन्होंने कहा : "हम हवाओं, समुद्रों, सूर्य की ऊर्जा को साध सकते हैं। लेकिन जिस दिन इंसान प्रेम की ऊर्जा को साधना सीख जाता है, वह उतना ही महत्त्वपूर्ण होगा जितना महत्त्वपूर्ण आग की खोज थी।"'

'और इसके बारे में युद्ध क्षेत्र में जाने पर ही समझ आता है?'

'मैं पक्के तौर पर तो नहीं कह सकती, लेकिन इसने मुझे देखने का मौक़ा दिया, यह बात सुनने में विरोधाभासी लग सकती है लोग जब युद्ध में होते हैं तो ख़ुश होते हैं। उनके लिए इस दुनिया का मतलब है। जैसा कि मैंने पहले कहा, किसी मक़सद के लिए अपने आपको कुर्बान कर देने के पीछे पूरी ताक़त लगा देने से उनकी ज़िंदगी को एक अर्थ मिलता है। वे असीम प्यार करने में समर्थ होते हैं, क्योंकि उनके पास उस समय खोने के लिए कुछ नहीं होता है। बुरी तरह से घायल सैनिक कभी डॉक्टरों से यह नहीं कहते : "मुझे कृपया बचा लीजिए!" उसके आख़िरी शब्द आमतौर पर होते हैं : "मेरी पत्नी और बच्चों से कहना कि मैं उनको प्यार करता हूँ।" अपने जीवन के अंतिम क्षणों में वे प्रेम की बात करते हैं!'

'तो तुम्हारी राय में इंसान को अपनी ज़िंदगी तभी सार्थक लगने लगती है जब वे युद्ध कर रहे होते हैं।'

'लेकिन हम लोग हमेशा से ही युद्ध कर रहे होते हैं। हम लोग मौत से युद्ध कर रहे होते हैं, और हम यह जानते हैं कि अंत में जीत मृत्यु की ही होगी। सशस्त्र संघर्ष में यह बात अधिक दिखाई देती है, लेकिन यह सब रोज़मर्रा के जीवन में भी होता है। हम हर वक़्त नाख़ुश होने की सुविधा नहीं ढो सकते।'

'तुम क्या चाहते हो कि मैं क्या करूँ?'

'मुझे मदद चाहिए। और इसका मतलब यह नहीं है कि मुझसे कहो : "ठीक है इस पर बाद में बात करेंगे," क्योंकि इससे तो मैं पहले से भी ज़्यादा उलझन में पड़ जाऊँगा। हम लोगों को कोई ऐसा जरिया तलाश करने की ज़रूरत है कि इन सबको एक दिशा दे सकें, इस शुद्ध, संपूर्ण प्रेम को अपने शरीर में फैलने को राह दें और उसको अपने आसपास फैलाएँ। अभी तक एक ही आदमी ने मुझे इसको समझने में मदद की जो कि दूसरी दुनिया के संकेतों की व्याख्या किया करता था, जिसका कहना था कि उसको इस ऊर्जा का इलहाम होता था।'

'क्या तुम ईश्वर के बारे में बात कर रही हो?'

'अगर कोई अपने संगी को बिना किसी बंधन के प्यार करने की क्षमता रखता है, बिना किसी शर्त के, तो उसका प्रेम ईश्वर के प्रेम के समान होता है। अगर ईश्वर के प्रेम का प्रभाव हो जाता है तो वह अपने पड़ोसी से प्यार करेगा। अगर वह अपने पड़ोसी से प्यार करेगा तो वह अपने आप से प्यार करेगा। अगर वह अपने आप से प्यार करने लगेगा तो सब कुछ अपनी जगह पर सही हो जाएगा। इतिहास बदलता है। इतिहास जीत-हार की राजनीति या सिद्धांतों या युद्ध से नहीं बदलेगा; यह सब तो दुहराव भर है, यह सब तो आदि काल से ही होता आ रहा है। इतिहास तभी बदलेगा जब हम प्रेम की ऊर्जा का उपयोग करना सीख लेंगे, उसी तरह से जिस तरह से हम हवा, समुद्र और अणु की ऊर्जा का उपयोग करने लगे हैं।'

'क्या तुमको लगता है कि हम दोनों दुनिया को बचा सकते हैं?'

'मुझे लगता है कि यहाँ बहुत सारे लोग इसी तरह सोचते हैं।

'क्या तुम मेरी मदद करोगी?'

'हाँ, तब जब तुम मुझे यह बताओगे कि मुझे करना क्या होगा।'

'यही तो मुझे नहीं पता!'

इस पिज़्ज़ा रेस्तराँ का मैं तब से नियमित ग्राहक रहा हूँ जब मैं पहली बार पेरिस आया था, इतना ज़्यादा वक्त हो गया कि यह मेरे इतिहास का हिस्सा बन गया है। हाल में, जब संस्कृति मंत्रालय द्वारा मुझे ऑफ़िसर ऑफ़ आर्ट्स ऐंड लिटरेचर के मेडल दिया गया तो मैंने उसका जश्न मनाने के लिए यहीं डिनर का आयोजन किया था, हालाँकि बहुत से लोगों को ऐसा लग रहा था कि इतनी महत्त्वपूर्ण घटना का जश्न किसी बेहतर और महँगे रेस्तराँ में किया जाना चाहिए था। लेकिन इसके मालिक रोबेर्तो मेरे लिए एक तरह से भाग्यशाली बन गए थे; जब भी मैं इस रेस्तराँ में जाता मेरे साथ कुछ अच्छा घटित होता था।

'मैं *उधेड़ने और सीने का समय* किताब की सफलता को लेकर बातचीत से शुरुआत कर सकता था या कल रात तुम्हारे प्रदर्शन के समय जिस तरह से मेरे मन के अंदर परस्पर विरोधी भावनाएँ चल रही थीं उनके बारे में बातचीत करके।'

'वह प्रदर्शन नहीं मीटिंग थी,' वह बोला। 'हम कहानियाँ सुनाते हैं और हम डान्स करते हैं ताकि हम प्रेम की ऊर्जा को महसूस कर सकें।'

'मैं ऐसी कोई भी बात कर सकता था, जिससे कि तुमको यहाँ सहज महसूस हो, लेकिन हम दोनों इस बात को जानते हैं कि हम इस वक्त यहाँ क्यों आए हैं।'

'हम यहाँ आपकी पत्नी के कारण बैठे हैं,' मिख़ाइल ने कहा, वह उस समय किसी नौजवान की तरह अक्खड़ता से भरा दिखाई दे रहा था और वह उस दिन जैसा शर्मीला नहीं लग रहा था जब वह मेरी किताब के कार्यक्रम में आया था या 'बैठकी' में जिस तरह का आध्यात्मिक गुरु लग रहा था।

'तुम्हारा मतलब मेरी पूर्व पत्नी से है। और मैं तुमसे कोई मदद माँगना चाहता हूँ : कि उसको मेरे पास लेकर आओ। मैं यह चाहता हूँ कि वह मेरी आँखों में आँखें डालकर मुझे यह बताए कि उसने मुझे क्यों छोड़ा। तभी जाकर मैं ज़ाहिर से मुक्त हो पाऊँगा। नहीं तो मैं दिन-रात उसी के बारे

में सोचता रहूँगा, बार-बार अपनी कहानी के बारे में सोचता रहूँगा, अपने इतिहास के बारे में, बार-बार, ताकि मैं उस पल को समझ पाऊँ जब मैंने ग़लती की और हमारी राहें जुदा होने लगीं।'

वह हँसने लगा।

'इतिहास की समीक्षा अच्छी बात है, यही एक जरिया है, जिसके माध्यम से आप बदलाव ला सकते हैं।'

'बहुत चालाकी की बात है, लेकिन इस समय मैं दार्शनिक बहस में नहीं पड़ना चाहता। मुझे यह बात पक्के तौर पर लगती है कि सभी नौजवानों की तरह तुमको भी ऐसा लगता है कि तुम्हारे हाथ में भी ऐसा कोई सूत्र है, जिससे तुम दुनिया को सही कर सकते हो। हालाँकि सभी नौजवानों की तरह तुम भी एक दिन मेरी तरह से बुजुर्ग हो जाओगे और तब तुम पाओगे कि चीज़ों को बदलना इतना आसान भी नहीं होता। लेकिन इस बारे में अभी बात करने का कोई मतलब नहीं है। मेरी एक मदद करोगे?'

'मैं पहले आपसे कुछ पूछना चाहता हूँ : क्या उसने अलविदा कह दिया?'

'नहीं।'

'क्या उसने यह कहा कि वह मुझसे दूर जा रही है?'

'नहीं, उसने ऐसा नहीं कहा। तुम इस बात को जानते हो।'

'क्या आपको ऐसा लगता है कि एस्तर जिस तरह की औरत है, क्या वह उस आदमी से बिना सवाल जवाब किए, बिना कोई कारण बताए छोड़ देगी, जिसके साथ उसने दस साल बिताए?'

'यही बात मुझे सबसे अधिक परेशान कर रही है। लेकिन तुमको क्या लग रहा है?'

बातचीत का क्रम बीच में रोबेर्तो के बोलने से टूटा, वह यह जानना चाहता था कि क्या हम ऑर्डर देने के लिए तैयार थे। मिख़ाइल ने नेपोलिताना लाने के लिए कहा और मैंने रोबेर्तो से कहा कि वह खुद मेरे लिए कुछ चुन दे - वह समय इस बात की फ़िक्र करने के लिए नहीं था कि मुझे क्या खाना था। बस मैं यह चाहता था कि जितनी जल्दी हो सके मुझे रेड वाइन की एक बोतल मिल जाए। जब रोबेर्तो ने मुझसे पूछा कि कौन-सी वाइन चाहिए तो मैंने बुदबुदाते हुए जवाब दिया जो सुनाई नहीं दिया, वह इस बात को

समझ गया कि उसको हम लोगों को अकेले छोड़ देना चाहिए और लंच के दौरान उसको हम लोगों से कुछ और नहीं पूछना चाहिए, बल्कि सभी ज़रूरी फ़ैसले खुद ले लेने चाहिए, ताकि मैं अपने सामने बैठे उस नौजवान के साथ बातचीत में ध्यान लगा सकूँ।

तीस सेकेंड के अंदर वाइन आ गई। हमने अपने-अपने गिलास भर लिए।

'वह क्या कर रही है?'

'क्या आप सच में जानना चाहते हैं?'

अपने सवाल के जवाब में सवाल सुनकर मुझे चिढ़ हो गई।

'हाँ, जानना चाहता हूँ।'

'वह कालीन बना रही है और लोगों को फ़्रेंच सिखा रही है।'

कालीन! मेरी पत्नी (पूर्व पत्नी, कोशिश करके यह बोलने की आदत डालनी पड़ेगी), के पास ज़रूरत भर के पूरे पैसे थे, उसके पास पत्रकारिता में डिग्री थी, वह चार भाषाएँ बोलना जानती थी, और वह आजीविका के लिए कालीन बुन रही थी और विदेशियों को फ़्रेंच भाषा सिखा रही थी? मुझे अपने ऊपर क़ाबू रखना चाहिए। मैं उस नौजवान के पुरुष अहं को चोट नहीं पहुँचा सकता था, लेकिन फिर भी मुझे यह सोचकर शर्म आ रही थी कि एस्तर जिन चीज़ों के लायक़ थी वह उसको वे चीज़ें नहीं दे पा रहा था।

'प्लीज, इस बात को समझने की कोशिश करो कि पिछले क़रीब एक साल से मैं किस तरह की स्थिति में जी रहा हूँ। एस्तर के साथ तुम्हारे रिश्तों के लिए मैं किसी तरह का ख़तरा नहीं हूँ। मैं उसके साथ कुछ घंटे बिताना चाहता हूँ, या एक घंटा भी मिल जाए तो काफ़ी है।'

ऐसा लग रहा था कि मिख़ाइल मेरी बातों को सुनकर कुछ सोच रहा था।

'आपने मेरे सवाल का जवाब नहीं दिया,' वह मुस्कराते हुए बोला। 'क्या आपको ऐसा लगता है कि एस्तर जिस तरह की इंसान है, वह अपनी ज़िंदगी के पुरुष को बिना अलविदा कहे या बिना कुछ बताए उससे दूर हो जाएगी?'

'नहीं, मुझे ऐसा नहीं लगता।'

फिर आप यह क्यों कहते रहते हैं कि 'उसने मुझे छोड़ दिया?' आपने यह क्यों कहा : 'एस्तर के साथ तुम्हारे रिश्तों को मुझसे कोई ख़तरा नहीं है?'

मुझे कुछ समझ में नहीं आ रहा था। मुझे ऐसा महसूस हुआ कि मेरे अंदर से एक तरह की उम्मीद उबाल मार रही थी - ऐसा नहीं था कि मुझे यह पता नहीं था कि मैं किस बात की उम्मीद कर रहा था या वह उम्मीद कहाँ से आ रही थी।

'क्या तुम मुझे यह कहना चाह रहे हो कि...'

'बिलकुल। मैं आपसे यह कह रहा हूँ कि उसने ना तो आपको छोड़ा है ना मुझे। वह बस कुछ समय के लिए ग़ायब हो गई है, शायद सदा के लिए, लेकिन हम दोनों का उसका सम्मान करना चाहिए।'

ऐसा लगा जैसे पिज़्ज़ा की उस दुकान में एक किरण अचानक चमकी हो, वह जगह मेरे अंदर जहाँ की अच्छी स्मृतियाँ और अच्छी कहानियाँ मेरे साथ थीं। वह नौजवान जो कह रहा था मैं उसमें पूरी शिद्दत के साथ यक़ीन करना चाह रहा था; मेरा ज़ाहिर मेरे चारों ओर धड़क रहा था।

'क्या तुमको यह पता है कि वह कहाँ है?'

'हाँ, मुझे पता है। लेकिन इसके बावजूद कि आपकी तरह मेरा भी उससे मिलने का मन करता है जिस तरह से आपका कर रहा है लेकिन मैं उसकी ख़ामोशी का सम्मान करता हूँ। आपकी तरह मुझे भी कुछ समझ नहीं आ रहा है। एस्तर को हो सकता है ऐसे प्यार से ख़ुशी मिलती है जो उसको पूरी तरह से अपनी गिरफ़्त में ले ले, वह शायद इस बात का इंतज़ार कर रही है कि हम में से कोई जाए और उसको खोजे, हो सकता है कि उसको कोई नया आदमी मिल गया हो, या हो सकता है वह इस दुनिया की नज़रों से पूरी तरह से ओझल हो गई हो। जो भी सच हो, अगर आप उसकी तलाश में जाना चाहते हैं तो मैं आपको रोकूँगा नहीं। लेकिन अगर आप ऐसा करते हैं तो आपको एक बात ध्यान रखनी चाहिए : आपको उसका शरीर नहीं उसकी आत्मा भी खोजनी चाहिए।'

मेरा मन हँसने का कर रहा था। मेरा मन उसको गले लगाने का हो रहा था, या शायद उसको मार डालने का - मेरी भावनाएँ तेज़ी से बदल रही थीं।

'क्या तुम और वह...'

'हम साथ सोए या नहीं? इससे आपको कोई मतलब नहीं होना चाहिए। मुझे एस्तर में वह साथी मिली, जिसकी मैं तलाश में था, उसने मुझे उस मिशन पर निकलने में मदद की जो मैं करना चाहता था, किसी देवदूत की तरह उसने मेरे दरवाज़े, मेरी सड़क, उन रास्तों को खोल दिया ताकि दुनिया में प्रेम की ऊर्जा को फिर से स्थापित किया जा सके। हम एक तरह के मिशन को ही साझा करते हैं। और आपके दिमाग़ को राहत पहुँचाने के लिए बता दूँ कि मेरी एक प्रेमिका भी है, वह लड़की जो कल रात मेरे साथ स्टेज पर थी। उसका नाम ल्यूक्रेसिया है और वह इटली मूल की है।'

'तुम सच बोल रहे हो?'

'हाँ ईश्वर की क़सम, मैं सच बोल रहा हूँ।'

उसने अपनी जेब से गहरे रंग का कपड़े का एक टुकड़ा निकाला।

'यह देख रहे हैं? यह कपड़ा असल में हरे रंग का था; यह काला इसलिए दिखाई दे रहा है, क्योंकि यह ख़ून से सना था जो अब सूख गया है। दुनिया में किसी स्थान पर एक सैनिक ने उससे मरने के पहले कहा कि वह उसकी कमीज उतार दे, और उसको टुकड़ों में काटकर उन टुकड़ों को ऐसे लोगों में बाँट दे जो उसकी मौत के संदेश को समझ सकते हों। क्या आपके पास एक टुकड़ा है?'

'नहीं, एस्तर ने इस बारे में मुझे कभी नहीं बताया था।'

'जब भी वह किसी ऐसे आदमी से मिलती, जिसके बारे में उसको लगता था कि उसको संदेश मिलना चाहिए, वह उसको उस सैनिक के ख़ून से सना कपड़े का यह टुकड़ा भी देती थी।'

'और संदेश क्या था?'

'अगर उसने आपको कपड़े का यह टुकड़ा नहीं दिया, तो मुझे नहीं लगता कि आपको इस बारे में कुछ बताना चाहिए, क्योंकि उसने इस बात को गुप्त रखने का वचन मुझसे लिया था।'

'क्या तुम किसी दूसरे ऐसे आदमी को जानते हो, जिसके पास कपड़े का यह टुकड़ा है?'

'मेरे साथ रेस्तराँ में जितने लोग आते हैं सभी के पास है। हम इसलिए यहाँ हैं, क्योंकि एस्तर ने हम लोगों को साथ-साथ जोड़ा।'

मुझे बहुत सावधानी से क़दम उठाने की ज़रूरत थी, उसके साथ दोस्ती बढ़ाने के लिए, फ़ेवर बैंक में कुछ जमा करवाने के लिए। मुझे उसको डराना नहीं चाहिए ना ही यह जताना चाहिए कि मैं बहुत बेसब्र हूँ, मुझे उससे उसके बारे में और उसके काम के बारे में पूछना चाहिए, उसके देश के बारे में, जिसके बारे में वह इतने गर्व के साथ बात करता था; मुझे यह पता लगाने की ज़रूरत थी कि उसने मुझसे जो कुछ कहा था वह सच था या उसके पीछे उसका कोई मक़सद था; मैं इस बात को लेकर पूरी तरह से निश्चिंत होना चाहता था कि क्या वह अभी भी एस्तर के संपर्क में था या उसके साथ अब उसका कोई संपर्क नहीं रह गया था। वह दूर देश से आया था, जहाँ अलग तरह के मूल्य थे, लेकिन मैं जानता था कि फ़ेवर बैंक हर कहीं काम करता था : वह बैंक इस तरह की संस्था था जो किसी तरह की सीमा को नहीं मानता था।

एक तरफ़ मैं हर उस बात में यक़ीन कर लेना चाहता था जो वह कह रहा था। दूसरी तरफ़, उन एक हज़ार एक रातों में मेरा दिल ख़ून के आँसू रोता था जब मैं जगा पड़ा रहता था, दरवाज़े में चाबी की आवाज़ का इंतज़ार करते हुए, कि एस्तर आए और मेरे बगल में लेट जाए, बिना कुछ कहे। मैंने अपने आप से यह वादा किया था कि अगर ऐसा कुछ हुआ तो मैं किसी तरह का सवाल नहीं पूछूँगा। मैं उसको चूमूँगा और कहूँगा कि 'अच्छी तरह सो जाओ मेरी जान,' और हम लोग अगले दिन नींद से जागेंगे, हाथ में हाथ डाले, मानो यह सब दुस्वप्न कभी आया ही नहीं हो।

रोबेर्तो पिज़्ज़ा लेकर आया। ऐसा लग रहा था कि उसको अपनी अंतर्दृष्टि से यह समझ आ गया था कि मुझे कुछ वक्त चाहिए था।

मैंने एक बार फिर मिख़ाइल की तरफ़ देखा। शांत रहना चाहिए; अगर तुमने अपने धड़कनों को वश में नहीं रखा तो तुमको दिल का दौरा पड़ सकता था। मैंने एक गिलास वाइन पी ली और मैंने ध्यान दिया कि उसने भी यही किया।

वह इतना घबराया हुआ क्यों लग रहा था?

'ओह, तुम जो कह रहे हो मुझे उन बातों में भरोसा है। लेकिन हम लोगों के पास बातचीत करने के लिए काफ़ी समय है।'

'आप मुझसे यह कहने वाले हैं कि मैं आपको उसके पास ले चलूँ।'

उसने मेरा खेल ख़राब कर दिया। मुझे फिर से सब शुरू करना होगा।

'हाँ, मैं कहने वाला हूँ। मैं तुमको समझाने की कोशिश करूँगा। मैं पूरी कोशिश करूँगा तुमको समझाने की। मुझे जल्दी नहीं है, हम लोगों को पहले पूरा पिज़्ज़ा खाना है। इसके अलावा, मैं तुम्हारे बारे में कुछ और जानना चाहता हूँ।'

मैंने ध्यान दिया कि वह पूरी कोशिश कर रहा था कि उसके हाथ नहीं काँपें।

'मेरे जीवन का एक मक़सद है। मैं अभी तक उस मक़सद को पूरा नहीं कर पाया हूँ, लेकिन मुझे लगता है कि मेरे पास अभी भी उसको पूरा करने का वक्त है।'

'शायद मैं कोई मदद कर पाऊँ।'

'हाँ, आप कर सकते हैं। कोई भी कर सकता है; आपको प्रेम की ऊर्जा को दुनिया भर में प्रसारित करने में मदद करनी होगी।'

'मैं इससे अधिक कर सकता हूँ।'

मैं इससे अधिक कोई बात नहीं करना चाहता था; मैं यह नहीं चाहता था कि उसको ऐसा लगे कि मैं उसकी वफ़ादारी पाने की कोशिश कर रहा था। सावधान। मुझे बहुत सावधान रहना था। हो सकता था कि वह सच कह रहा हो लेकिन हो सकता था कि वह झूठ भी बोल रहा हो, मेरी तकलीफ़ का मज़ा लेने के लिए।

'मुझे तो प्रेम की बस एक ऊर्जा के बारे में पता है,' मैं कहे जा रहा था। 'जो मेरे अंदर उस स्त्री के लिए है जिसने मुझे छोड़ दिया, बल्कि कहना चाहिए कि जो चली गई और जो मेरे इंतज़ार में है। अगर मैं उसको फिर से देख पाया तो मुझे बहुत ख़ुशी होगी। और यह दुनिया बेहतर लगेगी क्योंकि कम से कम एक इंसान तो संतुष्टि का अनुभव करेगा।'

उसने ऊपर छत की तरफ़ देखा और फिर वापस मेज़ की तरफ़ देखा, और जितना संभव हो सकता था मैंने ख़ामोशी को बने रहने दिया।

'मुझे एक आवाज़ सुनाई दे रही है।' आख़िरकार वह बोला, लेकिन वह मुझे देख नहीं पा रहा था।

आध्यात्मिकता के बारे में लिखने का बड़ा फ़ायदा यह है कि मुझे यह पता है कि मैं किसी न किसी तरह के उपहार के साथ लोगों के सामने

आऊँगा। उनमें से कुछ उपहार वास्तविक होते हैं, कुछ धोखेबाज़ होते हैं, उनमें से कुछ लोग मेरा इस्तेमाल करने की कोशिश करते हैं, कुछ बस मेरी परीक्षा लेने में लगे रहते हैं। मैंने ऐसी-ऐसी अजीब चीज़ें देखी हैं कि मुझे इसमें किसी तरह का संदेह नहीं है कि चमत्कार होते हैं कि सब कुछ संभव है, और यह कि लोग फिर से अपने अंदर की उस शक्ति को सीखने लगे हैं, जिसको वे बहुत पहले भूल गए थे।

लेकिन यह इस तरह की बातों को बोलने का आदर्श समय नहीं था। मेरी दिलचस्पी बस ज़ाहिर में थी। मैं चाहता था कि ज़ाहिर फिर से एस्तर बन जाए।

'मिख़ाइल...' मिख़ाइल मेरा असली नाम नहीं है। मेरा असली नाम ओलेग है।'

'अच्छा ओलेग...'

'मिख़ाइल नाम मैंने तब अपनाया जब मैंने यह तय किया कि फिर से ज़िंदगी की तरफ़ जाया जाए। जैसे योद्धा देवदूत अपनी तीखी धार वाली तलवार से एक रास्ता खोलता है ताकि - चाहे आप उसको जिस नाम से भी बुलाएँ - "रोशनी के योद्धा" एक दूसरे को खोज सकें। यही मेरा मिशन है।'

'यह मेरा मिशन भी है।'

'आप एस्तर के बारे में बात तो नहीं करेंगे?'

क्या? क्या वह फिर से विषय बदलकर उसी बारे में बात करना चाह रहा था, जिसमें मेरी दिलचस्पी थी?

'मेरी तबियत बहुत अच्छी नहीं लग रही थी।' उसकी निगाहें इधर-उधर घूमने लगी; वह रेस्तराँ में चारों तरफ़ ऐसे देख रहा था मानो मैं वहाँ नहीं था। 'मैं उसके बारे में बात नहीं करना चाहता। वह आवाज़...'

कुछ अजीब, बेहद अजीब हो रहा था। वह मुझे प्रभावित करने के लिए कहाँ तक जाने की योजना बना रहा था? कहीं वह मुझसे अपनी ज़िंदगी और अपनी शक्तियों को लेकर किताब लिखने के लिए तो नहीं कहेगा, जैसे उससे पहले अनेक लोगों ने कहा?

जब मेरे सामने लक्ष्य स्पष्ट होगा तो उसको हासिल करने के लिए मैं कुछ भी करूँगा, क्योंकि यही बात मैंने अपनी किताबों में लिखी है और मैं अपने शब्दों के साथ धोखा नहीं कर सकता। मेरे सामने अब एक लक्ष्य

था : ज़ाहिर की आँखों में एक बार और झाँक कर देखना। मिख़ाइल ने मुझे बहुत सारी नई जानकारियाँ दी थीं : वह उसका प्रेमी नहीं था, एस्तर ने मुझे छोड़ा नहीं था, कुछ समय की बात थी और मैं उसको वापस ला सकता था। इस बात की संभावना भी थी कि उस रेस्तराँ में वह बैठक फ़र्ज़ी हो, क्योंकि हो सकता है कि वह कोई ऐसा आदमी हो, जिसके पास रोज़ी-रोटी का कोई जरिया नहीं हो और वह दूसरों की तकलीफ़ का फ़ायदा उठाकर अपना उल्लू सीधा करता हो।

मैंने वाइन का एक गिलास और पिया; मिख़ाइल ने भी वैसा ही किया।

अपना ध्यान रखना, मेरा अंतर्मन मुझसे कह रहा था।

'हाँ, मैं एस्तर के बारे में बात करना चाहता हूँ, लेकिन मैं तुम्हारे बारे में भी कुछ और जानना चाहता हूँ।'

'यह सच नहीं है। आप मुझे बातों में उलझाकर मुझे वह करने के लिए कहना चाहते हैं जो मैं वैसे भी करने के लिए पूरी तरह से तैयार था। आपकी तकलीफ़ आपको चीज़ों को ठीक से देखने से रोक दे रहा है; आपको लग सकता है कि मैं झूठ बोल रहा था, लेकिन मैं हालात का फ़ायदा उठाने की कोशिश कर रहा हूँ।'

मिख़ाइल को शायद सही तरह से यह पता था कि मैं क्या सोच रहा था, लेकिन वह कुछ अधिक ज़ोर से बोल रहा था जो अशिष्टता कही जा सकती थी। लोग मुड़-मुड़ कर देख रहे थे कि क्या हो रहा था।

'आप मुझे प्रभावित करने की कोशिश कर रहे हैं; आपको यह नहीं पता है कि आपकी किताबों ने मेरी ज़िंदगी को कितना प्रभावित किया है और उनसे मैंने कितना सीखा है। आपकी पीड़ा ने मुझे अंधा कर दिया, ग़लत भावना से भर दिया और ज़ाहिर के प्रति सम्मोहित कर दिया। यह उसके प्रति आपका प्यार नहीं है, जिसके कारण मैंने लंच का आपका आमंत्रण स्वीकार कर लिया; बल्कि मुझे पक्के तौर पर यह भरोसा नहीं हो रहा है कि आप उससे इतना प्यार करते हैं; हो सकता है कि यह आपका चोट खाया अहं हो। इसी वज़ह से मैं यहाँ आया हूँ...'

उसकी आवाज़ तेज़ होती जा रही थी; वह चारों तरफ़ घूरे जा रहा था, मानो उसका अपने ऊपर से क़ाबू ख़त्म होता जा रहा हो।

'रोशनी...'

'क्या हुआ?'

'मैं यहाँ इसलिए आया हूँ, क्योंकि वह आपको बहुत प्यार करती है!'

'तुम ठीक तो हो?'

रोबेर्तो का ध्यान इस बात पर गया कि कुछ गड़बड़ थी। वह मुस्कराता हुआ हमारी मेज़ पर आया और उसने आहिस्ता से मिख़ाइल के कंधे पर हाथ रख दिया।

'वैसे, पिज़्ज़ा सच में ख़राब बना था। उसका बिल चुकाने की ज़रूरत नहीं है, जब जी चाहे आप जा सकते हैं।'

इससे निकलने का यही रास्ता हमें चाहिए था। हम उठकर आराम से वहाँ से जा सकते थे, जिससे हम उस पिज़्ज़ा रेस्तराँ में यह सब देखने से बच जाते कि कोई ऐसे जता रहा हो मानो वह भूतों की दुनिया से संवाद कर रहा हो, चाहे वह मुझे शर्मिंदा करना चाहता हो या प्रभावित करना चाहता हो, हालाँकि मुझे यह बात समझ में आ गई कि वह नाटक नहीं कर रहा था।

'आपको हवा बहने की आवाज़ सुनाई दे रही है?'

उस समय मुझे पूरी तरह से यक़ीन हो गया कि वह अभिनय नहीं कर रहा है; बल्कि उल्टे वह अपने ऊपर क़ाबू करने की पूरी कोशिश कर रहा था और जो कुछ भी हो रहा था उसके कारण वह मुझसे अधिक डरा हुआ महसूस कर रहा था।

'रोशनी दिखाई देने लगी है! प्लीज मुझे यहाँ से ले चलिए!'

उसका शरीर काँपने लगा। जो हो रहा था वह सबको दिखाई दे रहा था; दूसरी मेज़ों पर बैठे लोग भी उठने लगे थे।

'कज़ाक में... '

वह अपनी बात पूरी नहीं कर पाया। उसने मेज़ को अपने आप से दूर धकेला; पिज़्ज़ा, गिलास, तश्तरियाँ उड़ने लगीं, बगल में खाना खा रहे लोगों से जाकर टकरा गईं। उसके हाव-भाव पूरी तरह से बदल गए थे, उसका पूरा शरीर काँप रहा था और केवल उसकी आँखों की पुतलियाँ दिखाई दे रही थीं। उसका सिर बहुत तेज़ी से पीछे की तरफ़ हुआ और मुझे हड्डियों के चटखने की आवाज़ सुनाई दी। पास की मेज़ से एक आदमी उठ खड़ा हुआ। रोबेर्तो ने मिख़ाइल को गिरने से पहले पकड़ लिया, जबकि एक और आदमी ने फ़र्श से चम्मच उठाकर उसे मिख़ाइल के मुँह में डाल दिया।

यह सब महज कुछ सेकेंड तक चला, लेकिन मुझे ऐसा लग रहा था जैसे अनंत काल तक चल रहा हो। मैं अख़बार में छपने वाले सनसनीखेज समाचार के बारे में सोच रहा था, जिसमें यह लिखा होता कि एक प्रसिद्ध लेखक, जिसकी किताब की समीक्षाएँ वैसी तो ख़राब ही हुई थीं, लेकिन वह एक बड़े साहित्यिक पुरस्कार का उम्मीदवार था, किस तरह उसने अपनी नई किताब के प्रचार के लिए एक पिज़्ज़ा रेस्तराँ में तमाशा कर दिया। मेरी बेचैनी बढ़ती जा रही थी; उनको यह पता चल सकता था कि सवालों के घेरे में जो आदमी था वह वही था जो मेरी पत्नी के साथ भाग गया था; सब कुछ फिर से शुरू हो जाता, और इस बार मेरे अंदर वह साहस नहीं था कि मैं इन बातों का सामना उसी तरह से कर पाता।

वहाँ खा रहे लोगों में से मैं कुछ लोगों को जानता था, लेकिन उनमें से कोई मेरा दोस्त था? उनमें ऐसा कौन था जो उसके बारे में ख़ामोश रहता जो उनकी आँखों के सामने घटित हो रहा था?

मिख़ोइल के शरीर का कम्पन बंद हो गया और वह कुछ आराम महसूस कर रहा था; रोबेर्तो ने उसको उठाकर कुर्सी पर बिठा दिया। एक और आदमी मिख़ाइल की नाड़ी देखने लगा, उसकी आँखों को देखने के बाद वह मेरी तरफ़ मुड़ा :

'यह तो साफ़ है कि इसके साथ यह पहली बार नहीं हुआ था। आप इसको कब से जानते हैं?'

'ये हमारे नियमित ग्राहक हैं,' रोबेर्तो ने जवाब दिया, क्योंकि उसने यह भाँप लिया था कि मुझे कुछ बोलने के लिए नहीं सूझ रहा है। 'लेकिन यह पहली बार था कि सब कुछ सार्वजनिक रूप से हो रहा था, लेकिन ज़ाहिर है कि मेरे रेस्तराँ में पहले भी ऐसे मामले हो चुके हैं।'

'हाँ,' वह आदमी बोला। 'मैंने इस बात पर ध्यान दिया कि आप बिलकुल नहीं घबराए थे।'

उसने वह बात मुझसे ही कही थी, क्योंकि हो सकता है मैं एकदम पीला दिखाई दे रहा होऊँ। वह आदमी वापस अपनी मेज़ पर चला गया और रोबेर्तो मुझे दिलासा देने की कोशिश करने लगा :

'यह एक बहुत प्रसिद्ध अभिनेत्री का निजी डॉक्टर है,' वह बोला। 'मुझे ऐसा लग रहा है कि आपको अपने मेहमान के लिए डॉक्टर की सहायता की ज़रूरत है।'

मिख़ाइल या ओलेग जो भी उसका नाम रहा हो, उसको अब होश आने लगा था। उसने अपने चारों ओर देखा, और बजाय शर्मिंदा होने के वह कुछ झेंपते हुए मुस्कराने लगा।

'मुझे माफ़ कर दो,' वह बोला। 'मैंने अपने ऊपर क़ाबू करने की पूरी कोशिश की थी।'

मैं शांत रहने की पूरी कोशिश कर रहा था। एक बार फिर रोबेर्तो मेरे बचाव के लिए आया।

'चिंता मत करो। हमारे लेखक के पास काफ़ी पैसे हैं, वह टूटी प्लेटों की क़ीमत आराम से चुका सकते हैं।'

उसके बाद वह मेरी तरफ़ मुड़ा :

'मिर्गी का दौर पड़ा था मुझे। और कोई बात नहीं।'

मैं मिख़ाइल के साथ रेस्तराँ से निकल गया, उसने तत्काल टैक्सी बुलाई।

'लेकिन अभी हमारी बात हुई नहीं है। तुम कहाँ जा रहे हो?'

'इस समय मैं बात करने की हालत में नहीं हूँ। और आपको पता ही है मैं कहाँ मिल सकता हूँ।'

दुनिया दो तरह की होती है : एक वह जिसका हम सपना देखते हैं और दूसरी होती है, वास्तविक दुनिया।

मेरे सपनों की दुनिया में मिख़ाइल ने मुझे सच बताया था : मैं एक मुश्किल दौर से गुज़र रहा था, उस तरह की ग़लतफ़हमी का अनुभव कर रहा था जो किसी भी तरह के प्रेम संबंध में हो जाता है। एस्तर कहीं थी, सब्र के साथ इस इंतज़ार में बैठी थी कि मैं इस बात का पता लगा सकूँ कि हमारी शादी में क्या गड़बड़ हुई थी और फिर मैं उसके पास जाकर उससे माफ़ी माँग लूँ ताकि हम अपनी ज़िंदगी दोबारा शुरू कर सकें।

सपने की उस दुनिया में मिख़ाइल और मैं शांत भाव से बात करते रहे, पिज़्ज़ा रेस्तराँ से निकले, टैक्सी पकड़ी, एक घर के दरवाज़े की घंटी बजाई जहाँ मेरी पूर्व पत्नी (या मेरी पत्नी? यह सवाल दूसरी तरह से भी बनाया जा सकता था) सुबह के समय कालीन बनाया करती थी, दोपहर में फ्रेंच पढ़ाती थी और रात में अकेली सोती थी, मेरी तरह इस इंतज़ार में कि घंटी बजे, कि उसका पति फूलों का एक बड़ा गुलदस्ता लेकर आए और उसको चैम्पस एलिसीस के पास उस होटल में उसको हॉट चॉकलेट पिलाने के लिए ले जाए।

वास्तविक संसार में मिख़ाइल के साथ मेरी मुलाक़ात हमेशा तनाव से भरी होगी, क्योंकि मुझे इस बात का डर सताता रहेगा कि पिज़्ज़ा रेस्तराँ में जो हुआ था कहीं वह दुबारा नहीं हो जाए। उसने जो भी कहा था सब उसकी कल्पना की उपज थी; उसको इस बारे में मुझसे अधिक कुछ नहीं पता था कि एस्तर कहाँ थी। वास्तविक संसार में, मैं सुबह 11:45 में गेयर द लि'स्त स्टेशन पर स्ट्रेसबोर्ग से आने वाली ट्रेन के इंतज़ार में, जिसमें एक महत्त्वपूर्ण अमेरिकी अभिनेता और निर्देशक आ रहे थे, जो मेरी एक किताब पर फ़िल्म बनाने को लेकर बहुत दिलचस्पी दिखा रहे थे।

उस समय तक जब भी कोई मेरी किसी किताब पर फ़िल्म बनाने की बात करता था तो मेरा जवाब नहीं में होता था, मैं कहता कि 'मेरी इसमें कोई दिलचस्पी नहीं है।' मुझे लगता है कि हर पाठक अपने दिमाग़ में अपनी

फ़िल्म खुद बना लेता है, किताब के किरदारों को एक चेहरा देते हुए, एक एक दृश्य बनाते हुए, आवाज़ों को सुनते हुए, उसकी ख़ुशबू को महसूस करते हुए। इसीलिए जब भी कोई पाठक किसी ऐसे उपन्यास पर बनी फ़िल्म को देखने के लिए जाता है जो उसको पसंद होता है तो उसको उससे निराशा होती है, वह कहता है : 'किताब इस फ़िल्म से तो बहुत अच्छी है।'

इस बार मेरा एजेंट बहुत ज़ोर दे रहा था। उसने मुझे यह बताया कि अभिनेता और निर्माता हमारी तरह से ही सोचने वाले लोग हैं और यह उम्मीद की जा सकती है कि अभी तक हमें जितने भी प्रस्ताव मिले वे उससे कुछ बहुत अलग तरह का काम कर सकते थे। यह मुलाक़ात दो महीने पहले तय की गई थी, और हम उस रात हम उसके बारे में विस्तार से बात करने वाले थे ताकि यह पता चल सके कि हमारी सोच एक जैसी ही थी या नहीं।

हालाँकि पिछले दो सप्ताह में मेरी दिनचर्या पूरी तरह से बदल चुकी थी : बृहस्पतिवार का दिन था और मुझे आर्मेनियाई रेस्तराँ जाना था, उस नौजवान से फिर से संपर्क करने जिसको मिर्गी के दौरे पड़ते थे और जिसने क़सम खाकर कहा था कि उसको आवाज़ें सुनाई देती थीं, लेकिन वह अकेला ऐसा इंसान था, जिसको यह पता था कि ज़ाहिर को कहाँ ढूँढ़ा जा सकता था। मैंने इसको इस संकेत के रूप में लिया कि किताब के फ़िल्म अधिकार नहीं बेचे जाएँ और मैंने कोशिश की कि अभिनेता के साथ मेरी मुलाक़ात टल जाए; लेकिन उसने ज़ोर देते हुए कहा कि इससे कोई फ़र्क़ नहीं पड़ता; हम अगले दिन दोपहर का भोजन साथ-साथ कर सकते थे : 'पेरिस में एक रात अकेले गुज़ारना शायद किसी को भी बुरा नहीं लगे,' वह बोला, और मुझे कोई जवाब नहीं सूझा।

कल्पना की दुनिया में एस्तर अभी भी साथ थी, और उसके प्रेम ने मुझे वह ताक़त दे दी थी कि मैं सीमाओं से भी आगे बढ़कर देखने की कोशिश कर रहा था।

वास्तविक संसार में, वह पूरी तरह से मोह थी, आकर्षण थी, मेरी ऊर्जा को कमज़ोर बना रही थी, जो भी था सबके ऊपर छाती जा रही थी, जिसकी वज़ह से मुझे अपनी ज़िंदगी में कुछ करने के लिए बहुत संघर्ष करना पड़ रहा था, अपने काम, फ़िल्म निर्माताओं के साथ मुलाक़ात, इंटरव्यू देने सब में मुश्किलों का सामना करना पड़ रहा था।

पता नहीं क्यों दो साल होने को आए, लेकिन मैं उसको भूल नहीं पा रहा था? उसके बारे में और सोच पाना मैं सहन नहीं कर पा रहा था, सभी तरह की संभावनाओं पर विचार करके मैंने उसके सोच से बाहर निकलने के बारे में कई तरह से सोचा : यह तय किया कि जो हालात हैं उसको उसी रूप में स्वीकार कर लिया जाए, एक किताब लिख ली जाए, योग का अभ्यास किया जाए, कुछ दान-पुण्य का काम किया जाए, दोस्तों से मिला जाए, औरतों को पटाया जाए, डिनर के लिए बाहर जाया जाए, सिनेमा देखने जाया जाए (मैं वैसी फ़िल्में देखने से बचता हूँ, जो किसी किताब के आधार पर बनाई गई हों, वही फ़िल्में देखने की कोशिश करता हूँ, जिनकी कहानी पर्दे के लिए ही लिखी गई हो), थिएटर में जाया जाए, बैले देखने जाया जाए, सॉकर देखने जाया जाए। लेकिन जीत-हार बार ज़ाहिर की ही होती; वह हर वक्त मेरे साथ रहता था, मुझे यह सोचने के लिए मजबूर कर देता : 'काश! वह इस समय मेरे साथ होती।'

मैंने स्टेशन की घड़ी में समय देखा - पंद्रह मिनट बाक़ी थे। मेरी कल्पना की दुनिया में मिख़ाइल मेरे साथ था। वास्तविक दुनिया में मेरे पास इसका कोई ठोस सबूत नहीं था, सिवाय इसके कि वह जो कह रहा था उसके ऊपर यक़ीन कर लिया जाए; वह एक छिपा हुआ दुश्मन हो सकता था।

मैं फिर से उसी सवाल की तरफ़ लौटा : उसने मुझे बताया क्यों नहीं? या वह मेरे साथ वही करने की कोशिश कर रही थी, जब उसने मुझसे वह सवाल पूछा था जो हैन्स ने पूछा था? क्या एस्तर ने दुनिया को बचाने का फ़ैसला किया था, जैसा कि उसने प्रेम और युद्ध को लेकर हमारी बातचीत में यह संकेत दिया था, क्या वह मुझे अपने साथ मिशन पर चलने के लिए 'तैयार' कर रही थी?

मेरी आँखें रेल की पटरी पर टिकी हुई थीं। मैं और एस्तर एक दूसरे के समानांतर चले जा रहे थे, बिना एक दूसरे को छुए। दो भाग्य जो...

रेल की पटरियाँ। कितनी दूर तक वे अलग-अलग होती थीं?

ज़ाहिर की याद को भुलाने के लिए मैंने प्लेटफ़ॉर्म के एक कर्मचारी से पूछने की कोशिश की।

'वे आपस में 143.5 सेंटीमीटर या चार फ़ीट 8½ इंच दूर होती है,' उसने जवाब दिया।

वह ऐसा आदमी लग रहा था जो अपनी ज़िंदगी से ख़ुश था, अपने काम पर गर्व करने वाला; वह एस्तर के इस घिसे-पिटे साँचे में नहीं समाने वाला दिख रहा था, हम सबके अंदर एक गहरी उदासी पलती रहती है।

लेकिन उसके जवाब से कुछ समझ नहीं आ रहा था : 143.5 सेंटीमीटर या 4 फ़ीट 8½ इंच?

एकदम बेतुकी बात। तर्क के हिसाब से वह या तो 150 सेंटीमीटर या 5 फ़ीट होना चाहिए। पूर्णांक में, बिल्डरों और रेलवे कर्मचारियों को याद रखने में आसानी के लिए।

'लेकिन क्यों?' मैंने उस आदमी से पूछा।

'क्योंकि पहिए गाड़ी के बीच की चौड़ाई इतनी ही होती है।'

'लेकिन पटरियों के बीच की दूरी के कारण पहियों के बीच भी उतनी ही दूरी होती होगी।'

'देखो, मैं रेलवे स्टेशन पर काम करता हूँ और इसका मतलब यह नहीं है कि मुझे ट्रेनों के बारे में सब कुछ पता है। सब कुछ ऐसे ही चलता है।'

अब वह एक ख़ुश आदमी नहीं लग रहा था, जिसको अपने काम से ख़ुशी हो; वह एक सवाल का जवाब तो दे सकता था, लेकिन उससे आगे नहीं। मैंने उससे माफ़ी माँगी और बाक़ी के पंद्रह मिनट ट्रेन की पटरी देखते हुए काटने लगा, मुझे ऐसा महसूस हो रहा था कि पटरियाँ मुझसे कुछ कहना चाह रही थीं।

यह बात बहुत अजीब लग सकती है, लेकिन ऐसा लग रहा था कि पटरियाँ मेरी शादी के बारे में कुछ कह रही थीं, और मेरी सभी शादियों के बारे में भी।

अभिनेता आ गया था, और जितनी कि मुझे उम्मीद थी वह प्रसिद्ध होने के बावजूद उससे कहीं अच्छा था। मैंने उसको अपने प्रिय होटल में छोड़ा और घर चला गया। मुझे हैरानी इस बात से हुई कि मैरी वहाँ मेरा इंतज़ार कर रही थी, उसने बताया कि ख़राब मौसम के कारण फ़िल्म की शूटिंग अगले सप्ताह तक के लिए टल गई थी।

'मुझे लगा कि आज बृहस्पतिवार है; इसलिए तुम रेस्तराँ जा रहे होगे।'

'क्या तुम भी साथ चलना चाहती हो?'

'हाँ, मैं चाहती हूँ। क्यों? क्या तुम अकेले जाना चाहते हो?'

'हाँ, मैं अकेले जाना चाहता हूँ।'

'मैं वैसे भी जाऊँगी। अभी ऐसा आदमी पैदा नहीं हुआ है जो मुझे यह कह सके कि मुझे कहाँ जाना चाहिए और कहाँ नहीं जाना चाहिए।'

'क्या तुमको पता है कि रेल की पटरियों के बीच 143.5 सेंटीमीटर की दूरी होती है?"

'मैं इंटरनेट पर देख लूँगी। क्या यह जानना ज़रूरी है?'

'बहुत ज़्यादा।'

'एक पल के लिए रेल की पटरियों को पार कर मैं अपने कुछ दोस्तों के साथ बातचीत कर रही थी, जो तुम्हारी किताबों के बहुत प्रशंसक थे। उनको ऐसा लगता था कि जिस आदमी ने *उधेड़ने और सीने का समय,* या गड़रिए वाली किताब या सैंटियागो की तीर्थयात्रा जैसी किताबें लिखी हों वह ज़रूर कोई संन्यासी होगा जिसके पास हर बात का जवाब होगा।'

'जो सही नहीं है, तुम जानती हो।'

'फिर सच क्या है? तुम अपने पाठकों के लिए ऐसी बातें कैसे लिख सकते हो जो तुम्हारे ज्ञान से परे हों।'

'वे मेरे ज्ञान से परे नहीं हैं। मैंने अपनी किताबों में जो भी लिखा है वह मेरे अस्तित्व का हिस्सा है, ज़िंदगी भर मैंने जो सबक़ सीखे हैं उनमें से कुछ, और जिनको मैं अपने ऊपर भी लागू करना चाहता हूँ। मैं अपनी किताबों का पाठक भी हूँ। वे मुझे वह दिखाती हैं, जिनके बारे में मुझे पहले से ही पता है, चाहे अवचेतन में ही क्यों नहीं हो।'

'और पाठकों का क्या?'

'मुझे लगता है कि पाठकों के साथ भी ऐसा ही होता होगा। एक किताब या कहें कि कोई भी चीज़, फ़िल्म, संगीत, बगीचा, या पहाड़ का नजारा -

सब कुछ न कुछ प्रकाशित करते हैं। "प्रकाशित" करने का मतलब होता है कुछ दिखाना और कुछ छिपाना भी। जो चीज़ पहले से मौजूद है उसके आवरण को हटाना उससे अलग होता है कि दूसरों को बेहतर जीवन जीने के रहस्यों के बारे में बताया जाए।'

'प्रेम ने फिलहाल मेरा जीना हराम कर रखा है, तुमको पता ही है। अब इसको या तो नर्क में गिरने के रूप में देखा जा सकता है या उसको नए ज्ञान के रूप में भी देखा जा सकता है, जैसे कुछ प्रकाशित हुआ हो। जब मैंने *उधेड़ने का समय और सीने का समय* लिखी तब मुझे यह समझ आया कि मेरे भीतर प्रेम की कैसी क्षमता थी? और मैंने यह तब सीखा जब मैं शब्दों और वाक्यों को टाइप कर रहा था।'

'लेकिन उसके आध्यात्मिक पक्ष के बारे में? उस आध्यात्मिकता के बारे में तुम क्या कहोगे जो तुम्हारी किताब के हर पन्ने में मौजूद रहती है?'

'मुझे तुम्हारा यह ख़याल अच्छा लग रहा है कि तुम मेरे साथ आर्मेनियाई रेस्तराँ में जाना चाहती हो, क्योंकि इससे तुम कम से कम तीन ज़रूरी चीज़ों के बारे में या तो सीख पाओगी या उनके बारे में जागरूक हो जाओगे। एक, लोग जैसे ही किसी समस्या का सामना करने का फ़ैसला करते हैं उनको यह बात समझ आ जाती है कि उनके अंदर उससे कहीं अधिक सामर्थ्य होती है, जितना कि उनको पहले लगता था। दूसरे, समस्त ऊर्जा और ज्ञान एक ही अज्ञात स्रोत से आते हैं, जिसको हम सामान्य तौर पर ईश्वर कहते हैं। जिस दिन से मैंने उस रास्ते पर चलना शुरू किया जो मुझे लगता था कि मेरा रास्ता है उसी दिन से मैंने जीवन में यह करने की कोशिश की कि उस ऊर्जा का सम्मान करूँ, उसके साथ रोज़-रोज़ जुड़ा रहूँ, संकेतों को समझते हुए उसके अनुसार खुद को दिशा दूँ, करके सीखने के बजाय इसके कि करने के बारे में सोचता रहूँ।'

'तीसरी बात यह कि अपनी परेशानियों में कोई अकेला नहीं होता, कोई और भी उसी तरह से सोच रहा होता है, आनंद मना रहा होता है या पीड़ा उठा रहा होता है, और यह हमें सामने की चुनौती से निपटने की ताक़त देता है।'

'क्या इसमें प्रेम की पीड़ा भी शामिल होती है?'

'इसमें सब कुछ शामिल होता है। अगर पीड़ा है तो सबसे अच्छा होता है उसको स्वीकार कर लेना, क्योंकि आपके यह मान लेने से कि वह मिट

गई है पीड़ा मिट नहीं जाती। अगर कोई ख़ुशी है तो सबसे अच्छा उसको भी स्वीकार कर लेना होता है, भले ही आपको इस बात का डर क्यों नहीं लगे कि वह कहीं समाप्त ना हो जाए। कुछ लोग त्याग और संन्यास के माध्यम से ही जीवन से जुड़ पाते हैं। कुछ लोगों को तभी यह महसूस होता है कि वे मानवजाति का हिस्सा हैं जब उनको लगता है कि वे "ख़ुश" हैं। लेकिन इस तरह के सवाल क्यों?'

'क्योंकि मैं प्यार में हूँ और मुझे पीड़ा से डर लगता है।'

'डरो मत; पीड़ा से बचने का एक ही जरिया है कि प्रेम किया ही नहीं जाए।'

'मुझे एस्तर की मौजूदगी महसूस होती है। सिवाय इसके कि उस नौजवान को मिर्गी का दौरा पड़ा था तुमने मुझे इस बारे में कुछ नहीं बताया कि उस दिन पिज़्ज़ा रेस्तराँ में क्या हुआ था। यह मेरे लिए अपशकुन है, हो सकता है तुम्हारे लिए शुभ हो।'

'यह मेरे लिए भी अपशकुन हो सकता है।'

'क्या तुम जानते हो कि मैं क्या जानना चाहती हूँ? मैं यह जानना चाहती हूँ कि क्या तुम भी मुझे उतना ही प्यार करते हो जितना मैं तुमसे करती हूँ। लेकिन मेरे अंदर पूछने का साहस नहीं है। पुरुषों के साथ मेरे इस तरह के दिल तोड़कर रख देने वाले रिश्ते ही क्यों हुए? मुझे हमेशा लगता है कि मुझे किसी के साथ रिश्ते में होना चाहिए और इस बात का मतलब यह है कि मुझे इतना ही शानदार, बुद्धिमान, संवेदनशील, असाधारण इंसान होना चाहिए। आकर्षण की कोशिश मुझे मजबूर करती है कि मैं अपना सर्वश्रेष्ठ दे सकूँ और यह मेरी मदद करती है। इसके अलावा, अपने आप में जीना बहुत कठिन होता है, और मुझे यह भी नहीं लगता है कि यह सबसे अच्छा विकल्प है।'

'यानी तुम यह जानना चाहती हो कि क्या मैं अभी भी किसी स्त्री को प्यार करने में समर्थ हूँ या नहीं, इसके बावजूद कि उसने मुझे बिना कुछ बताए छोड़ दिया।'

'मैंने तुम्हारी किताबें पढ़ी हैं। मुझे पता है कि तुम क्या हो।'

'तुम यह जानना चाहती हो कि एस्तर को प्यार करते हुए क्या मैं अभी भी तुमको प्यार करने में समर्थ हूँ?'

'मैं यह सवाल पूछने की हिम्मत नहीं कर सकती, क्योंकि इसका जवाब हो सकता है मेरी ज़िंदगी तबाह कर दे।'

'तुम यह जानना चाहती हो कि किसी स्त्री या पुरुष के दिल में इतना प्रेम होता है कि वह एक से अधिक को प्यार कर सके?'

'चूँकि यह पिछले सवाल से कम सीधा सवाल है; इसलिए मुझे इसका जवाब चाहिए।'

'मुझे यह लगता है कि यह बिलकुल संभव है बशर्ते कि उनमें से कोई एक इंसान ना बदल जाए...'

'...ज़ाहिर में। ख़ैर, मैं वैसे भी तुम्हारे लिए संघर्ष करने वाली हूँ क्योंकि मुझे ऐसा लगता है कि तुम इसके क़ाबिल हो। कोई भी आदमी किसी स्त्री को उतना प्यार करने में समर्थ होता है जितना कि तुम एस्तर को प्यार किया या करते हो, और इसके लिए मेरा पूरा सम्मान है और मैं पूरी कोशिश करूँगी कि उसको पा सकूँ। और यह दिखाने के लिए मैं तुमको अपने साथ रखना चाहती हूँ, यह जताने के लिए कि तुम मेरी ज़िंदगी में कितने मायने रखते हो, इसलिए जैसा तुमने कहा मैं वही करूँगी, चाहे वह बात कितनी ही बेतुकी क्यों नहीं हो : मैं यह पता लगाने वाली हूँ कि क्यों रेल के पटरियों के बीच की दूरी हमेशा 4 फ़ीट 8½ इंच होती है।'

आर्मेनियाई रेस्तराँ के मालिक ने वही किया जो उसने मुझे बताया था कि उसकी योजना थी : केवल पीछे का कमरा नहीं, बल्कि पूरा रेस्तराँ उन लोगों से भरा था जो 'बैठकी' के लिए आए थे। मैरी ने कुछ उत्सुकता के साथ वहाँ मौजूद लोगों को देखा और बीच-बीच में वह इस बारे में कुछ कहती भी जाती थी कि कितने अलग-अलग तरह के लोग थे।

'यहाँ बच्चों को लेकर क्यों आए हैं लोग? अजीब बात है।'

'शायद उनके पास ऐसा कोई नहीं रहा हो, जिसके पास अपने बच्चों को छोड़ पाते।'

ठीक नौ बजे छह कलाकार, जिनमें दो संगीतकार थे और जिन्होंने पूर्वी बाना धारण किया हुआ था और चार नौजवान थे, जिन्होंने सफ़ेद कमीज़ और बड़ी स्कर्ट पहन रखी थी, स्टेज पर आ गए। मेज़ों पर जो कुछ परोसा जा रहा था वह तत्काल रुक गया और दर्शक ख़ामोश हो गए।

'व्युत्पत्ति संबंधी मंगोलियाई मिथक में हिरण और शिकारी कुत्ता साथ आते हैं,' मिख़ाइल ने ऐसी आवाज़ में कहा जो उसकी अपनी नहीं लग रही थी। दोनों की प्रकृति बहुत अलग तरह की होती है : जंगल में कुत्ता आमतौर पर अपने खाने के लिए हिरण को मार देता है। मंगोलियाई मिथक में दोनों ही इस बात को समझते हैं कि वे दोनों इस बात को समझते हैं कि अगर उनको इस शत्रुतापूर्ण संसार में बचे रहना है तो दोनों को एक दूसरे के गुणों को अपनाना होगा और मिलकर रहना होगा।

ऐसा करने के लिए उनको सबसे पहले प्रेम करना सीखने की ज़रूरत है। और प्यार करने के लिए उनको अपने अस्तित्व को भूलना पड़ेगा अन्यथा दोनों कभी साथ नहीं रह पाएँगे। समय गुज़रने के साथ शिकारी कुत्ते ने यह मान लिया कि उसकी जो सहज प्रवृत्ति थी वह हमेशा बचे रहने के लिए संघर्ष करने की रही थी, अब उसका मक़सद अधिक बड़ा है : किसी ऐसे की तलाश जिसके साथ वह वह संसार को फिर से बना सके।'

वह कुछ देर के लिए रुका।

'जब हम नृत्य करते हैं तो अपने आसपास हम उसी ऊर्जा का संचार करते हैं, जो ऊपर हमारी उस स्त्री तक जाती है और उसकी समस्त शक्ति के साथ हमारे पास लौट आती है, उसी तरह जिस तरह से नदी का पानी भाप बन जाता है, भाप बनकर वह बादल में बादल जाता है और फिर वर्षा के रूप में वापस आ जाता है। आज की मेरी कहानी प्रेम के दायरे को लेकर है।'

एक सुबह एक किसान ने एक मठ के दरवाज़े को ज़ोर से खटखटाया। जब दरबान ने दरवाज़ा खोला तो किसान ने उसके हाथ में अंगूरों का एक सुंदर गुच्छा दे दिया।

"प्रिय दरबान भाई, यह मेरे बगीचे के सबसे अच्छे अंगूर हैं। मेरी तरफ़ से इसको उपहार समझ कर रख लो।"

"क्यों, शुक्रिया। मैं सीधे मठ के स्वामी के पास इसको लेकर जाऊँगा, इस तरह का उपहार देखकर वे बहुत ख़ुश हो जाएँगे।"

"नहीं, नहीं। मैं यह तुम्हारे लिए लाया हूँ।"

"मेरे लिए? लेकिन मैं प्रकृति के इस सुंदर तोहफ़े के लायक़ नहीं हूँ।"

"मैं जब भी दरवाज़ा खटखटाता हूँ, तुम्हीं खोलते हो। जब अकाल में मेरी फ़सल बर्बाद हो गई थी तो तुमने ही मुझे रोज़-रोज़ रोटी का एक टुकड़ा और वाइन का प्याला दिया। मैं चाहता हूँ कि अंगूरों का यह गुच्छा तुम्हारे लिए सूर्य का प्रेम, वर्षा का सौंदर्य और ईश्वर की चमत्कारी शक्ति लेकर आए।"

दरबान ने उन अंगूरों को उस स्थान पर रख दिया जहाँ वह उसको देखता रह सके, और पूरी सुबह वह उसकी प्रशंसा करने में लगा रहा : वे सच में सुंदर थे। इसी वज़ह से उसने यह तय किया कि वह उसको उपहार में मठ के स्वामी को दे देगा, जिसके ज्ञान भरे शब्दों से उसको हमेशा ही लाभ हुआ था।

मठ का स्वामी अंगूरों को देखकर बहुत ख़ुश हुआ, लेकिन उसको याद आया कि एक भिक्षु बहुत बीमार था और उसने सोचा : "मैं यह अंगूर उसको दे दूँगा। क्या पता इससे उसकी ज़िंदगी में थोड़ी सी ख़ुशी आ जाए।"

लेकिन अंगूर बहुत देर तक उस बीमार भिक्षु के कमरे में नहीं रह पाए, उसने सोचा कि : "रसोइया भाई ने मेरा इतना ध्यान रखा है, मुझे हमेशा अच्छे से अच्छा खाना ही खाने को दिया। मुझे यह पक्का लगता है

कि इन अंगूरों को खाने से उसको बहुत ख़ुशी मिलेगी।" और जब रसोइया भाई खाना लेकर आया तो भिक्षु ने उसको अंगूर दे दिए।'

"ये तुम्हारे लिए है। प्रकृति ने हमें जो उपहार दिए हैं तुम उनके समीप संपर्क में रहते हो और तुमको पता होगा कि ईश्वर के इस उत्पाद का क्या करना है।"

रसोइया भाई उन अंगूरों की सुंदरता से बहुत प्रभावित हुआ और उसने उसकी बनावट की तरफ़ अपने सहायक ध्यान दिलाया। वे इतने सुंदर थे कि उनकी सुंदरता की सराहना पुजारी भाई से अधिक कोई नहीं कर सकता था, जो पवित्र संस्कारों का प्रभारी था, और उस मठ में बहुत से लोगों का यह मानना था कि वे सच्चे संत थे।

पुजारी भाई ने बदले में उन अंगूरों को नए भिक्षुओं को दे दिया ताकि उनको यह समझाया जा सके कि ईश्वर की रचना उनकी बनाई चीज़ों में कितनी सुंदरता से दिखाई देती है। जब उस नए भिक्षु ने उसको प्राप्त किया तो उसका हृदय ईश्वर की महानता से भर गया, क्योंकि उसने उससे पहले अंगूरों का इतना सुंदर गुच्छा नहीं देखा था। साथ ही, उसको वह दिन याद आ गया जब वह पहली बार इस मठ में आया था और एक आदमी ने मठ का दरवाज़ा खोला था; उसके दरवाज़ा खोलने के कारण ही वह लोगों के उस समुदाय का हिस्सा हो गया था जो चमत्कारों के महत्त्व को समझते थे।

अंधेरा होने के पहले वह अंगूरों के गुच्छे को लेकर दरबान भाई के पास गया।

"खाओ और मज़े करो। तुम ज़्यादातर समय यहाँ अकेले ही रहते हो और इन अंगूरों से तुम्हारा भला होगा।"

"दरबान भाई यह समझ गया कि असल में यह उपहार उसके लिए ही था; वह एक-एक अंगूर का आनंद उठाता रहा और एक ख़ुश आदमी की तरह सोने चला गया। इस तरह वह चक्र पूरा हुआ; ख़ुशी और आनंद का चक्र जो हमेशा उन लोगों से लिपटा रहता है जो प्रेम की ऊर्जा के संपर्क में रहते हैं।"

अल्मा नामक स्त्री ने झाल बजाई।

'जैसा कि हम हर बृहस्पतिवार को करते हैं, हम प्रेम की कहानी सुनेंगे और ऐसी कहानियाँ सुनाएँगे, जिनमें प्रेम का अभाव हो। आइए देखते हैं

कि सतह पर क्या है और फिर धीरे-धीरे हम यह समझने का प्रयास करेंगे कि सतह के नीचे क्या है : हमारी आदतें, हमारे मूल्य। और हम कब उस सतह के नीचे प्रवेश कर सकते हैं, हम स्वयं इसको जानने का प्रयास करेंगे। कौन शुरू करना चाहता है?'

कई हाथ ऊपर उठे, और मैरी को हैरानी हुई कि मेरा हाथ भी उठा हुआ था। फिर से शोर होने लगा; लोग अपनी-अपनी कुर्सियों पर बैठने लगे। मिख़ाइल ने एक लम्बी, सुंदर महिला की तरफ़ इशारा किया जिसकी आँखें नीली थीं।

'पिछले सप्ताह, मैं अपने एक पुरुष मित्र से मिलने के लिए गई थी जो स्पेन की सीमा के पास पहाड़ पर अकेला रहता है; उसको जीवन की सभी अच्छी चीज़ें पसंद हैं और वह अक्सर कहा करता है कि उसको जो भी ज्ञान हासिल हुआ है वह इस बात के कारण कि वह जीवन में हर पल को भरपूर जीता है। शुरू से ही मेरे पति यह नहीं चाहते थे कि मैं अपने उस दोस्त से मिलने के लिए जाऊँ। उनको पता है कि वह किस तरह का आदमी है, उसका पसंदीदा काम है चिड़िया मारना और लड़कियाँ पटाना। लेकिन मुझे उस दोस्त से बात करने की ज़रूरत थी; मैं बुरे वक़्त से गुज़र रही थी और वही मेरी मदद कर सकता था। मेरे पति ने मुझे सुझाव दिया कि मैं किसी मनोचिकित्सक से दिखवा लूँ या कहीं घूमने के लिए चली जाऊँ; इस बात को लेकर हम दोनों में बहस भी हुई, लेकिन तमाम घरेलू दबाव के बावजूद मैं उससे मिलने के लिए निकल गई। मेरा दोस्त मुझसे मिलने के लिए एयरपोर्ट आया और उस दोपहर हम दोनों बातें करते रहे; हम लोगों ने रात का खाना खाया, थोड़ी-सी वाइन पी, कुछ देर और बातचीत की और फिर मैं सोने के लिए चली गई। अगली सुबह जब मेरी नींद टूटी तो हम टहलते हुए पास में उसी स्थान पर गए जहाँ वह रहता था और फिर उसने मुझे वापस एयरपोर्ट छोड़ दिया।'

'जब मैं वापस घर पहुँची तो फिर से सवाल किया जाने लगा। क्या वह अकेला था? हाँ। तुम्हारा मतलब है कि उसके साथ उसकी प्रेमिका नहीं थी। नहीं थी। क्या तुमने पीने के लिए भी कुछ लिया? हाँ, लिया। तुम इस बारे में बात क्यों नहीं करना चाहती हो? लेकिन मैं तो उसके बारे में बात कर रही हूँ। पहाड़ पर एक घर में उसके साथ अकेले रहना, वाह? कितनी रोमांटिक बात है। नहीं? और तुम्हारा कहना है तुमने उसके साथ बस बातचीत की?

हाँ, यही बात है। और तुम यह चाहती हो कि तुम्हारी इस बात पर मैं भरोसा कर लूँ? तुमको इस बात पर यक़ीन क्यों नहीं करना चाहिए? क्योंकि यह इंसान के स्वभाव के विपरीत बात है - अगर कोई आदमी और औरत साथ-साथ होते हैं, थोड़ी बहुत शराब पीते हैं और निजी बातें करते हैं तो यह पक्की बात है कि वे साथ-साथ सो जाएँगे!'

'मैं अपने पति की बात से सहमत हूँ। यह हर उस बात के ख़िलाफ़ है जो हमें सिखाया गया है। मैंने अभी जो कहानी सुनाई वह उसमें कभी विश्वास नहीं करेगा, लेकिन यह कहानी पूरी तरह से सही है। उसकी बात से हमारी ज़िंदगी नर्क हो गई है। यह सब बीत जाएगा, लेकिन इस सारी तकलीफ़ से गुज़रने का कोई मतलब नहीं है, और सब इस कारण, क्योंकि हमें यह बताया गया है कि अगर एक आदमी और औरत एक दूसरे को पसंद करते हैं और अगर हालात अनुकूल हुए तो यह तय है कि दोनों बिस्तर में साथ-साथ सो जाएँगे।'

तालियाँ बजने लगी। सिगरेटें जलाई जाने लगीं। गिलास और बोतलों के खनकने की आवाज़ें आने लगीं।

'यह सब क्या हो रहा है?' मैरी ने फुसफुसाते हुए पूछा। 'अलग-अलग जोड़ों की सामूहिक चिकित्सा हो रही है क्या?'

'यह सब इस "बैठक" का हिस्सा है। कोई यह नहीं कहता कि वह सही है या ग़लत है, वे बस कहानियाँ सुनाते हैं।'

'लेकिन वे यह सब सार्वजनिक रूप से क्यों करते हैं, इस तरह बेतरतीब ढंग से, जहाँ लोग शराब पी रहे हों, सिगरेट पी रहे हों?'

'शायद यह सब इसलिए ताकि माहौल बहुत गंभीर नहीं हो जाए। इस तरह करने से सब आसान रहता है, इसमें ग़लत भी क्या है?'

'आसान? इतने सारे अजनबी लोगों के बीच इस तरह की बातें करना, जो हो सकता है कि कल यह कहानी जाकर उसके पति को सुना दें?'

कोई और बात करने लगा, और इसलिए वह मैरी से यह नहीं कह पाया कि इससे कोई फ़र्क़ नहीं पड़ता : यहाँ मौजूद सभी लोग इस बारे में बात कर रहे हैं कि जिसको हम प्रेम का भाव समझते हैं वह असल में प्रेम का अभाव होता है।

'मैं उस औरत का पति हूँ, जिसने अभी अपनी कहानी सुनाई,' एक आदमी ने कहा, जो उस सुंदर, जवान महिला से कम से कम बीस साल बड़ा रहा होगा। 'उसने जो भी कह सब सही है, लेकिन एक बात है जो वह नहीं जानती है, और जो बताने की मेरी हिम्मत नहीं थी। इसलिए अब मैं बताऊँगा।'

'जब वह पहाड़ों की ओर गई तो मैं पूरी रात सो नहीं पाया, और इस बारे में बड़े विस्तार से सोचने लगा कि वहाँ क्या कुछ चल रहा होगा। जब वह लौटकर आई तो आग पहले से ही लगी हुई थी; उसने अपना कोट उतारा, स्वेटर उतारा; उसने टी-शर्ट के नीचे ब्रा नहीं पहन रखी थी। वह बहुत आराम से इसके स्तनों को देख सकता था।'

'वह ऐसे जता रही थी मानो उसको इसका ध्यान नहीं हो कि वह उसकी तरफ़ देख रहा था। उसने उससे कहा कि वह रसोई में शैम्पेन की एक और बोतल लाने के लिए जा रही है। उसने बहुत टाइट जींस पहनी हुई थी, वह धीरे-धीरे चल रही थी, और यह देखने के लिए उसको पीछे मुड़कर देखने की ज़रूरत नहीं थी कि वह उसके एक-एक क़दम को ध्यान से देख रहा था। वह वापस आई और उससे अपने निजी जीवन के बारे में बातचीत करने लगी, जिसके कारण वे एक दूसरे के और क़रीब महसूस करने लगे। उन लोगों ने उस समस्या के बारे में बातचीत समाप्त की जिसकी वज़ह से वह वहाँ गई थी। उसके मोबाइल फ़ोन की घंटी बजने लगी; मैंने यह जानने के लिए फ़ोन किया था कि वह ठीक तो थी ना। वह फ़ोन लेकर उसके पास जाती है, फ़ोन उसके कान में लगा देती है और दोनों मेरी बात सुनने लगते हैं; बहुत अजीब सी बातचीत होती है, क्योंकि मुझे यह पता है कि उसके ऊपर किसी तरह का दबाव डालने के लिहाज से बहुत देर हो चुकी है, सबसे अच्छा यही लगता है कि यह जताया जाए कि सब कुछ अच्छा है और मैं उससे कहता हूँ कि वह पहाड़ों का मज़ा ले, क्योंकि अगले दिन उसको पेरिस वापस आ जाना है, बच्चों का ध्यान रखना है और ख़रीदारी करनी है।'

'मैं फ़ोन रख देता हूँ, इस बात को जानते हुए कि उस आदमी ने भी मेरी पूरी बातचीत सुन ली है। वे दोनों पहले अलग-अलग सोफ़े पर बैठे थे - अब दोनों बहुत पास आ गए थे।'

'उस बिंदु पर आकर मैं यह सोचना छोड़ देता हूँ कि पहाड़ पर क्या हो रहा होगा। मैं उठा और अपने बच्चों के कमरे में चला गया, चलकर

खिड़की पर गया और बाहर पेरिस के नजारे लेने लगा, और तुमको पता है कि मुझे कैसा महसूस हुआ? मैं बहुत जोश महसूस कर रहा था; बहुत अधिक; यह सोचकर कि वे दोनों इस वक्त अकेले होंगे, यह सोचकर कि उस समय मेरी पत्नी किसी और पुरुष को चूम रही होगी, उसके साथ सम्भोग कर रही होगी, मेरे अंदर भी काम भावना जाग गई।'

'मुझे बहुत ख़राब लग रहा था। कोई इस तरह की बात के बारे में सोचकर उत्तेजित कैसे हो सकता है? अगले दिन, मैंने दो दोस्तों से बात की; ज़ाहिर है, मैंने यह नहीं कहा कि यह सब मेरे साथ हुआ था, लेकिन मैंने उनसे यह पूछा कि जब उन्होंने किसी और आदमी को अपनी पत्नी के उरोजों को घूरते हुए पकड़ लिया तो क्या इस बात से उनको उत्तेजना महसूस हुई। उन्होंने इस बात का कोई जवाब नहीं दिया, क्योंकि इस तरह की बातों के बारे में बातचीत नहीं की जाती है। लेकिन दोनों इस बात से सहमत थे कि यह जानना हमेशा अच्छा लगता है कि कोई और पुरुष उसकी पत्नी के बारे में ख़्वाहिश रखता है, लेकिन इससे अधिक इस बारे में उन्होंने कोई बात नहीं की। यह एक गुप्त क़िस्म की कल्पना है जो हर आदमी के दिल के अंदर होती है? मुझे नहीं पता। यह पिछला सप्ताह हम दोनों के लिए बहुत बुरा रहा क्योंकि मुझे खुद अपनी भावनाओं की समझ ही नहीं आ रही थी। और चूँकि मैं उन भावनाओं को समझ नहीं पा रहा था; इसलिए मैं इसके ऊपर यह आरोप लगा रहा था कि यह मेरी भावनाओं को भड़का रही थी, जिससे मुझे अपनी दुनिया अचानक असुरक्षित महसूस होने लगी थी।'

इस बार बहुत सारी सिगरेटें जलने लगीं, लेकिन कोई ताली नहीं बजी। ऐसा लग रहा था जैसे उस जगह पर भी उस बारे में कोई बात नहीं करना चाहता था।

मैंने एक बार फिर अपना हाथ उठाया, और मैंने अपने आप से यह भी पूछा कि उस आदमी ने जो कहा क्या मैं उसकी बात से सहमत था। हाँ, मैं था। जब एस्तर युद्ध के दौरान रिपोर्टिंग के लिए जाती थी तो मैं भी उन सैनिकों और उसको लेकर इसी तरह की कल्पनाएँ किया करता था, जिनसे वह उस दौरान मिलती थी, लेकिन मैंने कभी इतना कुछ कहने की हिम्मत नहीं की, अपने आप से भी नहीं।

मिख़ाइल ने मेरी तरफ़ देखकर सिर हिलाया।

मुझे नहीं पता है कि मैं किस तरह अपने पैरों पर खड़ा हुआ और दर्शकों की तरफ़ देखने लगा, जो अभी भी यह सुनकर सदमे में दिखाई दे रहे थे कि वह आदमी यह सोचकर उत्तेजित हो गया था कि उसकी पत्नी किसी और के साथ सम्भोग कर रही थी। लग नहीं रहा था कि कोई सुन रहा था, और इससे मुझे अपनी बात शुरू करने में मदद मिली।

'मैं इसके लिए माफ़ी माँगता हूँ कि पहले के दो वक्ताओं की तरह उस तरह खुलकर बात नहीं कर पाऊँगा, लेकिन मुझे फिर भी कुछ बात कहनी है। आज मैं एक स्टेशन पर गया और मुझे यह पता चला कि रेल की दो पटरियों के बीच की दूरी हमेशा 143.5 सेंटीमीटर या 4 फ़ीट 8½ इंच होती है। इस तरह का बेतुका माप क्यों किया गया? मैंने अपनी प्रेमिका से इस बारे में पता करने के लिए कहा और उसको यह पता चला। जब उन लोगों ने पहली रेल बनाई तो उन लोगों ने उन्हीं उपकरणों का प्रयोग किया; जिनका उपयोग वे घोड़े से चलने वाली बग्घी बनाने के लिए करते थे। और गाड़ी के दो पहियों के बीच की दूरी इतनी क्यों थी? क्योंकि यह उन पुरानी सड़कों की माप थी, जिनके ऊपर से उन गाड़ियों को गुज़रना होता था। और यह किसने तय किया कि सड़कों की चौड़ाई उतनी होनी चाहिए? और अचानक हम सुदूर अतीत में चले गए। रोमन साम्राज्य ने सबसे पहले सड़कों को बनवाया था, उन्होंने यह तय किया कि सड़कों की चौड़ाई इतनी होनी चाहिए। और क्यों? क्योंकि उनके युद्ध रथों को दो घोड़े लेकर जाते थे, और उस समय वे जिन घोड़ों का उपयोग करते थे उनको अगल-बगल खड़ा करने पर यह चौड़ाई 143.5 सेंटीमीटर हो जाती थी। इसलिए पटरियों के बीच की दूरी आज जो मैंने देखी, जिसके ऊपर हमारी आधुनिक गाड़ियाँ चलती हैं, उनको रोमन साम्राज्य ने तय किया था। जब लोग अमेरिका गए और वहाँ रेलमार्ग का निर्माण करने लगे तो उनको यह नहीं सूझा कि पटरियों के बीच की चौड़ाई को बदल दिया जाए और चौड़ाई वही रह गई। इसके कारण अंतरिक्ष यान का निर्माण भी प्रभावित हुआ। अमेरिकी इंजीनियरों को लगा कि ईंधन की टंकी चौड़ी होनी चाहिए, लेकिन टैंकों का निर्माण उटाह में हुआ और वहाँ से उनको ट्रेन में रखकर फ़्लोरिडा के अंतरिक्ष केंद्र ले जाया जाना था, और सुरंग में कुछ भी चौड़ी चीज़ नहीं ले जाई जा सकती थी। इसलिए उन लोगों को यह मान लेना पड़ा कि रोमनों ने जो माप तय की थी वही आदर्श माप थी। लेकिन इन सारी बातों का शादी से क्या लेना-देना?'

मैंने थोड़ा विराम लिया। कुछ लोगों की दिलचस्पी रेल की पटरियों में बिलकुल नहीं थी और वे लोग आपस में बातचीत करने लगे। बाक़ी लोग ध्यान से सुन रहे थे, उनमें मैरी और मिख़ाइल भी थे।

'इनका शादी से बहुत कुछ लेना-देना था और उन दो कहानियों से भी जो हम लोगों ने अभी सुनी। इतिहास में किसी मोड़ पर कोई आया और उसने कहा : जब दो लोगों की शादी हो तो उनको अपनी बाक़ी ज़िंदगी एक दूसरे के साथ चिपक कर रहना चाहिए। आप रेल की दो पटरियों की तरह साथ-साथ आगे बढ़ते रहेंगे, हमेशा एक सी दूरी बनाए रखते हुए। अगर तुम में से कोई अधिक आगे निकलना चाहे या कुछ नज़दीक आना चाहे तो यह नियम के ख़िलाफ होगा। क़ायदा कहता है : समझदार रहो, भविष्य के बारे में सोचो, अपने बच्चों के बारे में सोचो। आप बदल नहीं सकते, आपको रेल की दो पटरियों की तरह होना चाहिए जो अपने शुरुआत से लेकर गंतव्य स्थल तक एक समान दूरी बनाए रखे। क़ायदा प्रेम को बदल जाने की अनुमति नहीं देता, या कि यह कि वह शुरू में तो बढ़ जाए और आधे रास्ते में जाते-जाते ख़त्म हो जाए - यह बहुत ख़तरनाक बात है। इसलिए शुरुआती कुछ वर्षों के उत्साह के बाद वे उसी दूरी को बनाए रखते हैं, उसी तरह उसको मजबूत बनाए रखते हैं, और उसी तरह से कारगर बनाए रखते हैं। आपका मक़सद होना चाहिए रेल प्रजाति को बरक़रार रखे और भविष्य की दिशा में जाए। आपके बच्चे तभी ख़ुश होंगे जब आप जैसे हैं वैसे ही बने रहेंगे - 143.5 सेंटीमीटर की दूरी बनाए हुए। आप अगर किसी ऐसी चीज़ से ख़ुश नहीं हैं जो कभी नहीं बदलने वाली, तो उनके बारे में सोचिए, उन बच्चों के बारे में सोचिए, जिनको आप इस संसार में लेकर आए।'

'अपने पड़ोसियों के बारे में सोचिए। उनको यह दिखाइए कि आप ख़ुश हैं, इतवार के दिन रोस्ट किया हुआ मांस खाइए, टेलिविज़न देखिए, मोहल्ले में लोगों की मदद कीजिए। समाज के बारे में सोचिए : इस तरह से कपड़े पहनिए कि सबको लगे कि आप लोगों में बहुत अच्छी बनती है। इधर-उधर मत देखिए, हो सकता है कि कोई आपको देख रहा हो, और इससे हो सकता है कि आपको लोभ हो जाए, इसका मतलब तलाक़, संकट अवसाद हो सकता है।'

'तसवीरों में मुस्कराते रहिए। लिविंग रूम में फ़ोटो लगाइए, ताकि सभी देख सकें। घास काटिए, कोई खेल खेलिए – आपको कोई खेल ज़रूर खेलते रहना चाहिए ताकि आप हमेशा तरोताज़ा बने रहें। अगर खेल से काम नहीं बने तो प्लास्टिक सर्जरी करवाइए। लेकिन यह कभी मत भूलिए, ये क़ायदे बहुत पहले बनाए गए थे और इनका सम्मान किया जाना चाहिए। इन क़ायदों को किसने बनाया? इससे फ़र्क़ नहीं पड़ता। उनके ऊपर सवाल मत उठाओ, क्योंकि वे हर हाल में लागू किए जाएँगे, चाहे आप उससे सहमत हों या नहीं।'

मैं बैठ गया। कुछ लोगों ने जोश में आकर तालियाँ बजाईं तो कुछ लोगों ने नज़रअंदाज़ कर दिया, और मैं सोच रहा था कि कहीं ज़्यादा कुछ तो नहीं बोल गया। मैरी मुझे प्रशंसा और आश्चर्य से देख रही थी।

स्टेज की उस महिला ने झाल बजाई।

मैंने मैरी से कहा कि वह वहीं बैठी रहे और मैं बाहर सिगरेट पीने के लिए चला गया :

'वे अब एक नृत्य करेंगे प्रेम के नाम पर, स्त्री के नाम पर।'

'तुम यहाँ भी तो सिगरेट पी सकते हो, नहीं?'

'हाँ, लेकिन मैं अकेला रहना चाहता हूँ।'

* * *

वसंत की शुरुआत ज़रूर हो चुकी थी, लेकिन उस समय भी बहुत ठंड थी; फिर भी मुझे ताज़ा हवा की ज़रूरत थी। मैंने वह कहानी क्यों सुनाई? एस्तर के साथ मेरी शादी वैसी तो थी ही नहीं जैसी कि मैंने सुनाई थी : रेल की दो पटरियाँ, हमेशा एक दूसरे के अगल-बगल, हमेशा दो सही, सीधी रेखा बनाती हुईं। हम लोगों ने रिश्तों में उतार-चढ़ाव देखे थे; हम लोगों में से एक न एक कभी-कभी यह धमकी देते रहते थे कि हम अलग हो जाएँगे; फिर भी साथ बने रहे।

दो साल पहले तक।

या उस पल तक जब उसने यह जानने की कोशिश शुरू की वह ख़ुश क्यों नहीं थी।

किसी को कभी स्वयं से यह नहीं पूछना चाहिए : मैं ख़ुश क्यों नहीं हूँ? इस सवाल में वह वायरस है जो सब कुछ ख़त्म कर देता है। अगर हम यह सवाल पूछते हैं तो इसका मतलब यह है कि हम यह पता लगाना चाहते हैं कि हम किस बात से ख़ुश होते हैं। अगर जिस बात से हमें ख़ुशी मिलती है उस बात से भिन्न है जो हम अभी हैं तो हमें या तो अपने आपको सदा के लिए बदल लेना चाहिए या जैसे हैं वैसे ही बने रहना चाहिए, जिससे हमें और नाख़ुशी महसूस होगी।

मैंने पाया कि मैं उसी अवस्था में था : मैरी एक दिलचस्प, बातूनी प्रेमिका थी, मेरा काम-धाम बढ़िया चल रहा था, और इस बात की पूरी संभावना थी कि समय के साथ सब कुछ अपने आप ठीक हो जाएगा। मुझे अपने आपको हालात के अनुसार ढाल लेना चाहिए था। मुझे वह स्वीकार कर लेना चाहिए था, जो ज़िंदगी मुझे दे रही थी, एस्तर के उदाहरण का अनुसरण नहीं करना चाहिए था, किसी और की तलाश नहीं करनी चाहिए थी, लेकिन मैरी के शब्दों को याद रखो, और उसके साथ एक नई ज़िंदगी शुरू करो।

नहीं, मैं इस तरह से नहीं सोच सकता। अगर मैं उस तरह से बर्ताव करने लगा जिस तरह से लोग यह उम्मीद करते हैं कि मैं करूँ तो मैं उनका गुलाम हो जाऊँगा। इसके लिए बहुत आत्मविश्वास की ज़रूरत होती है कि आप अपने को टूटने से बचाए रखें, क्योंकि यह एक सामान्य प्रवृत्ति है हम ख़ुश करना चाहते हैं, चाहे वह ख़ुश किया जाने वाला व्यक्ति हम ही क्यों नहीं हों। अगर मैं ऐसा करता हूँ तो मैं ना केवल अपनी एस्तर को खो दूँगा बल्कि मैरी को, अपने काम को, अपने भविष्य को भी खो दूँगा और अपने और लिखे का जो भी सम्मान अपने अंदर है उसको भी खो दूँगा।

★★★

जब मैं दुबारा अंदर गया तो मैंने देखा कि लोग वहाँ से जाने लगे थे। मिख़ाइल प्रकट हुआ, वह स्टेज के अपने कपड़ों को पहले ही बदल चुका था।

'सुनो, पिज़्ज़ा रेस्तराँ में जो भी हुआ...'

'अरे उस बात को जाने दो,' मैंने कहा। 'आओ चलो सीन के किनारे टहल कर आते हैं।'

मैरी समझ गई और उसने कहा कि वह रात को जल्दी निकलना चाहती है। मैंने उससे कहा कि वह अपनी टैक्सी में एफ़िल टावर के सामने के पुल तक हमें छोड़ दे; उसके बाद मैं घर पैदल चलकर चला जाऊँगा। मैंने सोचा कि पूछ लूँ कि मिख़ाइल कहाँ रहता था, लेकिन फिर मुझे लगा कि इस सवाल से उसको ऐसा लगेगा कि कहीं मैं अपनी आँखों से यह तो नहीं देखना चाहता था कि एस्तर उसके साथ रहती थी या नहीं।

रास्ते में मैरी यह पूछती रही कि यह 'बैठकी' किस विषय को लेकर आयोजित की गई थी, और हर बार उसका एक ही जवाब होता था : यह अपने प्रेम को फिर से पाने का एक जरिया है। उसने यह भी कहा कि मैंने रेल के पटरियों को लेकर जो कहानी सुनाई थी उसको वह कहानी अच्छी लगी।

'इस तरह से प्रेम ख़त्म हो गया,' वह बोला। 'जब हम इस बारे में क़ायदे बनाने लगते हैं कि कब प्यार होना चाहिए और कब नहीं होना चाहिए।'

'यह कब हुआ?' मैरी ने पूछा।

'मुझे नहीं पता, लेकिन मुझे यह पता है कि उस ऊर्जा को वापस लिया जाना संभव है। मुझे पता है क्योंकि जब मैं डान्स करता हूँ या जब मैं कोई आवाज़ सुनता हूँ तो प्रेम मुझसे बातें करने लगता है।'

मैरी इस बात को नहीं जानती थी कि 'आवाज़ें सुनने' से क्या मतलब था, लेकिन तब तक हम लोग पुल तक पहुँच चुके थे। मिख़ाइल और मैं नीचे उतर गए और पेरिस की ठंडी रात में चलने लगे।

***

'मैं समझता हूँ कि आपने जो देखा उससे डर गए। जब किसी को दौरा पड़ता है तो सबसे बड़ा ख़तरा यह रहता है कि उसकी जीभ नहीं मुड़ जाए और उसका कहीं दम नहीं घुट जाए। रेस्तराँ का मालिक जानता था कि क्या करना था, क्योंकि वहाँ यह पहले भी हो चुका था। उसके लिए यह उतना अजीब नहीं था। लेकिन आपने जो समझा था वह ग़लत था। यह मिर्गी नहीं है। जब भी मैं उस ऊर्जा के संपर्क में आता हूँ तो ऐसा हो जाता है।'

वह सौ फ़ीसदी मिर्गी का मरीज था, लेकिन उसकी बात काटने का कोई मतलब नहीं था। मैं सामान्य बर्ताव करने की कोशिश कर रहा था। मुझे हालात को क़ाबू में रखना था। मुझे इस बात से हैरानी हो रही थी वह दूसरी मुलाक़ात के लिए इतनी आसानी से तैयार कैसे हो गया।

'मुझे आपकी ज़रूरत है। मैं यह चाहता हूँ कि आप प्रेम के महत्त्व के बारे में कुछ लिखिए,' मिख़ाइल बोला।

'सब जानते हैं कि प्यार मायने रखता है। यही अधिकतर किताबों में भी लिखा है।'

'अच्छा ठीक है, मैं इस अनुरोध को दूसरी तरह से करता हूँ। मैं चाहता हूँ कि आप नए पुनर्जागरण के बारे में कुछ लिखिए।'

'नया पुनर्जागरण क्या है?'

'यह पन्द्रहवीं-सोलहवीं सदी के उस पुनर्जागरण की तरह है, जो इटली में हुआ था, जब इरस्मस, लियोनार्दो और माइकलएंजेलो जैसे महान प्रतिभाओं ने अपने वर्तमान की सीमाओं और अपने समय के पीड़ादायी हालात को नकारते हुए अतीत की शरण ली। हम लोग यह देखने लगे हैं कि जादुई भाषा वापस आ रही है, कीमियागिरी तथा मातृदेवी की तरफ़ वापस लौट रहे हैं लोग, वह करने की आज़ादी की माँग करने लगे हैं जो वे करना चाहते हैं ना कि चर्च या सरकार उनको करने के लिए कहती है। जैसा कि 15 वीं-16 वीं सदी के फ़्लोरेंस की तरह हमें यह लगने लगा है कि भविष्य के उत्तर अतीत में छिपे हैं।'

'रेल की उदाहरण के लिए, पटरियों को लेकर आपने जो कहानी सुनाई : हमारे जीवन के कितने क्षेत्रों में हम ऐसे क़ायदों का पालन कर रहे हैं जिनके बारे में हमको पता भी नहीं होता? आप लिखते हैं तो लोग पढ़ते हैं, क्या कहीं आप उस विषय पर लिख नहीं सकते?'

'मैं जो लिखता हूँ उसको लेकर किसी तरह का सौदा नहीं करता,' मैंने जवाब दिया, एक बार फिर मैंने इस बात को याद किया कि मुझे अपने आत्मसम्मान को बचाए रखना था। 'अगर यह विषय दिलचस्प हुआ, अगर यह मेरे अंदर से निकला, अगर "शब्दों" की नाव मुझे किसी ख़ास द्वीप पर ले जाती है तो शायद मैं इस बारे में लिखूँ। लेकिन इनमें से किसी बात का एस्तर को लेकर चल रही मेरी तलाश से कोई संबंध नहीं है।'

'मैं जानता हूँ और मैं कोई शर्त लागू करने की कोशिश नहीं कर रहा, मैं बस वह सुझाव दे रहा हूँ जो मेरे लिए मायने रखता है।'

'क्या उसने तुमको फ़ेवर बैंक के बारे में बताया था?'

'हाँ बताया था। लेकिन यह कोई फ़ेवर बैंक की बात नहीं है। यह उस मिशन के साथ किया जाने वाला काम है जो मैं अपने आप नहीं कर सकता।'

'आर्मेनियाई रेस्तराँ में तुम जो करते हो वह क्या तुम्हारा मिशन है?'

'वह बस उसका एक छोटा-सा हिस्सा है। यही काम हम शुक्रवार को भिखारियों के साथ करते हैं। और बुधवार को हम यह काम नए भिक्षुओं के साथ करते हैं।'

नए भिक्षु? इसकी व्याख्या ना ही की जाए तो अच्छा; आज मिख़ाइल मुझसे सहज ढंग से बात कर रहा था, उसने पिज़्ज़ा रेस्तराँ में जो रूखापन दिखाया था आज उसका ज़रा-सा भी अंश नहीं था, ना वह करिश्मा दिखाई दे रहा था जो स्टेज पर वह दिखाता था, ना वह मासूमियत जो उसने मेरे किताब के कार्यक्रम में दिखाई थी। वह एक आम इंसान था, किसी ऐसे सहकर्मी की तरह जिसके पास हम कभी भी जा सकते हैं, देर रात भी, दुनिया जहान की समस्याओं के बारे में बातें कर सकते हैं।

'मैं उन्हीं बातों के बारे में लिख सकता हूँ, जिनके बारे में मैं अंदर से महसूस करता हूँ,' मैंने फिर से ज़ोर देते हुए कहा।

'क्या भिखारियों से बात करने के लिए आप हमारे साथ आ सकते हैं?'

मुझे एस्तर की वह टिप्पणी याद आई कि जिनको दुनिया में सबसे दयनीय इंसान होना चाहिए उनकी आँखों में झूठ-मूठ की उदासी दिखाई देती है।

'मुझे इसके बारे में पहले सोचने दो।'

हम लूव्र के पास पहुँचने वाले थे, लेकिन वह रुककर मुँडेर से झाँकने लगा, और हम दोनों वहाँ लटक कर नीचे गुज़रती नावों को देख रहे थे, जो रोशनियों से झिलमिला रहे थे।

'उनको देखो,' मैंने कहा क्योंकि मैं उससे किसी विषय में बात करना चाहता था, मुझे यह डर लग रहा था कि वह कहीं ऊबकर घर वापस नहीं चला जाए। 'वे वही देखते हैं जो रोशनी उनको दिखाती है। जब जाने के बाद वे बताएँगे कि वे पेरिस को जानते हैं। कल वे जाएँगे और मोनालिसा

देखेंगे और यह दावा करेंगे कि वे लूव्र घूमने गए थे। लेकिन उनको पेरिस के बारे में कुछ नहीं पता है और वे कभी लूव्र नहीं गए हैं। उन्होंने केवल यही किया कि नाव में चढ़कर गए और एक पेंटिंग देख ली, बजाय इसके कि पूरे शहर में घूम कर यह देखें कि वहाँ क्या कुछ चल रहा है, बार में जाएँ, ऐसी सड़कों पर जाएँ, जिनके बारे में पर्यटकों के लिए मिलने वाली गाइडों में नहीं लिखा होता, और खुद को फिर से पा लेने के लिए उसी में खो जाना। यह अश्लील फ़िल्में देखने और सम्भोग करने के बीच का अंतर है।'

'आप अपने आपको जिस तरह से क़ाबू में रखते हो मुझे वह अच्छा लगता है। अभी आप सीन नदी में चलने वाली नावों के बारे में बात कर रहे हैं, और इसी बीच उस सही पल के इंतज़ार में भी हैं ताकि मुझसे वह सवाल पूछ सकें, जिसके लिए तुम मुझे यहाँ लेकर आए हैं। जो भी बात करनी है आज खुलकर कीजिए।'

उसकी आवाज़ में क्रोध का ज़रा-सा संकेत भी नहीं था; इसलिए मैंने यह तय किया कि सीधे मुद्दे पर आया जाए।

'एस्तर कहाँ है?'

'शरीर से तो वह बहुत दूर है, मध्य एशिया में। आध्यात्मिक रूप से वह मेरे बहुत पास है, अपनी मुस्कान और अपने उत्साह बढ़ाने वाले शब्दों के माध्यम से दिन-रात मेरे साथ बनी हुई है। वही मुझे यहाँ लेकर आई थी, 21 साल का एक ग़रीब जिसका कोई भविष्य नहीं था, गाँव वालों की निगाह में मैं दिशाहारा था, या कोई पागल या एक तरह का जादूगर जिसने बुरी आत्माओं से किसी तरह की साठ-गाँठ कर रखी है, और शहर में रहने वाले लोगों की निगाह में महज एक किसान जो काम की तलाश कर रहा था।'

'मैं आपको अपनी कहानी किसी और दिन सुनाऊँगा, लेकिन उसका लब्बो-लुबाब यह कि मुझे अंग्रेज़ी आती थी और मैंने उसके दुभाषिये के रूप में काम करना शुरू क़र दिया। हम एक देश की सीमा पर थे जहाँ अमेरिकी सेना बड़ा आधार तैयार कर रही थी, अफ़गानिस्तान में युद्ध की तैयारी के लिए, और वीजा मिलना असंभव था। मैंने अवैध रूप से पहाड़ पार करने में उसकी मदद की। वह सप्ताह जो हमने साथ गुज़ारा था, उसने मुझे इस बात का अहसास करवा दिया कि मैं अकेला नहीं था, बल्कि वह मुझे समझती थी।'

'मैंने उससे यह पूछा कि वह घर से दूर क्या कर रही थी। कुछ टालने वाले जवाब देने के बाद उसने अंत में मुझे वह बताया जो उसने आपको बताया होगा : कि वह ऐसी जगह की तलाश में थी जहाँ प्रेम ने खुद को छिपा लिया था। मैंने उसको अपने मिशन के बारे में बताया कि मैं चाहता हूँ कि प्रेम की ऊर्जा संसार में मुक्त भाव से प्रसारित हो। असल में, हम दोनों इसी तलाश में थे।

एस्तर फ़्रेंच दूतावास गई और उसने मेरे लिए वीजा का इंतजाम किया, कज़ाक भाषा के दुभाषिये के रूप में, जबकि मेरे देश में रूसी भाषा छोड़कर कोई किसी और भाषा को नहीं बोलता। मैं यहाँ रहने आ गया। वह जब भी विदेश के अपने किसी मिशन से लौटती तो हम ज़रूर मिलते थे; हम लोग दो बार और साथ-साथ कज़ाकिस्तान गए; वह तेंगरी संस्कृति से बहुत प्रभावित थी, और बंजारे से भी, जिससे उसकी मुलाक़ात हुई थी और उसको ऐसा लगता था कि उस बंजारे के पास हर चीज़ की चाबी थी।'

मैं यह जानना चाहता था कि तेंगरी संस्कृति क्या थी, लेकिन फिलहाल सवाल इंतज़ार कर सकते थे। मिख़ाइल बोले जा रहा था, और उसकी आँखों में मुझे एस्तर के साथ होने की वही तड़प दिखाई दी जो मुझे महसूस हो रही थी।

'हम लोगों ने पेरिस में काम शुरू कर दिया। यह विचार उसका था कि सप्ताह में एक बार लोगों को एक साथ जुटाया जाए। उसने कहा : "सभी तरह के मानवीय रिश्तों में सबसे ज़रूरी चीज़ होती है बातचीत, लेकिन अब लोग बात नहीं करते, वे बातें करने और सुनने के लिए अब नहीं बैठते। वे थिएटर जाते हैं, सिनेमा जाते हैं, टीवी देखते हैं, रेडियो सुनते हैं, किताबें पढ़ते हैं, लेकिन वे बात नहीं के बराबर करते हैं। अगर हम इस दुनिया को बदलना चाहते हैं तो हमें उस दौर में जाना पड़ेगा, जिस दौर में योद्धा आग के इर्द-गिर्द बैठकर कहानियाँ सुनाते थे।"'

मुझे याद आया कि एस्तर ने कहा था कि हमारी ज़िंदगी की सभी ज़रूरी बातें लम्बी-लम्बी बातचीत से ही निकल कर आईं, जब हम लोग किसी बार में मेज़ के इर्द-गिर्द बैठकर बात किया करते थे या सड़कों, पार्कों में चलते हुए।

'यह मेरा विचार था कि यह बैठक बृहस्पतिवार के दिन आयोजित हुआ करे, क्योंकि मैं जिस परम्परा से आता था उसमें ऐसे ही होता था।

लेकिन यह विचार भी उसी का था कभी-कभार रात में पेरिस की सड़कों की सैर की जाए। वह कहती थी कि भिखारी अकेले ऐसे इंसान होते थे, जो कभी ख़ुश होने की कोशिश नहीं करते; या इसके विपरीत वे दुखी होने का नाटक भी नहीं करते। उसी ने मुझे तुम्हारी किताबें पढ़ने के लिए दीं। मैं इस बात को समझ गया कि तुम भी शायद अंदर-ही-अंदर उसी तरह की दुनिया की कल्पना किया करते थे, जिस तरह से हम कर रहे थे। मुझे यह बात समझ आई कि मैं अकेला नहीं था, हाँ! लेकिन इस मामले में, मैं अकेला था कि मुझे आवाज़ें सुनाई देती थीं। धीरे-धीरे बैठकों में अधिक से अधिक लोग आने लगे। मुझे ऐसा लगने लगा कि मैं सच में अपना मिशन पूरा कर सकता था और प्रेम की ऊर्जा को वापस आने में मददगार हो सकता था, चाहे इसका अतीत में जाना ही क्यों नहीं हो, उस पल में जब वह ऊर्जा कहीं छिप गई थी।'

'एस्तर ने मुझे क्यों छोड़ा?'

क्या मेरी दिलचस्पी इसी बात में थी? इस सवाल से मिख़ाइल कुछ हद तक चिढ़ गया।

'प्यार के कारण। आज आपने रेल की पटरियों वाली कहानी सुनाई। लेकिन वह तुम्हारे साथ-साथ चल रही एक पटरी भर नहीं थी। वह किसी क़ायदे को नहीं मानती, और मेरे ख़याल से आप भी नहीं मानते। मुझे भी उसकी याद आती है, जानते हैं।'

'अच्छा...'

'अच्छा अगर आप उसको खोजना चाहते हैं तो मैं आपको यह बता सकता हूँ कि वह किस स्थान पर है। मुझे भी ऐसी ही ख़्वाहिश हो रही थी, लेकिन आवाज़ ने मुझसे यह कहा कि यह सही समय नहीं है, प्रेम के ऊर्जा से उसके साक्षात्कार में किसी को बाधा नहीं बनना चाहिए। मैं उस आवाज़ की इज़्ज़त करता हूँ, जो आवाज़ हमारी रक्षा करती है, मेरी, आपकी, एस्तर की।'

'सही समय कब आएगा?'

'शायद कल, शायद एक साल में, या कभी नहीं, और अगर ऐसा हुआ तो आपको उसके इस फ़ैसले का सम्मान करना होगा। वह आवाज़ ऊर्जा है और इसीलिए वह लोगों को तभी पास लेकर आता है, जब दोनों उस पल के लिए तैयार होते हैं। और फिर भी अगर हम ऐसे में ज़बरदस्ती करने की सोचें तो इसका मतलब यह भी हो सकता है कि हमें वे शब्द सुनने पड़ जाएँ

जो हम नहीं सुनना चाहते हों : "भाग जाओ।" अगर कोई उस आवाज़ के इशारे को नहीं मानना चाहता और समय के पहले या बाद में पहुँचता है तो उसको वह कभी नहीं मिलेगा, जिसकी उसको चाहत हो।'

'मैं तो चाहूँगा कि वह मुझे भाग जाने के लिए कहे ताकि मैं दिन-रात ज़ाहिर में इस तरह उलझने से बच जाऊँ। अगर उसने ऐसा कहा तो वह उसी समय अपने सम्मोहन से बाहर निकल आएगी, और एक सामान्य स्त्री बन जाएगी, जिसकी अभी अलग ज़िंदगी और अलग सोच है।'

'वह ज़ाहिर नहीं रह पाएगी, लेकिन यह बहुत बड़ा नुक़सान होगा। अगर किसी आदमी या औरत में ऐसी क्षमता होती है कि वे ऊर्जा को प्रसारित कर सकें तो वे असल में संसार के सभी स्त्री-पुरुषों की मदद कर रहे होते हैं।'

'तुम मुझे डरा रहे हो। मैं उससे प्यार करता हूँ, इस बात को तुम जानते हो, और अब तुम कह रहे हो कि वह अभी भी मुझसे प्यार करती है। मुझे पता नहीं कि तैयार रहने से तुम्हारा क्या मतलब है; मैं दूसरे लोगों की उम्मीद के मुताबिक़ नहीं जी सकता, एस्तर के भी नहीं।'

'मुझे उसके साथ हुई बातचीत से यह समझ आया कि कई बार आप खो से जाते हैं। आपकी दुनिया बस अपने आसपास सिमटने लगती है।'

'यह सही नहीं है। वह अपना रास्ता चुनने के लिए आज़ाद थी। उसने युद्ध संवाददाता बनने का फ़ैसला किया, जबकि मैं नहीं चाहता था कि वह बने। ऐसा लग रहा था कि वह इस बात का पता लगाना चाहती थी कि लोग दुखी क्यों थे, जबकि मैंने उससे कहा था कि यह पता लगा पाना असंभव था। क्या वह यह चाहती थी कि मैं फिर से रेल की पटरी बन जाऊँ और दूसरी पटरी के समानांतर चलता रहूँ, हमेशा एक निश्चित दूरी बनाए रखते हुए, क्योंकि रोमन साम्राज्य ने यह तय किया था कि यह सब इसी तरह से होना चाहिए?'

'इसके विपरीत।'

मिख़ाइल फिर से चलने लगा और मैं उसके पीछे-पीछे चलने लगा।

'क्या आपको इस बात में यक़ीन है कि मुझे आवाज़ सुनाई देती है?'

'ईमानदारी से कहूँ तो मुझे नहीं पता। लेकिन अब जब हम यहाँ आए हैं तो मैं तुमको कुछ दिखाना चाहता हूँ।'

'सबको यही लगता है कि मुझे मिर्गी के दौरे पड़ते हैं, और मैं उनको इस बात में यक़ीन करने देता हूँ, क्योंकि यह आसान है। लेकिन वह आवाज़ मुझसे तभी से बात कर रही है जब मैं बच्चा था, जब मैंने उस स्त्री को पहली बार देखा था।'

'कौन सी स्त्री?'

'मैं बाद में बताऊँगा।'

'जब भी मैं तुमसे कुछ पूछता हूँ तुम कहते हो कि बाद में बताऊँगा।'

'वह आवाज़ मुझसे अभी कुछ कह रही है। मुझे पता है कि तुम बेचैन हो और डरे हुए हो। पिज़्ज़ा रेस्तराँ में जब मुझे गर्म हवा महसूस हुई और मैंने रोशनी देखी तो मैं समझ गया कि ये लक्षण उस सत्ता के साथ मेरे जुड़ाव के थे। मुझे समझ आ गया था कि वह वहाँ हम दोनों की मदद करने के लिए आई थी। अगर आपको ऐसा लग रहा है कि मैं जो बक रहा हूँ वह एक ऐसे युवा की बकवास है, जिसको मिर्गी के दौरे पड़ते हैं जो एक प्रसिद्ध लेखक की भावनाओं को भड़काना चाहता है तो मैं कल एक नक़्शा लेकर आऊँगा और आपको यह दिखाऊँगा कि एस्तर कहाँ रहती है। लेकिन वह आवाज़ हम लोगों से कुछ कह रही है।'

'क्या तुम इस बारे में अभी बताने वाले हो या बाद में बताओगे?'

'मैं थोड़ी देर में बताऊँगा। मैं अभी ठीक से संदेश को समझ नहीं पाया हूँ।'

'लेकिन तुमने यह वादा किया है कि तुम मुझे पता और नक़्शा दोगे।'

'मैं वादा करता हूँ। प्रेम की दैवी ऊर्जा के नाम पर वादा करता हूँ। अब बताओ कि आप मुझे क्या दिखाना चाहते थे?'

मैंने एक युवती मूर्ति की ओर इशारा किया जो सोने की बनी थी और घोड़े पर सवार थी।

'यह देखो। इसको आवाज़ें सुनाई देती थीं। जब तक लोग उसके कहे का सम्मान करते रहे तब तक तो सब सही चलता रहा। लेकिन जब उन लोगों ने उसके ऊपर शक करना शुरू कर दिया तो जीत की हवा ने अपना रुख़ बदलना शुरू कर दिया।'

जोन ऑफ़ आर्क, ओरलायंस की स्त्री, सौ सालों के युद्ध की नायिका, जिसको सत्रह साल की उम्र में इसलिए फ् रेंच सेना का सेनापति बना दिया

गया क्योंकि उसको आवाज़ें सुनाई देती थी और आवाज़ों ने उसको अंग्रेज़ों को हराने की सबसे अच्छी रणनीति के बारे में बताया। दो साल बाद उस पर जादू-टोने करने वाली होने का आरोप लगाकर आग के हवाले कर दिया गया। 24 फ़रवरी, 1431 को उसके साथ जो पूछताछ की गई थी, उसका कुछ हिस्सा मैंने अपनी एक किताब में इस्तेमाल किया है।

उससे मैत्रे ज्याँ बियपेरे ने पूछताछ की। उससे पूछा कि उसको कब से आवाज़ें सुनाई दे रही थीं, उसका जवाब था :

'मैंने तीन बार सुनीं, कल और आज। सुबह के समय जब ओस थी, और दोबारा शाम के समय जब घंटे बज रहे थे...'

उससे पूछ गया कि क्या आवाज़ कमरे से आ रही थी, उसने जवाब दिया कि उसको नहीं पता, लेकिन आवाज़ से ही उसकी नींद टूटी थी। वह आवाज़ कमरे में तो नहीं, लेकिन महल में थी।

उसने उस आवाज़ से पूछा कि उसको क्या करना चाहिए और आवाज़ ने उससे कहा कि वह बिस्तर से उठकर अपने दोनों हाथों को जोड़ ले। उसके बाद उसने सवाल पूछ रहे बिशप से कहा :

'आपने कहा कि आप मेरे न्यायाधीश हैं। आप जो कर रहे हैं ध्यान से कीजिए; क्योंकि सच्चाई यह है कि मुझे ईश्वर ने भेजा है, और आप बहुत ख़तरे में पड़ जाएँगे। उन आवाज़ों ने मुझसे कुछ बातें राजा को बताने के लिए कही हैं, आपसे नहीं। आवाज़ मेरे पास ईश्वर की तरफ़ से आती है। मुझे उन बातों को आपको बताते हुए बहुत डर लग रहा है, क्योंकि आपको जवाब देने से वह मुझसे नाराज़ हो सकते हैं...'

'ये तुम क्या कह रही हो...'

'कि तुम जोन ऑफ़ आर्क की अवतार हो। नहीं, मुझे ऐसा नहीं लगता। जब उसकी मृत्यु हुई तो वह महज 19 साल की थी, और तुम 25 साल की हो। तुमने मुझे बताया कि तुम अपने जीवन का ज़िम्मा भी अपने आप नहीं उठा सकतीं।'

हम सीन के किनारे दीवार से लग कर बैठ गए।

'मुझे संकेतों में विश्वास है,' मैंने कहा। 'मेरा भाग्य में विश्वास है। मुझे ऐसा लगता है कि हर दिन लोगों को यह मौक़ा दिया जाता है कि वे जो भी करें उसके बारे में अच्छे से अच्छा निर्णय लें। मुझे लगता है कि कई बार मैं

इसमें असफल हो जाता हूँ, उन स्त्रियों से मेरा तार टूट गया, जिनको मैंने प्यार किया। और अब मैं यह चाहता हूँ कि इस चक्र का अंत हो। इसीलिए मुझे नक़्शा चाहिए ताकि मैं उसके पास जा सकूँ।'

उसने मेरी तरफ़ देखा और वह फिर से वही आदमी लग रहा था जो स्टेज पर होता था, आवेशित मुद्रा में। मुझे यह डर लग रहा था कि कहीं एक बार फिर उसको मिर्गी का दौरा नहीं पड़ जाए - आधी रात में, यहाँ, लगभग इस सुनसान में।

'उस ज्योति ने मुझे शक्ति दी। वह शक्ति क़रीब-क़रीब दिखाई देती है, प्रत्यक्ष रूप से। लेकिन मैं उसको सँभाल नहीं सकता, मैं उसको क़ाबू नहीं कर सकता।'

'इस तरह की बातचीत के लिहाज से मुझे अभी देर हो रही है। मैं थका हुआ हूँ, और तुम भी। क्या तुम मुझे नक़्शा और पता दोगे?'

'आवाज़... हाँ, मैं कल दोपहर आपको नक़्शा दे दूँगा। आपका पता क्या है?'

मैंने उसको अपना पता दे दिया और मुझे यह जानकर हैरानी हुई कि उसको यह नहीं पता था कि एस्तर और मैं कहाँ रहते थे।

'आपको लगता है कि मैं तुम्हारी पत्नी के साथ सोया था?'

'मैं कभी नहीं पूछूँगा। इससे मुझे मतलब नहीं है।'

'लेकिन जब हम पिज़्ज़ा रेस्तराँ में थे तो आपने पूछा था।'

मैं भूल गया था। ये बात सही है कि मुझे इस बात से मतलब था, लेकिन मुझे अब उसके जवाब का कोई इंतज़ार नहीं था।

मिख़ाइल की आँखों की रंगत बदलने लगी। मैं अपनी जेब में कोई ऐसी चीज़ देखने लगा जो मिर्गी आने पर मैं उसके मुँह में रख सकूँ, लेकिन वह शांत और पूरी तरह क़ाबू में लग रहा था।

'अब मुझे यह समय आवाज़ सुनाई नहीं दे रही है। कल मैं नक़्शा, वहाँ जाने के बारे में सब विस्तार और वहाँ जाने वाली फ़्लाइट के समय सब लाकर आपको दे दूँगा। मुझे लगता है कि वह आपका इंतज़ार कर रही होगी। मुझे ऐसा लगता है कि अगर दो व्यक्ति भी ख़ुश हो जाएँ तो यह दुनिया अधिक ख़ुश हो जाएगी। लेकिन यह आवाज़ मुझे यह कह रही है कि हम लोग कल एक दूसरे से नहीं मिलेंगे।'

'मैं कल दोपहर में अमेरिका से आए एक अभिनेता के साथ लंच करने वाला हूँ, और जिसको मैं शायद रद्द नहीं कर सकता, लेकिन दोपहर में बाक़ी समय मैं घर में ही रहूँगा।'

'मुझे आवाज़ यह नहीं कह रही है।'

'क्या यह आवाज़ तुम्हें इससे रोक रही है कि तुम एस्तर की तलाश में मेरी मदद करो।'

'नहीं, मुझे ऐसा नहीं लग रहा। इसी आवाज़ ने मुझे आपके किताब के कार्यक्रम में जाने के लिए उकसाया था। उसके बाद से मुझे कुल मिलाकर यह बात समझ आ गई है कि सब कुछ किस तरह होगा, क्योंकि मैंने *उधेड़ने का समय और सीने का समय* किताब पढ़ ली थी।'

'ठीक है,' और मुझे यह डर लग रहा था कि कहीं वह फिर से मन नहीं बदल ले, 'आज एक वादे पर टिके रहना। 2 बजे के बाद से मैं घर में ही रहूँगा।'

'लेकिन इस आवाज़ का कहना है कि अभी सही समय नहीं है।'

'तुमने वादा किया था।'

'ठीक है।'

उसने हाथ हिलाया और कहा कि वह कल दोपहर में कुछ देर से मेरे अपार्टमेंट आएगा। उस रात उसने मुझसे जो आख़िरी शब्द कहे थे वे थे :

'इस आवाज़ का कहना है कि जब सही समय आएगा; यह तब ही यह सब होने देगा।'

जब मैं घर वापस लौट रहा था तो मुझे बस एक ही आवाज़ सुनाई दे रही थी, एस्तर की प्यार भरी आवाज़। और जब उस बातचीत को मैंने याद किया तो पाया कि वह हमारी शादी के बारे में बात कर रही थी।

'जब मैं 15 साल का था तो मैं सेक्स के बारे में जानने के लिए बहुत बेचैन रहता था। लेकिन उसको पाप समझा जाता था, उसकी मनाही थी। मुझे यह समझ नहीं आता था कि उसको पाप क्यों समझा जाता था, आप समझ सकते हैं? क्या तुम मुझे यह समझा सकते हो कि दुनिया भर के सभी धर्मों, चाहे प्राचीन धर्म-संस्कृति ही क्यों ना हों, ऐसा मानते हैं कि सेक्स ऐसा विषय है, जिसके बारे में चर्चा नहीं होनी चाहिए?'

'हम इस विषय को कैसे समझें? ठीक है, सेक्स के बारे में बात करने की मनाही क्यों होनी चाहिए?'

'भोजन के कारण।'

'भोजन?'

'हज़ारों साल पहले क़बीलाई लोग लगातार एक जगह से दूसरी जगह जाते रहते थे; पुरुष जितनी चाहे स्त्रियों के साथ संबंध बनाते रहते थे, और ज़ाहिर है, उनसे उनको बच्चे भी होते थे। हालाँकि क़बीला जितना बड़ा होता था उनके ग़ायब हो जाने की संभावना उतनी ही अधिक होती थी। क़बीले आपस में भोजन के लिए लड़ते थे, पहले बच्चों को मारते, फिर औरतों को, क्योंकि वह सबसे कमज़ोर होती थीं। जो मज़बूत होते थे वही बचे रह जाते। लेकिन वे सब पुरुष होते थे। और स्त्रियों के बिना पुरुष अपनी वंशवृद्धि नहीं कर सकते थे।'

'फिर किसी ने पड़ोस के क़बीले में जो देखा उसको अपने क़बीले में भी लागू करने के बारे में सोचा। उसने एक कहानी बनाई जिसके अनुसार ईश्वर की तरफ़ से पुरुषों के लिए इस बात की मनाही थी कि बिना किसी भेदभाव के क़बीले की किसी स्त्री के साथ संबंध बनाए। वे एक या अधिक से अधिक दो स्त्रियों के साथ संबंध बना सकते थे। कुछ पुरुष नपुंसक होते थे, कुछ स्त्रियों को बच्चे नहीं होते थे, क़बीले के कुछ सदस्यों को स्वाभाविक रूप से बच्चे नहीं होते थे, लेकिन किसी को यह अनुमति नहीं थी कि वह अपने साथी को बदल ले।'

'उन लोगों ने उस कहानी पर यक़ीन कर लिया, क्योंकि जिस आदमी ने उनको वह कहानी सुनाई थी वह ईश्वर के नाम पर सुना रहा था। वह ज़रूर किसी रूप में बाक़ी सबसे अलग रहा होगा : शायद उसके शरीर में कोई विकृति रही हो, ऐसी बीमारी जिसमें दौरे पड़ते रहे हों, या कोई विशेष गुण रहा हो उसमें, कुछ ऐसा जो उसको दूसरों से अलग कर देता हो, इसी तरह से शुरुआती नेतृत्वकर्ता उभरे हों। कुछ साल में, क़बीला मज़बूत हो गया, क्योंकि उसमें सभी को भोजन खिलाने के लिए उचित संख्या में पुरुष थे, बच्चे पैदा करने के लिए पर्याप्त स्त्रियाँ थीं, और पर्याप्त बच्चे थे जो शिकारियों और माताओं की जगह ले सकते थे। क्या तुम जानते हो कि शादी के बाद स्त्री को सबसे अधिक ख़ुशी किस बात से मिलती है?'

'सेक्स।'

'नहीं, खाना बनाना। अपने पुरुष को खाते हुए देखना। यह किसी स्त्री के लिए बहुत बड़ा मौक़ा होता है, क्योंकि वह सारा दिन यही सोचने में बिताती है कि रात के खाने में क्या बनेगा। और इसका कारण यह है कि इस कहानी का संबंध अतीत से है - भूख से, यह ख़तरा कि कहीं हमारा अंत नहीं हो जाए और यह हमारे बने रहने के लिए भी ज़रूरी होता है।'

'क्या तुमको इस बात का अफ़सोस है कि तुमको कोई बच्चा नहीं हुआ?'

'यह तो नहीं हुआ ना? जो हुआ ही नहीं मुझे उसका अफ़सोस कैसे हो सकता है?'

'क्या तुमको लगता है कि इसके कारण हमारी शादी में कुछ बदला होता?'

'मैं कैसे बताऊँ? मैं अपने दोस्तों की बात करूँ : स्त्री-पुरुष दोनों, तो वे इसलिए ख़ुश नहीं हैं कि उनके बच्चे नहीं हैं? कुछ के हैं, कुछ के नहीं। और अगर वे अपने बच्चों के साथ ख़ुश रहते हैं तो इससे उनके रिश्ते में कुछ अच्छा या बुरा नहीं हो जाता। वे अभी भी यही सोचते हैं कि उनको एक दूसरे को क़ाबू में रखने का अधिकार है। उनको अभी भी यही लगता है कि "सदा ख़ुश रहें" के वादे को निभाया जाना चाहिए, चाहे उसके लिए रोज़मर्रा का जीवन दुखी ही क्यों नहीं हो जाए।'

'युद्ध तुम्हारे लिए अच्छा नहीं है एस्तर। वह उस अनुभव से बिलकुल अलग तरह का यथार्थ है जो हम यहाँ अनुभव करते हैं। मुझे यह पता है कि मैं एक दिन मर जाऊँगा, लेकिन इसी कारण रोज़-रोज़ का जीवन किसी चमत्कार की तरह लगता है। इसके कारण मैं प्यार, ख़ुशी, सेक्स, भोजन और विवाह के बारे में पागलों की तरह नहीं सोचता।'

'युद्ध मुझे सोचने का समय नहीं देता। वहाँ अचानक किसी दिन सब ख़त्म हो सकता है। जब भी मुझे यह सुझाई देता है कि किसी भी पल मुझे गोली लग सकती है, तो मैं बस यही सोचती हूँ : "यह शुक्र की बात है कि मुझे इस बात की चिंता नहीं करनी पड़ेगी कि मेरे बच्चों का क्या होगा।" लेकिन मैं यह भी सोचती हूँ : "कितने शर्म की बात है, मैं मरने वाली हूँ और मेरा कुछ बाक़ी नहीं रहेगा। मैं केवल जान देने के लायक़ ही हूँ, संसार में किसी नई ज़िंदगी को लाने लायक़ नहीं।"

'क्या तुमको ऐसा लगता है कि हमारे रिश्ते में कुछ गड़बड़ है? मैंने यह सवाल इसलिए पूछा कि क्योंकि कई बार मुझे ऐसा लगता है कि तुम मुझे कुछ बताना चाहती हो, लेकिन तुम अपने आपको रोके रखती हो।'

'हाँ, कुछ तो गड़बड़ है। हम लोगों को इस साथ के लिए कृतज्ञ होना चाहिए। तुमको ऐसा लगता है कि तुम जो कुछ भी हो मेरी वज़ह से हो, और मैं इस कारण स्वयं को ख़ुशक़िस्मत समझती हूँ कि तुम्हारे जैसा पुरुष मेरे साथ है।'

'मेरी एक पत्नी है, जिसको मैं प्यार करता हूँ, लेकिन इस बात को मैं हर वक़्त याद नहीं रखता और अपने आपको यह पूछते हुए पाता हूँ : "मेरे साथ गड़बड़ क्या है?"'

'यह अच्छी बात है कि तुम इसको समझ लेते हो, लेकिन मुझे ऐसा नहीं लगता है कि मेरे या तुम्हारे साथ किसी तरह की गड़बड़ है, क्योंकि मैं भी अपने आप से यही सवाल पूछता रहता हूँ। उस तरीक़े में क्या ग़लत है, जिस तरीक़े से हम अब अपने प्यार को जताते हैं। हमें इस बात को मान लेना चाहिए कि इसके कारण मुश्किलें खड़ी हो जाती हैं, हम उन मुश्किलों के साथ रहते हुए ख़ुश रह सकते हैं। यह एक लगातार संघर्ष रहेगा, लेकिन यह हमें कम से कम सक्रिय तो बनाए रखेगा, जीवंत और ख़ुश बनाए रखेगा, और हमारे पास काफ़ी कुछ होगा करने को। मुश्किल यह है कि हम ऐसे बिंदु की तरफ़ बढ़ रहे हैं, जहाँ बहुत सुकून है, जहाँ प्यार के कारण मुश्किलें

आनी बंद हो जाती हैं, उनके कारण आपस में द्वंद्व कम होता है और वह बस एक समाधान बनकर रह गया है।'

'इसमें दिक़्क़त क्या है?'

'सब कुछ। मुझे अब प्यार की वह ऊर्जा महसूस नहीं होती, जिसको लोग जुनून कहते हैं, मुझे लगता है कि मेरे शरीर और मेरी आत्मा में वह है ही नहीं।'

'लेकिन कुछ तो है जो बाक़ी है।'

'बाक़ी? क्या हर विवाह को इस तरह से ख़त्म हो जाना चाहिए, जब जुनून चला जाता है तो लोग जिसको "परिपक्व रिश्ता" कहते हैं?' मुझे तुम्हारी ज़रूरत महसूस होती है। कई बार कमी महसूस होती है। कई बार मुझे ईर्ष्या होती है। मुझे यह सोचना अच्छा लगता है कि तुमको रात में खाने के लिए क्या दूँ, जबकि कई बार तुम इस बात पर ध्यान भी नहीं देते कि तुम क्या खा रहे हो। फिर भी ख़ुशी की कुछ कमी है।'

'नहीं, सही में नहीं है। जब तुम बहुत दूर होती है तो मेरा जी चाहता है कि तुम पास आ जाओ। मुझे उन दिनों की बातचीत की याद आती है, जो तुम्हारे यात्रा से लौटने के बाद हमारे बीच होती थी। मैं तुमको यह जानने के लिए फ़ोन करता था कि सब ठीक है ना। मुझे हर दिन तुम्हारी आवाज़ सुनने का मन होता है। अभी भी मेरे अंदर तुमको लेकर जुनून है, यह बात मैं पक्के तौर पर कह सकता हूँ।'

'यही हाल मेरा है, लेकिन जब हम साथ होते हैं तो क्या हो जाता है? हम बहस करते हैं, बिना बात के लड़ते हैं, हम में से एक न एक चाहता रहता है कि दूसरा बदल जाए, उसके ऊपर अपने विचार थोप दे। तुम मुझसे जो-जो माँग रखते हो उनका कोई मतलब होता था, और मैं भी वही करती। कई बार, अपने दिल की ख़ामोशी में हम अपने आप से कहते : "मुक्त रहते तो कितना अच्छा होता, किसी तरह की कोई ज़िम्मेदारी नहीं होती।"'

'तुम सही कह रही हो। और ऐसे पलों में मैं खो जाया करता क्योंकि मुझे यह पता होता है कि मैं उस स्त्री के साथ हूँ, जिसके साथ मैं होना चाहता था।'

'और मैं उस आदमी के साथ हूँ, जिसके बारे में मैं सदा सोचती कि वह मेरे साथ रहे।'

'क्या तुमको लगता है कि वह बदल सकता है?'

'जब मैं कुछ उम्रदराज हुई और मुझे पहले से कम लोग देखने लगे, तो मैंने खुद को यह सोचते हुए पाया : 'सब कुछ हालात पर छोड़ देना चाहिए।' मुझे यह पक्का लगता है कि मैं बाक़ी जीवन खुद को धोखा देती रह सकती हूँ। और फिर भी, जब मैं रिपोर्टिंग के लिए युद्ध में जाती हूँ तो मुझे वहाँ बहुत प्रेम दिखाई देता है, उस नफ़रत से भी अधिक जिसके कारण आदमी एक दूसरे को मार डालता है। और फिर, और उसके बाद ही, मुझे यह लगने लगा कि मैं कुछ बदलाव ला सकती हूँ।'

'लेकिन तुम युद्ध की रिपोर्टिंग करते हुए तो रह नहीं सकतीं।'

'ना ही मैं उस तरह की शांति की अवस्था बनाए नहीं रख सकती जो मुझे तुम्हारे साथ मिलती है। मेरे पास जो एक अच्छी चीज़ है यह उसी को तबाह करना हुआ : तुम्हारे साथ मेरा रिश्ता, चाहे मेरी चाहत में कोई बदलाव नहीं आया हो।'

'दुनिया भर में लाखों लोग यही सोच रहे हैं, वे भरपूर संघर्ष करते हैं और अवसाद के उन पलों को गुज़र जाने देते हैं। वे एक, दो, तीन संकट काल से गुज़र कर आख़िरकार शांति पा लेते हैं।'

'तुम जानते हो कि यह सब इस तरह से नहीं है। नहीं तो तुमने जो किताबें लिखीं वे किताबें आपने नहीं लिखी होतीं।'

अमेरिकी अभिनेता/निर्देशक से मैंने लंच का इंतज़ाम रोबेर्तो के पिज़्ज़ा रेस्तराँ में किया था। मुझे वहाँ जितनी जल्दी हो सके जाना था ताकि अगर मेरी कोई बुरी छवि बनी हो तो उसको दूर किया जा सके। जाने के पहले मैंने कामवाली और अपार्टमेंट के केयरटेकर से यह कह दिया कि अगर मैं समय पर नहीं लौट पाया तो एक मंगोलियाई दिखने वाला लड़का कुछ देने आएगा, वे उसको उसके घर तक ले जाएँ, उसको लिविंग रूम में बिठाएँ और वह जो चाहे उसको दे दें, और इंतज़ार करने के लिए कहें। अगर किसी कारण से वह नौजवान इंतज़ार नहीं करना चाहे तो उनको उससे यह कहना था कि वह दोनों में से किसी के पास पैकेट छोड़ जाए।

सबसे बढ़कर यह कि जब तक वह पैकेट नहीं दे दे दोनों उसको वहाँ से जाने नहीं दें!

मैंने एक टैक्सी ली और उससे मैंने बुलेवार्ड सेंट जरमेन और रु सेंट-पेरेस के कोने पर उतार देने के लिए कहा। अच्छी बारिश हो रही थी, लेकिन वह रेस्तराँ से कुछ फर्लांग की दूरी पर ही था, उसका अलग-सा निशान और रोबेर्तो की उदारताभरी मुस्कान, क्योंकि वह कई बार बाहर खड़ा मिल जाता था, बाहर खड़े होकर सिगरेट पीता हुआ। पुशचेयर पर बैठी एक महिला उस सँकरे से फुटपाथ पर मेरी तरफ़ बढ़ी आ रही थी, और चूँकि वहाँ दो लोगों के लिए जगह थी; इसलिए उसको जगह देने के लिए मैं पटरी से उतर गया।

उसके बाद धीरे-धीरे दुनिया मेरे लिए इधर से उधर हो गई : धरती आकाश हो गया; और आकाश धरती; मेरे पास इतना समय था कि मैंने कोने की इमारत की बनावट को क़रीब से और ध्यान से देख लिया - उसके सामने से मैं कई बार गुज़रा था, लेकिन मैंने ऊपर सिर उठाकर कभी नहीं देखा था। मुझे हैरानी का वह भाव याद रह गया, कानों में तेज़ हवा की आवाज़ और दूर से कुत्तों के भौंकने की आवाज़; उसके बाद सब अंधेरे में डूब गया।

मैं जैसे एक ब्लैक होल में गठरी की तरह पड़ा था, जिसके एक सिरे पर रोशनी दिखाई दे रही थी। इससे पहले कि मैं वहाँ पहुँच पाता, अनेक

अदृश्य हाथ मुझे ऊपर की तरफ़ खींच रहे थे, और जब मेरी नींद खुली तो मेरे आसपास चीख़ने-चिल्लाने की आवाज़ें थीं : यह सब कुछ सेकेंड तक चला। तब मुझे अपने मुँह में ख़ून का स्वाद महसूस हुआ, गीले पेट्रोल की गंध, और तब मुझे यह समझ में आया कि मेरा एक्सिडेंट हो गया है। मैं होश में भी था और बेहोश भी; मैंने हिलने की कोशिश की लेकिन हिल नहीं पाया; मुझे यह महसूस हुआ कि मेरे बगल में एक और आदमी लेटा हुआ है; मुझे उस आदमी की गंध महसूस हो रही थी, उसके परफ़्यूम की गंध; मुझे लगा कि वह ज़रूर वह औरत रही होगी जो पटरी पर अपने बच्चे को कुर्सी पर लिए आ रही थी। हे भगवान!

कोई आया और उसने मेरी मदद करने की कोशिश की; मैंने उस आदमी से चिल्लाकर कहा कि वह मुझे नहीं छुए, किसी भी तरह से हिलना-डुलना ख़तरनाक हो सकता था। एक साधारण-सी रात में सामान्य-सी बातचीत के दौरान मुझे यह पता चला कि अगर कभी मेरी गर्दन की हड्डी टूट गई तो ज़रा-सा हिलना-डुलना भी मुझे हमेशा के लिए अशक्त बना सकता है।

मैं होश में बने रहने के लिए संघर्ष कर रहा था; मैं दर्द के लिए इंतज़ार कर रहा था, लेकिन दर्द नहीं हुआ; मैंने हिलने की कोशिश की, फिर बेहतर सोचने लगा। मुझे ऐसा महसूस हो रहा था मानो मोच आ गई हो, जैसे मैं जड़ हो गया हूँ। मैंने एक बार फिर कहा कि मुझे हिलाया नहीं जाए। मुझे दूर से सायरन की आवाज़ सुनाई दी, और मुझे समझ में आ गया कि मैं सो सकता था, मुझे अपनी जान बचाने के लिए संघर्ष करने की कोई ज़रूरत नहीं थी; चाहे जीत हो या हार, यह अब मेरे बस में नहीं था, सब डॉक्टरों के हाथ में था, नर्सों के हाथ में, भाग्य के हाथ में, 'उसके' हाथ में, ईश्वर के हाथ में।

मुझे एक बच्ची की आवाज़ सुनाई दी – उसने मुझे अपना नाम बताया, लेकिन मैं ठीक से समझ नहीं पाया – वह मुझे शांत रहने के लिए कह रही थी, मुझे यह भरोसा दिला रही थी कि मैं मरूँगा नहीं। उसने जो कहा था मैं उस बात में यक़ीन करना चाहता था, मैंने उससे विनती की कि वह मेरे पास रहे; लेकिन वह ग़ायब हो गई; मुझे ऐसा महसूस हुआ कि कोई मेरे गले के इर्द-गिर्द प्लास्टिक लगा रहा था, मेरे चेहरे पर मास्क लगा रहा था, और फिर मैं एक बार फिर सो गया, और इस बार कोई सपना नहीं आया।

जब मुझे होश आया तब मुझे अपने कान में ज़ोर की आवाज़ सुनाई दे रही थी; बाक़ी सब शांत था और गहरा अंधेरा। अचानक, मुझे ऐसा लगा जैसे सब कुछ हिल-डुल रहा हो, और मुझे लग रहा था जैसे मुझे ताबूत में ले जाया जा रहा हो, मुझे जैसे ज़िंदा ही दफ़नाया जा रहा हो!

मैंने दीवार पर मुक्का मारने की कोशिश की, लेकिन मैं अपने हाथ नहीं हिला सका। लग रहा था जैसे यह सब कभी ख़त्म ही नहीं होगा, मुझे ऐसा महसूस हो रहा था जैसे मैं असहाय पड़ा हुआ हूँ; फिर अपनी सारी ताक़त बटोरकर मैं ज़ोर से चिल्लाया, वह आवाज़ बंद कमरे में घूम-फिर कर मेरे पास वापस आ गई, लगा जैसे बहरा हो जाऊँगा; लेकिन मैं जानता था कि चिल्लाने से मैं सुरक्षित बना रहूँगा, मेरे पैरों के पास रोशनी पड़ने लगी : उनको यह बात समझ आ गई थी कि मैं मरा नहीं था!

रोशनी, उस सौभाग्यशाली रोशनी ने मुझे बहुत बुरी यंत्रणा से बचा लिया, दम घुटने से, धीरे-धीरे वह रोशनी मेरे पूरे शरीर पर चमकने लगी : वे लोग अब ताबूत की कील हटा रहे थे। मुझे ठंडा पसीना आने लगा, मुझे भयानक दर्द महसूस हुआ, लेकिन मैं ख़ुश था और राहत महसूस कर रहा था कि उनको अपनी ग़लती समझ में आ गई थी और मेरी दुनिया में ख़ुशी लौट सकती थी!

आख़िरकार, वह रोशनी मेरी आँखों में पहुँची : एक मुलायम हाथ ने मुझे छुआ, कोई लड़की मेरी भौंहों से पसीना पोंछ रही थी।

'चिंता मत करो,' उस लड़की ने कहा, जिसके बाल सुनहरे थे और जिसने सफ़ेद रंग का चोगा पहन रखा था। 'मैं कोई देवी नहीं हूँ, तुम मरोगे नहीं, और यह कोई ताबूत नहीं है, बल्कि शरीर को स्कैन करने वाली मशीन है, जो यह पता करने के लिए है कि तुमको कहीं और चोट तो नहीं लगी है। ऐसा कुछ गम्भीर तो नहीं लग रहा, लेकिन तुमको निगरानी में रहना होगा।'

'कोई हड्डी नहीं टूटी?'

'खरोंच आई है। मैं अगर तुमको अभी आईना दे दूँ तो तुम डर जाओगे, लेकिन यह सूजन कुछ दिन में चली जाएगी।'

मैंने उठने की कोशिश की, लेकिन उसने आहिस्ता से मुझे रोक दिया। फिर मेरे सिर में भयानक दर्द होने लगा और मैं दर्द से बिलबिला उठा।

'तुम्हारा ऐक्सिडेंट हुआ है; यह बहुत स्वाभाविक बात है कि तुमको दर्द महसूस हो।'

'मुझे लगता है कि तुम मुझसे झूठ बोल रही हो,' मैं किसी तरह कह पाया। 'मैं काफ़ी समझदार इंसान हूँ, मैंने भरपूर ज़िंदगी जी है, मैं बुरी ख़बरों को बिना घबराए सुन सकता हूँ। मेरे दिमाग़ की कुछ नसें फटने वाली हैं, नहीं?'

दो नर्सें आईं और उन्होंने मुझे स्ट्रेचर पर लिटा दिया। तब मुझे अहसास हुआ कि मेरे गर्दन में अर्थोपीडिक कॉलर लगी हुई है।

'किसी ने हम लोगों को यह बताया कि तुमने कहा था कि तुमको नहीं ले जाया जाए,' उस लड़की ने कहा। 'उसी तरह से तुमको कुछ समय के लिए यह कॉलर पहनना पड़ेगा, कब क्या हो जाए यह कहना तो बड़ा मुश्किल होता है, लेकिन फिलहाल तो यही लगता है कि तुमको सदमा लगा है बस। बड़े क़िस्मतवाले हो।'

'कब तक। मैं यहाँ नहीं रह सकता।'

किसी ने कुछ नहीं कहा। मेरी कमरे के बाहर मुस्कराते हुए मेरा इंतज़ार कर रही थी। ज़ाहिर है, उसको डॉक्टर ने पहले ही यह बता दिया था कि देखने में यही लग रहा था कि मुझे कोई गम्भीर चोट नहीं लगी है। उसने मेरे बाल सहलाए और उसको मेरे चेहरे को देखकर सदमा भी लगा हो तो उसने बड़ी सफ़ाई से अपने चेहरे से उस भाव को छिपा लिया।

हमारा छोटा-सा समुदाय गलियारे में आगे बढ़ने लगा – मैरी, स्ट्रेचर को लेकर चल रही दो नर्सें, और सफ़ेद चोगे वाली लड़की। मेरे सिर का दर्द बढ़ता जा रहा था।

'नर्स, मेरा सिर...'

'मैं नर्स नहीं हूँ, फिलहाल मैं डॉक्टर हूँ। हम तुम्हारे अपने डॉक्टर के आने का इंतज़ार कर रहे हैं। अपने सिर की चिंता मत करो। जब तुम्हारा एक्सिडेंट हुआ तो तुम्हारे शरीर ने बचाव में सभी नसों में ख़ून का प्रवाह

रोक लिया, ताकि शरीर से ख़ून नहीं बहे। जब शरीर ने देखा कि ख़तरा टल गया है तो नसों में ख़ून फिर से दौड़ने लगा, और उसी के कारण दर्द हो रहा है, और कोई बात नहीं है। वैसे अगर तुम चाहो मैं तुमको कुछ दे सकती हूँ, जिससे तुमको नींद आ जाए।'

मैंने मना कर दिया। और जैसे मेरे हृदय के अंधेरे कोने से उभर आया हो, मुझे वे शब्द याद आ गए जो मैंने एक दिन पहले सुने थे :

'उस आवाज़ का कहना है कि वह यह सब तभी होने दे पाएगा जब उचित समय आएगा।'

उसको कैसे पता हो सकता था। यह कैसे संभव हो सकता था कि सेंट जरमेन बुलेवार्ड और रु सेंट पेरेस के कोने में जो घटना उस दिन हुई थी वह किसी बड़े षड्यंत्र के कारण हुई हो, या ईश्वर ने सब पहले से तय कर रखा हो, वह ईश्वर जो ख़तरनाक ढंग से संतुलित इस ग्रह को नष्ट होने से बचाने के काम में इतने व्यस्त रहते हैं, उन्होंने यह सब इसलिए किया हो ताकि मैं ज़ाहिर की तलाश में नहीं जा सकूँ। मिख़ाइल को शायद भविष्य के बारे में पता नहीं रहा होगा, हो सकता है कि उसने सच में कोई आवाज़ सुनी हो और कोई योजना रही हो, और यह सब उससे कहीं अधिक ज़रूरी रहा हो जितनी कि मैंने कल्पना की हो।

अब सब कुछ मुझसे सहन नहीं हो रहा था : मैरी की मुस्कान, इस बात की संभावना कि किसी ने सच में आवाज़ सुनी हो, मेरे सिर का दर्द बहुत परेशान कर रहा था।

'डॉक्टर, मैंने अपना इरादा बदल दिया है। मैं अब सोना चाहता हूँ। मुझसे यह दर्द अब बर्दाश्त नहीं हो रहा है।'

उसने ट्रॉली खींच रही नर्सों में से एक से कुछ कहा, वह गई और हमारे कमरे में पहुँचने के पहले ही लौटकर आ गई। मुझे बाँह में हल्की-सी चुभन महसूस हुई और मैं तत्काल सो गया।

***

जब मेरी नींद खुली, मैं यह जानना चाहता था कि असल में हुआ क्या था; मैं यह जानना चाहता था कि पटरी पर जो औरत मेरे सामने से आ रही थी, उसका क्या हुआ और उसके बच्चे का क्या हुआ। मैरी ने कहा कि

मुझे आराम की ज़रूरत थी, लेकिन तब तक मेरे डॉक्टर और दोस्त डॉक्टर लुइत आ गए थे और उनको मुझे नहीं बताने का कोई कारण समझ नहीं आया। मुझे एक मोटरसाइकिल ने टक्कर मार दी थी। मुझे ज़मीन पर पड़े जिस आदमी का शरीर दिखाई दिया था वह मोटरसाइकिल सवार था, उसको भी इसी अस्पताल में लाया गया था, और मेरी तरह उसको भी थोड़ी-बहुत खरोंच आई थी। एक्सिडेंट के तत्काल बाद पुलिस जाँच में यह बात साफ़ हो गई थी कि जिस समय एक्सिडेंट हुआ था उस समय मैं सड़क के बीचोंबीच खड़ा था, जिसके कारण मोटरसाइकिल सवार की जान पर बन आई थी।

साफ़ तौर पर मेरी ही ग़लती थी, लेकिन बाइक सवार ने मेरे ऊपर केस नहीं करने का फ़ैसला किया। मैरी ने उससे मिलकर बात की थी; उसको यह पता चला कि वह दूसरे देश से आया था और वहाँ अवैध रूप से काम कर रहा था; इसलिए वह पुलिस के साथ कोई लफड़ा नहीं चाहता था। उसको चौबीस घंटे बाद छोड़ा गया, चूँकि उसने हेलमेट पहन रखा था; इसलिए उसके दिमाग़ पर किसी तरह के असर का ख़तरा कम हो गया।

'क्या तुमने यह कहा कि वह चौबीस घंटे बाद छूटा? इसका मतलब यह हुआ कि मुझे यहाँ एक से अधिक दिन हो गया?'

'तुम यहाँ तीन दिन से हो। जब तुमको बॉडी स्कैनर से बाहर निकाला गया तो डॉक्टर ने मुझे फ़ोन करके पूछा कि क्या वह तुमको नींद की गोलियाँ दे सकती थी। मुझे ऐसा लगा कि तुम तनाव में थे, चिढ़े हुए थे और शायद अवसाद में भी, इसलिए मैंने उससे कहा कि वह नींद की गोलियाँ दे दे।'

'फिर क्या हुआ?'

'अस्पताल में बस दो दिन और फिर तीन सप्ताह तक गले में मशीन; तुमको 48 घंटे तक निगरानी में रखा गया था। ज़ाहिर है, तुम्हारे शरीर का एक हिस्सा अभी भी उस तरह से बर्ताव नहीं कर रहा जिस तरह से उसको करना चाहिए और फिर हमें कुछ परेशानी हो सकती है। लेकिन ऐसा जब हुआ तब देखा जाएगा; बिना कारण चिंता करने की कोई बात नहीं है।'

'इसका मतलब यह है कि मैं अभी भी मर सकता हूँ?'

'हम सब जानते हैं कि हम सबको एक न एक दिन मरना है।'

'सो तो ठीक है, लेकिन क्या मैं इस एक्सिडेंट के कारण मर सकता हूँ?'

डॉक्टर लुइत बोलते-बोलते रुक गए।

'हाँ। इस बात की संभावना हमेशा रहती है कि कहीं ख़ून नहीं जमा रह गया हो, जिसको मशीन नहीं पकड़ पाई हो और ख़ून कभी भी बहने लग सकता है और इससे परेशानी हो सकती है। यह भी हो सकता है कि सेल में गड़बड़ हो गई हो और वह कैन्सर का रूप लेने लगी हो।'

'आपको इस तरह की बातें नहीं करनी चाहिए,' मैरी ने कहा।

'हम लोग पाँच साल से दोस्त हैं। इसने मुझसे एक सवाल पूछा और मैंने जवाब दे दिया। और अब अगर आपको बुरा नहीं लगे तो मैं अपने दफ़्तर वापस जाना चाहूँगा। मेडिकल की दुनिया में ऐसा नहीं होता जैसा कि आपको लगता है। हम जिस संसार में रहते हैं उस संसार में अगर कोई लड़का पाँच सेब ख़रीदने के लिए जाता है और दो सेब लेकर ही लौटता है तो लोगों को ऐसा लगेगा कि उसने तीन सेब खा लिए। मेरे संसार में कई दूसरी संभावनाएँ भी हो सकती हैं : हो सकता है उसने सेब खा लिए हों, लेकिन यह भी हो सकता है कि किसी ने उससे सेब छीन लिए हों; या उसको जो पाँच सेब ख़रीदने के लिए भेजा गया हो सकता है कि उसके पास उन्हें ख़रीदने के लिए पर्याप्त पैसे ही नहीं रहे हों; हो सकता है जब वह सेब लेकर घर आ रहा हो तो रास्ते में सेब खो गए हों; जब वह सेब लेकर आ रहा हो तो हो सकता है कि रास्ते में उसको कोई ऐसा आदमी मिला हो जो भूखा रहा हो और उसने फल उसको खाने के लिए दे दिया हो, और भी इस तरह की संभावनाएँ हो सकती हैं। मेरे संसार में कुछ भी संभव है, और सब कुछ सापेक्षिक होता है।'

'तुमको मिर्गी के बारे में क्या पता है?'

मैरी को तत्काल समझ आ गया कि मैं मिख़ाइल के बारे में बात कर रहा था और वह उसके कारण अपनी नाख़ुशी को छिपा नहीं पाई। उसने कहा कि उसको जाना था, क्योंकि फ़िल्म शूटिंग टीम के लोग उसका इंतज़ार कर रहे थे।

डॉक्टर लुइत अपने सामान उठाकर जाने के लिए तैयार हो गए थे, लेकिन मेरे सवाल का जवाब देने के लिए रुक गए।

'दिमाग़ के एक हिस्से में विद्युत आवेश बढ़ जाता है, जिसके कारण दिमाग़ में खलबली बढ़ जाती है या कम हो जाती है। इसको लेकर ऐसा कुछ

नहीं है, जिसको निश्चित रूप से कहा जा सकता हो, लेकिन इस क्षेत्र के लोगों का यह कहना है कि जब कोई आदमी बहुत तनाव में होता है तो इस तरह के दौरे की संभावना बहुत बढ़ जाती है। लेकिन चिंता मत करो मिर्गी का दौरा वैसे तो किसी भी उम्र में पड़ सकता है, लेकिन मोटरसाइकिल से टकराने के कारण किसी को मिर्गी का दौरा नहीं पड़ सकता।'

'फिर इसका क्या कारण होता है?'

'मैं इसका कोई विशेषज्ञ नहीं हूँ, लेकिन तुम चाहते हो तो मैं पता लगा सकता हूँ।'

'हाँ पता लगा देना। और मुझे एक और सवाल पूछना है, लेकिन मेरी गुज़ारिश है कि इस सवाल से यह मत सोचना कि एक्सिडेंट के कारण मेरे दिमाग़ पर कोई असर पड़ा है। क्या यह संभव है कि जिसको मिर्गी के दौरे पड़ते हों वह आवाज़ें भी सुन सकता हो और उसको पूर्वाभास हो जाता हो?'

'क्या तुमसे किसी ने यह कहा था कि यह दुर्घटना होने वाली है?'

'नहीं ऐसा नहीं है, लेकिन मुझे ऐसा लगता है।'

'देखो, मैं अधिक देर के लिए नहीं रुक सकता, मुझे मैरी को रास्ते में छोड़ना भी है, लेकिन मैं तुम्हारे लिए मिर्गी के बारे में पता कर के बता दूँगा।'

***

चूँकि मैरी दो दिनों के लिए बाहर थी, और उस दुर्घटना के सदमे के बावजूद ज़ाहिर मेरी ज़िंदगी में पहले की तरह आकर बैठ गया था। मुझे यह पता था कि अगर मिख़ाइल ने अपनी जबान रखी होगी तो मेरे घर में एक लिफ़ाफ़ा मेरा इंतज़ार कर रहा होगा, जिसमें एस्तर का पता होगा; लेकिन अब इस ख़याल से मुझे डर लग रहा था।

क्या पता मिख़ाइल उस आवाज़ के बारे में सच कह रहा हो?

मैं यह याद करने की कोशिश करने लगा कि आख़िर दुर्घटना हुई कैसे थी : मैं पटरी से नीचे उतरा और स्वाभाविक रूप से यह देखने लगा कि कहीं कोई गाड़ी तो नहीं आ रही थी; मुझे एक कार आती दिखाई दी, लेकिन वह सुरक्षित दूरी पर लग रही थी। लेकिन तब भी मेरा एक्सिडेंट हो गया, हो सकता है कि मोटर साइकिल उस कार को ओवरटेक करके आया हो और जिसको मैं देख नहीं पाया होऊँ।

मैं संकेतों में यक़ीन रखता हूँ। जब से मैं सैंटियागो पैदल यात्रा पर गया तभी से सब कुछ बदल गया : हम जो सीखना चाहते हैं वह हमेशा हमारे सामने ही होता है, हमें बस अपने आसपास ध्यान और सम्मान से देखना होता है ताकि इस बात का पता चल सके कि ईश्वर हमें किस दिशा में ले जाना चाहते हैं और हमारा अगला क़दम क्या होना चाहिए। मैंने रहस्यों का सम्मान करना भी सीखा : जैसा कि आइंस्टाइन ने कहा था, ईश्वर ब्रह्मांड के साथ कोई जुआ नहीं खेलता है; सब कुछ एक दूसरे से जुड़ा होता है और हर बात का कोई मतलब होता है। हो सकता है कि वह अर्थ हमेशा छिपा ही रहे, लेकिन हम जब कोई भी काम जोश के साथ करते हैं तो हमें हमेशा यह पता होता है कि हम धरती पर अपने मक़सद को पूरा करने के क़रीब हैं।

अगर ऐसा है तो सब ठीक है। अगर ऐसा नहीं है तो बेहतर यही होता है कि हम अपनी दिशा को बदल लें।

जब हम सही रास्ते पर होते हैं तो हम संकेतों का अनुसरण करते हैं, और अगर कभी हम लड़खड़ा भी जाते हैं तो दैवी शक्ति हमारी मदद के लिए आगे आती है, हमें ग़लतियाँ करने से रोकती हैं। क्या उस एक्सिडेंट के पीछे कोई संकेत छिपा था? क्या मिख़ाइल ने मेरे लिए कोई संकेत देखा था?

मैंने यह मान लिया कि इन सवालों के जवाब 'हाँ' में थे।

और शायद इसी कारण, चूँकि मैंने अपने भाग्य को स्वीकार कर लिया था और खुद को इस भरोसे छोड़ दिया था कि मुझसे कोई बड़ी सत्ता मुझे दिशा दिखाए, मैंने दिन के वक्त यह ध्यान दिया था कि ज़ाहिर ओझल होता जा रहा था। मुझे यह पता था कि लिफ़ाफ़ा खोलने के बाद क्या करना था, उसका पता पढ़ना था, जाकर उसका दरवाज़ा खटखटाना था, लेकिन सभी संकेत यही बता रहे थे कि यह सही समय नहीं था। अगर एस्तर सच में मेरी ज़िंदगी में उतना ही मायने रखती थी, जितना मैं सोचता था, अगर वह सच में मुझसे अभी भी प्यार करती थी (जैसा कि मिख़ाइल ने कहा था कि वह करती थी), तो ऐसी स्थिति क्यों बनाना, जिसके कारण मैं वही ग़लती फिर से दोहराऊँ जो मैंने अतीत में की थी?

इसको दोहराने से किस तरह खुद को रोका जाए?

अपने आप को बेहतर तरीक़े से जानने से, इस बात का पता लगाने से कि किस वज़ह से उस रास्ते में अचानक रुकावट आ गई जो ख़ुशियों से भरी थी।

क्या यह काफ़ी था?

नहीं, मुझे यह भी जानना था कि एस्तर कौन थी, जब हम दोनों साथ थे उस दौरान उसने किस तरह के बदलाव महसूस किए।

और क्या इन दो सवालों के जवाब दे पाने लायक़ होना ही काफ़ी था?

तीसरा सवाल भी था : क़िस्मत हम दोनों को क्यों क़रीब लेकर आई थी?

अस्पताल के कमरे में मेरे पास समय काफ़ी था; इसलिए मैं अपनी ज़िंदगी के बारे में गहराई से सोच रहा था। मुझे हमेशा से रोमांच और सुरक्षा दोनों चाहिए होता था, इस बात को जानते हुए कि इन दोनों को एक साथ नहीं मिलाया जा सकता। मुझे एस्तर के प्यार पर बहुत भरोसा था तब भी मैं दूसरी स्त्रियों के साथ भी प्रेम में पड़ जाता था, महज इसलिए कि पटने-पटाने का खेल दुनिया का सबसे दिलचस्प खेल रहा है।

क्या मैंने अपनी पत्नी को यह बताया था कि मैं उससे प्यार करता था? शायद कभी कहा हो, लेकिन हमेशा नहीं। क्यों? मुझे ऐसा लगता था कि यह ज़रूरी नहीं था; उसको यह पता ही होना चाहिए कि मैं उसको प्यार करता था; उसको मेरी भावनाओं पर शक नहीं करना चाहिए।

मुझे याद आया कि कई साल पहले किसी ने मुझसे यह पूछा था, मेरी ज़िंदगी में जितनी लड़कियाँ आई उनमें कोई ऐसी बात थी जो सबमें एक जैसी रही हो। जवाब आसान था : मैं। और जब मुझे यह समझ आया तो मुझे पता चला कि मैंने सही इंसान की तलाश में कितना समय गँवाया था - स्त्रियाँ बदलती रहीं, लेकिन मैं वहीं का वहीं बना रहा, और इसलिए मुझे उनके साथ से कोई अनुभव हासिल नहीं हुआ। मेरी बहुत-सी प्रेमिकाएँ रहीं, लेकिन मुझे हमेशा सही लड़की का इंतज़ार रहा। मैं उनको वश में करता रहा, वे कभी इससे आगे नहीं बढ़ पाईं, लेकिन एस्तर आई और उसने सब बदल कर रख दिया।

मैं अपनी पूर्व-प्रेमिका के बारे में बहुत प्यार से सोच रहा था; उसको खोजने का जुनून अब वैसा नहीं रह गया था, यह पता करने का जुनून कि उसने बिना कुछ कहे क्यों छोड़ दिया। *उधेड़ने और सीने का समय* में मेरे विवाह की सच्ची कहानी दी गई है, लेकिन आख़िरकार वह मेरा अपना ही बयान है ना, इस बात की घोषणा कि मैं किसी को प्यार करने और किसी को

चाहने में समर्थ था। एस्तर शब्दों से ज़्यादा के लायक़ थी, ख़ासकर इसलिए क्योंकि जब हम साथ रहे तो मैंने उन शब्दों को कहा ही नहीं।

यह जानना बहुत ज़रूरी होता है कि यह पता हो कि कब कौन-सी चीज़ अपने अंतिम मुक़ाम पर पहुँचने वाली है। जैसा कि हम कहते हैं कि दरवाज़ा बंद कर देना, अध्याय समाप्त करना, इन सबसे अधिक मायने रखता है अतीत को अतीत में रहने देना और आगे बढ़ जाना। धीरे-धीरे मैं इस बात को समझ गया कि मैं पीछे जाकर सब चीज़ों को पहले जैसा नहीं बना सकता : उन दो सालों के दौरान मेरे अंदर जो अंतहीन ज्वाला धधक रही थी, अब मुझे उनका सच्चा अर्थ समझ में आ गया था।

***

और वह अर्थ मेरी शादी के भी बहुत आगे तक की समझ पैदा करने वाला था : सभी स्त्री-पुरुष उस ऊर्जा के माध्यम से जुड़े हैं, जिनको लोग प्रेम कहते हैं, लेकिन वह असल में वह आधार सामग्री है, जिससे इस ब्रह्मांड का निर्माण हुआ। उस ऊर्जा के साथ छेड़छाड़ नहीं की जा सकती, यह हमें धीरे-धीरे आगे लेकर चलती है, इसमें वह सब होता है जो हम जीवन में सीखना चाहते हैं। अगर हम इसको अपनी मनचाही दिशा में ले जाना चाहते हैं तो हम हताश-निराश हो जाते हैं, दिशाभ्रमित हो जाते हैं, क्योंकि वह ऊर्जा उन्मुक्त होती है।

हम पूरा जीवन यह कहते हुए बिता सकते हैं कि किसी इंसान या किसी चीज़ से प्यार करते हैं, लेकिन असल में हम पीड़ित होते हैं, बजाय प्रेम की शक्ति को स्वीकार करने के, हम उसको धूमिल करने में लगे रहते हैं ताकि वह उस दुनिया के अनुकूल हो सके जिसमें हमें लगता है कि हम रहते हैं।

इसके बारे में मैंने जितना सोचा ज़ाहिर उतना ही कमज़ोर होने लगा और मैं अपने और क़रीब आ पाया। मैंने बहुत से कामों के लिए स्वयं को मानसिक रूप से तैयार किया, वैसे काम जिनमें अधिक ख़ामोशी, ध्यान और अध्यवसाय की ज़रूरत थी। उस दुर्घटना ने मुझे यह सिखा दिया कि जब तक 'सही समय' नहीं आए तब तक किसी काम में ज़बरदस्ती नहीं करनी चाहिए।

मुझे डॉक्टर लुइत की कही बात याद आई : शरीर को इतनी अधिक पीड़ा के बाद मौत किसी भी समय आ सकती है। अगर उसकी बात सही हुई तो? क्या पता अगले दस मिनट में मेरे दिल की धड़कन थम जाए?

कमरे में एक नर्स खाना लेकर आई और मैंने उससे पूछा :

'क्या तुमने अपनी अंत्येष्टि के बारे में सोचा है?'

'चिंता मत करो,' उसने जवाब दिया। 'तुम बच जाओगे, तुम अब अच्छे लग रहे हो।'

'मैं चिंतित नहीं हूँ। मुझे पता है कि मैं बच जाऊँगा। एक आवाज़ ने मुझसे कहा था कि मैं बच जाऊँगा।'

मैंने जान-बूझकर 'आवाज़' शब्द का प्रयोग किया, मैं उसको भड़काना चाहता था। वह मुझे संदेह की नज़र से देख रहा था, वह शायद यह सोच रहा था कि अब समय आ गया था कि एक बार और मेरे दिमाग़ की जाँच की जाए और यह देखा जाए कि क्या सच में मेरे दिमाग़ पर कोई प्रभाव नहीं पड़ा था।

'मुझे पता है कि मैं बच जाऊँगा,' मैं बोले जा रहा था। 'शायद एक दिन, एक साल, या तीस या चालीस साल, लेकिन एक दिन विज्ञान की तमाम प्रगति के बावजूद मैं इस दुनिया से चला जाऊँगा और मेरी अंत्येष्टि होगी। मैं अभी इसके बारे में सोच रहा था और मैं यह भी सोच रहा था कि तुमने भी कभी इस बारे में सोचा था।'

'कभी नहीं। और मैं चाहता भी नहीं हूँ; और मुझे इस बात से डर भी लगता है यह जानना कि एक दिन सब ख़त्म हो जाएगा।'

'आप चाहे इसको पसंद करें या नहीं, चाहे आप सहमत हों या असहमत, लेकिन यह एक ऐसी सच्चाई है, जिससे हम बच नहीं सकते। क्या इसके बारे में कुछ बात करने का मन करता है?'

'मुझे अभी और मरीजों को भी देखने जाना है,' उसने खाना मेज़ पर रखा और जितनी जल्दी हो सकता था वहाँ से निकल गया, मानो वहाँ से भाग जाना चाहता हो - मुझसे नहीं, बल्कि मेरी बातों से। वह कर्मचारी मुझसे बात नहीं करना चाहता था, लेकिन मैं अकेले तो उसके बारे में सोच ही सकता था? मुझे बचपन में पढ़ी एक कविता की कुछ पंक्तियाँ

याद आईं :

अनचाहे मेहमान के आने पर...
मुझे डर सा लग सकता है।
हो सकता है मैं मुस्कराते हुए कहूँ :
मेरा दिन अच्छा था, रात को होने दीजिए।
आप पाएँगे कि खेत जुते हुए होंगे, घर साफ़ होंगे,
मेज़ सजी हुई होगी।
और सब कुछ अपनी जगह पर होगा।

कितना अच्छा होता अगर सब सही होता - सब कुछ अपनी जगह पर होता। और मेरी क़ब्र के शिलालेख पर क्या लिखा होगा? एस्तर और मैंने दोनों ने अपनी-अपनी वसीयत बना ली थी, जिसमें अन्य चीज़ों के अलावा, हम लोगों ने अपनी अंत्येष्टि की विधि का चुनाव भी किया था : मेरे अवशेषों को केब्रेरो में हवा में बिखेर दिया जाना था, सैंटियागो के रास्ते में, और उसके अवशेषों को समुद्र के ऊपर बिखेर दिया जाना था। इसलिए शिलालेख होने का कोई सवाल ही नहीं उठता था।

लेकिन अगर मैंने अपना समाधि लेख चुना होता तो? तो मैंने इन शब्दों को खुदवाने के लिए कहा होता :

वह मर गया, जबकि वह अभी ज़िंदा था।

यह बात परस्पर विरोधी लग सकती थी, लेकिन मुझे बहुत से ऐसे लोगों के बारे में पता था, जिन्होंने जीना छोड़ दिया था, जबकि वे काम करते थे, खाना खाते थे और अपनी रोज़मर्रा की सामाजिक गतिविधियों में हिस्सा लेते थे। वे सब कुछ स्वचालित तरीक़े से करते थे, उस जादुई पल से अनजान जो हर दिन अपने साथ लेकर आता था, कभी रुककर जीवन के चमत्कार के बारे में नहीं सोचते थे, कभी इस बात को नहीं समझ पाते थे अगला ही पल हो सकता है कि इस धरती पर उनकी ज़िंदगी का आख़िरी पल हो।

उस बात को उस नर्स को समझाने का कोई तुक नहीं था, कुछ इस कारण कि खाने के बाद बर्तन लेने के लिए कोई दूसरा मेल नर्स आया था।

यह नया मेल नर्स मुझसे एक के बाद एक सवाल पूछने लगा, शायद उसके किसी डॉक्टर ने ऐसा कहा हो। वह यह जानना चाहता था कि क्या मुझे अपना नाम याद है, क्या मुझे यह याद है कि साल कौन-सा है, अमेरिका के राष्ट्रपति का क्या नाम है, वे इस तरह के सवाल पूछ रहे थे जो आपसे तब पूछे जाते हैं, जब आपके दिमाग़ी हालात की जाँच की जा रही होती है। और केवल इस वज़ह से मैंने वे सवाल पूछे थे जो हर इंसान को पूछना चाहिए : क्या तुमने अपनी अंत्येष्टि के बारे में सोचा था? आपको देर-सबेर यह समझ में आता है कि आप एक दिन मर जाएँगे?

उस रात मैं मुस्कराता हुआ सोने के लिए गया। ज़ाहिर ग़ायब हो रहा था, और एस्तर वापस लौट रही थी, अगर मुझे फिर भी मरना था, उन बातों के बावजूद जो मेरे जीवन में हुआ था, मेरी तमाम असफलताओं के बावजूद, इसके बावजूद कि मैंने जिन स्त्रियों को प्यार किया वे ग़ायब हो गईं, जो अन्याय मेरे साथ हुए या जो मैंने दूसरों के साथ किए, मैं अंतिम पल तक जीवित रहा, और पूरी निश्चितता के साथ कहता रहा :

'मेरा दिन अच्छा था, रात को होने दीजिए।'

दो दिन बाद मैं घर वापस आ गया। मैरी खाना पकाने चली गई, और मैं वहाँ जमा की हुई चिट्ठियों को देखने लगा। गेट से फ़ोन आया। अपार्टमेंट के केयरटेकर का फ़ोन था, वह बता रहा था कि पिछले सप्ताह मैं जिस लिफ़ाफ़े का इंतज़ार कर रहा था वह आ गया था और वह मेरी मेज़ पर होना चाहिए।

मैंने उसका शुक्रिया अदा किया, लेकिन अपनी उम्मीद के विपरीत मैंने उसको खोलने के लिए तत्काल हाथ नहीं बढ़ाया। मैरी और मैंने दोपहर का खाना खाया; मैंने उससे शूटिंग के बारे में पूछा और उसने मुझसे पूछा कि उस समय मेरी क्या योजना थी, चूँकि मेरे गले में कॉलर लगा हुआ था; इसलिए मैं उतना बाहर नहीं निकल सकता था। उसने कहा कि अगर ज़रूरी हुआ तो वह रहने के लिए आ सकती थी।

'मुझे एक कोरियन टीवी चैनल पर जाना है, लेकिन मैं उसको टाल सकती हूँ या उसको रद्द भी कर सकती हूँ। बशर्ते तुम मेरे साथ रहना चाहो।'

'अरे बिलकुल, और तुमको अपने आसपास पाकर मुझे ख़ुशी होगी।'

वह मुस्कराई और उसने फ़ोन उठाकर अपने मैनेजर से कामकाज में बदलाव के लिए कह दिया। मैंने सुना वह कह रही थी : 'उनको यह भी मत बताना कि मैं बीमार हूँ। मैं अंधविश्वासी हूँ और जब भी मैंने यह बहाना बनाया मेरे साथ कुछ बहुत ही बुरा हुआ। उनसे यह कह दो कि मुझे उस आदमी का ध्यान रखना है, जिससे मैं प्यार करती हूँ।'

मुझे कई काम तत्काल करने थे : कुछ इंटरव्यू की तारीख़ें आगे बढ़ानी थीं, कुछ आमंत्रण थे, जिनके जवाब देने थे, बहुत लोगों को फ़ोन कॉल के लिए, फूल भिजवाने के लिए शुक्रिया अदा करना था, कुछ चीज़ें पढ़नी थीं, भूमिका लिखनी थी, कुछ सिफ़ारिशी पत्र लिखने थे। मैरी ने दिन भर फ़ोन पर मेरे एजेंट के साथ लगाया, मेरी डायरी को नए सिरे से जमाया ताकि किसी को जवाब देना छूट नहीं जाए। हर शाम डिनर साथ में ही करते थे, दिलचस्प और अजीब-अजीब चीज़ों के बारे में बात करते हुए, जैसे कोई

भी युगल करता है। ऐसे ही एक रात खाने के समय वाइन के कुछ गिलास पीने के बाद उसने कहा कि मैं बदल गया था।

'ऐसा लग रहा है कि मौत के साथ तुम्हारा जो आमना-सामना हुआ उसके कारण तुम अपनी ज़िंदगी में वापस लौट आए हो,' उसने कहा।

'सबके साथ ऐसा होता है।'

'लेकिन मैं एक बात कहना चाहती हूँ – और चिंता मत करो, मैं कोई बहस नहीं करना चाहती और ना ही मुझे कोई ईर्ष्या होने वाली है – लेकिन तुम जब से घर आए हो एक बार भी एस्तर का नाम नहीं लिया। जब तुमने *उधेड़ने का समय और सीने का समय* लिखना समाप्त की थी तब भी तुम्हारे साथ यही हुआ था : उस किताब ने एक तरह से चिकित्सा का काम किया था, लेकिन उसका वह प्रभाव ज़्यादा दिन नहीं रहा।'

'क्या तुम यह कहना चाहती हो कि एक्सिडेंट के कारण मेरे दिमाग़ पर असर पड़ा है?'

मेरे लहजे में लड़ने का कोई भाव नहीं था, लेकिन उसने बात बदल दी और मुझे अपने उस हेलिकॉप्टर यात्रा के बारे में बताने लगी, जिसमें उसको बड़ा डर लगा था, उसने मोनाको से कान तक का सफ़र हेलिकॉप्टर से तय किया था। बाद में, बिस्तर में हम ने सम्भोग किया – मुझे गर्दन में लगे कॉलर के कारण बहुत दिक़्क़त हो रही थी, तब भी हम लोगों ने सम्भोग किया और एक दूसरे के बेहद क़रीब महसूस किया।

चार दिन बाद, मेरी मेज़ पर काग़जों का जो अम्बार पड़ा था वह ग़ायब हो गया। केवल एक बड़ा सफ़ेद लिफ़ाफ़ा पड़ा था, जिस पर मेरा नाम लिखा था और मेरे अपार्टमेंट का नम्बर। मैरी उसको खोलना चाहती थी, लेकिन मैंने कहा कि अभी कोई जल्दी नहीं है।

उसने मुझसे उसके बारे में नहीं पूछा, शायद उसमें मेरे बैंक अकाउंट के बारे में कुछ हो या कोई गोपनीय पत्र-व्यवहार, शायद किसी और स्त्री से। मैंने भी उस बारे में कुछ नहीं बताया; मैंने उसको मेज़ से हटाकर किताबों के बीच शेल्फ़ में रख दिया। अगर मैं उसको देखता रहता तो ज़ाहिर वापस आ सकता था।

कभी भी एस्तर के लिए मेरा प्यार कम नहीं हुआ था, लेकिन अस्पताल में बिताए एक-एक दिन के कारण कुछ अंतरंग स्मृतियाँ उभर आईं : ऐसी

कोई स्मृति नहीं जिसमें हम बातचीत कर रहे हों, बल्कि मुझे वे पल याद आ रहे थे जो हम लोगों ने चुपचाप बिताए थे। मुझे उसकी आँखें याद आईं, जो उस समय उत्साह से भरी किसी लड़की की आँखों जैसी दिखाई देने लगती थीं जब वह किसी नए रोमांचक सफ़र पर निकलने वाली होती थी, या उस तरह की पत्नी जैसी जिसको अपने पति की सफलता पर गर्व हो या उस पत्रकार जैसी जो हर उस विषय से बहुत प्रभावित रहती थी, जिसके बारे में वह लिखती हो, और बाद में, उस पत्नी की तरह जिसकी अब मेरी ज़िंदगी में शायद कोई जगह नहीं रह गई थी। जब उसने मुझे यह कहा था कि वह युद्ध संवाददाता बनना चाहती थी उसके पहले से ही उसकी आँखों में उदासी की छाया दिखाई देने लगी थी; और जब भी वह ऐसे किसी सफ़र से काम पूरा करके लौटती थी तो उसके चेहरे पर ख़ुशी की चमक होती थी, लेकिन फिर कुछ दिनों में ही वह उदासी लौट आती थी।

एक दोपहर फ़ोन की घंटी बजी :

'उसी लड़के का फ़ोन है,' मैरी ने कहते हुए फ़ोन मेरी तरफ़ बढ़ा दिया।

दूसरी तरफ़ से मिख़ाइल की आवाज़ आ रही थी, पहले तो उसने मेरे साथ हुए एक्सिडेंट पर अफ़सोस जताया और फिर मुझसे पूछा कि मुझे लिफ़ाफ़ा मिल गया था या नहीं।

'हाँ, वह यहीं मेरे पास पड़ा है।'

'क्या आप उसकी तलाश में जाने वाले हैं?'

हमारे बीच की उस बातचीत को मैरी भी सुन रही थी; इसलिए बेहतर यही था कि बातचीत का विषय बदल दिया जाए।

'जब हम मिलेंगे तो उसके बारे में बात करेंगे।'

'मैं कोई शिकायत नहीं कर रहा, लेकिन आपने मदद करने का वादा किया था।'

'और मैं हमेशा अपने वादे निभाता हूँ। जैसे ही ठीक होऊँगा हम साथ बैठेंगे।'

उसने मुझे अपना मोबाइल नम्बर दिया और जब मैंने फ़ोन रखा तो मैंने मैरी की तरफ़ देखा, जो एक अलग ही औरत लग रही थी।

'मतलब कुछ भी नहीं बदला,' वह बोली।

'जबकि असल बात यह है कि सब कुछ बदल चुका है।'

मुझे अपनी बात और अच्छी तरह से कहनी चाहिए थी और उसको समझाना चाहिए था कि मैं अभी भी एस्तर से मिलना चाहता था, कि मुझे यह पता था कि वह कहाँ थी। जब सही समय आएगा तो मैं ट्रेन, टैक्सी, हवाई जहाज, जिससे भी हो सके उसके पास जाऊँगा। ज़ाहिर है, इसका मतलब यह था कि यहाँ मेरे पास जो औरत बैठी थी उसको खो देना, जो हरसंभव कोशिश कर रही थी इस बात को साबित करने के लिए कि मैं उसके लिए कितना मायने रखता था।

ज़ाहिर है, मैं कायरता दिखा रहा था। मुझे अपने ऊपर शर्म आती थी, लेकिन ज़िंदगी कुछ ऐसी ही थी, और इस बात को मैं समझा नहीं सकता था कि मैं मैरी को भी प्यार करता था।

जिस दूसरे कारण से मैंने अधिक नहीं कहा, क्योंकि मैं सदा संकेतों में यक़ीन रखता था, और जब मैंने उन पलों को याद किया जो मैं अपनी पत्नी के साथ ख़ामोशी के साझा करता था, मुझे बिना कुछ कहे-सुने यह समझ आ गया कि एस्तर को तलाश करने का समय अभी नहीं आया था। मुझे उन साझी चुप्पियों के ऊपर ध्यान लगाने की ज़रूरत थी, किसी और तरह की बातचीत पर नहीं, क्योंकि मुझे वह आज़ादी मिल जाएगी और मुझे उस दौर को समझने की ज़रूरत थी, जब हमारे बीच सब सही चल रहा था और कब हमारे बीच सब गड़बड़ होने लगा।

मैरी वहाँ बैठी मुझे देख रही थी। क्या मुझे उसके साथ बेवफ़ाई करनी चाहिए जो मेरे लिए कितना कुछ कर रही थी? मुझे असहज महसूस होने लगा, लेकिन मैं उससे कुछ कह नहीं सकता था, जब तक कि मुझे यह समझ में नहीं आ जाए कि इस बात को किस तरह घुमा-फिराकर कहना था जो मैं कहना चाह रहा था।

'मैरी मान लो कि आग बुझाने वाले दो कर्मचारी जंगल में एक छोटी-सी आग बुझाने के लिए गए। आग बुझाने के बाद वे पास के एक झरने के पास गए, एक आदमी का चेहरा काला पड़ गया था, जबकि दूसरे का चेहरा पूरी तरह बेदाग़ था। मेरा सवाल यह है कि : दोनों में से कौन अपना चेहरा धोएगा?'

'यह बेवक़ूफी से भरा सवाल है। वही धोएगा, जिसका चेहरा गंदा होगा।'

'नहीं, जिस आदमी का चेहरा गंदा होगा और जब वह अपने सामने वाले आदमी को देखेगा तो उसको लगेगा कि वह दूसरे आदमी जैसा ही है। लेकिन जब साफ़ चेहरे वाला आदमी जब अपने साथी के कालिख पुते चेहरे को देखेगा तो अपने आप से कहेगा : 'लगता है मेरा चेहरा भी गंदा हो गया है। मुझे चेहरा धो लेना चाहिए।'

'तुम कहना क्या चाह रहे हो?'

'मैं यह कहना चाह रहा हूँ कि जब मैं अस्पताल में था तो मुझे यह समझ आया कि मैं अपने आपको हमेशा उन स्त्रियों में देखता रहता था, जिसको मैंने प्यार किया था। मैं उनके सुंदर प्यारे मुखड़े को देखता और मुझे उनमें अपनी परछाईं दिखाई देती थी, चेहरे पर धूल दिखाई देती और चाहे वे कितनी ही बुद्धिमान, आत्मविश्वास से भरपूर क्यों ना रही हों, उनको मुझमें अपनी परछाईं दिखाई देने लगती थी और उनको लगने लगता था कि वे किसी लायक़ ही नहीं हैं। गुज़ारिश है कि तुम ऐसा मत होने देना।'

मैं यह बात और जोड़ना चाहता था : यही एस्तर के साथ हुआ और मुझे यह बात समझ में अब आई है, जब मुझे यह याद आया था कि उसकी आँखों की रंगत कैसे बदलने लगी थी। उसकी ज़िंदादिली और उसकी ऊर्जा मुझे अच्छी लगती थी, जिसके कारण मैं ख़ुश और आत्मविश्वास से भरपूर महसूस करता था, मुझे आगे बढ़ने की ऊर्जा उससे मिलती थी। जबकि जब वह मुझे देखती थी तो उसको मैं कुरूप दिखता, बीमार-सा, क्योंकि समय गुज़रने के साथ मेरे उसी पेशे ने जिसको बनाने में उसने बड़ी मेहनत की हमारे रिश्ते को हाशिए पर डाल दिया था।

अगर मुझे उससे मिलना ही था तो मेरा चेहरा भी उसके चेहरे की तरह साफ़ होना चाहिए। उसकी तलाश के पहले मुझे अपनी तलाश करनी चाहिए।

एरियाँदने का सूत्र

'मेरा जन्म एक छोटे से गाँव में हुआ, उस अपेक्षाकृत कुछ बड़े गाँव से कुछ किलोमीटर की दूरी पर जहाँ एक स्कूल था और एक संग्रहालय उस कवि को समर्पित था, जो वहाँ कई साल पहले रहता था। मेरे पिता क़रीब सत्तर साल के थे, और माँ 25 साल की। उनकी मुलाक़ात तब हुई जब मेरे पिता कालीन बेच रहे थे; वे रूस से यात्रा करके आए थे, लेकिन जब वह मेरी माँ से मिले तो उन्होंने उसके लिए सब कुछ छोड़ने का फ़ैसला कर लिया। वह उनकी बेटी हो सकती थी, लेकिन वह ऐसे बर्ताव करती जैसे उनकी माँ हो, यहाँ तक कि सोने में भी उनकी मदद करती थी, जब वे सत्रह साल के थे तभी से ठीक से नहीं सो पाते थे, जब उनको जर्मन सेना से लड़ने के लिए स्तालिनग्राद भेज दिया गया था, जहाँ दूसरे विश्वयुद्ध के दौरान सबसे लम्बा और सबसे ख़ूनी युद्ध चला था। तीन हज़ार सैनिकों की बटालियन में बस तीन बच पाए थे।'

✶✶✶

अजीब बात थी कि मिख़ाइल वर्तमान काल में बात कर रहा था। वह यह नहीं कहता कि 'मैं पैदा हुआ था,' बल्कि कहता कि 'मैं पैदा हुआ हूँ।' मानो सब कुछ यहाँ और अभी घट रहा हो।

✶✶✶

'स्तालिनग्राद में मेरे पिता और उनके सबसे अच्छे दोस्त जब टोही गश्त से लौटकर आ रहे थे तो वे गोलीबारी में फँस गए। उन्होंने बचने के लिए बनाई गई खाई में शरण ले ली और दो दिन वहीं कीचड़ और बर्फ़ में बिताए, ना कुछ खाने के लिए था, ना शरीर को गर्म रखने के लिए कुछ था। वे पास की इमारत में रूसी सैनिकों को बातचीत करते सुन सकते थे और जानते थे कि वे उनके पास पहुँचने की पूरी कोशिश करेंगे, लेकिन गोलीबारी थम नहीं रही थी, हवा में ख़ून की गंध भरी हुई थी, घायल लोग दिन-रात मदद के

लिए चिल्ला रहे थे। अचानक, सब कुछ शांत हो गया। मेरे पिता के दोस्त को ऐसा लगा कि जर्मन सैनिक वापस लौट गए हैं, और वे खड़े हो गए। मेरे पिता ने यह कहते हुए उनकी टाँग खींची : "झुक जाओ!" लेकिन तब तक बहुत देर हो चुकी थी; एक गोली ने उनके दोस्त का भेजा उड़ा दिया।'

'दो दिन और गुज़र गए, मेरे पिता अपने दोस्त की लाश के साथ अकेले पड़े रहे। "झुक जाओ!" कहते जा रहे थे। आख़िरकार, किसी ने उनको वहाँ से बचाकर पास की इमारत में पहुँचा दिया। खाना बिलकुल नहीं था, बस असलहा था और सिगरेट। वे तम्बाकू खाते। एक सप्ताह बाद उन लोगों ने अपने मृत साथियों की जमी हुई लाशों का मांस खाना शुरू कर दिया। तीसरी बटालियन आई और उसने उसके बीच से रास्ता बनाया; जो बचे हुए थे उनको बचाया गया, घायलों का इलाज करवाया गया और तत्काल मोर्चे पर भेज दिया गया। स्तालिनग्राद का पतन नहीं होना चाहिए; रूस का भविष्य दांव पर लगा था। चार महीने तक ज़ोरदार लड़ाई चली; इंसानों का मांस खाया गया, बर्फ़ के कारण अंग गल गए, तब जाकर आख़िरकार जर्मन सैनिकों ने आत्मसमर्पण कर दिया - यह हिटलर और उसकी थर्ड रेइस के अंत की शुरुआत थी। मेरे पिता पैदल चलकर गाँव आए, स्तालिनग्राद से क़रीब हज़ार किलोमीटर दूर। उनको बड़ी मुश्किल से नींद आती थी, और अगर आती भी तो हर रात सपने में उनके वे दोस्त आते जिनको वे बचा सकते थे।'

'दो साल बाद युद्ध समाप्त हो गया। उनको मेडल मिला, लेकिन वे काम नहीं खोज पाए। वे उस युद्ध के लिए आयोजित कार्यक्रमों में जाते, लेकिन उनके पास खाने को कुछ नहीं था। उनको स्तालिनग्राद के नायकों में एक माना जाता था, लेकिन वे छोटे-मोटे काम करके अपना गुज़ारा करते, जिसके लिए उनको बहुत थोड़ा भुगतान किया जाता। अंत में, किसी ने उनको कालीन बेचने का काम दिया। चूँकि उनको नींद नहीं आने की बीमारी थी इसलिए उन्होंने रात को सफ़र करने का तय किया; उनका संपर्क तस्करों से हुआ, उनका विश्वास जीतकर उन्होंने भी कुछ कमाई शुरू की।'

'उनको कम्युनिस्ट सरकार ने पकड़ लिया, सरकार ने उनके ऊपर आरोप लगाया कि उनकी अपराधियों के साथ साठ-गाँठ थी, और इसके बावजूद कि वे युद्ध के नायक थे, उनको अगले दस साल साइबेरिया में बिताने पड़े, उनको "जनता का गद्दार" कहा गया। जब आख़िरकार उनको

छोड़ा गया तो वे बूढ़े हो चुके थे और वे कालीन के अलावा किसी चीज़ के बारे में नहीं जानते थे। उन्होंने अपने पुराने संपर्क फिर से बनाए, किसी ने उनको बेचने के लिए कुछ कालीनें दी, लेकिन ख़रीदने में किसी की दिलचस्पी नहीं थी - कठिन दौर था। उन्होंने बहुत दूर जाने का फ़ैसला किया, भीख माँगते-माँगते वे कज़ाकिस्तान पहुँच गए।'

'वे बूढ़े थे, अकेले थे, लेकिन खाने के लिए कमाने की ज़रूरत थी। वे दिन भर छोटे-मोटे काम करते, और रात के वक्त उनको थोड़ी-बहुत नींद आती, और फिर "झुक जाओ" की अपनी ही चीख़ से उनकी नींद टूट जाती। अजीब बात थी कि उनके ऊपर इतना कुछ गुज़रा, उनको नींद नहीं आती थी, ठीक से भोजन नहीं मिलता था, वे बहुत हताश थे, शरीर पर टूट-फूट के निशान थे, और जब भी उनको मिलता वे सिगरेट पीते थे, उनका शरीर बहुत मज़बूत था।'

'एक छोटे-से गाँव में उनकी भेंट एक युवती से हुई। वह अपने माता-पिता के साथ रहती थी; वह मेरे पिता को अपने घर लेकर गई, क्योंकि उस इलाक़े में मेहमानवाजी को बहुत महत्त्व दिया जाता था। उन्होंने उनको सोने के लिए मेहमानख़ाने में जगह दी, लेकिन उसकी चीख़ों की आवाज़ से सब जाग गए। लड़की उनके पास गई, उसने कोई दुआ बुदबुदाई, उसका माथा थपथपाया, और दशकों बाद पहली बार उनको गहरी नींद आ गई।'

'अगले दिन, उसने बताया कि जब वह छोटी थी तब उसको सपना आया था कि उसको एक बूढ़े आदमी से बच्चा होगा। वह वर्षों इंतज़ार करती रही, उसकी शादी की कामना के साथ बहुत लोग आए, लेकिन हर बार वह निराश हुई। उसके माँ-बाप बहुत चिंतित थे, क्योंकि वे यह नहीं चाहते थे कि उनकी इकलौती बेटी कुँवारी रह जाए, और उसको समाज से बाहर कर दिया जाए।'

'लड़की ने उनसे पूछा कि क्या वे उससे शादी करेंगे। वे अवाक रह गए; आख़िरकार वह उनकी पोती की उम्र की थी, इसलिए उन्होंने कुछ नहीं कहा। शाम ढलने के बाद अपने छोटे-से मेहमानख़ाने में उस लड़की ने यह पूछा कि क्या वह सोते समय उनका माथा सहला सकती है। उनको एक और रात बहुत चैन की नींद आई।'

'अगले दिन शादी की बात फिर उभर कर आई, इस बार उस लड़की ने अपने माँ-बाप की मौजूदगी में पूछा, ऐसा लग रहा था कि उनको भी यह

बात अच्छी लग रही थी; वे चाहते थे कि उनकी बेटी को किसी तरह पति मिल जाए और उनके परिवार से बदनामी का दाग़ मिटे। उन्होंने एक बूढ़े आदमी के बारे में कहानी बनाई, जो कालीन का व्यापारी था और अमीर भी, लेकिन शानो-शौक़त की ज़िंदगी जीते-जीते वह बहुत दुखी हो गया था, और एक दिन सब कुछ छोड़कर वह घुमक्कड़ी पर निकल पड़ा। लोग बड़े प्रभावित हुए, उनको लगा कि बहुत सारा दहेज मिलेगा, बैंक में ख़ूब सारा धन होगा, और उनको लग रहा था कि मेरी माँ कितनी ख़ुशक़िस्मत निकली कि उसको कोई ऐसा आदमी मिल गया जो उसको गाँव से बाहर ले जाएगा। मेरे पिता इन कहानियों को बड़ी हैरत से दिलचस्पी लेकर सुनते थे; वे सोच रहे थे कि उन्होंने कितने साल अकेले बिताए, सफ़र करते रहे, उनको कितना कुछ झेलना पड़ा, वे फिर कभी अपने परिवार से नहीं मिल पाए, और वे सोच रहे थे कि ज़िंदगी में पहली बार उनके पास कहने के लिए अपना घर था। उन्होंने प्रस्ताव को स्वीकार कर लिया, अपने अतीत को लेकर गढ़े गए झूठ को मानते हुए, मुस्लिम रीति-रिवाज से दोनों का विवाह हो गया। दो साल बाद उनके पेट में मैं था।'

'सात साल की उम्र तक मैं अपने पिता के साथ रहा; उनको अच्छी नींद आती, वे खेतों में काम करते, शिकार पर जाते, और गाँव वालों से अपने धन और अपने खेतों के बारे में बातें करते; और वह मेरी माँ को ऐसे देखते मानो वह उनके जीवन में घटी अकेली अच्छी घटना हो। मैं इस बात में विश्वास करते हुए बड़ा हुआ कि मैं एक अमीर आदमी का बेटा हूँ, लेकिन एक रात जब हम आग के पास बैठे थे तो उन्होंने मुझे अपने अतीत के बारे में बताया और यह कि उन्होंने विवाह क्यों किया, लेकिन मुझसे यह विनती की कि मैं यह बात किसी को नहीं बताऊँ। उन्होंने बताया कि जल्दी ही उनकी मृत्यु होने वाली थी, और चार महीने बाद उनकी मृत्यु हो भी गई। उन्होंने मेरी माँ की बाँहों में अंतिम साँस ली, मुस्कराते हुए, मानो उनको कभी उदासी रही भी नहीं हो। वह एक ख़ुश आदमी के रूप में मरे।'

***

मिख़ाइल यह कहानी वसंत की एक ठंडी रात में सुना रहा था, हालाँकि वैसी ठंड नहीं थी जैसी स्तालिनग्राद में होती थी, जहाँ तापमान -35 डिग्री सेंटीग्रेड

तक पहुँच जाता था। हम लोग भिखारियों के साथ आग के ढेर के सामने बैठे थे। जब मिख़ाइल ने वादा पूरा करने के लिए दूसरी बार फ़ोन किया तो मैं वहाँ गया। हमारी बातचीत के दौरान उसने एक बार भी मुझसे उस लिफ़ाफ़े का ज़िक्र नहीं किया जो वह मेरे अपार्टमेंट में छोड़ आया था, मानो शायद 'आवाज़' ने बता दिया हो, और फिर मैंने भी संकेतों के अनुसार चलना शुरू कर दिया हो, इस बात को समझ लिया हो कि चीज़ों को सही समय पर घटित होने देना चाहिए और इस तरह मैंने अपने आपको ज़ाहिर की गिरफ़्त से आज़ाद कर लिया हो।

जब उसने मुझसे पेरिस के सबसे ख़तरनाक इलाक़ों में से एक में मिलने के लिए कहा तो पहले तो मैं चौकन्ना हो गया। आम तौर पर मैं उससे यह कहता कि मैं बहुत अधिक व्यस्त था और उसको यह समझाने की कोशिश करता कि हम लोगों को किसी अच्छे बार में चलना चाहिए जहाँ के सुरक्षित माहौल में हम इस ज़रूरी मसले पर बातचीत कर सकते थे। मुझे अभी भी यह डर था कि उसको कहीं सबके सामने एक बार फिर से मिर्गी का दौरा नहीं पड़ जाए, हालाँकि अब मुझे यह पता था कि करना क्या था, फिर भी ऐसे में बुद्धू बनाए जाने का विकल्प ही सही लग रहा था जब मेरी गर्दन में कॉलर लगा हुआ था और अपने आपको बचाने का मेरे पास कोई जरिया नहीं था।

मिख़ाइल बार-बार गुज़ारिश करने लगा : मुझे भिखारियों से मिलना था; वे उसकी और एस्तर दोनों की ज़िंदगी का हिस्सा थे। जब मैं अस्पताल में था तब मुझे यह बात समझ आ गई थी कि मेरी ज़िदंगी में कुछ था जो गड़बड़ था और उसको तत्काल बदले जाने की ज़रूरत थी। कैसे अच्छी तरह उस बदलाव को लाया जाए? कुछ ऐसा किया जाए जो सबसे बहुत अलग हो; उदाहरण के लिए, ख़तरनाक स्थानों पर जाना और ऐसे लोगों से मिलना, जिनको सामाजिक रूप से बाहरी समझा जाता हो।

ग्रीक नायक थेसौस के बारे में एक कहानी आती है कि वह एक राक्षस को मारने के लिए भूलभुलैया में जाता है। उसकी प्रेमिका एरियाँदने ने उसको धागे का एक सिरा पकड़ाया, जिससे कि जाते समय वह उसे उघाड़ता रहे और जब उसको वापस लौटना हो तो धागे के सिरे को लपेटता हुआ वापस आ जाए। उन लोगों के बीच बैठकर मिख़ाइल की कहानी को सुनते हुए, मुझे यह बात सूझी कि मैंने बहुत समय से ऐसा कुछ अनुभव नहीं किया

था – अनजान रोमांच का स्वाद नहीं चखा था। क्या पता एरियाँदने का धागा किसी ऐसी जगह पर मेरे इंतज़ार में हो जहाँ मैं आमतौर पर कभी नहीं जाता, या मैं यह मान बैठा था कि मुझे अपनी ज़िंदगी की कहानी को बदलने के लिए बहुत अधिक कोशिश करने की ज़रूरत थी।

मिख़ाइल अपनी कहानी सुनाता जा रहा था, मैंने ध्यान दिया कि वह जो कह रहा था, वहाँ बैठे सभी लोग ध्यान से सुन रहे थे : आपको बेहद संतुष्ट कर देने वाली बातचीत सुंदर, गर्म रेस्तराँ में बैठकर ही नहीं होती।

★★★

'हर दिन मुझे एक घंटा पैदल चलकर उस गाँव में जाना होता था, जहाँ स्कूल था। मैं औरतों को पानी लाने जाते हुए देखता, स्टेपीज़ के घास के मैदान, रूसी सैनिकों के बड़े-बड़े जत्थे गुज़रते दिखाई देते, बर्फ़ से ढँके पहाड़, मुझे बताया गया था कि उसके पीछे एक विशाल देश छिपा था : चीन। मैं रोज़ पैदल चलकर जिस गाँव में जाता था वहाँ एक संग्रहालय था जो एक कवि को समर्पित था, एक मस्जिद थी, एक स्कूल और तीन या चार सड़कें। हम लोगों को एक सपने के बारे में पढ़ाया गया था, एक आदर्श के बारे में : हम लोगों को साम्यवाद की जीत के लिए लड़ना चाहिए तथा सभी इंसानों के बीच समानता के लिए। मैं इस सपने में यक़ीन नहीं रखता था, क्योंकि इस बेहद ग़रीब गाँव में भी अंतर साफ़ दिखाई देता था : पार्टी के प्रतिनिधि सभी चीज़ों से ऊपर होते थे; वे अक्सर महानगर अल्माती जाते, वहाँ से खाने-पीने का ख़ूब अच्छा सामान लेकर आते, अपने बच्चों के लिए तोहफ़े, महँगे कपड़े।

एक दोपहर घर वापस जाते समय मुझे ऐसा लगा जैसे बहुत तेज़ हवा बह रही हो, मुझे अपने आसपास रोशनी दिखाई देने लगी, और कुछ पल के लिए मैं अचेत हो गया। जब मुझे होश आया तो मैं ज़मीन पर बैठा था, और एक बहुत गोरी लड़की सफ़ेद कपड़े पहने, नीला बेल्ट लगाए, मेरे ऊपर हवा में तैर रही थी। वह मुस्कराई, लेकिन कुछ कहा नहीं, फिर ग़ायब हो गई।

मैं भागकर घर आया, माँ को उसके काम से उठाया, और मैंने जो देखा था उसके बारे में उनको बताया। वह बहुत डर गई और बोली कि

अभी जो बात मैंने उनको बताई ऐसी बात दुबारा नहीं बताऊँ। जैसे आठ साल के बच्चे को कोई समझा सकता था उसी तरह से उन्होंने मुझे समझाते हुए कहा कि मुझे कोई भ्रम हुआ था। मैंने उनको बताया कि मैंने सच में एक लड़की को देखा था, मैं उसके बारे में एक-एक चीज़ बता सकता था। मैंने उनसे यह भी कहा कि मुझे कोई डर नहीं लग रहा था, बल्कि मैं घर इसलिए आया था ताकि उनको यह बता सकूँ कि क्या हुआ था।

अगले दिन स्कूल से आते वक्त मैंने उस लड़की की तलाश की, लेकिन वह कहीं दिखाई नहीं दी। एक सप्ताह तक फिर कुछ भी नहीं हुआ, और मुझे लगने लगा कि मेरी माँ शायद सही कह रही थीं : हो सकता है मुझे नींद आ गई हो और मैंने सब कुछ सपने में देखा हो।

फिर, एक दिन तड़के मैं जब स्कूल जा रहा था तो मुझे वह लड़की दिखाई दी, वह हवा में तैर रही थी और उसके चारों तरफ़ सफ़ेद आभा मंडल था। जब हम दोनों ने एक दूसरे को देखा तो वह मुस्करा उठी, जवाब में मैं भी मुस्कराने लगा, मैंने उसका नाम पूछा, लेकिन उसने कोई जवाब नहीं दिया। स्कूल में, मैंने अपने क्लास के बच्चों से पूछा कि क्या उन्होंने कभी किसी हवा में उड़ती लड़की को देखा था। सब हँसने लगे।

क्लास के दौरान मुझे हेडमास्टर के कमरे में बुलाया गया। उन्होंने मुझे समझाया कि हो सकता है मेरे दिमाग़ में कोई गड़बड़ी हो - ऐसी कोई चीज़ नहीं होती, जिसके "दर्शन" होते हों; सच्चाई वही है जो हम अपने आसपास देखते हैं; धर्म का आविष्कार इंसानों को बुद्धू बनाने के लिए किया गया था। मैंने उनसे शहर की मस्जिद के बारे में पूछा तो उनका जवाब था कि वहाँ केवल बूढ़े और अंधविश्वासी जाते हैं, गँवार, आलसी लोग, जिनमें वह ऊर्जा नहीं होती कि वे समाजवादी दुनिया का पुनर्निर्माण कर सकें। फिर उन्होंने मुझे धमकी दी : अगर मैंने छोटी लड़की वाली यह कहानी दुबारा सुनाई तो मुझे स्कूल से निकाल दिया जाएगा। मैं बहुत डर गया, मैंने उनसे विनती की कि वे मेरी माँ से इस बारे में कुछ नहीं बताएँ, वे मान गए, लेकिन एक शर्त पर, मुझे अपने क्लास के साथियों को यह कहना होगा कि मैंने उस छोटी लड़की के बारे में मनगढ़ंत कहानी सुनाई थी।

उन्होंने अपना वादा निभाया और मैंने अपना। मेरे दोस्तों को वैसे भी इस बात में कोई ख़ास दिलचस्पी नहीं थी और उन्होंने मुझसे उस जगह को दिखाने के लिए भी नहीं कहा जहाँ मैंने उस लड़की को देखा था।

हालाँकि वह मुझे पूरे महीने दिखाई देती रही। कई बार मैं पहले बेहोश हो जाता, कई बार नहीं होता। हम कभी कोई बात नहीं करते, हम बस साथ-साथ रहते, वह भी तभी तक जब तक वह चाहे। मेरी माँ को फ़िक्र होने लगी थी, क्योंकि मैं रोज़ एक अलग समय पर घर आता। एक रात उन्होंने मुझे यह बताने के लिए मज़बूर किया कि स्कूल से निकलने और घर पहुँचने के बीच मैं क्या करता था। मैंने एक बार फिर से छोटी लड़की की कहानी सुनाई।

मुझे हैरानी हुई कि इस बार उन्होंने कहा कि वे उस जगह पर मेरे साथ जाएँगी। अगले दिन हम जल्दी जग गए, जब हम पहुँचे तो वह लड़की आई, लेकिन वह मेरी माँ को दिखाई नहीं दे रही थी। माँ ने मुझसे कहा कि उससे अपने पिता के बारे में कुछ पूछूँ। मुझे सवाल समझ नहीं आया, लेकिन मैंने वही किया जो माँ ने कहा था, और फिर पहली बार मुझे "आवाज़" सुनाई दी। उस लड़की के होंठ नहीं हिल रहे थे, लेकिन मुझे समझ आ गया था कि वह मुझसे बात कर रही थी : उसने मुझे बताया कि मेरे पिता सही थे और ऊपर से हम लोगों को देख रहे थे, और धरती पर उन्होंने जितनी पीड़ा भोगी थी उसके बदले में उनको अच्छा इनाम दिया गया था। उसने कहा कि मैं अपनी माँ को हीटर के बारे में याद दिलाऊँ। मैंने वही किया, और मेरी माँ रोने लगी और उन्होंने बताया कि युद्ध के दौरान उनको काफ़ी तकलीफ़ें झेलनी पड़ी थीं; इसलिए बाद में उनको सबसे ज़्यादा मज़ा हीटर के बगल में बैठने में आता था। उस लड़की ने कहा कि अगली बार जब मेरी माँ उधर से गुज़रें तो वहाँ उग रहे उस छोटे-से पेड़ में एक धागा बाँध दें और उसके पास बैठकर दुआ माँगें।

मुझे एक साल वह दिखाई देती रही। मेरी माँ ने अपनी कुछ क़रीबी साथियों को बताया, और उन स्त्रियों ने कुछ और स्त्रियों को बताया, और देखते-देखते पेड़ धागों से भर गया। सब कुछ बहुत गुपचुप तरीक़े से होता; स्त्रियाँ अपने उन प्रियजनों के बारे में पूछतीं जिनका देहांत हो चुका था; मुझे आवाज़ सुनाई देती, जिसमें उसका जवाब होता, और मैं वह बात आगे बढ़ा देता। आम तौर पर सभी के प्रियजन अच्छे होते थे, और केवल दो बार उस लड़की ने वहाँ मौजूद समूह से कहा कि वह सुबह के समय पास की पहाड़ी पर जाए और उन लोगों की आत्मा के लिए मौन भाव से दुआ करे। कई बार मैं बेहोशी की अवस्था में चला जाता, ज़मीन पर गिर जाता और अस्फुट

स्वर में कुछ बड़बड़ाने लगता, लेकिन उस बारे में मुझे कुछ याद नहीं रहता था। मुझे बस यह पता था कि जब मैं बेहोश होने वाला होता था तो मुझे गर्म हवा बहती हुई दिखाई देती और मेरे चारों तरफ़ रोशनी झिलमिलाने लगती।

एक दिन जब मैं कुछ लोगों की मंडली को लेकर उस लड़की से मिलवाने के लिए जा रहा था तो हम लोगों को पुलिस ने वहाँ जाने से रोक दिया। महिलाएँ चिल्लाने लगीं, विरोध करने लगीं, लेकिन कोई फ़ायदा नहीं हुआ। मुझे स्कूल ले जाया गया जहाँ प्रिंसिपल ने मुझे बलवा भड़काने और अंधविश्वास को बढ़ावा देने के कारण स्कूल से निकाल दिया।

लौटते समय मैंने देखा कि उस पेड़ को काट दिया गया था और कपड़े के टुकड़े ज़मीन पर बिखरे हुए थे। मैं अकेला बैठकर रोने लगा, क्योंकि वे मेरी ज़िंदगी के सबसे ख़ुशी भरे दिन थे। तब वह लड़की फिर से प्रकट हुई। उसने मुझसे चिंता नहीं करने के लिए कहा, यह सब उसकी योजना का हिस्सा था, यहाँ तक कि पेड़ को काटना भी, और उसने कहा कि अब वह मेरे साथ हमेशा रहेगी और मुझे हमेशा यह बताती रहेगी कि मुझे क्या करना चाहिए।'

* * *

'क्या उसने कभी तुमको अपना नाम बताया?' एक भिखारी ने पूछा।

'कभी नहीं। लेकिन इससे कोई फ़र्क़ नहीं पड़ता, क्योंकि मैं हमेशा समझ जाता हूँ कि वह मेरे से बात कर रही है।'

'क्या हम अपने मृत संबंधियों के बारे में जान सकते हैं?'

'यह सब एक ख़ास दौर में हुआ था। अब मेरा मक़सद अलग है। क्या मैं अपनी कहानी आगे सुनाऊँ?'

'बिलकुल,' मैंने कहा। 'लेकिन क्या मैं एक बात पूछ सकता हूँ? दक्षिण-पश्चिम फ्रांस में एक शहर है लॉरदे। बहुत समय पहले, भेड़ चराने वाली एक स्त्री ने एक छोटी-सी लड़की को देखा था, जो उसी तरह की बात है जो तुम बता रहे हो।'

'नहीं तुम ग़लत कह रहे हो,' एक बूढ़े भिखारी ने कहा, उसके पैर नक़ली थे। 'भेड़ चराने वाली इस महिला का नाम था - बरनेडेटे और उसने वर्जिन मैरी को देखा था।'

'उसको जो दिखाई देता था उसको लेकर मैंने एक किताब लिखी थी और मुझे इस विषय को ध्यान से पढ़ना पड़ा था,' मैंने जवाब दिया। '19वीं शताब्दी के अंतिम वर्षों में उसके बारे में जो कुछ भी छपा था मैंने सब पढ़ा था; बरनेडेटे ने पुलिस को, चर्च को और विद्वानों को जो बयान दिए थे मैंने उन्हें भी पढ़ा था। कहीं भी उसने यह नहीं कहा कि उसने किसी स्त्री को देखा था, उसने कहा था कि उसने एक लड़की को देखा था; वह बार-बार यह कहती रही कि उसने जिसको देखा था वह एक लड़की थी। वह जीवन भर इसी कहानी को दोहराती रही और गुफा में जो मूर्ति लगाई गई थी उसके कारण वह बहुत गुस्सा थी; उसका कहना था कि उसने जिस लड़की को देखा था इस मूर्ति का उससे कोई लेना-देना नहीं था, क्योंकि उसने लड़की को देखा था, किसी स्त्री को नहीं। बहरहाल, चर्च ने उस कहानी को अपना लिया, उस दर्शन को भी और उस जगह को भी, और उस छवि को ईसा मसीह की माँ की छवि बना दिया, और सच बात को लोग भूल गए। अगर किसी झूठ को बार-बार दोहराया जाए तो लोग उसको सच मान लेते हैं। बस एक अंत था कि बरनदेटे जिसको "छोटी लड़की" कहती रही - उसको एक नाम मिल गया।'

'क्या नाम था?' मिख़ाइल ने पूछा।

'मैं निष्कलंक गर्भाधान वाली बात कर रहा।' ज़ाहिर है उसका नाम बिट्रीज या मैरी या इसाबेल नहीं था। उसने अपने बारे में एक तथ्य बताया, या एक घटना, जो हुई थी, जिसको कई बार यह समझ लिया जाता है कि उसने कहा, "मेरा जन्म बिना सेक्स के हुआ।" अब तुम अपनी कहानी जारी रखो।'

'इससे पहले कि वह आगे सुनाए क्या मैं तुमसे कुछ पूछ सकता हूँ?' एक भिखारी ने कहा, जो मेरी ही उम्र का लग रहा था। 'तुमने अभी कहा कि तुमने कोई किताब लिखी थी, क्या नाम है किताब का?'

'मैंने कई किताबें लिखी हैं।'

और मैंने उसको अपनी उस किताब का नाम बताया, जिसमें मैंने बरनदेटे और उसको दिखाई देने वाली छवि के बारे में लिखा था।

'तो तुम उस पत्रकार के पति हो?'

'तुम एस्तर के पति हो?' एक महिला भिखारी ने आँखें फैलाते हुए पूछा; उसने काफ़ी भड़कीले कपड़े पहने हुए थे, हरे रंग का टोप और बैंगनी रंग का कोट।

मुझे समझ नहीं आया कि क्या जवाब दूँ।

'वह यहाँ वापस लौटकर क्यों नहीं आई?' किसी ने पूछा। 'मुझे उम्मीद है कि उसका निधन नहीं हुआ होगा। वह हमेशा ख़तरे से भरी जगहों पर जाती थी। मैं अक्सर उसको ऐसी जगहों पर जाने से मना किया करती थी। देखो उसने मुझे क्या दिया!'

और उसने मुझे ख़ून सने कपड़े का धागा दिखाया, जो मृत सैनिक की कमीज का टुकड़ा था।

'नहीं, वह मरी नहीं है,' मैंने कहा। 'लेकिन मुझे यह जानकर हैरानी हुई कि वह इस जगह पर आती थी।'

'क्यों? क्योंकि हम अलग हैं?'

'नहीं, मुझे ग़लत मत समझो। मैं तुम लोगों के बारे में कोई राय नहीं बना रहा। उसने जो किया उससे मुझे हैरानी और ख़ुशी दोनों का अहसास हो रहा है।'

हालाँकि ठंड को भगाने के लिए हम जो वोदका पी रहे थे उसका असर हम सब लोगों पर दिखाई दे रहा था।

'अब तुम तंज कर रहे हो,' एक हट्टे-कट्टे आदमी ने कहा, जिसके बाल लंबे थे और जिसको देखकर ऐसा लग रहा था जैसे उसने कई दिन से दाढ़ी नहीं बनाई हो। 'अगर तुमको ऐसा लगता है कि तुम एक ग़लत संगत में हो तो तुम चले क्यों नहीं जाते।'

मैं भी पी रहा था और इस वज़ह से मैंने साहस किया।

'कौन हो तुम? यह किस तरह की ज़िंदगी है? तुम स्वस्थ हो, तुम काम कर सकते हो, लेकिन तुम बिना कुछ किए इधर-उधर डोलना पसंद करते हो!'

'हम लोगों ने बाहर रहना चुना, उस संसार के हाशिए पर जो तेज़ी से ढह रहा है, उन लोगों से दायरे से बाहर जिनको हर वक्त यह डर बना रहता है कि उनका कुछ खो जाएगा, जो सड़क पर ऐसे चलते हैं मानो सब कुछ ठीक हो, जबकि असल में हालात बहुत ख़राब हैं! क्या तुम भी भीख नहीं माँगते? क्या तुम अपने अपार्टमेंट के मालिक को देने के लिए अपने बॉस से मदद नहीं माँगते?'

'अपनी ज़िंदगी को बर्बाद करने पर तुमको शर्म नहीं आती?' बैंगनी कोट वाली स्त्री ने मुझसे पूछा।

'किसने कहा कि मैं अपनी ज़िंदगी बर्बाद कर रहा हूँ? मैं जो करना चाहता था वही काम कर रहा हूँ।'

उस हट्टे-कट्टे आदमी ने यह कहते हुए बीच में रोका :

'और तुम चाहते क्या थे? दुनिया के सिर पर बैठना? किसने तुमसे कहा कि पहाड़ मैदानों से बेहतर ही होते हैं? तुमको क्या लगता है कि हमें यह नहीं पता कि कैसे रहा जाता है, नहीं? लेकिन तुम्हारी पत्नी इस बात को समझती थी कि हम लोगों को यह *अच्छी तरह* से पता था कि हम ज़िंदगी में क्या चाहते थे। क्या तुमको पता है कि हम क्या चाहते हैं? शांति! आज़ादी! और नए-नए फ़ैशनों को अपनाने की हमें कोई परवाह नहीं - हम यहाँ अपने फ़ैशन स्वयं बनाते हैं। जब हमारा मन होता है हम पीते हैं, जब मन होता है सो जाते हैं। यहाँ हम में से किसी ने भी ग़ुलामी का जीवन नहीं चुना है और मुझे इस बात पर गर्व है, भले ही तुम जैसे लोगों को ऐसा लगता हो कि हम लोग मुफ़्तख़ोर हैं!'

आवाज़ें तेज़ होती जा रही थीं। मिख़ाइल ने बीच-बचाव किया :

'तुम लोग मेरी बाक़ी कहानी सुनना चाहते हो या हम लोगों को अब चलना चाहिए?'

'यह हम लोगों की आलोचना कर रहा है,' वह आदमी बोला जिसके पाँव नक़ली थे। 'यह यहाँ हम लोगों के बारे में अपनी राय देने आया था, मानो यह खुदा हो!'

कुछ और शिकायतें की गईं, किसी ने मेरी पीठ ठोकी, मुझे कई लोगों ने सिगरेट देने की पेशकश की, वोदका की बोतल एक बार फिर मेरे हाथ में आ गई थी। लोग धीरे-धीरे शांत हो गए, और मैं अभी भी इस बात से हैरान था और कुछ सदमे में भी कि ये लोग एस्तर को जानते थे, शायद मुझसे भी बेहतर ढंग से, क्योंकि उसने इन लोगों को ख़ून सना कपड़े का टुकड़ा दिया था, मुझे नहीं।

मिख़ाइल ने अपनी कहानी फिर से शुरू की :

'चूँकि मेरे पास जाने के लिए कोई जगह नहीं बची थी ना पढ़ाई की और घोड़ों की देखभाल के लिहाज से मैं अभी उम्र में काफ़ी छोटा था, वह

काम हमारे क्षेत्र में और देश में बहुत गौरव का काम माना जाता था, इसलिए मैं गड़रिया बन गया। पहले सप्ताह के दौरान ही एक भेड़ मर गई और मेरे बारे में यह अफ़वाह फैल गई कि मैं अभिशप्त हूँ, कि मैं ऐसे आदमी का बेटा था जो बहुत दूर से आया हूँ, और जिसने मेरी माँ से यह वादा किया था कि वह उनको ख़ूब सारी संपत्ति देगा, लेकिन हमारे लिए कुछ भी छोड़ कर नहीं गया। कम्युनिस्टों ने शायद उनको यह सिखा दिया था कि धर्म हमारी बेचैनी को झूठे दिलासे देने का जरिया भर था, उन सब लोगों को शायद यह विश्वास दिलवाया गया था कि केवल यथार्थ होता है और ऐसी कोई भी चीज़ जिसको हमारी आँखें नहीं देख सकती हों वह इंसानी दिमाग़ की कल्पना भर होती है; लेकिन इन घास के मैदानों की प्राचीन परम्परा बरक़रार रही और वह पीढ़ी दर पीढ़ी जबानी चलती रही।'

'पेड़ के कट जाने के बाद मुझे वह लड़की दिखाई तो नहीं देती थी, लेकिन मुझे उसकी आवाज़ अभी भी सुनाई देती। मैंने उससे अपने हालात ठीक करने में मदद माँगी, और उसने मुझसे सब्र रखने के लिए कहा; उसने कहा कि आगे मुश्किल भरा वक्त आने वाला है, लेकिन मेरे बाइस साल के होने के पहले दूर देश से एक औरत आएगी और मुझे दुनिया दिखाने के लिए ले जाएगी। उसने मुझसे यह भी कहा कि मुझे एक मक़सद पूरा करना होगा, वह मक़सद होगा दुनिया भर में प्रेम की सच्ची ऊर्जा का प्रसार करना।'

'भेड़ों का मालिक तरह-तरह की अफ़वाहों के कारण बहुत दुखी हो गया। दुःख की बात यह थी कि उस तरह की अफ़वाहें फैलाकर मेरी ज़िंदगी को तबाह करने की कोशिश वही लोग कर रहे थे, जिनकी उस लड़की ने पिछले साल मदद की थी। एक दिन, उसने बगल के गाँव में कम्युनिस्ट पार्टी के दफ़्तर जाने का फ़ैसला किया, जहाँ जाने पर उसको पता चला कि मुझे और मेरी माँ को जनता का शत्रु समझा जाता है। मुझे उसने तत्काल नौकरी से निकाल दिया। ऐसा नहीं है कि उसने हमारे जीवन को गहरे प्रभावित नहीं किया हो, लेकिन मेरी माँ उस इलाक़े के सबसे बड़े शहर में एक कम्पनी में कढ़ाई का काम कर रही थी, और वहाँ कोई यह नहीं जानता था कि हम जनता के दुश्मन हैं या कामगार वर्ग के; कारख़ाने के मालिक बस यह चाहते थे कि वह सुबह से शाम तक उनके लिए कढ़ाई का काम करती रहे।'

'मेरे पास समय ही समय था और मैं शिकारियों के साथ घास के मैदानों में भटकता रहता, जिनको मेरी कहानी पता थी और जिनको यह

लगता था कि मेरे अंदर जादुई शक्तियाँ हैं, क्योंकि मैं जब भी उनके आसपास रहता था तो वहाँ सियार आ जाते थे। पूरा दिन मैं कवि की याद में बने संग्रहालय में बिताता, उनकी स्मृतियों को देखता, उनकी किताबें पढ़ता, उन लोगों को सुनता जो वहाँ कवि की कविता का पाठ करने आते थे। बीच-बीच में मुझे गर्म हवा महसूस होती, रोशनी दिखाई देती और मैं ज़मीन पर गिर जाता, और फिर मुझे उस आवाज़ ने कुछ ठोस बातें बताईं – जब अगली बार अकाल पड़ेगा, जब जानवर बीमार पड़ जाएँगे, जब व्यापारी आएँगे। मैंने अपनी माँ को छोड़कर किसी और को नहीं बताया, जो मुझे लेकर बहुत चिंतित हो रही थीं।

एक दिन वे मुझे उस डॉक्टर को दिखाने के लिए ले गईं जो वहाँ आया हुआ था। मेरी कहानी को ध्यान से सुनने के बाद, उसने अपने नोट्स बनाए, एक अजीब से यंत्र से मेरी आँखों में कुछ देखने की कोशिश की, मेरे दिल की आवाज़ सुनी और मेरे घुटनों को थपथपाया, और उसने पाया कि मुझे एक तरह की मिर्गी हो गई है। उसने कहा कि यह अधिक संक्रामक नहीं है और उम्र के साथ ख़त्म हो जाएगी।

मुझे पता है कि यह कोई बीमारी नहीं है, लेकिन मैंने ऐसे जताया कि जैसे मैं उनकी बातों का यक़ीन कर रहा हूँ, जिससे कि मेरी माँ को कुछ दिलासा मिल पाए। संग्रहालय के निदेशक ने जब यह देखा कि मुझे सीखने में दिक़्क़त हो रही है, तो उसने मुझे लेकर अफ़सोस जताया और मेरे अध्यापक बन गए। उनसे मैंने भूगोल और साहित्य सीखा और एक चीज़ और सीखी जो भविष्य में मेरे लिए बहुत महत्त्वपूर्ण होने वाली थी : अंग्रेज़ी। एक दिन आवाज़ ने मुझसे कहा कि मैं निदेशक से यह कहूँ कि उसको जल्दी ही कोई महत्त्वपूर्ण पद दिया जाएगा। जब मैंने उसको यह कहा तो वह हँसने लगा और उसने बड़ी सख़्ती से जवाब दिया : ऐसा होने की ज़रा भी संभावना नहीं है, क्योंकि एक तो वह पार्टी का सदस्य नहीं है, और दूसरे वह पक्का मुसलमान है।

मैं पंद्रह साल का था। इस बातचीत के दो महीने के बाद मुझे ऐसा लगा कि उस क्षेत्र में कुछ बदल रहा है। वहाँ के अहंकारी अफ़सरान अचानक बड़े विनम्र दिखाई देने लगे थे और उन्होंने मुझसे पूछा कि क्या मैं स्कूल जाना चाहता हूँ। रूसी सैनिकों का एक बड़ा जत्था सीमा की तरफ़ जा रहा था। एक शाम जब मैं उस छोटे-से कमरे में पढ़ रहा था, जो उस कवि का

था, तो निदेशक भागता हुआ आया और मेरी तरफ़ कुछ शंका और शर्मिंदगी के भाव से देखने लगा। उसने मुझे बताया कि एक बात जिसकी वह कभी कल्पना भी नहीं कर सकता था वह हो रही थी - सोवियत शासन का पतन, और यह बहुत तेज़ी से हो रहा था। पहले जो देश सोवियत संघ का हिस्सा थे वे आज़ाद हो रहे थे; अल्माती से ख़बर यह आई थी कि वहाँ नई सरकार का गठन होने वाला है, और उसको प्रांत का शासन चलाने के लिए नियुक्त किया गया है! बजाय इस बात के लिए मुझे ख़ुशी से गले लगाने के उसने मुझसे यह पूछा कि मुझे इस बारे में कैसे पता चला कि कुछ होने वाला था। क्या मैंने किसी को इस बारे में बात करते सुना था? कहीं उसको उसके पीछे जासूसी के लिए तो नहीं लगाया गया था, क्योंकि वह कम्युनिस्ट पार्टी का सदस्य नहीं था? या सबसे बुरी बात यह कि क्या मैंने अपने जीवन में कभी शैतान के साथ कोई समझौता किया था?

मैंने उसको याद दिलाया कि उनको मेरी कहानी पता थी : वह छोटी लड़की, आवाज़, मुझे पड़ने वाले दौरे, जिनके कारण मुझे वे बातें सुनाई देती थीं जो दूसरे नहीं सुन पाते थे। उसने कहा कि यह सब मेरी बीमारी के कारण है; बस केवल एक ही पैगम्बर है, मोहम्मद, और जो कुछ कहे जाने की ज़रूरत थी वह क़ही जा चुकी थी। इसके बाद उसका कहना जारी था, इसका मतलब यह नहीं है कि शैतान अभी भी इस दुनिया में अपना जाल नहीं फैलाया है, वह सभी तरह की चालाकियाँ कर रहा है - भविष्य को देखने की तथाकथित योग्यता भी है - ताकि कमज़ोरों को धोखा दिया जा सके और सच्ची आस्था से लोगों को दूर रखा जा सके। उसने मुझे काम इसलिए दिया था, क्योंकि इस्लाम कहता है कि उदार रहना चाहिए, लेकिन अब उसको इस बात का बहुत अफ़सोस हो रहा था : मैं या तो कोई जासूस हूँ या शैतान का दूत।

उसने मुझे उसी वक्त नौकरी से निकाल दिया।

ज़िंदगी उससे पहले भी कोई आसान नहीं थी और अब वह और मुश्किल हो गई। मेरी माँ जिस कारख़ाने में काम करती थी, और जो सरकार का था, वह निजी हाथों में चला गया, और कारख़ाने के नए मालिकों के विचार कुछ अलग थे; उसने काम को नए सिरे से जमाया और उनको भी काम से निकाल दिया गया। दो महीने बाद हमारे पास कोई चारा नहीं रह

गया था; सिवाय इसके कि उस गाँव को छोड़ दिया जाए जहाँ मैंने पूरी ज़िंदगी बिताई और काम की तलाश में जाया जाए।

मेरे नाना-नानी ने जाने से इनकार कर दिया; वे उस धरती पर भूख से मर जाना चाहते थे, जहाँ उनका जन्म हुआ और जहाँ उन्होंने अपनी पूरी ज़िंदगी बिता दी। मैं अपनी माँ के साथ अल्माती गया और पहली बार मैंने महानगर देखा : मैं कारों, बड़ी-बड़ी इमारतों, ट्रेफिक सिंग्नल, स्वचालित सीढ़ियों - और सबसे बढ़कर लिफ़्ट देखकर हैरान था। माँ को एक दुकान में काम मिल गया और मैं एक गैराज में प्रशिक्षु मैकेनिक के रूप में काम करने लगा। हम जो कमाते थे उसका बड़ा हिस्सा नाना-नानी को भेज देते थे, लेकिन फिर भी हमारे खाने के लिए और वह सब देखने के लिए बहुत बच जाता था जो मैंने पहले कभी नहीं देखा था : सिनेमा, मेले और फुटबॉल का खेल।

जब मैं शहर में आया तो मुझे दौरे पड़ने बंद हो गए, साथ ही आवाज़ और उस नन्हीं लड़की की मौजूदगी भी। इस तरह से तो बेहतर था, मैंने फ़ैसला किया। मैं अल्माती शहर से इतना आकर्षित था और कमाने में इतना व्यस्त था कि मैं अपने उस अदृश्य दोस्त को भूल गया था, जो मेरे साथ तब से थी जब मैं आठ साल का था, मुझे यह बात समझ आई कि दुनिया में "कुछ" होने के लिए आपको थोड़ा बुद्धिमान होना पड़ता है। फिर एक इतवार की रात, मैं अपने छोटे-से अपार्टमेंट की इकलौती खिड़की के पास बैठा था, जहाँ से बाहर गली की गंदगी दिखाई दे रही थी। मुझे बहुत चिंता हो रही थी, क्योंकि एक दिन पहले मैं जब एक कार को गैराज के अंदर लाने की कोशिश कर रहा था तो उसमें खरोंच आ गई थी और मुझे डर लग रहा था कि कहीं मुझे निकाल न दिया जाए इस कारण मैंने दिन भर खाना नहीं खाया।

अचानक मुझे गर्म हवा महसूस हुई और रोशनी दिखाई देने लगी। मेरी माँ के अनुसार मैं ज़मीन पर गिर गया और अजीब-सी भाषा में बातें कर रहा था और बेहोशी जैसी यह हालात आमतौर पर जितनी देर रहती थी उससे कुछ ज़्यादा देर तक रही। मुझे याद आया कि तब मुझे उस आवाज़ ने मेरे मक़सद की याद दिलाई। जब मैं ठीक हुआ तो मुझे वह लड़की फिर से अपने आसपास दिखाई देने लगी, मैं उसको देख तो नहीं सकता था, लेकिन उससे बात कर पा रहा था।

घर बदलने का मतलब दुनिया का बदल जाना भी था, और इस तरह की बातों में मेरी अब कोई दिलचस्पी नहीं रह गई थी। बहरहाल, मैंने उससे पूछा मेरा मक़सद क्या था : आवाज़ ने मुझसे कहा कि यह ऐसा मक़सद है, जिसको सारी मानव जाति साझा करती है, दुनिया को संपूर्ण प्रेम की ऊर्जा से भर देना। मैंने एक चीज़ के बारे में पूछा जिसकी उस वक़्त मुझे चिंता हो रही थी : कार में लगी खरोंच और उसको लेकर मालिक की प्रतिक्रिया। उसने मुझे फ़िक्र नहीं करने के लिए कहा, सच बता देना और वह समझ जाएगा। मैंने उस गैराज में पाँच साल और काम किया। मैंने दोस्त बनाए, मेरी प्रेमिकाएँ थीं, मैंने सेक्स किया, सड़कों पर लड़ाई की; कुल मिलाकर, मेरा किशोर जीवन बहुत सामान्य रहा। शुरू में जब मुझे दौरे पड़े तो मेरे दोस्त हैरान हो गए, लेकिन तब मैंने एक कहानी बनाई कि मुझे "इलहामी शक्ति" हासिल है, और इससे मुझे उन लोगों से इज़्ज़त मिली। वे मुझसे मदद माँगते थे, जब उनको अपनी प्रेमिकाओं और अपने परिवार के साथ कोई परेशानी होती थी तो वे मुझसे संपर्क करते थे, लेकिन मैंने आवाज़ से कोई मदद नहीं माँगी - वर्षों पहले पेड़ के कट जाने की जो पीड़ादायी घटना मैंने देखी थी उससे मुझे यह समझ आया कि जब आप किसी की मदद करते हैं तो बदले में आपको भुला दिया जाता है।

अगर मेरे दोस्त और अधिक जानना चाहते तो मैं उनसे कह देता कि मैं एक "गुप्त सभा" का सदस्य हूँ। कज़ाकिस्तान में दशकों तक धर्म को बहुत बुरी तरह से दबाया गया था, लेकिन अब अल्माती में जादू-टोना का चलन बहुत बढ़ गया था। ऐसे लोगों के बारे में किताबें लिखी जा रही थीं, जिनके पास करामाती शक्ति थी, तथा भारत और चीन के गुरुओं के बारे में; अपने सुधार के लिए कोर्स चलाए जा रहे थे। मैं कुछ में गया भी, लेकिन मुझे यह समझ आ गया कि मुझे कुछ भी नहीं सीखना था। मुझे जिस चीज़ पर असल में भरोसा था वह आवाज़ पर था, लेकिन मैं इतना व्यस्त था कि उसके कहे पर ध्यान ही नहीं जा रहा था।

एक दिन एक औरत गाड़ी चलाकर उस गैराज में आई जहाँ मैं काम करता था और उसने मुझसे टैंक भर देने के लिए कहा। उसने मुझे रूसी भाषा में बात की और मैंने अंग्रेज़ी में जवाब दिया। उसने राहत की साँस ली और मुझसे यह पूछा कि क्या मैं किसी दुभाषिये को जानता हूँ जो मेरे साथ कज़ाकिस्तान के अंदरूनी हिस्सों में जा सके।

उसने जैसे ही यह बात कही मुझे वहाँ उस छोटी लड़की की मौजूदगी का अहसास हुआ, और मुझे यह बात समझ आ गई कि यही वह इंसान थी जिसका मैं ना जाने कब से इंतज़ार कर रहा था। वह मेरे बाहर निकलने का जरिया थी और मुझे इस मौक़े को गँवाना नहीं था। मैंने उससे कहा कि अगर वह चाहे तो मैं उसका दुभाषिया बन सकता था। उसने मुझसे कहा कि मैं तो एक काम कर ही रहा था, और इसके अलावा उसको किसी बड़ी उम्र के आदमी की दरकार थी, जिसके पास अधिक अनुभव हो और जो सफ़र करने के लिए आज़ाद हो। मैंने उससे कहा कि मैं यहाँ के स्टेपीज़ और पहाड़ों के हर रास्ते से वाकिफ़ था, और मैंने उससे झूठ बोला कि मैं जो नौकरी कर रहा था वह स्थायी नहीं थी। मैंने उससे विनती की कि वह मुझे एक मौक़ा दे दें; हिचकते हुए उसने उस शाम को एक आलीशान होटल में मिलने के लिए बुलाया।

हम होटल के लाउंज में मिले, उसने अंग्रेज़ी भाषा के मेरे ज्ञान की परीक्षा ली, मध्य एशिया के भूगोल को लेकर मुझसे कुछ सवाल पूछे, वह यह जानना चाहती थी कि मैं कौन था और कहाँ से आया था। उसको संदेह हो रहा था; इसलिए उसने यह नहीं बताया कि वह करती क्या थी और जाना कहाँ चाहती थी। मुझसे जितनी अच्छी तरह हो सकता था मैंने अपनी भूमिका निभाई, लेकिन मुझे साफ़ समझ में आ रहा था कि उसको भरोसा नहीं हो रहा था।

और मुझे यह जानकर हैरानी हुई कि ना जाने क्यों मुझे उस औरत से प्यार हो गया था, वह औरत जिसको मैं महज कुछ घंटों से ही जानता था। मैंने अपनी बेचैनी को क़ाबू में करते हुए एक बार फिर से उस आवाज़ पर भरोसा जताया। मैंने उस अदृश्य लड़की से मदद की गुज़ारिश की और उससे कहा कि वह इस दिशा में कोई ज्ञान दे; मैंने वादा किया कि अगर मुझे काम मिल गया तो मैं उस मक़सद को पूरा कर पाऊँगा जो उसने मुझे दिया था; उसने मुझसे यह कहा था कि एक दिन एक औरत आएगी और मुझे वहाँ से ले जाएगी; वह उस समय मेरे साथ ही थी जब वह औरत पेट्रोल भरवाने के लिए रुकी थी; मुझे सकारात्मक जवाब चाहिए।

एस्तर के ख़ूब सवाल पूछने के बाद मुझे यह समझ आने लगा था कि मैं उसका विश्वास जीत रहा था; उसने मुझे यह चेतावनी दी कि वह जो करने जा रही थी वह काम पूरी तरह से अवैध था। उसने मुझे समझाया कि

वह एक पत्रकार थी और वह आस-पड़ोस के देशों में अमेरिकी सेना की मौजूदगी को लेकर एक लेख लिखना चाहती थी, अमेरिका आसपास के देशों में सेना जुटाकर युद्ध की तैयारी में लगा था और युद्ध शुरू होने ही वाला था। वीजा के लिए उसने जो आवेदन किया था उसको ठुकरा दिया गया था; इसलिए हम लोगों को पैदल यात्रा करनी थी, और उन स्थानों से सीमा पार करनी थी जहाँ कोई संतरी नहीं होता। उसके संपर्कों ने उसको एक नक़्शा दिया था और यह बताया था कि कहाँ से सीमा पार करना सुरक्षित रहेगा, लेकिन उसने यह कहा कि वह तब तक इस बारे में कुछ नहीं बताएगी जब तक कि हम अल्माती से बहुत दूर नहीं निकल जाते। अगर मैं उसके साथ जाना चाहता था तो मुझे दो दिन बाद होटल में सुबह 11 बजे पहुँच जाना था। उसने मुझे केवल एक सप्ताह के लिए भुगतान किए जाने की बात की, उसको यह नहीं पता था कि मेरे पास एक स्थायी नौकरी थी, जिससे मैं इतना कमा लेता था कि अपनी माँ और नाना-नानी का ख़र्च चल जाता था, और मेरा जो मालिक था वह मेरे ऊपर बहुत भरोसा करता था, जबकि उसके सामने मुझे कई बार दौरे पड़े थे, जिसको वह 'मिर्गी का दौरा' कहती थी - जिसके कारण मेरा अनजान दुनिया से संपर्क होता था।

अलविदा कहने से पहले उस औरत ने मुझे अपना नाम बताया - एस्तर - और मुझे यह चेतावनी भी दी कि अगर मैंने पुलिस को जाकर उसके बारे में बताया तो एस्तर को गिरफ़्तार करके देश के बाहर भेज दिया जाएगा। उसने यह भी कहा कि कई बार ज़िंदगी में ऐसे पल आते हैं, जब हमें आँख मूँदकर अपनी अंतर्दृष्टि पर यक़ीन करना चाहिए, वह उस समय वही कर रही थी। मैंने उसको चिंता नहीं करने के लिए कहा। मेरा मन हुआ कि उसको आवाज़ और उसकी मौजूदगी के बारे में कुछ बताऊँ, लेकिन फिर ऐसा नहीं करने का फ़ैसला किया। मैं घर गया और मैंने अपनी माँ से कहा कि मुझे दुभाषिये की नई नौकरी मिल गई है, जिसमें वेतन भी अधिक है, लेकिन इस नौकरी में मुझे कुछ दिनों के लिए बाहर जाना पड़ेगा। ऐसा लगा कि उनको इस बात की ज़्यादा परवाह नहीं लग रही थी; मेरे आसपास जो कुछ हो रहा था, ऐसा लग रहा था मानो इन बातों की योजना बहुत पहले बन गई हो और हम लोग सही समय का इंतज़ार कर रहे हों।

मुझे ठीक से नींद नहीं आई और अगले दिन मैं समय से पहले ही गैराज पहुँच गया। मैंने अपने मालिक से कहा कि मुझे बताते हुए दुःख हो

रहा है कि मुझे एक नई नौकरी मिल गई। उसने कहा कि देर-सबेर उनको मेरी बीमारी के बारे में पता चल जाएगा, ऐसे लोगों को स्थायी नौकरी कोई नहीं देता, जिनके बारे में उतनी निश्चितता नहीं रहती है, लेकिन मेरी माँ की तरह ही उन्होंने मेरे नौकरी छोड़ने को लेकर वैसी हायतौबा नहीं मचाई, मानो उस दिन मुझे जितने लोगों से बातचीत करनी थी वह आवाज़ उनमें से सभी लोगों के दिमाग़ के साथ खिलवाड़ कर रहा हो, वह सभी कुछ आसान बना रहा हो, मुझे पहला क़दम उठाने में मदद कर रहा हो।

जब मैं और एस्तर होटल में मिले तो मैंने उससे कहा : "अगर हम पकड़े गए तो आपको तो केवल अपने देश वापस भेज दिया जाएगा, लेकिन मुझे जेल भेज दिया जाएगा, वह भी शायद कई वर्षों के लिए। चूँकि ख़तरा मेरे लिए अधिक है; इसलिए आपको मेरे ऊपर भरोसा करना चाहिए।" ऐसा लगा जैसे वह मेरी बात समझ गई हो। हम दो दिन तक चलते रहे; सीमा की दूसरी तरफ़ कुछ लोग उसका इंतज़ार कर रहे थे; वह उनके साथ गई और कुछ समय के बाद जब वह लौटी तो हताश और गुस्से में लग रही थी। युद्ध शुरू होने को था, सभी रास्तों पर पहरे लगे थे, जासूस के रूप में गिरफ़्तार हुए बिना आगे जाना असम्भव लग रहा था।

हम लोगों ने वापसी का सफ़र शुरू किया। हमेशा आत्मविश्वास से भरपूर एस्तर अचानक उदास और भ्रमित-सी दिख रही थी। उसका ध्यान बँटाने के लिए मैंने उस कवि की कुछ पंक्तियाँ दोहराईं जो मेरे गाँव के पास रहता था, साथ ही मैं यह भी सोच रहा था कि अगले 48 घंटों में यह रोमांच ख़त्म होने वाला था। हालाँकि मैंने आवाज़ पर भरोसा करने का फ़ैसला किया। मुझे कुछ ऐसा करना था, जिससे एस्तर का जाना उस तरह अचानक नहीं हो जिस तरह अचानक उसका आना था; शायद मुझे उसको यह जताना चाहिए कि मैं ना जाने कब से उसके इंतज़ार में था, कि वह मेरे लिए मायने रखती है।

उस रात जब हम लोगों ने एक चट्टान के पास अपने स्लीपिंग बैग बिछाए तो मैंने हाथ बढ़ाकर उसके हाथ को छू लिया। उसने यह कहते हुए मेरे हाथ को सरका दिया कि वह शादीशुदा है। मुझे यह समझ आ गया कि यह बहुत बड़ी ग़लती मैंने कर दी थी; लेकिन अब चूँकि मेरे पास खोने को कुछ नहीं था, मैंने उससे कहा मुझे किस तरह से बचपन में 'कुछ' दिखाई

देता था, कि मेरा मक़सद था दुनिया भर में प्रेम के संदेश को प्रसारित करना, कि डॉक्टर ने मिर्गी की जाँच की थी।

मुझे इस बात से हैरानी हुई कि वह इस बात को ठीक-ठीक समझ रही थी कि मैं क्या कह रहा था। उसने मुझे अपनी ज़िंदगी के बारे में थोड़ा-बहुत बताया। उसने बताया कि वह अपने पति को प्यार करती है और वह भी उसको प्यार करता है, लेकिन समय बीतने के साथ कुछ ज़रूरी चीज़ जैसे खो गई है, और वह उससे बहुत दूर चली जाना चाहती है, बजाय इसके कि वह अपनी शादी को बिखरते हुए देखे। उसकी ज़िंदगी में सब कुछ था, लेकिन फिर भी वह ख़ुश नहीं थी; हालाँकि वह अपनी बाक़ी ज़िंदगी यह अभिनय करते हुए आराम से बिता सकती थी कि नाख़ुशी कहीं थी ही नहीं, उसको यह डर लग रहा था कि वह कहीं गहरे अवसाद में नहीं डूब जाए, जिससे वह शायद फिर कभी निकल ही नहीं पाए।

इसीलिए उसने यह तय किया कि सब कुछ छोड़ कर किसी रोमांचक सफ़र पर निकल जाया जाए, उस चीज़ की तलाश में निकल जाया जाए, जिससे उसको इस प्यार के बारे में सोचने का भी समय नहीं मिला जो मर रहा था। हालाँकि वह जितना देखती, उसको उतना ही कुछ समझ नहीं आता था, उतना ही अकेला खुद को महसूस करती थी। उसको ऐसा महसूस हुआ कि वह अपने रास्ते से भटक गई थी, और हमें उस समय जो अनुभव हुआ था वह ऐसा लग रहा था जैसे उससे कह रहे हों कि वह ग़लत रास्ते पर थी और उसको अपने रोज़मर्रा के जीवन में लौट जाना चाहिए।

मैंने एक ऐसे रास्ते के बारे में सुझाव दिया जहाँ उतनी चौकसी नहीं होती थी, मैं अल्माती में कुछ तस्करों को जानता था जो इस मामले में मदद कर सकते थे, लेकिन ऐसा लग रहा था जैसे उसमें कोई जोश ही नहीं बचा हो, आगे जाने की इच्छा शक्ति नहीं बची हो जैसे।

उस समय मुझे उस आवाज़ ने कहा कि मैं एस्तर के लिए दुआ करूँ। बिना इस बात को समझे कि मैं क्या कर रहा था, मैं उठा और अपने सामान को टटोला, मुझे तेल की बोतल मिली जो हम खाना पकाने के लिए साथ लाए थे, मैंने अपना हाथ उसके माथे पर रख दिया और चुपचाप दुआ करने लगा, और अंत में उससे कहा कि वह अपनी तलाश जारी रखे, क्योंकि वह सब हम लोगों के लिए बहुत मायने रखता था। आवाज़ मुझसे कह रही थी - और मैंने उस बात को दोहरा कर ज़ोर से कहा - अगर कोई एक

आदमी बदला पूरी मानव जाति बदल जाती है। उसने मुझे अपनी बाँहों में ले लिया, और मुझे महसूस हुआ कि धरती उसको आशीर्वाद दे रही थी, और हम कई घंटे इसी तरह बने रहे।

उसके बाद, मैंने उससे पूछा कि मैंने उसको आवाज़ के बारे में जो बताया था उसको उस बात का यक़ीन आया था। उसने कहा कि आया भी और नहीं भी आया। उसका यह मानना था कि हम सब के अंदर एक शक्ति होती है और जिसका हम कभी उपयोग नहीं करते हैं और हो सकता है कि मिर्गी के दौरे के दौरान मैं उसके प्रभाव में आया होऊँ, लेकिन यह एक ऐसी बात है जिसके बारे में हम मिलकर पता लगाएँगे। वह एक घुमंतू से इंटरव्यू करने पर विचार कर रही थी जो अल्माती के उत्तर में रहता था और जिसके बारे में सबका यही कहना था कि उसके पास जादुई शक्तियाँ थीं। मुझे उसने अपने साथ चलने का आमंत्रण दिया। जब उसने मुझे उस आदमी का नाम बताया तो मुझे समझ आया कि मैं उसके पोते जो जानता था और वह इस मसले में हमारी मदद कर सकता था।

हम अल्माती से गाड़ी से निकले, बीच में हम बस ईंधन डलवाने के लिए रुके और कुछ खाना लेने के लिए, उसके बाद हम उस छोटे गाँव की दिशा में निकल पड़े जो सोवियत शासन काल में बनवाई गई झील के किनारे बसा था। वह घुमंतू कहाँ रहता था मैंने यह पता लगा लिया, मैंने उसके एक सहायक से यह भी कहा कि मैं उस आदमी के पोते को जानता था, तब भी हम लोगों को कई घंटे इंतज़ार करना पड़ गया, क्योंकि उस आदमी से सलाह लेने के लिए बड़ी भीड़ जुटी हुई थी जिसको वहाँ लोग संत समझते थे।

अंत में, हम लोगों को अंदर ले जाया गया। उस इंटरव्यू में दुभाषिये के रूप में मौजूद रहते हुए तथा छपने के बाद एस्तर के लेख को बार-बार पढ़ने के कारण मुझे कई ऐसी बातों का पता चला जो मुझे पता होनी चाहिए थीं।

एस्तर ने पूछा कि लोग दुखी क्यों होते हैं।

“बहुत आसान है,” उस बुज़ुर्ग इंसान ने कहा। “वे अपने निजी इतिहास के क़ैदी होते हैं। सबको यही लगता है कि ज़िंदगी में उस आदमी का मुख्य लक्ष्य है एक योजना के अनुसार चलना। वे कभी यह नहीं पूछते कि वह योजना उनकी थी या उसको किसी और आदमी ने तैयार किया था। वे अनुभवों, स्मृतियों, चीज़ों, दूसरे लोगों के विचारों को इकट्ठा करते जाते

हैं, और यह शायद उससे कहीं अधिक होता है जितना कि वे सँभाल सकते हों। इसी वज़ह से वे अपने सपनों को भूल जाते हैं।"

एस्तर ने वह कहा जो बहुत से लोग उससे कहते थे : "तुम ख़ुशक़िस्मत हो, क्योंकि तुमको यह पता है कि तुमको ज़िंदगी से क्या चाहिए, जबकि मुझे यह भी नहीं पता कि मैं करना क्या चाहती हूँ।"

"बिलकुल उनको पता होता है," घुमंतू ने जवाब दिया। "तुम ऐसे कितने लोगों को जानती हो जो यह कहते हों : मैं जो करना चाहता था वह कभी नहीं कर पाया, लेकिन फिर यही तो ज़िंदगी है। अगर वे ऐसा कहते हैं कि वे जो चाहते थे वह उन्होंने कभी नहीं किया, इसका मतलब यह हुआ कि ज़िंदगी के किसी न किसी मोड़ पर उनको इस बात का अहसास ज़रूर था कि वे अपने जीवन से चाहते क्या थे। जहाँ तक जीवन की बात है यह बस एक कहानी है जो दूसरे लोग हमें दुनिया के बारे में बताते हैं और यह कि हम लोगों को इस संसार में किस तरह से बर्ताव करना चाहिए।"

"उनसे भी बदतर वे लोग होते हैं जो कहते हों : मैं इसलिए ख़ुश हूँ कि मैं अपने जीवन उन लोगों के लिए क़ुर्बान कर रहा हूँ, जिनसे मैं प्यार करता हूँ।"

"और क्या आपको ऐसा लगता है कि जो लोग हमें प्यार करते हैं वे यह चाहते हैं कि हम उनके लिए तकलीफ़ उठाएँ? क्या आपको लगता है कि प्रेम पीड़ा का स्रोत है?"

"ईमानदारी से कहूँ तो हाँ।"

"लेकिन ऐसा होना नहीं चाहिए।"

"अगर मैं उस कहानी को भूल जाऊँ जो दूसरे लोगों ने मुझे सुनाई थी तो मैं उस सबक़ को भी भूल जाऊँगा जो ज़िंदगी से मुझे मिले थे। सीखने के लिए इतना संघर्ष करने का क्या मतलब रह गया? अनुभव पाने के लिए इतना कष्ट उठाने की क्या ज़रूरत थी, अपने करियर, मेरे पति और तरह-तरह के संकटों से निपटने की क्या ज़रूरत थी?"

"संचित ज्ञान तब कारगर होता है जब खाना पकाने या अपने सीमित साधनों में रहने की बात आती है या सर्दी में गर्म कपड़ा लपेट रहने की बात हो या कुछ सीमाओं का सम्मान करने की बात हो या यह जानना हो कि कोई बस या ट्रेन कहाँ तक जाती है। क्या आपको लगता है कि आपके पिछले प्रेम ने आपको यह सिखाया कि किस तरह बेहतर तरीक़े से प्रेम किया जाए?"

“उन्होंने मुझे उस बात को जानने में मेरी मदद की जो मैं जानना चाहती थी।”

“मैंने यह नहीं पूछा। क्या आपके पुराने प्रेमों ने आपको यह सिखाया कि अपने पति को किस तरह बेहतर तरीक़े से प्रेम किया जाए?”

“नहीं, बल्कि इसके विपरीत। अपने आपको उसको सौंपने के लिए मुझे उन सारे घावों को भूलना पड़ा जो दूसरे पुरुषों ने दिए थे। यही मतलब है ना आपका?”

“प्रेम की सच्ची ऊर्जा आपकी आत्मा में प्रवेश करे इसके लिए आपकी आत्मा को वैसा होना चाहिए जैसे आप उसी समय पैदा हुए हों। लोग क्यों नाख़ुश होते हैं? लेकिन वे अपनी ऊर्जा को बंदी बनाकर रखना चाहते हैं जो असम्भव बात है। अपने निजी इतिहास को भूल जाने का मतलब है उस माध्यम को साफ़ करना, ऊर्जा को रोज़ जिस रूप में वह चाहे आने देना, खुद को उसके द्वारा निर्देशित होने देना।”

“यह सब सुनने में बड़ा रूमानी लग रहा है, लेकिन बहुत मुश्किल भी है, क्योंकि इस ऊर्जा को कई प्रकार की चीज़ें बाधित करती हैं : ज़िम्मेदारियाँ, बच्चे, आपकी सामाजिक स्थिति...”

“...और कुछ समय के बाद चिंता, डर और अकेलापन और जिसको क़ाबू नहीं किया जा सकता उसको क़ाबू करने के प्रयास। स्टेपीज़ की परम्परा के अनुसार - जिसको तेंगरी के नाम से जाना जाता है - जीवन को संपूर्ण रूप में जीने के लिए यह ज़रूरी है कि लगातार कुछ न कुछ करते रहा जाए; तभी हर दिन पिछले दिन से अलग हो सकता है। शहर से गुज़रते हुए बंजारे सोचते : बेचारे जो लोग यहाँ रहते हैं उनके लिए सब कुछ हमेशा एक समान रहता है। शहर में रहने वाले लोग बंजारों को देखते होंगे तो शायद यह सोचते हों : बेचारे, इनके पास रहने की कोई जगह नहीं है। बंजारों का कोई अतीत नहीं होता था बस वर्तमान होता था, इसीलिए वे हरदम ख़ुश रहते थे, लेकिन कम्युनिस्ट सरकार ने उनके घूमने पर पाबंदी लगा दी और उनको सामूहिक खेतों पर रहने के लिए मजबूर किया गया। उसके बाद से धीरे-धीरे वे इस बात में यक़ीन करने लगे कि समाज ने जो कहानी उनको सुनाई थी वह सही थी। धीरे-धीरे उन्होंने अपनी सारी शक्ति खो दी।”

“आजकल कोई अपनी पूरी ज़िंदगी सफ़र में नहीं बिताता।”

"भौतिक रूप से नहीं, लेकिन आध्यात्मिक स्तर पर यात्रा की जा सकती है। दूर बहुत दूर चले जाना, अपने निजी इतिहास से खुद को दूर कर लेना, जो होने के लिए आपको मजबूर किया गया उससे दूर हो जाना।"

"कोई उस कहानी को कैसे त्याग सकता है जो उसको सुनाई गई थी?"

"उसको ज़ोर-ज़ोर से पूरे विस्तार से सुनाने से। और जब हम अपनी कहानी सुनाते हैं तो हम उसको अलविदा कह देते हैं जो हम थे, और आप कोशिश करने पर पाएँगे कि हम नई, अनजान दुनिया के लिए जगह बनाते हैं। हम पुरानी कहानी को तब तक दुहराते रहते हैं जब तक कि हमारे लिए उसका कोई मतलब नहीं रह जाता है।"

"बस यही?"

"एक बात और : जैसे यह ख़ाली स्थान बढ़ने लगे तो यह ज़रूरी होता है कि उसको जल्दी से भर लिया जाए, चाहे अस्थायी रूप से ही क्यों नहीं, ताकि ख़ालीपन की भावना पैदा ना हो पाए।"

"कैसे?"

"अलग-अलग कहानियों के साथ, ऐसे अनुभव जो प्राप्त करने का हम लोगों ने साहस नहीं किया या हम चाहते नहीं थे। इस तरह से हम बदलते हैं। इसी तरह से प्यार बढ़ता है। और जब प्यार बढ़ता है, हम उसके साथ बढ़ते हैं।"

"क्या इसका मतलब यह है हो सकता है हम उन चीज़ों को खो दें जो मायने रखती हों?"

"कभी नहीं। जो चीज़ें मायने रखती हैं हमेशा क़ायम रहती हैं; हम जिन चीज़ों को खोते हैं हमें लगता है कि वे महत्त्वपूर्ण थीं, लेकिन जो असल में फालतू होती हैं, उस झूठी शक्ति की तरह जिनका उपयोग हम प्रेम की ऊर्जा को वश में करने के लिए करते हैं।"

उस बूढ़े ने एस्तर से कहा कि अब समय पूरा हुआ, क्योंकि उसको अन्य लोगों को भी देखना है। मैंने बड़ी मिन्नत की लेकिन वह अपनी बात से नहीं डिगा, लेकिन उसने एस्तर से कहा कि अगर वह फिर आएगी तो वह उसको और सिखाएगा।

***

एस्तर अल्माती में बस एक सप्ताह के लिए और रुकने वाली थी, लेकिन उसने वापस आने का वादा किया। इस बीच मैंने एस्तर को बार-बार अपनी कहानी सुनाई और एस्तर ने मुझे अपनी कहानी सुनाई, और हमने पाया कि वह बूढ़ा आदमी सही था : कुछ हमें छोड़ रहा था, हम हल्का महसूस कर रहे थे, हालाँकि यह नहीं कह सकते थे कि हम पहले से ख़ुश थे।

उस बूढ़े आदमी ने हमें एक और सलाह दी थी : जितनी जल्दी हो सके उस ख़ाली हुई जगह को भर लेना। जाने के पहले उसने मुझसे पूछा कि क्या मैं फ़्रांस चलना चाहूँगा, जिससे कि हम भूलने की इस प्रक्रिया को जारी रख सकें। कोई ऐसा आदमी नहीं था वह जिसके साथ यह सब साझा कर सकती थी; वह अपने पति से बात नहीं कर सकती; जिन लोगों के साथ वह काम करती है उनके ऊपर भरोसा नहीं कर सकती; उसको कोई बाहरी आदमी चाहिए, बहुत दूर का, जिसका अभी तक उसके निजी इतिहास से कोई लेना-देना नहीं हो।

मैंने उससे कहा कि मैं चलना चाहूँगा और तब मैंने उससे बताया कि आवाज़ ने क्या भविष्यवाणी की थी। मैंने उससे यह भी बताया कि मुझे फ़्रेंच नहीं आती और अभी तक काम का मेरा अनुभव इतना ही है कि मैंने भेड़ें चराई हैं और एक गैराज में काम किया है।

एयरपोर्ट पर उसने मुझे फ़्रेंच में एक कोर्स कर लेने के लिए कहा। मैंने उससे पूछा कि वह क्यों चाहती थी कि मैं फ़्रांस जाऊँ। उसने फिर से वही बात दोहराई और यह माना कि उसके आसपास जो जगह ख़ाली हो रही है वह उससे डर रही है, क्योंकि उसने अपने निजी इतिहास को मिटा दिया था; उसको इस बात का डर था कि सब कुछ अधिक तेज़ी से वापस आ जाएगा, और फिर वह अपने अतीत से कभी मुक्त नहीं हो पाएगी। उसने मुझे कहा कि टिकट ख़रीदने या वीजा लेने के लिए मुझे परेशान होने की कोई ज़रूरत नहीं थी; वह सब सँभाल लेगी। पासपोर्ट चेकिंग विंडो से गुज़रते हुए, उसने मेरी तरफ़ देखा, मुस्कराई और बोली, हालाँकि खुद उसको भी नहीं पता था, लेकिन वह भी मेरा इंतज़ार कर रही थी। हम लोगों ने जो दिन साथ-साथ गुज़ारे वे तीन साल में सबसे ख़ुशियों भरे दिन थे।

मैंने रात को एक स्ट्रिपटीज़ के अड्डे पर बाउंसर के रूप में काम करना शुरू कर दिया, और दिन के वक्त मैं फ़्रेंच सीखने लगा। अजीब बात थी कि मुझे दौरे नहीं पड़ रहे थे, और उस अदृश्य की मौजूदगी भी आसपास

महसूस नहीं हो रही थी। मैंने अपनी माँ को बताया कि मुझे विदेश जाने के लिए आमंत्रण मिला है, और माँ ने मुझसे कहा कि इतना भोला नहीं बनूँ, वह औरत फिर कभी मेरी खोज-ख़बर नहीं लेगी।

एक साल के बाद एस्तर अल्माती वापस आई। जिस युद्ध की संभावना थी वह शुरू हो गया था, और किसी और आदमी ने गुप्त अमेरिकी अड्डों पर एक लेख लिखा था, लेकिन उस बूढ़े आदमी के साथ एस्तर की बातचीत बहुत सफल रही और अब उससे कहा गया था कि वह बंजारों के ग़ायब होने पर एक लम्बा लेख लिखे। "इसके अलावा," वह बोली, "लम्बे समय से मैंने किसी को अपनी कहानी नहीं सुनाई थी और मुझे अवसाद होने लगा था।"

मैंने कुछ आदिम समूहों से उसका संपर्क करवाया जो अभी भी यात्रा करते थे, तेंगरी परम्परा के लोगों से और स्थानीय जादूगरों या झाड़-फूँक करने वालों से भी मिलवाया। तब तक मैं फ्रेंच अच्छी तरह बोलने लगा था, और रात के खाने के समय उसने मुझे कई फ़ॉर्म दिए जो वह दूतावास से लेकर आई थी, मुझे वीजा दिलवाया, हवाई जहाज का टिकट ख़रीद दिया, और मैं पेरिस आ गया। हम दोनों ने इस बात को महसूस किया कि जैसे-जैसे पुरानी कहानियों से हमारा दिमाग़ ख़ाली हो रहा था, नई जगह बन रही थी, ख़ुशी का रहस्यमय भाव अंदर आ रहा था, हमारी अंतर्दृष्टि तेज़ हो गई थी, हम साहसी हो गए, और अधिक ख़तरे उठाने लगे, ऐसे काम करने लगे जो सही भी हो सकते थे और ग़लत भी, हमें पता नहीं होता था, लेकिन तब भी हम उस काम को करते। दिन लम्बे और काम से भरपूर हो गए थे।

जब मैं पेरिस में आया तो मैंने पूछा कि मुझे कहाँ काम करना होगा, लेकिन उसने सब योजना पहले से ही बना रखी थी : उसने एक बार के मालिक को इसके लिए मना लिया कि वह मुझे सप्ताह में एक दिन कार्यक्रम करने दे, उसने बार के मालिक से बताया कि मैं कज़ाकिस्तान की एक बड़ी रोमांचक क़िस्म की कला में माहिर था, जिसमें लोगों को इसके लिए उत्साहित किया जाता था कि वे अपनी ज़िंदगी के बारे में बताएँ और अपने दिमाग़ के बोझ को हल्का करें।

शुरुआत में दर्शकों को जताना बड़ा मुश्किल काम था, लेकिन धीरे-धीरे वहाँ पीने वालों को इसमें मज़ा आने लगा और बात फैलने लगी। "आइए और अपनी पुरानी कहानी सुनाइए और एक नई कहानी को पाइए," बाहर

खिड़की पर हाथ से लिखे एक नोटिस में लिखा रहता था, और नएपन के भूखे लोग आने लगे।

एक रात मुझे कुछ अजीब अनुभव हुआ : बार के एक कोने में अस्थायी रूप से बनाए गए स्टेज पर मैं नहीं था, वह अदृश्य छाया थी। और मैं अपने देश की कहानियाँ सुनाने और लोगों को यह सुझाव देने के बजाय कि वे अपनी कहानियाँ सुनाएँ, मैं वही कह रहा था जो आवाज़ मुझसे कह रही थी। उसके बाद, एक दर्शक रोते हुए अपनी शादी के बारे में वहाँ मौजूद अजनबियों को विस्तार से बताने लगा।

अगले सप्ताह भी यही हुआ - आवाज़ मुझसे कहती कि लोगों से कहानियाँ सुनाने के लिए कहा जाए जो प्रेम की नहीं प्रेम के अभाव की हों, और हवा में ऊर्जा इतनी अलग थी कि आम तौर पर सावधान रहने वाले फ्रेंच लोगों ने अपनी निजी ज़िंदगी के बारे में सार्वजनिक रूप से चर्चा शुरू कर दी। मैंने भी मुझे पड़ने वाले दौरों को अच्छी तरह सँभालना सीख लिया था; अगर मैं स्टेज पर होता, और अगर मुझे रोशनी दिखाई देती या गर्म हवा महसूस होती तो मैं तत्काल मूर्च्छा में चला जाता, सुधबुध खो देता, और कोई इसके ऊपर ध्यान नहीं देता। मुझे "मिर्गी के दौरे" उसी समय पड़ते हैं, जब मैं बहुत घबराहट की अवस्था में होता हूँ।

समूह में और लोग जुड़ते गए। मेरी उम्र के तीन नौजवान, जिनको दुनिया में घूमने के अलावा कुछ भी नहीं करना था - पश्चिमी जगत के बंजारे; और कज़ाकिस्तान के कुछ संगीतकार, जिन्होंने अपने देशवासी की "सफलता" के बारे में सुना था, उन्होंने पूछा कि क्या वे इस कार्यक्रम का हिस्सा बन सकते थे, क्योंकि उनको कहीं और कोई काम नहीं मिल रहा था। हम लोगों ने उस कार्यक्रम में थाप देकर बजाए जाने वाले बाजे शामिल किए। वह बार बहुत छोटा पड़ रहा था, और हम लोगों ने उस रेस्तराँ में एक कमरा तलाश किया जहाँ हम आजकल प्रदर्शन करते हैं; लेकिन अब यह जगह भी छोटी पड़ने लगी है, क्योंकि जब लोग अपनी कहानियाँ सुनाते हैं तो वे साहसी महसूस करने लगते हैं; जब वे डान्स करते हैं, तो उनके ऊपर उस ऊर्जा का असर होता है और उनके अंदर बहुत तेज़ी से बदलाव होने लगता है; सैद्धांतिक रूप से इन बदलावों से प्रेम को ख़तरा होना चाहिए, लेकिन वह मज़बूत होता जाता है, और यहाँ आने वाले लोग अपने दोस्तों को भी यहाँ आने की सलाह देते रहते हैं।

एस्तर लेख लिखने के लिए यात्राएँ करती रही, लेकिन वह जब भी पेरिस में होती थी तो इस बैठक में ज़रूर आती। एक रात उसने मुझसे कहा कि रेस्तराँ में हम जो यह काम कर रहे थे वह अपने आप में काफ़ी नहीं था; इससे हम केवल उन लोगों तक पहुँच पाते हैं, जिनके पास यहाँ आने के पैसे होते हैं। हमें नौजवानों के साथ काम करने की ज़रूरत है। लेकिन हम उनको खोजेंगे कैसे, मैंने पूछा? वे भटकते हैं, यात्रा करते हैं, और सब कुछ त्याग कर भिखारियों की तरह से कपड़े पहनने लगते हैं या साइंस फ़िक्शन फ़िल्मों के किरदारों की तरह।

उसने कहा कि भिखारियों का कोई निजी इतिहास नहीं होता, इसलिए हम उनके पास क्यों नहीं जाते ताकि यह समझ सकें कि उनसे हम क्या सीख सकते हैं। और इस तरह मैं तुम लोगों के बीच आया।

मुझे इन चीज़ों का अनुभव हुआ। तुम लोगों ने मुझसे कभी यह नहीं पूछा कि मैं कौन हूँ, या मैं क्या करता हूँ, क्योंकि इसमें आपकी दिलचस्पी नहीं होती। लेकिन आज हमारे बीच एक प्रसिद्ध लेखक है; इसलिए मैंने तुम लोगों से कहने का फ़ैसला किया है।'

'लेकिन तुम तो अपने अतीत के बारे में बात कर रहे थे,' हैट और कोट वाली एक स्त्री बोली। 'यहाँ तक कि बूढ़ा बंजारा...'

'बंजारे कौन होते हैं?' किसी ने पूछा।

'हमारे जैसे लोग,' उसने जवाब दिया, उसको गर्व महसूस हो रहा था कि वह इस शब्द का मतलब जानती थी। 'वे लोग जो आज़ाद होते हैं और उसी के साथ जीते हैं जो वे अपने साथ ले जा सकते हैं।'

मैंने उसकी बात को सही किया :

'यह बात पूरी तरह से सच नहीं है। वे ग़रीब नहीं होते।'

'ग़रीबी के बारे में तुम क्या जानते हो?' उस लम्बे, क्रोधी आदमी ने कहा, जिसकी रगों में पहले से अधिक वोदका जा चुकी थी, उसने सीधे मेरी आँखों में देखा। 'क्या तुमको सच में ऐसा लगता है कि ग़रीबी का संबंध धन के नहीं होने से होता है? क्या तुमको ऐसा लगता है कि हम लोग इसलिए बेचारे हैं, क्योंकि हम अमीर लेखकों और पश्चाताप में डूबे युगलों से भीख माँगते हैं, उन पर्यटकों से जिनको यह लगता रहता है कि पेरिस कितना गंदा हो गया है या उन आदर्शवादी युवाओं से जिनको ऐसा लगता है कि वे

संसार को बचा सकते हैं? ग़रीब तुम हो – तुम्हारा अपने समय पर कोई वश नहीं है। तुम जो चाहते हो वह नहीं कर सकते, तुमको उन क़ायदों को मानने के लिए मजबूर किया जाता है, जिनको तुमने ईजाद नहीं किया और जिसको तुम समझते भी नहीं...'

मिख़ाइल ने एक बार फिर से बातचीत के बीच में टोका और उस महिला से पूछा :

'तुम असल में जानना क्या चाहती हो?'

'मैं यह जानना चाह रही थी कि तुम हम लोगों को यह कहानी क्यों सुना रहे थे कि जिसमें बूढ़े बंजारे ने कहा कि तुमको भूल जाना चाहिए।'

'सुनाने के बाद वह कहानी मेरी नहीं रह जाती, अब जब मैं अपने अतीत के बारे में बात करता हूँ तो मुझे ऐसा महसूस होता है, जैसे मैं किसी ऐसी चीज़ के बारे में बात कर रहा होऊँ जिसका मुझसे कोई लेना-देना नहीं हो। वर्तमान में जो रह जाता है वे आवाज़ें ही हैं और अपने मक़सद को पूरा करने का महत्त्व। मैंने जो मुश्किलें उठाईं मुझे उनका कोई अफ़सोस नहीं है; बल्कि मुझे लगता है कि आज मैं जो बना उसमें उससे मुझे मदद मिली। मैं उस तरह से महसूस करता हूँ, जिस तरह से किसी योद्धा को वर्षों के प्रशिक्षण के बाद महसूस होना चाहिए : उसने जो कुछ सीखा होता है वह उसको विस्तार से याद नहीं रहता, लेकिन वह जानता है कि सही समय आने पर निशाना किस तरह साधा जाए।'

'और तुम और वह पत्रकार दोनों हम लोगों के पास क्यों आते रहे?'

'अपने पोषण के लिए। जैसा कि घास के मैदानों का एक बूढ़ा बंजारा कहता था, आज हम जिस दुनिया को जानते हैं वह बस एक कहानी है जो हमें किसी ने सुनाई हो, लेकिन वह कहानी सच्ची नहीं है। दूसरी कहानी में विशेष तोहफ़े तथा शक्तियाँ शामिल हैं और वह क्षमता जिसके सहारे हम जो जानते हैं उससे आगे जा सकें। मैं बचपन से ही उसकी मौजूदगी के साथ रहा, और कुछ समय तक तो मैं उसको देख भी सकता था, लेकिन एस्तर ने मुझे यह दिखाया कि मैं अकेला नहीं था। उसने मुझे ऐसे कई लोगों से मिलवाया जिनमें विशेष क़िस्म की क्षमताएँ थीं, जैसे कि वह आदमी जो अपनी इच्छा शक्ति की बदौलत चम्मच को मोड़ सकता था, या वह डॉक्टर जो जंग लगी छुरी से ऑपरेशन करता था और वह भी बिना एनिस्थीसिया के, जिससे कि मरीज ऑपरेशन के बाद उठकर जा सके।'

'मैं अभी अपनी उस अज्ञात क्षमता को विकसित करने में लगा हुआ हूँ, लेकिन इसमें मुझे साथी चाहिए, तुम लोग जैसे साथी जिनका कोई निजी इतिहास नहीं हो।'

मेरा मन हुआ कि इन अजनबियों को भी अपनी कहानी सुनाऊँ, ताकि अपने आपकी अपने अतीत से मुक्ति की शुरुआत कर सकूँ, लेकिन देर हो चुकी थी और मुझे अगली सुबह जल्दी उठना था, डॉक्टर के पास जाकर अपने गले में लगाया हुआ कॉलर हटवाना था।

★★★

मैंने मिख़ाइल से पूछा कि क्या उसको लिफ़्ट चाहिए, लेकिन उसने मना कर दिया, उसको कुछ दूर पैदल चलने की ज़रूरत थी, क्योंकि उसको उस रात एस्तर की कमी बहुत खल रही थी। भिखारियों के समूह से निकल कर हम सड़क पर आए ताकि टैक्सी मिल जाए।

'मुझे लगता है कि वह औरत सही थी,' मैं बोला। 'अगर तुम कोई कहानी सुनाते हो तो इसका मतलब हुआ कि तुम अभी भी उससे मुक्त नहीं हुए हो।'

'मैं मुक्त हो चुका हूँ, लेकिन मुझे लगता है कि इस बात को तुम भी समझते होगे; कि इसका एक रहस्य है; हमेशा कुछ कहानियाँ ऐसी होती हैं जो बीच में रोक दी गई होती हैं, और कुछ कहानियाँ ऐसी होती हैं जो हमेशा सतह के आसपास रहती हैं इसलिए वह वर्तमान में भी आ जाती हैं, उस कहानी को समाप्त करने के बाद ही हम नई कहानी शुरू करते हैं।'

मुझे याद आया कि इंटरनेट पर इसी तरह की कोई बात मेरे नाम से लिखी हुई थी, जबकि वह मेरी लिखी हुई बात नहीं थी : *इसलिए कुछ बातों को नज़रअंदाज़ कर देना भी बहुत ज़रूरी होता है। उनसे मुक्त होने के लिए। उनसे आगे निकलने के लिए। लोगों को यह बात समझ आनी चाहिए कि किसी के पत्ते पहले से तय नहीं रहते; कई बार हम जीत जाते हैं तो कई बार हार जाते हैं। बदले में किसी चीज़ की कामना नहीं करनी चाहिए, काम करो तो यह मत सोचो कि इससे पहचान मिलेगी, यह आशा नहीं रखनी चाहिए कि कोई तुम्हारी क़द्र को समझेगा या तुम्हारे प्यार को समझेगा। अपना चक्र पूरा करना चाहिए। अहंकार या अक्षमता के कारण नहीं, बल्कि महज इसलिए*

क्योंकि यह चाहे जो हो आपकी ज़िंदगी में सटीक नहीं बैठता है। दरवाज़ा बंद कीजिए, कहानी को बदलिए, घर को साफ़ कीजिए और उसकी धूल से मुक्ति पाइए। आप जो थे उससे निकलकर आप जो हैं वह बन जाइए।

लेकिन मैंने सोचा कि यह पता कर लिया जाए कि मिख़ाइल के कहने का क्या मतलब था।

'क्या होती हैं "रुकी हुई कहानियाँ?"'

'एस्तर यहाँ नहीं है। वह उस बिंदु पर पहुँच चुकी है कि अपनी नाख़ुशी को दूर करने के लिए वह उससे आगे नहीं जा सकती ताकि ख़ुशियों को उसके अंदर आने की अनुमति मिले। क्यों? क्योंकि उसकी कहानी, लाखों अन्य लोगों की तरह प्रेम की ऊर्जा से बँधी हुई है। वह अपने आप पैदा नहीं हो सकती : या तो उसको प्यार करना बंद कर देना चाहिए या अपने प्रेमी के आने का इंतज़ार करना चाहिए।

जो विवाह असफल होते हैं उनमें जब एक व्यक्ति जब चलना बंद कर देता है तो दूसरे को भी मज़बूर होकर वही करना पड़ता है। और जब वह इंतज़ार कर रहा या रही होती है तो दूसरा प्रेमी आ जाता है, या किसी परोपकार के काम में शामिल हो जाना पड़ता है, बच्चों की चिंता होने लगती है, दफ़्तर में देर तक काम करना पड़ जाता है, वगैरह-वगैरह। चीज़ों के बारे में खुलकर बात करना अधिक आसान होता है, ज़ोर देकर बात करना, चिल्लाकर बात करना : "अब अपने-अपने रास्ते बढ़ते हैं, हम नीरसता, चिंता, डर के मारे मरे जा रहे हैं।"'

'क्या तुम यह कहना चाह रहे हो कि एस्तर उदासी से अपने आप को मुक्त करने की प्रक्रिया को मेरी वज़ह से बरक़रार नहीं रख सकती?'

'नहीं, मेरे कहने का मतलब यह नहीं था। मुझे यह नहीं लगता कि कोई व्यक्ति दूसरे के ऊपर इल्जाम लगा सकता है, चाहे हालात जो भी हों। मेरे कहने का मतलब यह था कि उसके पास दो विकल्प हैं, या तो वह तुमको प्यार करना छोड़ दे या तुम्हारे अपने पास आने देने का इंतज़ार करे।'

'वह यही तो कर रही है।'

'जानता हूँ, लेकिन अगर मुझे जाना होता तो हम लोग उसके पास तभी जाते जब आवाज़ हमें जाने की अनुमति देती।'

'ठीक है, इस कॉलर में तुम आख़िरी बार दिखो, मुझे यही उम्मीद है। लेकिन प्लीज कुछ भी झटके में करने से बचना। तुम्हारी मांसपेशियों को अपने बूते काम करने की आदत फिर से पड़ जाने दो। वैसे, उस लड़की का क्या हुआ, जिसने भविष्यवाणी की थी?'

'कौन सी लड़की? कैसी भविष्यवाणी?'

'तुमने मुझे अस्पताल में यह नहीं बताया था कि किसी ने यह दावा किया था कि उसको एक आवाज़ ने कहा था कि तुम्हारे साथ कुछ होने वाला था?'

'अरे नहीं, वह कोई लड़की नहीं थी। और तुमने मुझे यह कहा था कि तुम मेरे लिए मिर्गी के बारे में पता कर दोगे।'

'हाँ, मैंने इसके एक विशेषज्ञ से बात की और उससे पूछा कि क्या वह ऐसे किसी मामले के बारे में जानता था। उसके जवाब से मैं कुछ हैरान हुआ, लेकिन मैं पहले ही याद दिला दूँ तुमको कि चिकित्सा विज्ञान की दुनिया के अपने रहस्य हैं। तुमको याद है कि मैंने एक लड़के की कहानी सुनाई थी, जो पाँच सेब ख़रीदने के लिए बाज़ार गया और दो सेब ख़रीद कर लौट आया?'

'हाँ, और यह कि उसने किस तरह से उसको खो दिया या किसी को दे दिया था, या उसने जितना सोचा था सेब उससे महँगे थे, वगैरह, वगैरह। चिंता मत करो, मैं जानता हूँ कि इसका कोई एक पक्का जवाब नहीं हो सकता। लेकिन पहले यह बताओ कि क्या जोन ऑफ़ आर्क को मिर्गी के दौरे पड़ते थे?'

'अजीब बात है कि मेरे दोस्त ने अपनी बातचीत में उसका ज़िक्र किया था। जोन ऑफ़ आर्क जब तेरह साल की थी तो उसको मिर्गी के दौरे पड़ते थे। उसने जो बताया उसके अनुसार उसको रोशनी दिखाई देती थी, जो इसके दौरे पड़ने का एक लक्षण है। न्यूरोलॉजिस्ट डॉक्टर लीडिया बायने के अनुसार उस योद्धा-संत को मिर्गी का दौरा उस कारण पड़ा था, जिसको आजकल संगीत के कारण पड़ने वाला दौरा कहा जाता है, जो किसी ख़ास तरह के संगीत या आवाज़ को सुनने के कारण पड़ता है : जोन को घंटियों

की आवाज़ के कारण दौरे पड़ते थे। जब उस लड़के को मिर्गी का दौरा पड़ा था तो तुम वहाँ थे?'

'हाँ।'

'वहाँ कोई संगीत बज रहा था?'

'मुझे ठीक से याद नहीं है। लेकिन अगर संगीत बज भी रहा होगा तो छुरी-काँटों और बातचीत की आवाज़ में वह सुनाई नहीं दे रहा होगा।'

'क्या वह कुछ तनाव में लग रहा था?'

'हाँ, बहुत।'

'दौरा पड़ने की एक वजह यह भी हो सकती है। मिर्गी के दौरे बहुत लम्बे समय से पड़ते रहे हैं। मेसोपोटामिया में उस बीमारी का बहुत स्पष्ट विवरण दिया गया है, जिसको वे "बीमार पड़ जाना" कहते थे, उसके बाद इंसान बेहोशी जैसी हालत में चला जाता था। प्राचीन काल में लोगों का ऐसा मानना था कि जब इंसान के शरीर पर राक्षस हमला करते हैं तो यह दौरा पड़ता था, बहुत बाद में ग्रीक हिप्पोक्रेटस ने इस तरह की बेहोशी को दिमाग़ की किसी गड़बड़ी से जोड़कर देखा था। आज भी जिनको मिर्गी के दौरे पड़ते हैं उनको लेकर तरह-तरह के पूर्वाग्रह हैं।'

'मैं समझ सकता हूँ। जब उसको दौरा पड़ा था तब मैं बहुत घबरा गया।'

'तुमने भविष्यवाणी शब्द का प्रयोग किया था, और इसलिए मैंने अपने दोस्त से पूछा कि वह इसी दिशा में शोध करे। उसके मुताबिक़, अधिकतर वैज्ञानिक ऐसा मानते हैं कि अलबत्ता बहुत से प्रसिद्ध लोगों को मिर्गी के दौरे पड़ते हैं, लेकिन इस बीमारी के कारण किसी को छोटी या बड़ी किसी तरह की जादुई शक्ति नहीं मिल जाती। बहरहाल, जिन प्रसिद्ध लोगों को मिर्गी के दौरे पड़ते थे वे लोगों को उन्हें पड़ने वाले दौरों को इसलिए देखने के लिए कहते थे, जिससे कि उनकी एक "रहस्यमय आभा" बन जाए।'

'कुछ ऐसी मशहूर हस्तियों के उदाहरण दो जिनको मिर्गी के दौरे पड़ते थे।'

'नेपोलियन, सिकंदर महान, दांते... मैंने पूरी सूची तैयार नहीं की, कारण यह है कि तुम्हारी दिलचस्पी लड़के की भविष्यवाणी में है। वैसे उसका नाम क्या है?'

'तुम उसको नहीं जानते हो, और तुमको अभी एक और मरीज से मिलने जाना है; इसलिए तुम जल्दी से अपनी बात पूरी कर लो।'

'अच्छा ठीक है। चिकित्सा विज्ञान से जुड़े जो लोग बाइबिल पढ़ते हैं तो उनको यह बात पक्के तौर पर मालूम है कि देवदूत पॉल को मिर्गी के दौरे पड़ते थे। इसका आधार यह है कि जब वह दमिश्क जा रहा था, तो उसको अपने सामने एक तेज़ रोशनी दिखाई दी, जिसके कारण वह ज़मीन पर गिर गया, जिसके कारण वह कुछ दिनों के लिए अंधे जैसा हो गया, ना कुछ खा पा रहा था ना पी पा रहा था। चिकित्सा की भाषा में इसको "टेंपोरल लोब मिर्गी" कहते हैं।'

'मुझे नहीं लगता कि चर्च इस बात से सहमत होगी।'

'मैं भी नहीं कह सकता कि इस बात को मैं मान पाऊँगा या नहीं, लेकिन मध्यकालीन साहित्य ऐसा ही कहता है। कुछ ऐसे लोग जिनको मिर्गी के दौरे पड़ते हैं वे आत्महंता हो जाते हैं, जैसे वान गोग के मामले में कहा जा सकता है। वह इस तरह के दौरों को "अपने अंदर का तूफ़ान" कहते थे। जब वह सेंट रेमी में इलाज करवा रहा था तो उसकी एक नर्स ने उसको मूर्च्छा की हालत में देखा था।'

'कम से कम उसने अपनी पेंटिंग में अपने आत्महंता रूप को संसार के पुनर्निर्माण के रूपक में बदल दिया।'

'कुछ लोगों को तो यह संदेह भी है कि लुई कैरोल ने *एलिस इन वंडरलैंड* मिर्गी के दौरान के अपने अनुभवों का वर्णन करने के लिए लिखी थी। किताब के शुरू में जो कहानी है, जिसमें एलिस ब्लैक होल में गिर जाती है, यह अनुभव लगभग उन सभी लोगों को होता है, जिनको मिर्गी के दौरे पड़ते हैं। वंडरलैंड की अपनी यात्रा के दौरान एलिस अक्सर चीज़ों को उड़ते हुए देखती और उसको खुद बहुत हल्का महसूस होता था - यह भी मिर्गी के दौरे के प्रभाव का वर्णन है।'

'यानी ऐसा लगता है कि जिनको मिर्गी के दौरे पड़ते हैं उनका कला के प्रति एक रुझान होता है।'

'ऐसा नहीं है, इसका कारण बस इतना है कि कलाकार प्रसिद्ध हो जाते हैं, जिसके कारण लोगों के दिमाग़ में कला और मिर्गी के बीच का संबंध अंकित हो गया है। साहित्य में ऐसे लेखकों के उदाहरण भरे पड़े हैं

जिनके बारे में यह संदेह था कि वे मिर्गी के रोगी थे या जिनके बारे में यह पक्का था कि वे मिर्गी के रोगी थे : मोलियर, एड्गर एलन पो, फ़्लूबेयर... दोस्तोवस्की को पहली बार दौरा जब पड़ा था तब उनकी आयु नौ साल थी, और यह कहा गया कि उनको सब कुछ बहुत शांत लग रहा था और साथ ही, वे भयानक रूप से अवसाद का अनुभव भी कर रहे थे। इन बातों को बहुत गम्भीरता से मत लेना, और यह मत सोचने लगना कि तुमको इस एक्सिडेंट के कारण मिर्गी हो जाएगी। मुझे आज तक एक भी ऐसा कोई मामला नहीं मिला जिसमें मोटर साइकिल से टकराने के बाद किसी को मिर्गी का दौरा पड़ा हो।'

'मैंने कहा ना कोई है, जिसको मैं जानता हूँ।'

'क्या उस लड़के ने सच में भविष्यवाणी की थी या तुम सारी कहानी इसलिए बना रहे हो क्योंकि तुमको ऐसा लगा कि जैसे ही तुम पटरी से नीचे उतरे तो शायद तुम बेहोश हो गए?'

'जबकि बात इसके उलट है कि मुझे बीमारी के बारे में जानने से नफ़रत है। जब भी मैं चिकित्सा की कोई किताब पढ़ता हूँ तो मुझे लगने लगता है कि मेरे अंदर वे सारे लक्षण हैं।'

'मैं कुछ कहना चाहता हूँ, लेकिन प्लीज़ इस बात को ग़लत मत समझना। मेरे ख़याल से इस दुर्घटना ने तुम्हारा कुछ भला ही किया। देखने से तुम शांत लग रहे हो, किसी तरह के जुनून में नहीं। मौत के साथ जब हमारा सामना होता है तो उससे हमें अपने जीवन को बेहतर ढंग से जीने में मदद मिलती है; तुम्हारी बीवी ने मुझे ख़ून से सना कपड़ा दिया था, जिसको मैं हमेशा अपने साथ रखता हूँ, जबकि मैं डॉक्टर हूँ और इस नाते रोज़-रोज़ मौत को बहुत क़रीब से देखता हूँ।'

'क्या उसने कपड़ा देते समय तुमको कुछ बताया था?'

'मेरी किताबों के बारे में वह बहुत उदारता से बात कर रही थी। उसने कहा कि मेरे अंदर यह क्षमता थी कि मैं तकनीक को अंतर्दृष्टि से, अनुशासन को प्रेम के साथ मिला देने की क्षमता रखता था। एस्तर ने मुझे यह कहा था कि एक सैनिक ने मरने के पहले उससे कहा कि वह उसके ख़ून में सना कपड़ा ले जाए, उसके टुकड़े करके ऐसे लोगों में बाँटे जो सच में इस संसार के वास्तविक रूप को समझना चाहते थे। मैं सोचता हूँ कि तुम्हारी सारी किताबों के साथ उस कमीज का कोई टुकड़ा भी होगा।'

'नहीं, मेरे पास नहीं है।'

'क्यों?'

'मुझे कारण पता है, या मुझे समझ में आने लगा है।'

'अब मैं सिर्फ़ तुम्हारा डॉक्टर नहीं तुम्हारा दोस्त भी हूँ; इसलिए मैं तुमको एक सलाह देता हूँ। अगर वह लड़का जिसको मिर्गी के दौरे पड़ते हैं और जो कहता है कि वह भविष्य में देख सकता है, तो उसको चिकित्सा-विज्ञान के बारे में कुछ नहीं पता।'

जगरेब, क्रोएशिया
6.30 सुबह

मेरी और मैं बर्फ़ से जमे के झरने के पास बैठे थे। ऐसा लग रहा था इस साल वसंत ने नहीं आने का फ़ैसला कर लिया था; ऐसा लग रहा था जैसे सर्दियों के बाद सीधे गर्मी आएगी। झरने के बीच में एक खंबा था और उसके ऊपर एक मूर्ति।

मैंने पूरी दोपहर इंटरव्यू देते बिताई थी और अपनी नई किताब के बारे में एक शब्द और नहीं कह सकता। सभी पत्रकार एक जैसे सवाल पूछते हैं : क्या मेरी पत्नी ने किताब पढ़ी है (पता नहीं); क्या मुझे ऐसा लगता है कि आलोचकों ने मेरे साथ न्याय नहीं किया (क्या?); क्या *उधेड़ने का समय और सीने का समय* पढ़कर मेरे पाठक सदमे में आ गए, क्योंकि उसमें मैंने अपने निजी जीवन के बारे में बहुत कुछ ख़ुलासा किया है (एक लेखक अपनी ही ज़िंदगी के बारे में लिख सकता है); क्या इस किताब पर फ़िल्म बनेगी (मैं यह बात ना जाने कितनी बार कह चुका हूँ कि फ़िल्म पाठक के दिमाग़ में चलती है और मैं अपनी किसी किताब के फ़िल्म-अधिकार नहीं बेचता); प्रेम के बारे में मेरी क्या धारणा है; मैंने प्रेम पर लिखना क्यों चुना : कोई प्रेम, प्रेम, प्रेम से ही ख़ुश कैसे रह सकता है...

इंटरव्यू ख़त्म होने के बाद प्रकाशक की तरफ़ से रात का भोजन - यह सब रवायत का हिस्सा होता है। मेज़ पर वहाँ के जाने-माने लोग बैठे थे, जैसे ही मैं मुँह में चम्मच डालने वाला था कि उनमें से किसी ने टोक दिया, आम तौर पर सब एक से सवाल पूछते हैं : 'आपको प्रेरणा कहाँ से मिलती है?' मैं खाने की कोशिश करने लगा, लेकिन मुझे विनम्र भी बने रहना था, मुझे बात भी करनी थे, मशहूर हस्ती होने का अपना फ़र्ज़ पूरा करना है,

कुछ मज़ेदार कहानियाँ सुनानी थीं, उनके ऊपर अच्छा प्रभाव छोड़ना था। मुझे पता है कि असली नायक प्रकाशक होता है, क्योंकि वह कभी नहीं कह सकता है कि कोई किताब बिकेगी या नहीं; वह केला या साबुन बेच सकता था; वह ज़्यादा आसान होता : वे अहंकारी नहीं होते, अगर उनको प्रचार अभियान पसंद नहीं आता तो वे कोई शिकायत नहीं करते या उनकी कोई किताब किसी दुकान में दिखाई नहीं देती तो भी वे कुछ नहीं कहते।

रात के खाने के बाद यह सामान्य तौर पर होता है : वे मुझे अपने शहर के स्मारक दिखाना चाहते हैं, ऐतिहासिक स्थल, फ़ैशनेबल बार। हमेशा एक गाइड होता है जो लगभग हर चीज़ के बारे में जानता है और मेरे दिमाग़ में सूचनाएँ भर देता है, और मुझे ऐसे जताना होता है जैसे मैं सच में सुन रहा हूँ और दिलचस्पी दिखाने के लिए बीच-बीच में सवाल भी पूछता रहता हूँ। मैं जिन-जिन शहरों में अपनी किताबों के प्रचार-प्रसार के लिए गया हूँ मैं वहाँ के सभी स्मारकों, संग्रहालयों और ऐतिहासिक स्थलों को जानता हूँ - लेकिन मुझे उनमें से कुछ भी याद नहीं। मुझे वह याद रह जाता है जो अचानक हो जाता है, पाठकों के साथ मुलाक़ात, कई बार, शायद कोई सड़क जिसके ऊपर मैं चल रहा होता था, उससे कोने में मुड़ने पर मुझे कुछ बहुत अच्छा दिखाई दे जाता।

एक दिन मैं यात्रा करने वालों के लिए एक किताब लिखने वाला हूँ, जिसमें केवल नक़्शे होंगे, होटलों के पते, और उस किताब के बाक़ी पन्ने ख़ाली होंगे। इस तरह से लोग अपनी योजना खुद बनाएँगे, अपने आप रेस्तराँ, स्मारक, और उन सभी शानदार जगहों की तलाश करेंगे जो हर शहर में होता है, लेकिन जिनका कभी ज़िक्र नहीं किया जाता क्योंकि जो इतिहास हमें पढ़ाया गया है, उसमें उनका उल्लेख इस शीर्षक के अंतर्गत नहीं होता कि 'वे स्थान जो आपको ज़रूर देखने चाहिए।'

मैं जगरेब पहले भी आ चुका हूँ। और इस फ़व्वारे का ज़िक्र किसी टूरिस्ट गाइड में नहीं मिलता, लेकिन यहाँ मैंने जितनी चीज़ें देखी हैं उनमें सबसे ज़रूरी मुझे यही लगा - कारण यह है कि यह सुंदर है, क्योंकि इसको मैंने अचानक खोज लिया, और क्योंकि इसका संबंध मेरी ज़िंदगी की एक कहानी से है। कई साल पहले जब मैं जवान था और रोमांच की तलाश में दुनिया भर में घूम रहा था तो मैं क्रोएशिया के एक पेंटर के साथ इसी स्थान पर बैठा था जो मेरे उस सफ़र के दौरान ज़्यादातर वक़्त साथ रहा। मैं टर्की

जा रहा था और वह अपने घर। हम लोगों ने यहीं एक दूसरे से अलविदा कहा, हम लोगों ने दो बोतल वाइन पी और जब हम साथ थे उस दौरान की हर बात की, धर्म के बारे में, औरतों के बारे में, संगीत के बारे में होटलों की दरों के बारे में, ड्रग्स के बारे में। हमने प्रेम को छोड़ हर चीज़ के बारे में बात की, क्योंकि वे लोग तो थे जिनको हम प्यार करते थे, लेकिन उसके बारे में बात करने की कोई ज़रूरत नहीं थी।

जब वह पेंटर घर चला गया तो मैं एक लड़की से मिला और हम लोगों ने तीन दिन साथ-साथ बिताए और एक दूसरे को जमकर प्यार किया, क्योंकि हम यह जानते थे कि यह सब ज़्यादा दिन तक नहीं चलने वाला था। उसने मुझे उन लोगों को समझने में मदद की थी और मैं उसको कभी नहीं भूल सकता, जैसे मैं झरने को कभी नहीं भूल सकता या अपने साथ सफ़र करने वालों को अलविदा कहना।

इसी वज़ह से इंटरव्यू, ऑटोग्राफ़, रात का भोजन, स्मारकों की यात्रा के बाद मैंने अपने प्रकाशक को मनाया कि वह मुझे इस फ़व्वारे के पास ले कर चले। आधे घंटे की खोज के बाद हम लोग इसको खोज पाने में सफल रहे। मैंने एक बोतल वाइन की माँग की, हम लोगों ने सभी लोगों को अलविदा कहा, और मैं मैरी के साथ उसी जगह पर एक दूसरे की बाँहें थामे ख़ामोशी से बैठा रहा, वाइन पीते हुए सूरज के उगने का इंतज़ार करते रहा।

'ऐसा लग रहा है कि तुम रोज़-ब-रोज़ ख़ुश होते जा रहे हो,' उसने मेरे कंधे पर सिर रखते हुए कहा।

'इसका कारण यह है कि मैं जो हूँ उसको भूलने की कोशिश कर रहा हूँ। या यूँ कहें कि मैं अपने पूरे इतिहास का बोझ अपने कंधे पर नहीं उठाना चाहता।'

मैंने उसको बंजारे के साथ मिख़ाइल की बातचीत के बारे में बताया।

'यह तो अभिनेताओं की तरह करना हुआ,' उसने कहा। 'हर नई भूमिका को निभाने के लिए उस किरदार में घुसने के लिए हम लोग जो होते हैं, उस रूप में जीना बंद करना पड़ता है। जिसके कारण हम सनकी हो जाते हैं, कुछ समझ नहीं आता। अपने निजी इतिहास का त्याग कर देना इतना अच्छा ख़याल है, तुमको क्या लगता है?'

'तुमने कहा नहीं कि मैं पहले से बेहतर दिखने लगा हूँ?'

'अपने आप में उतने डूबे हुए नहीं लग रहे। वैसे इस बात से मैं हैरान हूँ कि जिस तरह से तुमने तब तक चैन से नहीं रहने दिया जब तक कि तुमको फ़व्वारा मिल नहीं गया, लेकिन यह बात तुम्हारी उस बात के ख़िलाफ़ जाती है जो तुमने अभी कही, क्योंकि वह फ़व्वारा तुम्हारे अतीत का हिस्सा है।'

'मेरे लिए यह फ़व्वारा एक प्रतीक है, लेकिन मैं इस फ़व्वारे को अपने साथ बाँध कर नहीं ले जा सकता, मैं हर वक़्त इसी के बारे में नहीं सोचता रहता, मैं इसकी तसवीर खींचकर दोस्तों को नहीं दिखाता, मैं उस पेंटर या उस लड़की को याद नहीं करता, जिसके साथ मुझे प्यार हो गया था। यहाँ वापस आकर बहुत अच्छा लगा, लेकिन अगर मैं नहीं आता तो भी इससे मेरे उस अनुभव के ऊपर कोई प्रभाव नहीं पड़ता, जो मुझे पहली बार हुआ था।'

'तुम जो कह रहे हो उस बात को मैं समझ रही हूँ।'

'मैं ख़ुश हूँ।'

'और मैं उदास हूँ, क्योंकि इसके कारण मैं यह सोचने लगती हूँ कि तुम जाने वाले हो। जब हम पहली बार मिले तभी से मैं तुमको समझती हूँ, लेकिन यह अभी भी मुश्किल है, क्योंकि मुझे तुम्हारे साथ रहने की आदत पड़ गई है।'

'यही तो मुश्किल है कि हमें चीज़ों की आदत पड़ जाती है।'

'यह मानवीय बात भी है।'

'यही वजह है कि मैंने जिस औरत से शादी की वह ज़ाहिर हो गई। जब तक मेरा एक्सिडेंट नहीं हुआ था तब तक मुझे यही लगता था कि मैं केवल उसके साथ ही ख़ुश रह सकता था, इसलिए नहीं कि मैंने दुनिया में उसको किसी से भी ज़्यादा प्यार किया था, बल्कि मुझे यह लगता रहा कि एक वही मुझे समझ सकती थी; उसको मेरी पसंदों के बारे में पता था, मेरी सनकों के बारे में, जिस तरह से मैं दुनिया को देखता हूँ उसको। उसने मेरे लिए जो किया था मैं उसके लिए उसका आभारी था, और मैं यह सोचता था कि मैंने उसके लिए जो किया उसके लिए उसको मेरा आभारी होना चाहिए। मैं दुनिया को उसकी निगाहों से देख रहा था। तुमको दो आग बुझाने वालों की वह कहानी याद है जो आग बुझाकर जब बाहर निकलते हैं तो एक आदमी का चेहरा धुएँ से काला हो गया था?'

वह तनकर बैठ गई। मैंने ध्यान दिया कि उसकी आँखों में आँसू थे।

'मेरी दुनिया इसी तरह की थी,' मैं कहे जा रहा था। 'एस्तर की सुंदरता की परछाईं। क्या यह प्यार है या निर्भरता?'

'मुझे नहीं पता। मुझे लगता है कि प्रेम और निर्भरता का आपस में संबंध भी होता है।'

'हो सकता है। लेकिन यह सोचो कि *उधेड़ने का समय और सीने का समय* लिखने के बजाय, जो कि बहुत दूर जा चुकी एक औरत के नाम किसी चिट्ठी की तरह है, मैंने कोई और कहानी चुनी होती। उदाहरण के लिए, एक पति-पत्नी की कहानी, जो दस साल से साथ रह रहे हैं। वे हर दिन प्यार जताते थे, और अब सप्ताह में बस एक बार साथ सोते हैं, लेकिन इससे कोई फ़र्क़ नहीं पड़ता क्योंकि उनके बीच एक होने का भाव था, आपसी सहयोग था और संग-साथ था। वह इसलिए उदास रहता है, क्योंकि उसको अकेले डिनर करना पड़ता है, क्योंकि उसकी पत्नी देर तक काम करती है। जब वही कहीं जाता है तो उसको इस बात से नफ़रत-सी है, लेकिन वह उसको उसके काम का हिस्सा मानकर स्वीकार कर लेती है। उनको ऐसा महसूस होता है कि कहीं कुछ है जो कम है, लेकिन दोनों समझदार हैं, उम्रदराज हैं, और वे इस बात को जानते हैं कि उनके लिए इस रिश्ते को बनाए रखना कितना ज़रूरी है, चाहे वह बच्चे के लिए ही क्यों नहीं हो। वे काम और बच्चों को अधिक से अधिक समय देते हैं, वे अपनी शादी के बारे में कम से कम सोचने लगते हैं। सब कुछ सही से चलता लग रहा होता है, और यह पक्का था कि उनके जीवन में कोई दूसरा नहीं था।

लेकिन फिर भी उनको ऐसा लगता है कि कहीं कुछ गड़बड़ है। लेकिन वे समस्या को नहीं समझ पा रहे थे। समय गुज़रने के साथ वे एक दूसरे पर अधिक से अधिक निर्भर होते जाते हैं; उनकी उम्र बढ़ती जाती है; किसी नई ज़िंदगी की संभावना तेज़ी से ख़त्म होती जाती है। वे पढ़ने में या कढ़ाई में लगकर अपने आपको व्यस्त बनाए रखने की कोशिश करते रहते हैं, टेलिविज़न देखकर, दोस्तों से मिलकर, लेकिन डिनर के समय या डिनर के बाद हमेशा बातचीत होती रहती है। वह बहुत जल्दी चिढ़ जाता, वह पहले से ज़्यादा ख़ामोश रहने लगी। उनको यह महसूस होता है कि वे एक दूसरे से और अधिक दूर होते जा रहे थे, लेकिन उनको यह समझ नहीं आ रहा था कि क्यों? वे इस नतीजे पर पहुँचे कि शादी ऐसी ही होती है, लेकिन

वे इस बारे में अपने दोस्तों से बात नहीं करेंगे; वे लोगों के सामने ऐसे जताएँगे जैसे वे ख़ुशहाल पति-पत्नी हैं, एक दूसरे का सहयोग करते हैं और दोनों की एक जैसी पसंद है। पत्नी किसी से प्रेम करने लगती है और पति भी, लेकिन ज़ाहिर है यह कोई गम्भीर मसला नहीं बनता। जो बात ज़रूरी है वह यह कि जब लगे कि कुछ ठीक नहीं चल रहा है तो यह निहायत ज़रूरी है कि कुछ किया जाए, क्योंकि बाद में बदलाव के लिहाज से काफ़ी देर हो चुकी होती है।'

'मुझे यह कहानी पता है, लेकिन मैंने कभी इसका खुद अनुभव नहीं किया। और मुझे लगता है कि हम अपनी ज़िंदगी इस बात के प्रशिक्षण में गुज़ार देते हैं कि हम इस तरह के हालात के साथ जिएँ।'

मैंने अपना कोट उतारा और फ़व्वारे के छज्जे पर चढ़ गया। उसने मुझसे पूछा कि मैं क्या कर रहा था।

'मैं फ़व्वारे के बीच में उस कॉलम तक जाना चाहता हूँ।'

'पागल तो नहीं हो गए हो। वसंत का मौसम है और इस समय बर्फ़ बहुत पतली हो रही होगी।'

'मुझे उस कॉलम पर चढ़ना है।'

मैं एक पैर सतह पर रखता हूँ, बर्फ़ की पूरी परत आगे बढ़ने लगती है, लेकिन बर्फ़ टूटती नहीं। एक आँख उगते सूरज पर टिकाते हुए मैं ईश्वर के साथ बाज़ी लगाना चाहता हूँ : अगर मैं कॉलम तक पहुँच गया और बर्फ़ के टूटे बगैर वापस आ गया तो यह इस बात का संकेत होगा कि मैं सही रास्ते पर हूँ, और वे मुझे रास्ता दिखा रहे हैं कि मुझे किस दिशा में जाना चाहिए।

'पानी में गिर जाओगे।'

'तो? बुरे से बुरा क्या होगा कि मुझे ठंड लग जाएगी, लेकिन होटल यहाँ से अधिक दूर नहीं है और मुझे ज़्यादा परेशान नहीं होना होगा।'

मैंने दूसरा पैर बर्फ़ में रख दिया : अब मैं फ़व्वारे में था। किनारे से बर्फ़ टूटती और बर्फ़ की सतह पर कुछ पानी आ जाता, लेकिन बर्फ़ की परत टूटती नहीं थी। मैं कॉलम की तरफ़ बढ़ गया, वह महज चार मीटर की दूरी पर था और वहाँ से वापस आ जाता, मैंने बस इतना जोखिम उठाया था कि ठंडे पानी से नहा जाऊँ। हालाँकि मुझे यह नहीं सोचना चाहिए कि

क्या हो सकता है। मैंने पहला क़दम उठा लिया है और मुझे आख़िर तक बढ़ते जाना चाहिए।

मैं कॉलम तक पहुँच गया, उसको अपने हाथ से छुआ, मुझे अपने आसपास कुछ चटखने की आवाज़ सुनाई देती है, लेकिन मैं अभी भी बर्फ़ पर ही था। मेरे मन में एक विचार आता है कि मुझे वापस भाग जाना चाहिए, लेकिन कोई मुझे यह कहता है कि अगर मैंने ऐसा किया तो मेरे क़दम भारी हो जाएँगे, सख़्त हो जाएँगे और मैं पानी में गिर पड़ूँगा। मुझे धीरे-धीरे वापस जाना चाहिए।

सूरज मेरे सामने से उग रहा था; उसकी रोशनी से मेरी आँखें चौंधिया गईं। मुझे मेरी दिखाई दे रही थी जो दूसरी तरफ़ घूमी हुई थी, तथा पेड़ों और इमारतों के ढाँचे दिखाई दे रहे थे। बर्फ़ की जमी हुई चादर खिसक रही थी, नीचे से पानी सतह पर आ रहा था, लेकिन मैं जानता था - अच्छी तरह से जानता था - कि मैं किनारे लग जाऊँगा। मैं दिन के साथ मिलकर एक हो गया, अपनी पसंद के साथ, मुझे पता था कि जमे हुए पानी की सीमा क्या होती है; मुझे पता था कि इसके साथ कैसे निपटना है, इसकी मदद किस तरह माँगनी है, अपने आपको गिरने से किस तरह बचाना है। मैं एक तरह से मूर्च्छा जैसी हालत में जा रहा था, उन्माद जैसी हालत में; मैं एक बार फिर से बच्चा बन गया था, वह सब कर रहा था जो ग़लत था, जिसको करने की मनाही है, लेकिन जिससे मुझे बहुत अधिक ख़ुशी मिलती है। बहुत बढ़िया! ईश्वर के साथ बड़ा अजब समझौता है, कि 'मैंने ऐसा कर लिया तो वैसा हो जाएगा,' ये संकेत किसी बाहरी तत्व के कारण नहीं, बल्कि अपनी अंतर्दृष्टि के कारण, अपनी इस क्षमता के कारण मिले कि पुराने क़ायदों को भूलकर नए क़ायदे बनाने हैं।

मैं बहुत आभारी हूँ कि मैं मिख़ाइल से मिला, मिर्गी के दौरे वाले उस आदमी को ऐसा लगता है कि वह आवाज़ों को सुन सकता है। मैं रेस्तराँ में उसकी 'बैठकी' में गया, अपनी पत्नी की तलाश में और मैंने पाया कि मैं अपनी कमज़ोर परछाईं बनता जा रहा था। क्या एस्तर अभी भी मायने रखती है? मुझे लगता है, क्योंकि उसी के प्यार ने मेरी ज़िंदगी को बदल दिया और जो अब मेरी ज़िंदगी को पूरी तरह बदलने में लगा था। मेरा इतिहास पुराना हो चुका है और उसका बोझ उठाना भारी पड़ रहा था, और मेरे लिए बहुत गम्भीर बन गया था, क्योंकि मैं बर्फ़ पर चलने जैसे ख़तरे उठा

रहा था, ईश्वर के साथ शर्त लगा रहा था, संकेत को प्रकट होने के लिए मज़बूर कर रहा था। मैं यह भूल गया था कि सैंटियागो की सड़क पर चलते जाना होता है, व्यर्थ के किसी भी बोझ से मुक्त होने के लिए, अपने पास बस वही रखना जो रोज़मर्रा की ज़रूरत के लिहाज से हो, और प्रेम की ऊर्जा के मुक्त प्रवाह के लिए जगह बनाना, बाहर से अंदर की तरफ़ और अंदर से बाहर की तरफ़।

चरमराहट की आवाज़ फिर से आई और सतह पर एक दरार पड़ गई, लेकिन मैं जानता था कि मैं उसे पार कर लूँगा, क्योंकि मैं हल्का हूँ, इतना हल्का कि मैं बादलों पर भी चलूँगा तो धरती पर नहीं गिरूँगा। मैं अपनी प्रसिद्धि के बोझ के साथ नहीं हूँ, उन कहानियों के साथ नहीं जो मैंने सुनाईं, अपनाने के लिए कोई रास्ता नहीं है। मैं इतना पारदर्शी हो गया था कि सूरज की रोशनी मेरे शरीर में प्रवेश कर सकती थी और मेरी आत्मा को रोशन कर सकती थी। मैं देख पा रहा था कि मेरे अंदर अभी भी बहुत से अंधेरे थे, लेकिन मेहनत और साहस के साथ धीरे-धीरे वे भी निकल जाएँगे।

एक और क़दम, और मुझे घर में अपनी मेज़ पर रखे लिफ़ाफ़े की याद आ गई। जल्दी ही मैं उसको खोल लूँगा, और बजाय बर्फ़ पर चलने के मैं उस रास्ते चल दूँगा जो एस्तर के पास लेकर जा रहा हो। मैं ऐसा इसलिए नहीं करूँगा कि मैं यह चाहता हूँ कि वह मेरे बगल में रहे, बल्कि वह आज़ाद थी जहाँ चाहे वहाँ रहने के लिए। ऐसा इसलिए नहीं कि मैं दिन-रात ज़ाहिर के सपने देखता था, उस प्रिय तबाह कर देने वाले मोह का जो लगता है अब मिट चुका था। यह इसलिए नहीं कि मुझे अपने अतीत की आदत पड़ गई थी और मैं बड़ी शिद्दत से उसमें लौटना चाहता था।

एक और क़दम, चरमराहट की कुछ और आवाज़ें, लेकिन सुरक्षा और फ़व्वारे का किनारा पास आ गया था।

मैं लिफ़ाफ़ा खोलूँगा और एस्तर की तलाश में जाऊँगा, क्योंकि मिख़ाइल, आर्मेनियाई रेस्तराँ के उस गुरु, उस संत ने कहा था कि कहानी को अंत की ज़रूरत होती है। जब सभी कुछ कई-कई बार कहा जा चुका होगा, जब जिन स्थानों की मैंने यात्रा की, जो मैंने अनुभव किए, उसके कारण जो क़दम मैंने उठाए सब पुरानी याद बन जाएँगे तो शुद्ध प्रेम के सिवा कुछ बाक़ी नहीं रह जाएगा। मुझे ऐसा महसूस नहीं होगा कि मेरे ऊपर किसी का कोई 'क़र्ज़' है, मुझे ऐसा महसूस नहीं होगा कि मुझे उसकी ज़रूरत इसलिए

है, क्योंकि एक वही मुझे समझ सकती है, क्योंकि मुझे उसकी आदत है, क्योंकि उसको मेरे अच्छे-बुरे गुणों का पता है, उसको यह पता है कि सोने जाने के पहले मुझे ब्रेड का एक टुकड़ा खाना पसंद है और उठने के बाद अंतरराष्ट्रीय समाचार सुनना, कि हर सुबह मैं टहलने के लिए जाता हूँ, कि उसको धनुषबाज़ी पर मेरी किताबों के संग्रह के बारे में पता है, उसको पता है कि कम्प्यूटर के स्क्रीन के सामने मैं घंटों लिखते हुए बिताता हूँ, जब काम वाली बार-बार आवाज़ लगाते हुए कहने लगती है कि खाना मेज़ पर रखा है तो मैं कितना चिढ़ जाता हूँ।

यह सब ग़ायब हो जाएगा। जो बाक़ी रह जाएगा वह प्रेम होगा जो आसमान, सितारों, लोगों, फूलों, कीड़ों को हिला सकता है, वह प्रेम जो हमें ख़तरे के बावजूद बर्फ़ पर चलने के लिए प्रेरित कर देता है, जो हमें ख़ुशी और डर से भर देता है, और जो सभी कुछ को अर्थ से भर देता है।

मैं फ़व्वारे के सिरे को छू लेता हूँ, एक हाथ मेरी तरफ़ बढ़ता है, मैं उसको थाम लेता हूँ, और नीचे उतरते समय मैरी मुझे स्थिर रहने में मदद करती है।

'मुझे तुम्हारे ऊपर गर्व है। मैं ऐसा कुछ नहीं करूँगा।'

'कुछ समय पहले तक मैंने ऐसा नहीं किया होता; यह इतना बचकाना लगता है, गैर-ज़िम्मेदार, गैर-ज़रूरी, बेतुका। लेकिन मेरा पुनर्जन्म हुआ था और मुझे नए ख़तरे उठाने थे।'

'सुबह की रोशनी तुम्हारे लिए अच्छी है; तुम एक बुद्धिमान आदमी की तरह बात कर रहे हो।'

'कोई बुद्धिमान आदमी वह नहीं करेगा जो मैंने अभी किया।'

मुझे उस पत्रिका के लिए एक ज़रूरी लेख लिखना था, जो मेरे फ़ेवर बैंक का एक बड़ा मददगार रहा है। मेरे दिमाग़ में सैकड़ों, हज़ारों विचार चलते रहते हैं, लेकिन मुझे यह नहीं पता मुझे किसको लिखने में ध्यान लगाना चाहिए, अपना ख़ून जलाना चाहिए।

ऐसा नहीं है कि ऐसा पहली बार हो रहा था, बल्कि मुझे लगता है मानो जो भी ज़रूरी बात थी वह सब मैंने कह दिया, मुझे ऐसा महसूस होने लगता मानो मैं अपनी स्मृति को खो रहा हूँ और यह भूलता जा रहा हूँ कि मैं कौन हूँ।

मैं खिड़की के पास जाकर बाहर सड़क पर देखता। मैं अपने आपको यह भरोसा दिलवाने की कोशिश करता कि पेशेवर रूप से मैं परिपूर्ण हूँ और मुझे कुछ और साबित नहीं करना है, कि मेरे लिए यह अच्छा होगा कि मैं पहाड़ पर घर बनाकर रहने के लिए चला जाऊँ, टहलते हुए खाने और मौसम के बारे में बात करूँ। मैं अपने आपको बार-बार यह कहता रहा हूँ कि मैंने जो हासिल किया वह लगभग किसी और लेखक ने हासिल नहीं किया - मेरी किताबों का अनुवाद दुनिया की लगभग हर लिखी जाने वाली भाषा में हुआ है। फिर एक पत्रिका में लेख लिखने की क्या फ़िक्र करना, चाहे वह पत्रिका कितनी ही महत्त्वपूर्ण क्यों नहीं हो? फ़ेवर बैंक के कारण। तो क्या मुझे सच में कुछ लिखना चाहिए, लेकिन मैं लोगों को कहना क्या चाहता था? क्या मुझे उनसे यह कह देना चाहिए कि उनको हर वह कहानी भुला देनी चाहिए जो उनको सुनाई गई और उनको और अधिक ख़तरे उठाने चाहिए?

वे सब कहेंगे : 'मैं एक स्वतंत्र इंसान हूँ, बहुत-बहुत शुक्रिया। जो मुझे अच्छा लगेगा मैं वही करूँगा।'

क्या मुझे उनको यह कहना चाहिए कि उनको प्रेम की ऊर्जा को अधिक मुक्त रूप से प्रवाहित होने देना चाहिए?

वे कहेंगे : 'मुझे तो पहले से ही प्रेम महसूस होता है। असल में, मुझे और अधिक प्रेम महसूस होता है,' मानो प्रेम को उस तरह से मापा

जा सकता हो जिस तरह रेल की दो पटरियों के बीच की दूरी को मापा जा सकता है, या इमारत की ऊँचाई को मापा जाता है, या ब्रेड का एक टुकड़ा बनाने में कितने यीस्ट की ज़रूरत होती है।

मैं अपनी मेज़ पर लौट आया। मिख़ाइल ने मेरे लिए जो लिफ़ाफ़ा रखा था वह खुला हुआ था। अब मुझे यह पता था कि एस्तर कहाँ है; बस मुझे यह पता करना था कि वहाँ जाना किस तरह है। उसको फ़ोन करके मैंने बताया कि मैं बर्फ़ पर चल रहा था। वह प्रभावित हुआ। मैंने उससे पूछा कि वह रात में क्या कर रहा था, और उसने बताया कि वह अपनी गर्लफ्रेंड ल्यूक्रेसिया के साथ बाहर जाने वाला है, मैंने कहा कि मैं दोनों को डिनर के लिए ले जाना चाहता था। नहीं, आज नहीं, लेकिन अगर मैं चाहूँ तो उसके और उसकी दोस्त के साथ अगले सप्ताह डिनर कर सकता था।

मैंने उससे कहा कि अगले सप्ताह मुझे अमेरिका में भाषण देना था। कोई जल्दी नहीं है, उसने जवाब दिया, हम दो सप्ताह इंतज़ार कर सकते हैं।

'आपको एक आवाज़ सुनाई दी होगी, जिसने आपको बर्फ़ पर चलने के लिए कहा होगा,' उसने पूछा।

'नहीं, मुझे ऐसी कोई आवाज़ सुनाई नहीं दी।'

'फिर अपने ऐसा क्यों किया?'

'कारण यह था कि मुझे ऐसा लगा कि यह किया जाना चाहिए।'

'यह भी आवाज़ को सुनने का एक तरीक़ा है।'

'मैंने एक शर्त लगाई। अगर मैं बर्फ़ को पार कर गया तो इसका मतलब यह था कि मैं तैयार था। और मुझे लगता है कि मैं तैयार हूँ।'

'फिर उस आवाज़ ने तुमको क्या ज़रूरी संकेत दिए?'

'नहीं, उसने कोई संकेत नहीं दिया। जब हम लोग सीन नदी के किनारे थे, तो मैंने कहा था कि जब सही समय आएगा तो आवाज़ हमें बता देगी, मुझे पता था कि वह आपको भी बताएगी।'

'मैंने कहा ना कि मुझे आवाज़ सुनाई नहीं देती।'

'ऐसा आपको लगता है। सबको ऐसा ही लगता है। लेकिन फिर भी उसकी मौजूदगी ने जो मुझे कहा उसके आधार पर मैं यही कह सकता हूँ कि आदमी हर समय आवाज़ें सुनता रहता है। वे यह जानने में हमारी मदद करते हैं कि कब किसी संकेत से हमारा आमना-सामना होगा, समझे।'

मैंने बहस नहीं करने का फ़ैसला किया। मुझे कुछ व्यावहारिक जानकारियाँ चाहिए : कार किराए पर कहाँ से लेनी है, सफ़र में कितना वक्त लगता है, घर किस तरह से खोजना होगा, नहीं तो नक़्शे के अलावा मेरे पास जानकारियाँ हैं, उनमें कुछ भी ठोस नहीं है - झील के किनारे-किनारे चलना है, एक कम्पनी का निशान देखना है, दाएँ मुड़ना है, वगैरह-वगैरह। शायद उसको पता हो कि कोई ऐसा हो जो मेरी मदद कर सकता हो।

हमने अपनी अगली मुलाक़ात के बारे में तय किया। मिख़ाइल ने मुझसे कहा कि जितना सादा हो सके उतना सादे कपड़े पहनूँ - 'ट्राइब' के लोग पेरिस में पैदल चलने वाले थे। मैंने पूछा कि ये 'ट्राइब' कौन-सी है। 'वे लोग वे हैं, जो मेरे साथ रेस्तराँ में काम करते हैं,' उसने संक्षेप में जवाब दिया। मैंने उससे पूछा कि क्या उसके लिए मैं अमेरिका से कुछ ला सकता हूँ, तो उसने जवाब दिया कि हो सके तो दिल टूटने की कोई दवा ला दूँ। मैंने सोचा कि इससे भी अधिक दिलचस्प चीज़ें मैं लेकर आ सकता था, लेकिन मैंने उसकी बात नोट कर ली।

★★★

और लेख?

मैं मेज़ पर वापस गया, यह सोचने लगा कि मुझे क्या लिखना था, खुले लिफ़ाफ़े को एक बार और देखा, और इस नतीजे पर पहुँचा कि अंदर मुझे जो मिला उससे मुझे हैरानी नहीं हुई। मिख़ाइल से कुछ मुलाक़ातों के बाद मुझे यह बात समझ में आ गई थी।

एस्तर मध्य एशिया के घास के मैदानों में एक छोटे-से गाँव में रही थी; और खुलकर कहूँ तो कज़ाकिस्तान के एक गाँव में।

मुझे कोई जल्दी नहीं थी। मैं अपनी कहानी पर एक बार और काम करते रह सकता था, जिसको मुझे मैरी को पूरे विस्तार से सुनाना था; उसने भी यही करने का तय किया था, और उसने जो बातें बताई हैं उनमें से कुछ बातों को सुनकर मैं हैरान था, लेकिन बताने का तरीक़ा कामचलाऊ; उसमें आत्मविश्वास अधिक था, चिंता कम।

मुझे समझ नहीं आ रहा था कि मैं क्यों एस्तर को खोजना चाहता था, उसके प्रेम ने मेरी ज़िंदगी को रोशन कर दिया, मुझे नई-नई चीज़ें सिखाईं,

जो मुझे लगता है कि अपने आप में काफ़ी था। लेकिन मुझे याद है कि मिख़ाइल ने क्या कहा था : 'कहानी को उसके अंत की ज़रूरत होती है,' और मैंने आगे बढ़ने का फ़ैसला किया। मुझे लगता था कि मैं उस पल का पता लगा लूँगा, जब हमारे विवाह की बर्फ़ चटकी थी, और किस तरह हम ठंडे पानी में चलते रहे मानो कुछ हुआ ही नहीं हो। मुझे पता है कि उस गाँव में पहुँचे बिना ही मैं इसकी तलाश कर लूँगा, ताकि इस चक्र को पूरा करूँ या इसको और बड़ा बना लूँ।

लेख! क्या एस्तर फिर से ज़ाहिर हो गई थी, जो मुझे किसी और चीज़ पर एकाग्र करने नहीं दे रही?

नहीं, जब मुझे कुछ जल्दी में करना होता है, कुछ ऐसा काम जिसमें रचनात्मक ऊर्जा लगती है, तो उसके लिए मेरे काम करने का तरीक़ा यह है : मैं जिस तरह पागलपन जैसी हालत में आ जाता हूँ, यह सोचता हूँ कि इस काम को छोड़ ही दूँ, और फिर जो लिखना होता है वह लिखा जाता है। मैंने इस काम को अलग तरह से करने की कोशिश भी की, सब कुछ बहुत ध्यान से करने की कोशिश की, लेकिन मेरी कल्पना तभी काम करती है जब उसके ऊपर बहुत दबाव होता है। मुझे फ़ेवर बैंक का आदर करना चाहिए, मुझे तीन पन्नों में पता है क्या लिखना चाहिए - स्त्री-पुरुष संबंधों की समस्याओं के बारे में। सब लोगों को छोड़कर, मैं! लेकिन संपादकों को ऐसा लगता है कि जिस आदमी ने *उधेड़ने का समय और सीने का समय* जैसी किताब लिखी हो, वह इंसान के मन को ख़ूब अच्छी तरह समझता है।

मैं इंटरनेट पर लॉग इन करने की कोशिश करता हूँ, लेकिन वह काम नहीं कर रहा है। जब से मैंने उसके कनेक्शन को नष्ट कर दिया था, तब से वह पहले की तरह काम नहीं कर रहा। मैंने बहुत से तकनीकशियनों को बुलवाया, लेकिन जब वे आए तो उनको कम्प्यूटर में कुछ गड़बड़ नहीं लगी। उन्होंने मुझसे पूछा कि मैं किस बात की शिकायत कर रहा था, आधे घंटे तक जाँच-परख़ करते, उसके कनफ़िगरेशन को बदल देते, और फिर मुझे यह बताते कि समस्या कम्प्यूटर में नहीं सर्वर में है। मुझे भरोसा हो जाता कि असल में सब कुछ सही था, और मुझे इस बात का अफ़सोस होने लगता कि मैंने मदद क्यों माँगी। दो या तीन घंटे के बाद कम्प्यूटर और इंटरनेट कनेक्शन दोनों काम करना बंद कर देते। महीनों शारीरिक और मानसिक तकलीफ़ को सहने के बाद मैंने यह मान लिया कि तकनीक मुझसे अधिक

मज़बूत और शक्तिशाली है : वह तभी काम करती है जब उसका मन होता है, और जब वह काम नहीं करे तो सबसे अच्छा यह होता है कि बैठकर अख़बार पढ़ा जाए या टहलने के लिए जाया जाए, और इंतज़ार किया जाए जब तक कि फ़ोन और केबल अच्छे से काम करने लगे और कम्प्यूटर फिर से काम करने के लिए मान जाए। मुझे इस बात का अहसास हो गया था कि मैं अपने कम्प्यूटर का मालिक नहीं हूँ : इसकी अपनी ज़िंदगी है।

मैंने एक-दो बार और कोशिश की, फिर मुझे अपने अनुभव से यह पता चल गया कि फिलहाल और कोशिश करने का कोई मतलब नहीं। दुनिया के सबसे बड़े पुस्तकालय इंटरनेट ने वर्तमान में मेरे लिए दरवाज़े बंद कर लिए थे। प्रेरणा के लिए कुछ पत्रिकाएँ पढ़ने का इरादा भी बुरा नहीं? मैंने हाल में ही आई एक पत्रिका उठाई और उसमें एक महिला का अजीब और इंटरव्यू पढ़ने लगा, उसने पता है किस विषय पर किताब लिखी थी? प्रेम? यह विषय लगता है, सबको प्रेरित कर रहा है।

पत्रकार का सवाल था कि क्या इंसान को ख़ुशी मिलने का एक ही जरिया है, अपने प्रेमी या प्रेमिका की तलाश। वह औरत कहती है 'नहीं।'

यह विचार कि प्रेम से ख़ुशी मिलती है, बहुत आधुनिक धारणा है, 17वीं शताब्दी के अंत से। तब से लोगों को यह सिखाया जाने लगा कि प्रेम सदा-सदा के लिए होना चाहिए और विवाह प्रेम की सबसे बेहतर संस्था है। उससे पहले, इसको लेकर कोई ख़ास उम्मीद नहीं रहती थी कि प्रेम को बहुत लम्बे समय तक क़ायम रहना चाहिए। रोमियो और जूलिएट कोई सुख भरी प्रेम कहानी नहीं है, यह एक त्रासदी है। पिछले कुछ दशकों में निजी संतोष के लिए शादी से उम्मीदें कुछ अधिक बढ़ गई हैं, उसी तरह निराशा और असंतोष भी।

यह काफ़ी साहसी बात है, लेकिन मेरे लेख के लिए अच्छा नहीं होगा, कारण यह है कि मैं उससे बिलकुल सहमत नहीं था। मैं अपने किताब की रैक में ऐसी कोई किताब ढूँढ़ने लगा, जिसका विषय स्त्री-पुरुष संबंध नहीं हो : उत्तरी मेक्सिको की जादू-परम्परा। जुनून से मुझे लेख लिखने में मदद नहीं मिलेगी; इसलिए मुझे अपने दिमाग़ को तरोताज़ा करने की ज़रूरत थी।

मैं किताब के पन्ने पलटने लगा कि अचानक कुछ पढ़कर मुझे हैरानी हुई :

अकोमोदादोर या हार मान लेने का बिंदु : हमारे जीवन में हमेशा कोई ऐसी घटना होती है, जिसके कारण हम तरक़्क़ी नहीं कर पाते : कोई बड़ा सदमा, ख़ासकर कोई बुरी हार, प्रेम में निराशा, या ऐसी कोई जीत भी, जिसको हम ठीक से समझ नहीं पाए, इन बातों के कारण हम डरपोक हो जाते हैं और जो हमें आगे बढ़ने से रोकता है। अपनी अंदरूनी शक्ति को बढ़ाने के लिए जादूगर या ओझा को सबसे पहले अपने आपको हार मान लेने के बिंदु से मुक्त करना होता है, ऐसा करने के लिए उसको अपने पूरे जीवन की समीक्षा करनी पड़ती है और यह पता लगाना होता है कि ऐसा कब हुआ था।

अकोमोदादोर। यह धनुष चलाना सीखने के मेरे अनुभव के साथ मेल खाता लगा - मुझे इसी एक खेल में आनंद आता था - मुझे सिखाने वाले गुरु का कहना था कि किसी भी शॉट को दोहराया नहीं जा सकता, इसलिए अच्छे या बुरे शॉट से कुछ सीखने का कोई मतलब नहीं होता है। जो बात मायने रखती है, वह सैकड़ों या हज़ारों बार उसको दोहराना, जब तक कि अपने आपको लक्ष्य भेदने के इरादे से मुक्त नहीं कर लेते और स्वयं तीर, धनुष और लक्ष्य नहीं हो जाते। उस समय उस 'चीज़' (जापानी धनुष-बाण के रूप क्यूदो के मेरे गुरु कभी ईश्वर शब्द का प्रयोग नहीं करते थे) हमारी गतिविधियों को निर्देशित करने लगती है और तब जाकर हम बाण छोड़ते हैं, ना कि उस वक्त जब हम चाहते हैं, बल्कि जब वह 'चीज़' यह समझती है कि सही समय आ गया है।

अकोमोदादोर। मेरे निजी इतिहास का एक और हिस्सा उभर आता है। काश! मैरी यहाँ होती। मैं अपने बारे में बात करना चाहता हूँ, ताकि उसको बता सकूँ कि कैसे जब मैं बच्चा था तो मैं क्लास में सबसे लड़ता रहता था, सबको मारता रहता था, क्योंकि मैं क्लास में सबसे बड़ा था। एक दिन, मेरे चचेरे भाई ने मेरी ख़ूब पिटाई की, और उस दिन से मुझे यह लगने लगा कि मैं कभी किसी से लड़ाई में जीत नहीं पाऊँगा, उसी के बाद से मैं किसी से आमने-सामने लड़ने से बचता आया हूँ, जबकि इसके कारण मुझे अक्सर कायरों की तरह बर्ताव करना पड़ता था और अपनी प्रेमिकाओं या दोस्तों के सामने अपमानित हो जाना पड़ता था।

अकोमोदादोर। दो साल तक मैंने यह कोशिश की कि गिटार कैसे बजाया जाए। शुरू में तो मैं जल्दी-जल्दी सीखने लगा, लेकिन एक समय ऐसा आया जब मैं आगे कुछ और नहीं सीख पा रहा था, क्योंकि मुझे यह पता चल गया कि दूसरे लोग मुझसे अधिक तेज़ी से सीख रहे थे, जिससे मुझे लगने लगा था कि मुझे कुछ नहीं आता था, इसलिए इस बात को ध्यान में रखते हुए कि मुझे शर्मिंदा नहीं होना पड़े मैंने यह तय किया कि अब मुझे सीखना ही नहीं था। स्नूकर, फुटबॉल, साइकिल चलाने को लेकर भी मेरे साथ यही हुआ था। मैंने इतना ज़रूर सीख लिया कि हर चीज़ ठीक-ठाक कर सकता था, लेकिन एक न एक जगह पर आकर मैं फँस जाता था।

क्यों?

क्योंकि जो कहानी हम लोगों को बताई गई है उसमें हमेशा एक ऐसा पल आता है जब हम 'अपनी कगार' पर पहुँच जाते हैं। मुझे अक्सर याद आता है कि किस तरह लेखक के रूप में अपनी क़िस्मत को नहीं मानने के लिए मैं संघर्ष करता रहता था और किस तरह एस्तर हमेशा इस बात से इंकार करती रही कि *अकोमोदादोर* ने मेरे सपने के क़ायदे बनाए। मैंने अभी जो परिच्छेद पढ़ा वह इस विचार के अनुकूल है कि अपने निजी इतिहास को भूलकर केवल उसी स्वाभाविक बुद्धि के सहारे रहा जाए, जो इंसान की परेशानियों और त्रासदियों से विकसित होता है। मेक्सिको के जादूगर या ओझा वही काम कर रहे थे, जो मध्य एशिया के घास के मैदानों के बंजारे कहते थे।

अकोमोदादोर : 'जीवन में कोई न कोई ऐसी घटना होती है, जिसके कारण हम आगे नहीं बढ़ पाते हैं।'

यह बताता है कि आम तौर पर शादियों में क्या होता है और एस्तर के साथ मेरे रिश्तों में क्या हुआ था।

अब मैं उस पत्रिका के लिए लेख लिख सकता था। मैं कम्प्यूटर के पास गया और आधे घंटे के अंदर मैंने लेख का पहला प्रारूप लिख लिया और मैं इस परिणाम से ख़ुश था। मैंने संवाद शैली में एक कहानी लिखी, मानो वह कोई कहानी हो, जबकि असल में वह एक बातचीत थी, जो एम्सटर्डम के होटल के एक कमरे में हुई थी, जब मैं वहाँ किताब के प्रचार के लिए गया था और जब प्रकाशक के साथ खाना-पीना, घूमना-घुमाना हो गया, उसके

बाद मेरे लेख में किरदारों के नाम और उनकी परिस्थिति को हटा दिया गया था। असल में, एस्तर नाइटड्रेस में खिड़की से बाहर नहर को देख रही थी। तब तक वह युद्ध संवाददाता नहीं बनी थी, उसकी आँखें अभी भी ख़ुशी से चमक रही थीं, उसको अपना काम अच्छा लगता था, मेरे साथ जहाँ उसका मन होता वहाँ जाती थी, और ज़िंदगी किसी बड़े रोमांच की तरह थी। मैं बिस्तर पर चुपचाप लेटा था, मेरा दिमाग़ बहुत दूर था, उसकी फ़िक्र अगले दिन के कार्यक्रमों को लेकर थी।

‘पिछले सप्ताह मैंने एक आदमी का इंटरव्यू किया था, जो पुलिस पूछताछ का विशेषज्ञ था। उसने बताया कि वे अधिकतर सूचनाएँ “ठंडी/गर्म” तकनीक के माध्यम से हासिल करते हैं। शुरू में कोई आक्रामक पुलिस वाला सामने आता है और कहता है कि क़ानून का पालन करने का मेरा कोई इरादा नहीं है, वह चीख़ने-चिल्लाने लगता है और मेज़ पीटने लगता है। जब क़ैदी बहुत डर जाता है तो एक “सज्जन” पुलिस वाला आता है और अपने साथी पुलिस वाले से रुक जाने के लिए कहता है, क़ैदी को पीने के लिए सिगरेट देता है, उसके साथ दोस्त की तरह बर्ताव करने लगता है और उसको जो सूचना चाहिए होती है मिल जाती है।’

‘हाँ, मैंने इस बारे में सुना है।’

‘उसके बाद उसने मुझे एक और बात बताई, जिससे मुझे डर लग गया। 1971 में स्टैनफ़ोर्ड युनिवर्सिटी, कैलिफ़ोर्निया के शोधार्थियों के एक समूह ने एक पूछताछ की मानसिकता का अध्ययन करने के लिए एक कृत्रिम जेल का निर्माण किया। उन्होंने 24 विद्यार्थियों का चुनाव किया और उनको “पुलिस” और “अपराधी” में बाँट दिया।’

‘एक सप्ताह के बाद उनको यह प्रयोग रोक देना पड़ा। जो लड़के-लड़की “पुलिस” बने थे वे अच्छे परिवारों के अच्छे संस्कार वाले लड़के-लड़कियाँ थे, लेकिन वे इस प्रयोग के बाद राक्षस बन गए। क़ैदियों को पीड़ा पहुँचाना उनकी दिनचर्या बन गई और “क़ैदियों” का यौन उत्पीड़न सामान्य-सी बात हो गई। जो विद्यार्थी इस परियोजना में “पुलिस” और “अपराधी” दोनों ही बने थे, उनको बहुत सदमा पहुँचा और उनको लम्बे समय तक डॉक्टरी सलाह की ज़रूरत पड़ी, और इस प्रयोग को फिर कभी नहीं दोहराया गया।’

‘दिलचस्प।’

‘तुम्हारा क्या मतलब है “दिलचस्प” से? मैं किसी बहुत ज़रूरी बात के बारे में पूछ रहा हूँ : जब भी किसी इंसान को मौक़ा मिलता है वह बुराई करने लगता है। मैं अपने काम के बारे में बात कर रहा हूँ, उन चीज़ों के बारे में जो मैंने सीखी हैं!’

'यही बात मुझे दिलचस्प लगी। तुम इतना गुस्सा क्यों हो रही हो?'

'गुस्सा? मैं इस आदमी से गुस्सा कैसे हो सकता हूँ, जो मेरी बात पर ज़रा भी ध्यान नहीं दे रहा हो? मैं उससे गुस्सा कैसे हो सकता हूँ, जो मेरी बात पर ध्यान भी नहीं दे रहा हो, जो लेटकर आसमान के तारों को देख रहा हो?'

'आज रात तुमको कितनी पीनी है?'

'तुमको तो इस बात का जवाब भी नहीं पता, पता है? मैं शाम से तुम्हारे साथ हूँ और तुमको कुछ नहीं पता है कि मेरे पास पीने के लिए कुछ है या नहीं! तुम मुझसे तभी बात करते हो, जब तुमको किसी बात की हामी भरवानी होती है या तुमको अपने बारे में कोई कहानी सुनानी होती है!'

'देखो मैं सुबह से काम कर रहा हूँ और बहुत थक चुका हूँ। तुम बिस्तर पर आकर सो क्यों नहीं जाती? हम सुबह में भी बात कर सकते हैं।'

'क्योंकि मैं यह हफ़्तों, महीनों से कर रही हूँ, बल्कि पिछले दो साल से! मैं तुमसे बात करना चाहती हूँ, लेकिन तुम हमेशा थके रहते हो, इसलिए हम कहते हैं कि हम सो जाते हैं, कल बात करेंगे। लेकिन अगले दिन कुछ और काम हो जाता है, काम का अगला दिन होता है, प्रकाशकों के डिनर होते हैं, इसलिए हम कहते हैं कि हम सो जाते हैं, अगले दिन बात करेंगे। इसी तरह से मैं अपनी ज़िंदगी गुज़ार रही हूँ, उस दिन के इंतज़ार में जब तुम मेरी बगल में होगे, जब तुम मेरी बात सुनोगे; मैं यही चाहती हूँ कि एक ऐसी दुनिया बनाई जाए, जिसमें मुझे जब ज़रूरी हो शरण मिल जाए : ना इतनी दूर कि मेरी दुनिया आज़ाद लगने लगे, और ना इतनी पास कि ऐसा लगने लगे कि मैं तुम्हारी दुनिया में दख़ल दे रही हूँ।'

'तुम क्या चाहती हो कि मैं क्या करूँ? काम करना छोड़ दूँ? जिन चीज़ों को हासिल करने के लिए हम लोगों ने इतना संघर्ष किया सबको छोड़ कर जहाज में बैठकर कैरेबियाई द्वीप के लिए निकल जाऊँ? क्या तुमको यह बात समझ नहीं आती है कि मैं जो काम करता हूँ, उसमें मुझे मज़ा आ रहा है और अपनी ज़िंदगी को बदलने का मेरा ज़रा भी इरादा नहीं है?'

'तुम अपनी किताबों में प्रेम की महत्ता के बारे में बात करते हो, रोमांच की ज़रूरत के बारे में लिखते हो, अपने सपनों के लिए संघर्ष करने की ख़ुशी के बारे में। और मेरे सामने कौन है? एक ऐसी इंसान जो वह नहीं पढ़ता जो वह लिखता है। कोई जो सुविधा को प्रेम समझने लगता है,

रोमांच का मतलब समझता है बेवज़ह के ख़तरे उठाना, ख़ुशी को ज़िम्मेदारी समझ लेता है। वह आदमी कहाँ गया, जिसके साथ मैंने शादी की थी, जो मेरी हर बात को सुनता था?'

'वह औरत कहाँ गई, जिसके साथ मैंने शादी की थी?'

'तुम्हारा मतलब उससे है, जो हमेशा तुम्हारी मदद करती है, तुम्हारा उत्साह बढ़ाती है और तुमको प्यार देती है? उसका शरीर यहाँ है, एम्सटर्डम की नहर को देख रहा है, और मुझे ऐसा लगता है कि वह तुम्हारे साथ ज़िंदगी भर रहने वाली है। लेकिन उस औरत की आत्मा दरवाज़े पर खड़ी बाहर जाने के लिए तैयार है।'

'लेकिन क्यों?'

'इन तीन घटिया शब्दों के कारण : "हम कल बात कर लेंगे।" क्या यह काफ़ी नहीं है? अगर नहीं है तो ज़रा उस औरत के बारे में सोचो, जो ज़िंदगी को लेकर उत्साह से भरी रहती थी, नए-नए विचारों, ख़ुशियों और इच्छाओं से भरी रहती थी, वह अब एक घरेलू महिला बनाती जा रही है।'

'अफ़सोस की बात है।'

'हाँ सो तो है! यह बकवास है! बेतुकी बात है, ख़ासकर यह देखते हुए कि हम जो चाहते थे, आज हमारे पास वह सब है। हम लोग बड़े क़िस्मतवाले हैं, हमारे पास पैसे हैं, हमने कभी ऐसे प्रेम-प्रसंगों के बारे में बात नहीं की जो कि हो सकते थे, हम लोगों में कभी ईर्ष्या की खींचतान नहीं हुई। इसके अलावा, दुनिया में तीस लाख बच्चे भूख से मर जा रहे हैं, युद्ध हो रहे हैं, बीमारी, आँधी-तूफ़ान, हर घड़ी कोई न कोई त्रासदी हो रही है। इसलिए मुझे किस बात की शिकायत होगी?'

'क्या तुमको लगता है कि हमें बच्चा होना चाहिए?'

'इसी तरह से सभी पति-पत्नी अपनी समस्या को सुलझाते हैं - बच्चे पैदा करके। तुम ही वह इंसान हो, जिसने हमेशा अपनी आज़ादी को बहुत महत्त्व दिया है और बच्चों को बाद के लिए टाल दिया। क्या सच में तुम्हारा इरादा बदल गया है?'

'मुझे लगता है कि अब सही समय आ गया है।'

'हाँ, मेरे ख़याल में तुम और ग़लत नहीं हो सकते! मुझे तुम्हारा बच्चा नहीं चाहिए। मैं ऐसे आदमी से बच्चा चाहती हूँ, जिसको मैं जानती

हूँ, जिसके सपने हों, जो सदा मेरे पास रहे! अगर कभी मैं गर्भवती हुई तो उसके साथ होऊँगी, जो मुझे समझता हो, जो मेरे साथ रहे, जो मुझे सुने, जो सच में मेरी ख़्वाहिश रखता हो!'

'तुम इस समय नशे में *हो।* देखो, मैं वादा करता हूँ कि कल हम इस बारे में बात करेंगे, लेकिन प्लीज इस समय बिस्तर पर आ जाओ, मैं थक गया हूँ।'

'ठीक है, हम कल बात करेंगे। और अगर मेरी रूह जो इस समय दरवाज़े पर खड़ी है, वह जाने का फ़ैसला करती है तो मुझे शक है कि इससे हमारी ज़िंदगी पर बहुत अधिक प्रभाव पड़ेगा।'

'तुम्हारी रूह नहीं जाएगी।'

'तुम मेरी रूह, मेरे मन को बहुत अच्छी तरह समझते थे, लेकिन तुमने वर्षों से उससे बात नहीं की है, तुमको पता नहीं है कि यह कितना बदल गया है, यह कितनी *बेचैनी से* मिन्नतें कर रहा है कि इसकी बात सुनो। चाहे बातचीत का विषय अजीब ही क्यों हो, अमेरिकी युनिवर्सिटी में किए जाने वाले प्रयोगों के बारे में ही बात क्यों नहीं हो।'

'अगर तुम्हारी रूह इतनी बदल चुकी है, तो तुम वही कैसे हो सकती हो?'

'कायरता के कारण। क्योंकि मैं सच में ऐसा सोचती हूँ कि हम कल बात कर *लेंगे।* क्योंकि हमने मिलकर इतना कुछ बनाया है, जिसको मैं तबाह होते नहीं देख सकता। या इससे भी बुरा हो सकता है यह हो कि मैंने हार मान ली हो।'

'यही तुम मेरे ऊपर आरोप लगा रही हो।'

'सही कह रहे हो। मैंने तुम्हारी तरफ़ देखा, यह सोचते हुए कि मैं तुमको ही देख रही थी, जबकि सच बात यह है कि मैं अपने आपको देख रहा था। आज रात मैं ईश्वर से पूरे मन से प्रार्थना करने जा रही हूँ मेरी बाक़ी ज़िंदगी इस तरह से नहीं बीते।'

तालियों की आवाज़ सुनाई दे रही थी, हॉल भरा हुआ था। मैं वह काम करने वाला था जिसके कारण मुझे हमेशा रातों को नींद नहीं आती, मैं एक लेक्चर देने वाला था।

आयोजन के संचालक ने यह कहते हुए शुरुआत की कि मेरा परिचय करवाने की कोई ज़रूरत नहीं है, क्योंकि वह कुछ ज़्यादा हो जाएगा, क्योंकि यह इसी कारण से यहाँ आए थे और वे इस बात के बारे में बिलकुल नहीं सोच रहे हैं कि यहाँ आए बहुत सारे लोग ऐसे भी होंगे, जिनको उनके दोस्तों ने आमंत्रित किया हो। हालाँकि यह सब कहने के बावजूद उसने मेरे जीवन के बारे में कुछ बात की, एक लेखक के रूप में मेरे गुणों की चर्चा की, मेरे पुरस्कार वगैरह, और यह कि मेरी किताबें लाखों में बिकती थीं। उन्होंने प्रायोजकों का शुक्रिया अदा किया, और मेरी तरफ़ मुड़े, फिर मंच मेरा था।

मैंने वहाँ मौजूद लोगों से कहा कि मुझे जो सबसे ज़रूरी बात कहनी थी, लेकिन मुझे यह लगता है कि अपने पढ़ने वालों के लिए मेरी यह ज़िम्मेदारी है कि शब्दों और परिच्छेदों के पीछे के आदमी से परिचय करवाया जाए। मैंने यह कहा कि हम इंसान जिस तरह के हालात में रहते हैं, उसमें हमसे यह उम्मीद की जाती है कि हम केवल अपना सबसे अच्छा साझा करें, क्योंकि हम हमेशा प्यार और मान्यता की तलाश में होते हैं। हालाँकि मेरी किताबें बादलों के बीच से दिखाई देने वाले पहाड़ की चोटी की तरह लगेंगी, या समुद्र के बीच के द्वीप की तरह : जिसके ऊपर जब रोशनी पड़ती है तो सब कुछ अपनी जगह सही दिखाई देता है, लेकिन सतह के नीचे अज्ञात होता है, अंधेरा, अपने आपकी सतत तलाश।

मैं इस बारे में बात करूँगा कि *उधेड़ने का समय और सीने का समय* किताब लिखना कितने मुश्किल का काम था, और उस किताब के कई हिस्से मैंने जब दुबारा पढ़े तो मुझे अब समझ में आया, इससे लगता है मानो रचयिता से रचना हमेशा बड़ी होती है।

मैंने कहा कि ऐसे लेखकों के इंटरव्यू पढ़ना या उनको सुनने जाना बहुत उबाऊ होता है, जो अपनी किताबों के किरदारों के बारे में बताने में लगा रहता है : अगर कोई किताब अपने आपको समझा नहीं पाती है तो वह किताब पढ़ने लायक़ नहीं है। जब कोई लेखक आम लोगों के बीच आए तो उसको पाठकों को अपना संसार दिखाने की कोशिश करनी चाहिए, अपनी किताब के बारे में नहीं बोलना चाहिए; और इसी भावना में, मैं कुछ निजी बातों से शुरुआत करूँगा।

'कुछ समय पहले मैं जेनेवा में था, जहाँ मैंने कई इंटरव्यू दिए। एक दिन काम ख़त्म करने के बाद हुआ यह कि जिस महिला मित्र के साथ मुझे डिनर पर जाना था, वह आख़िरी समय में रद्द हो गया तो मैं शहर में टहलने के लिए निकल गया। वह बड़ी सुहानी रात थी, सड़कें ख़ाली थीं, बार और रेस्तराँओं में ख़ूब भीड़ थी, और सब कुछ बहुत शांत, व्यवस्थित सुंदर दिखाई दे रहा था कि अचानक मुझे यह महसूस हुआ कि मैं बहुत अकेला हो गया था।'

'कहने की ज़रूरत नहीं है कि उस साल ऐसे कई मौक़े आए थे, जब मुझे अकेलापान महसूस होने लगा। यह बताने की ज़रूरत नहीं है कि मेरी प्रेमिका हवाई जहाज से बस दो घंटे की दूरी पर थी। यह बताने की भी ज़रूरत नहीं लगती कि इससे अच्छा क्या हो सकता था कि दिन भर काम करने के बाद आप पुराने शहर की गलियों के चक्कर लगाएँ, किसी से बात किए बगैर, आसपास की सुंदरता का आनंद उठाते हुए। अचानक बहुत अकेलापन सताने लगा, कि कोई ऐसा नहीं था, जिसके साथ मैं शहर को साझा कर पाता, टहलने को लेकर, और जो बातें मैं करना चाह रहा था।'

'मैंने अपना फ़ोन बाहर निकाला; आख़िरकार इस देश में मेरे अनेक दोस्त थे, लेकिन किसी को फ़ोन करने के लिहाज से बहुत देर हो चुकी थी। मैंने सोचा कि किसी बार में जाकर कुछ पिया जाए; लेकिन कोई न कोई मुझे पहचान लेता और अपने साथ बैठने के लिए बुला लेता। लेकिन मैंने अपने लालच पर क़ाबू पाया, उस पल को गुज़र जाने दिया, इस सबके बीच मुझे यह पता चला कि इससे बुरा कुछ नहीं होता कि कोई आपके होने ना होने की परवाह नहीं करे, इस बात में किसी की दिलचस्पी नहीं हो कि हम ज़िंदगी के बारे में क्या कहना चाहते हैं, और हमारे होने नहीं होने से कोई फ़र्क़ नहीं पड़ता क्योंकि यह दुनिया यूँ ही चलती रहेगी।'

'मैं यह सोचने लगा कि उस समय कितने करोड़ लोग ऐसे होंगे, जिनको उस समय अपना होना फ़ालतू लग रहा होगा, चाहे वे कितने ही सुंदर, ख़ुशमिज़ाज क्यों नहीं हों - क्योंकि उस रात वे अकेले थे, पिछली रात भी अकेले थे, और हो सकता है कि आने वाली रात भी वे अकेले ही रहें। पढ़ने वाले बच्चे किसके साथ बाहर निकलें समझ नहीं आ रहा, बुज़ुर्ग टीवी के सामने बैठे हैं, मानो वहीं उनको मुक्ति मिलेगी, व्यवसायी होटल के कमरों में बैठे हैं, यह सोचते हुए कि वे जो कर रहे थे उसका कोई मतलब भी था, वे औरतें जो दोपहर में मेकअप कर रही थीं, बाल बना रही थीं ताकि बार में ऐसे जाएँ जैसे उनको किसी का साथ नहीं चाहिए; वे बस यही चाहती हैं कि उनको इस बात का अंदाज़ हो जाए कि वे अभी भी सुंदर लगती थीं या नहीं; उनके पास मर्द आते हैं, उनको छेड़ते हैं, उनसे बातें करते हैं, लेकिन वे हिक़ारत के साथ सब को मना कर देती हैं, क्योंकि उनका स्तर उनको नीचा लगता है और उनको इस बात का डर भी है कि उन मर्दों को यह पता चल जाएगा कि वे एकल माँ हैं या दफ़्तर में काम करने वाली क्लर्क, जिनको देश-दुनिया के बारे में कुछ पता नहीं, क्योंकि वे सुबह से शाम अपनी आजीविका के लिए काम करती हैं और उनके पास अख़बार पढ़ने का समय नहीं होता। जो लोग अपने आप को आईने में देखते हैं और यह सोचते हैं कि वे कुरूप हैं, और जिनको यह लगता है कि सुंदर होना ही सबसे बड़ी बात होती है, और वे ऐसी पत्रिकाओं को पढ़ने में समय बिताते हैं, जिनमें सब सुंदर, अमीर और प्रसिद्ध दिखते हैं। ऐसे पति-पत्नी जो यह सोचते रह जाते हैं कि वे पहले की तरह डिनर के समय बात कर सकें, लेकिन हमेशा दूसरी बातें ज़रूरी हो जातीं और डिनर के समय की बात कल के लिए टल जातीं जो कभी नहीं आता।'

'उस दिन, मैंने उस दोस्त के साथ लंच किया, जिसका अभी तलाक़ हुआ था और उस महिला ने मुझे बताया : 'अब मैं उस आज़ादी का मज़ा उठा सकती हूँ, जिसका सपना मैं हमेशा देखा करती थी।' लेकिन यह झूठ है। कोई भी ऐसी आज़ादी नहीं चाहता : हम सब समर्पण चाहते हैं, हम सब चाहते हैं कि कोई हमारे बगल में हो, जिसके साथ बैठकर जेनेवा की सुंदरता का मज़ा उठा सकें, किताबों के बारे में बात कर सकें, इंटरव्यू, फ़िल्मों के बारे में बात करें या यहाँ तक कि एक ही सैंडविच को साझा करें, क्योंकि हो सकता है कि दो सैंडविच ख़रीदने के लिए पास में पैसे नहीं हों। पूरी

सैंडविच खाने से बेहतर है कि आधा-आधा खाया जाए। यह बेहतर है कि कोई ऐसा आदमी रास्ते में आ जाए जो घर सीधे जाना चाहता है, क्योंकि टीवी पर आज रात कोई बड़ा खेल है या उस औरत से जो एक दुकान के बाहर आकर रुकती है, हम कैथेड्रल टावर के बारे में जो बात कर रहे होते हैं उसके लिए टोक देती है, यह उससे कहीं अच्छी बात है कि जेनेवा में अकेले आया जाए और हर बार वहाँ शांति से घूमा जाए।'

'अकेले रहने से अच्छा होता है, भूखा रह जाना - और मैं यहाँ ऐसे एकांत की बात कर रहा हूँ, जो आपने चुना नहीं, बल्कि आपके ऊपर थोप दिया गया - यह इस तरह की बात हुई मानो आप मानव जाति का हिस्सा ही नहीं रह गए हों।'

'नदी की दूसरी तरफ़ एक सुंदर होटल मेरा इंतज़ार कर रहा था, आलीशान कमरे थे, कर्मचारी पूरी तरह से ख़याल रखने वाले, सेवा पाँच सितारा। और इसकी वज़ह से मुझे बहुत बुरा महसूस हो रहा था, जबकि मैंने जो चीज़ें हासिल की थीं, उसके लिए मुझे संतुष्ट महसूस करना चाहिए था।'

'दूसरी तरफ़, मैंने ऐसे लोगों को भी देखा जो इसी तरह के हालात में थे और मैंने ध्यान दिया कि उनमें दो तरह के लोग थे : एक जो अहंकारी दिखते थे, क्योंकि वे यह दिखाने की कोशिश करते रहते कि अकेली रातों में उन्होंने अकेले रहने के चुनाव किया था, और दूसरे लोग उस तरह के थे, जो उदास दिखाई दे रहे थे और अकेले होने को लेकर शर्मिंदा महसूस कर रहे थे।'

'मैं आप लोगों को यह सब इसलिए कह रहा हूँ, क्योंकि मुझे याद आया कि एक दिन मैं एम्सटर्डम एक होटल के कमरे में एक औरत के साथ था, जो मुझसे अपनी ज़िंदगी के बारे में बात कर रही थी। मैं आप से यह सब इसलिए बता रहा हूँ कि चाहे ईसाई धर्म संबंधी किताब में यह लिखा हो उधेड़ने का समय होता है और सीने का समय भी आता है, लेकिन कई बार उधेड़ने के कारण घाव गहरा हो जाता है। किसी के साथ होना और उस व्यक्ति को इस बात का अहसास करवाना कि उनका आपकी ज़िंदगी में कोई मायने नहीं है, जेनेवा की सड़कों पर अकेले महसूस करने से कहीं अधिक बुरा है।'

कुछ देर ख़ामोशी छाई रही फिर तालियाँ बजने लगीं।

मैं पेरिस के अंधेरे इलाक़े में पहुँचा, जिसके बारे में कहा जाता था कि पूरे शहर में वहाँ का सांस्कृतिक जीवन सबसे जीवंत था। मुझे यह समझने में कुछ वक्त लगा कि मेरे सामने जो मैले-कुचैले कपड़ों में लोग थे वे वही लोग थे, जो बृहस्पतिवार को आर्मेनियाई रेस्तराँ में सफेद कपड़ों में दिखाई देते थे।

'तुम लोगों ने फ़ैंसी ड्रेस क्यों पहनी हुई हैं? क्या यह किसी फ़िल्म की नक़ल है?'

'यह फ़ैंसी ड्रेस नहीं है,' मिख़ाइल ने जवाब दिया। 'जब कहीं बाहर डिनर के लिए जाते हो तो तुम कपड़े नहीं बदलते? क्या गोल्फ़ खेलते जाते समय जैकेट और टाई पहनते हो?'

'अच्छा ठीक है अब इस सवाल को दूसरे तरीक़े से पूछता हूँ : तुम लोगों ने नौजवान बेघरबार लोगों की तरह कपड़े क्यों पहने हैं?'

'क्योंकि इस समय हम बेघरबार नौजवान हैं, या कहें कि चार जवान बेघरबार नौजवान और दो बेघरबार बुजुर्ग।'

'अब यह सवाल मैं तीसरे ढंग से पूछता हूँ : तुम लोगों ने ऐसे कपड़े क्यों पहने हैं?'

'रेस्तराँ में हम अपने शरीर को भोजन खिलाते हैं और ऊर्जा के बारे में उन लोगों से बात करते हैं, जिनके पास खोने के लिए कुछ होता है। भिखारियों के बीच हम अपनी आत्मा को खिलाते हैं और उन लोगों से बात करते हैं जिनके पास खोने के लिए कुछ नहीं होता। अब हम अपने काम के सबसे ज़रूरी हिस्से में आ गए हैं : अदृश्य आंदोलन के सदस्यों से मिलना जो दुनिया को नए सिरे से बना रहे हैं, वे लोग जो रोज़ ऐसे जीते हैं, जैसे वह दिन उनके जीवन का आख़िरी दिन हो, जबकि बूढ़े हर दिन को ऐसे जीते हैं मानो वह उनके जीवन का पहला दिन हो।'

वह कुछ ऐसी बात कर रहा था, जिसके बारे में मैं ध्यान दे रहा था, और जो दिन ब दिन बढ़ता जा रहा था : नौजवान लोग इसी तरह से कपड़े

पहनते हैं, उनके कपड़े मैले-कुचैले होते हैं, लेकिन बहुत अलग तरह के होते हैं, जो सेना की वर्दी या साइंस फ़िक्शन फ़िल्मों में पहने जाने वाले कपड़ों जैसे थे। उन्होंने शरीर पर गोदना भी गुदवाया हुआ था और बाल भी बहुत क़रीने से कटे थे। कई बार उन समूहों के साथ ख़तरनाक दिखाई देने वाले अलसेशियन कुत्ते भी रहते थे। एक बार मैंने एक दोस्त से पूछा कि इन लोगों के साथ हमेशा अलसेशियन कुत्ते क्यों रहते हैं, तो उसका जवाब था कि पुलिस इन कुत्तों के मालिकों को गिरफ़्तार नहीं कर सकती, क्योंकि उनके पास कुत्तों को रखने के लिए जगह नहीं है, हालाँकि मुझे यह नहीं पता है कि यह बात सही है या ग़लत।

एक बोतल वोदका हमारे बीच घूमने लगी : हम लोगों ने तब भी वोदका पी थी, जब हम भिखारियों के साथ थे और मैं सोच रहा था कि इसका कोई संबंध मिख़ाइल के अपने देश से तो नहीं था। मैंने एक घूँट भरा और यह सोचने लगा कि अगर लोगों ने मुझे उस जगह पर देख लिया तो वे मेरे बारे में क्या सोचेंगे।

मैंने सोचा कि वे यह सोचेंगे : 'यह अपनी अगली किताब के लिए शोध कर रहा है,' और मैंने राहत की साँस ली।

'मैं एस्तर की तलाश में जाने के लिए तैयार हूँ, लेकिन मुझे कुछ और जानकारी चाहिए, क्योंकि मुझे तुम्हारे देश के बारे में कुछ भी नहीं पता।'

'मैं आपके साथ चलूँगा।'

'क्या?'

यह मेरी योजना नहीं थी। मेरी यह यात्रा उसकी तरफ़ वापसी की थी, जो मैंने अपने अंदर खो दिया था, और इसका अंत मध्य एशिया के घास के मैदानों में कहीं होने वाला था। यह कुछ बहुत निजी, बहुत अंतरंग होने वाला था, ऐसा कुछ जिसके लिए किसी गवाह की ज़रूरत नहीं थी।

'ज़ाहिर है, अगर आपने मेरा टिकट दिया, तो मुझे कज़ाकिस्तान वापस जाना है। मुझे अपने देश की याद आ रही है।'

'मुझे लगा कि तुमको यहाँ काम होगा। क्या तुमको बृहस्पतिवार को रेस्तराँ में कार्यक्रम देने के लिए नहीं जाना होता है।'

'आप बार-बार उसको कार्यक्रम कहते हैं। मैंने पहले भी आपको बताया है कि वह बैठक होती है, उन बातों को फिर से जीने के लिए जिनको हम

खो चुके हैं, बातचीत की परम्परा। लेकिन चिंता मत कीजिए। एनस्तसिया भी है,' और उसने एक लड़की की तरफ़ इशारा किया, जिसने नाक में नथ पहनी हुई थी, 'वह अपनी कला को विकसित कर रही है। जब मैं यहाँ नहीं रहूँगा, तो यह सब कुछ सँभाल लेगी।'

'इसको ईर्ष्या हो रही है,' अल्मा ने कहा, वही लड़की जो झाल जैसा कोई बाजा बजाती थी और हर बैठक के आख़िर में एक कहानी सुनाती थी।

'समझने वाली बात है' दूसरे लड़के ने कहा, जिसने लेदर के कपड़े पहने थे, जिसके ऊपर मेटल, सेफ़्टी पिन ऐसे लगे हुए थे जो रेज़र के ब्लेडों की तरह लग रहे थे। 'मिख़ाइल कमसिन है, देखने में ज़्यादा अच्छा है और ऊर्जा के अधिक संपर्क में रहता है।'

'यह कम मशहूर, कम अमीर और ऐसे लोगों के कम संपर्क में रहता है जिनके पास सत्ता है,' एनस्तसिया ने कहा। एक महिला के नज़रिए से सब चीज़ें अच्छी तरह संतुलित हैं, इसलिए मुझे लगता है कि दोनों के लिए समान मौक़ा है।'

सब हँसने लगे और वोदका की बोतल एक बार फिर से हाथ-हाथ घूमने लगी। एक मैं ही था, जिसको चुटकुला समझ नहीं आया। मुझे अपने ऊपर हैरानी हो रही थी; कई साल बाद मैं पेरिस में पटरी पर बैठा था, और मुझे इससे ख़ुशी महसूस हो रही थी।

'यह ट्राइब उससे कहीं बड़ी है, जैसा आपने सोचा था। वे हर कहीं हैं, एफ़िल टावर से लेकर शहर के निचले इलाक़े में तार्बेस तक, जहाँ मैं आजकल रह रहा हूँ। लेकिन मैं ईमानदारी से यह नहीं कह सकता कि यह सब क्या है।'

'ये लोग तार्बेस से और दक्षिण की तरफ़ पाए जा सकते हैं, और वे सैंटियागो के मार्ग जैसे दिलचस्प मार्गों में चलते हैं। वे फ़्रांस में कहीं से या यूरोप में कहीं से यात्रा शुरू करते हैं, इस शपथ के साथ कि वे इस समाज का हिस्सा होने जा रहे हैं, जो इस समाज के बाहर है। उनको घर वापस जाकर नौकरी करने और शादी करने से डर लगता है - जब तक संभव है, वे इन सब चीज़ों से लड़ते रहेंगे। उनके बीच अमीर भी हैं और ग़रीब भी, लेकिन धन में उनकी कोई दिलचस्पी नहीं है। वे एकदम अलग दिखते हैं, और जब लोग उनके सामने से गुज़रते हैं तो वे ऐसे जताते हैं, जैसे उन्होंने उनको देखा ही नहीं, क्योंकि वे डरे हुए हैं।'

'क्या उनको इतना आक्रामक दिखना होता है?'

'हाँ, क्योंकि बर्बाद कर देने का जुनून रचनात्मक जुनून है। अगर वे आक्रामक नहीं रहेंगे तो कपड़े की दुकानों में इस तरह के कपड़े भर जाएँगे; पत्रिकाओं में "अपने क्रांतिकारी रवैए से दुनिया को प्रभावित करने वाले इस नए आंदोलन" के बारे में जानते हैं। इस ट्राइब को लेकर टीवी पर प्रोग्राम आएँगे, समाजशास्त्री विद्वत्तापूर्ण लेख लिखेंगे; इस ट्राइब के सदस्यों के परिवार वालों को मनोचिकित्सक जाकर काउंसिल करेंगे, और इस कारण इसका सारा प्रभाव चला जाएगा। इसलिए हमारे बारे में वे जितना कम जानें उतना अच्छा : हमारा आक्रमण अपनी रक्षा के लिए है।'

'असल में, मैं आज पहली बार आया हूँ, इसलिए मैं कुछ जानकारी माँग सकता हूँ, लेकिन कौन जाने, क्या पता आज रात तुम्हारे साथ बिताने का अनुभव ऐसा समृद्ध या नए तरह का अनुभव हो कि मैं अपने निजी इतिहास से आगे बढ़ जाऊँ जो मुझे नए तरह का कोई अनुभव हासिल नहीं करने दे रहा। जहाँ तक कज़ाकिस्तान जाने की बात है तो मैं नहीं चाहता कि कोई मेरे साथ चले। अगर तुमने मेरी मदद नहीं की तो मेरे फ़ेवर बैंक में कोई न कोई सभी ज़रूरी संपर्क मुहैया करवा देगा। मैं दो दिन में जाने वाला हूँ, और आज रात मुझे कुछ महत्त्वपूर्ण लोगों के साथ डिनर करना है, उसके बाद मैं दो सप्ताह के लिए आज़ाद हूँ।'

देखने से लग रहा था कि मिख़ाइल कुछ कहने से झिझक रहा था।

'सब आपके ऊपर है। नक़्शा आपके पास है, गाँव का नाम, और यह पता करने में मुश्किल नहीं होगी कि वह कहाँ रहती है। इतना तो मैं भी कह सकता हूँ कि फ़ेवर बैंक की मदद से आप अल्माती तक तो पहुँच जाएँगे लेकिन मुझे शक है कि उससे आगे आप जा पाएँगे, क्योंकि स्टेपीज के क़ायदे ज़रा अलग तरह के होते हैं। मुझे लगता है कि आपके फ़ेवर बैंक में कुछ मैंने भी जमा किया है। अब उसको भुनाने का समय आ गया है। मुझे अपनी माँ की याद आ रही है।'

वह सही कह रहा था।

'हम लोगों को काम शुरू करना होगा,' अल्मा के पति ने कहा।

'तुम मेरे साथ क्यों जाना चाहते हो मिख़ाइल? क्या सिर्फ़ इसलिए कि तुमको माँ की याद आ रही है?'

उसने कोई जवाब नहीं दिया। उस आदमी ने ढोल बजाना शुरू कर दिया और अल्मा झाल बजा रही थी, जबकि बाक़ी लोग आसपास से गुज़रते लोगों से पैसे माँगने लगे। यह मेरे साथ क्यों जाना चाहता था? और स्टेपीज़ में मैं फ़ेवर बैंक से मदद किस तरह ले पाऊँगा, जब वहाँ कोई होगा ही नहीं? कज़ाकिस्तान दूतावास से वीजा लेना था, अल्माती जाकर फ्रेंच दूतावास से एक कार और गाइड लेकर निकल जाना था - और ज़रूरत थी ही क्या?

मैं वहाँ खड़े होकर उस समूह को देख रहा था, कुछ समझ में नहीं आ रहा था कि करना क्या था। यह उस यात्रा के बारे में बात करने का सही समय नहीं था, और मुझे कुछ काम भी करने थे और घर में प्रेमिका मेरा इंतज़ार कर रही थी : अब मैं यहाँ से निकल क्यों नहीं जाता?

मैं नहीं निकला, क्योंकि मैं आज़ाद महसूस कर रहा था, वह काम कर रहा था, जो मैंने वर्षों से नहीं किया, नए अनुभवों के लिए अपने अंदर जगह बनाना, अपने जीवन से *अकोमोदादोर* को बाहर कर रहा था, ऐसी चीज़ों का अनुभव कर रहा था, जिनमें मुझे बहुत दिलचस्पी नहीं थी, लेकिन वे कम से कम अलग थे।

वोदका ख़त्म हो गई और उसकी जगह रम आ गई। मुझे रम पसंद नहीं थी, लेकिन वहाँ वही थी; इसलिए बेहतर था कि हालात के मुताबिक़ रहा जाए। दोनों संगीतकार संगीत बजाए जा रहे थे और अगर कोई साहस करके उनके पास आ जाता तो उनमें से एक लड़की हाथ पकड़ कर पूछती कि उनके पास कुछ खुले पैसे थे। पास आने वाला आदमी उतनी ही तेज़ी से निकलने लगता, लेकिन उसको जवाब में 'शुक्रिया, शुभ संध्या' सुनने को ज़रूर मिल जाता। एक आदमी ने जब यह देखा कि उसको गाली के बजाय शुक्रिया कहा गया तो वापस मुड़कर उसने हमें कुछ पैसे दे दिए।

दस मिनट से भी अधिक समय तक यह सब देखने के बाद, उनमें से कोई मुझसे एक शब्द भी नहीं कह रहा था, मैं पास के एक बार में गया, दो बोतल वोदका ख़रीदकर लाया, और वापस आकर रम को नाली में बहा दिया। एनस्तसिया को मेरी यह अदा पसंद आई और मैंने उससे बातचीत शुरू करने की कोशिश की।

'क्या मुझे यह बता सकती हो कि तुम लोग शरीर को इस तरह से छिदवाते क्यों हो?'

'कुछ लोग गहने, या हाई हील या सर्दियों में भी लो कट ड्रेस क्यों पहनते हैं?'

'यह तो कोई जवाब नहीं हुआ।'

'हम लोग शरीर को इसलिए छिदवाते हैं, क्योंकि हम सबसे अलग दिखना चाहते हैं। हम लोग वर्दी नहीं पहनते, इसलिए हमारी पहचान में कुछ ऐसा होना चाहिए कि हम आक्रामक कबीले के सदस्य के रूप में अपने आपको पहचान सकें।'

वह ऐसे कह रही थी मानो वह किसी महत्त्वपूर्ण ऐतिहासिक आंदोलन का हिस्सा हो, लेकिन घर लौटते लोगों के लिए वह बेरोज़गार युवाओं का एक समूह भर था, जिनके पास सोने के लिए कोई जगह नहीं थी, पेरिस की सड़कों पर वे जमा हो जाते थे, पर्यटकों को परेशान करते जो वहाँ की अर्थव्यवस्था के लिए बहुत मायने रखते थे, और उन माता-पिताओं के लिए परेशानी का कारण बन गए होंगे, जो उनको इस संसार में लेकर आए और जिनका उनके ऊपर कोई वश नहीं रह गया था।

कभी मैं भी ऐसा ही था, जब हिप्पी आंदोलन का जमाना था, रॉक संगीत के बड़े-बड़े कार्यक्रम, लम्बे बाल, भड़कीले कपड़े, वाइकिंग का शांति संदेश। जैसा कि मिख़ाइल ने कहा था, हिप्पी आंदोलन उपभोक्ता बाजार की चीज़ बन गया और वह ख़त्म हो गया, उसके जितने बड़े प्रतीक थे, सब ढह गए।

एक आदमी सड़क पर आया। लेदर ड्रेस वाला लड़का उसकी तरफ़ हाथ बढ़ाए बढ़ा। उसने उससे पैसे माँगे। हालाँकि उस आदमी ने ऐसा कुछ नहीं कहा कि 'उसके पास खुले पैसे नहीं थे,' ना ही वह तेज़ी से भाग खड़ा हुआ, बल्कि वह आदमी रुककर हमारी तरफ़ देखकर ज़ोर-ज़ोर से कुछ कहने लगा :

'मैं रोज़ सुबह करीब 1 लाख यूरो के क़र्ज़ के साथ उठता हूँ, अपने घर के कारण, यूरोप के आर्थिक हालात के कारण, पत्नी के महँगे शौकों के कारण। मेरी हालत तुम लोगों से अधिक ख़राब है। अगर तुम लोग ही मुझे कुछ खुले दे सको तो मैं अपने क़र्ज़ को कुछ कम कर लूँ?'

मिख़ाइल जिस ल्यूक्रेसिया को अपनी प्रेमिका कहता था, उसने पचास यूरो का एक नोट निकालकर उस आदमी को दे दिया।

'जाओ आज तुम केवियर डिश खाओ। तुमको अपनी दुखी ज़िंदगी में थोड़ी ख़ुशी चाहिए।'

उस आदमी ने उसका शुक्रिया कहा और वहाँ से चला गया, मानो यह बात बहुत सामान्य हो कि एक भिखारी किसी को पचास यूरो दे दे। इस इटालियन लड़की के बैग में 50 यूरो थे और हम लोग सड़क पर भीख माँग रहे थे।

'अब कहीं और चलते हैं,' लेदर ड्रेस वाले लड़के ने कहा।

'कहाँ?' मिख़ाइल ने पूछा।

'देखते हैं जगह कहाँ मिलती है। उत्तर या दक्षिण?'

एनस्तसिया ने पश्चिम दिशा चुनी। मिख़ाइल ने उसके बारे में कहा था कि वह अपने तोहफ़े जुटा रही थी।

★★★

हम टूर दे सेंट जाक से गुज़रे, जहाँ कई शताब्दी पहले सैंटियागो दे कोमपोस्टेला जाने वाले तीर्थ यात्री जुटते थे। हम नोत्रे देम से होकर गुज़रे जहाँ उनके जैसे कुछ और लोग मिले। वोदका ख़त्म हो गई थी, इसलिए हम लोगों ने जाकर दो बोतल वोदका और ख़रीदी, हालाँकि मैं यह बात विश्वास के साथ नहीं कह सकता था कि उस झुंड में सभी की उम्र 18 साल थी। किसी ने मेरा शुक्रिया अदा नहीं किया; उनको ऐसा लग रहा था मानो यह सब सामान्य बात हो।

मुझे कुछ नशा-सा आने लगा था और मैं उन लड़कियों को देख रहा था, जो अभी हमारे समूह का हिस्सा बनी थीं। सब ज़ोर-ज़ोर से बात कर रही थीं, उन्होंने कुछ कूड़ेदानों में लात भी मारी, और कोई ऐसी बात नहीं कर रही थी जो दिलचस्प हो।

हम लोगों ने सीन नदी को पार किया और अचानक वहाँ नारंगी और सफ़ेद रंग के टेप दिखाई दिए जो उन इलाक़ों की पहचान के लिए लगाए जाते थे जहाँ मरम्मत का काम चल रहा होता था, उनको देखकर हम रुक गए। इसने पटरी पर चल रहे लोगों को आगे बढ़ने से रोका, उनको मजबूर होकर सड़क के किनारे आना पड़ा और पाँच मीटर के बाद वे फिर से पटरी पर आ गए।

'यह अभी भी यहीं है,' एक नए आए आदमी ने कहा।

'क्या अभी भी यहीं है?' मैंने पूछा।

'कौन है?'

'हमारा एक दोस्त,' ल्यूक्रेसिया ने जवाब दिया। 'शायद तुमने इनकी कोई किताब पढ़ी हो?'

उस नए आए आदमी ने मुझे पहचान तो लिया, लेकिन ना तो उसको आश्चर्य हुआ ना ही उसने कोई आदर दिखाया; बल्कि उसने मुझसे पूछा कि क्या मैं उसको कुछ पैसे दे सकता था, लेकिन मैंने वहीं के वहीं मना कर दिया।

'अगर तुम यह जानना चाहते हो कि यह टेप यहाँ क्यों लगा है, तो तुमको मुझे एक यूरो देना पड़ेगा। ज़िंदगी में हर चीज़ की एक क़ीमत होती है, इस बात को तुमसे बेहतर कौन जानता है। और सूचना दुनिया की सबसे महँगी वस्तुओं में एक है।'

मेरे समूह में मेरी मदद के लिए कोई आगे नहीं आया, और मुझे जवाब के लिए उसको एक यूरो देना पड़ गया।

'टेप यहाँ इसलिए है, क्योंकि हम लोगों ने इसको वहाँ लगाया है। देख सकते हो, वहाँ मरम्मत का कोई काम नहीं चल रहा है, बस नारंगी और सफ़ेद टेप लगा भर देने से पटरी का रास्ता रुका हुआ है। लेकिन कोई यह नहीं पूछ रहा है कि वह टेप यहाँ क्या कर रहा है; वे जान जोखिम में डालकर पटरी से उतरते हैं, दुर्घटना का डर बना रहता है। वैसे मैंने कहीं यह पढ़ा था कि तुम्हारे साथ दुर्घटना हुई थी। क्या यह बात सही है?'

'मेरी दुर्घटना भी पटरी से नीचे उतर जाने के कारण हुई थी।'

'चिंता मत करो, जब लोग यहाँ पटरी से नीचे उतरते हैं तो कुछ अधिक सावधान रहते हैं। यह भी एक कारण है कि हम वहाँ टेप लगाते हैं, ताकि लोगों को यह पता रहे कि आसपास क्या चल रहा है।'

'नहीं, ऐसी बात नहीं थी,' वह लड़की बोली, जिसको देख कर मैं प्रभावित हुआ था। 'यह बस एक मज़ाक़ की बात है, ताकि हम वैसे लोगों पर हँस सकें जो क़ायदे का पालन तो कर रहे हैं, लेकिन उनको यह नहीं पता कि वे किस क़ायदे का पालन कर रहे हैं। इसका कोई कारण नहीं है, यह कोई ज़रूरी नहीं है, और किसी को चोट भी नहीं लगेगी।'

समूह में और लोग आकर जुड़ गए। अब कुल ग्यारह लोग थे और दो अलसेशियन कुत्ते। हम लोग अब भीख नहीं माँग रहे थे, कारण यह था कि कोई इन असभ्य लोगों के झुंड के आसपास नहीं आना चाह रहा था, उन्होंने जो डर पैदा किया था शायद उसका वे मज़ा ले रहे थे। उनकी शराब फिर से ख़त्म हो गई थी और वे सब मेरी तरफ़ देख रहे थे और मुझसे एक और बोतल ख़रीद देने के लिए कह रहे थे, मानो उनको नशे में रखना मेरा कर्तव्य हो। मुझे यह बात समझ आ गई थी कि यह तीर्थयात्रा के लिए मेरा 'पासपोर्ट' था; इसलिए मैं दुकान की तलाश में निकल पड़ा।

जिस लड़की को मैं देखे जा रहा था, वह मेरी बेटी की उमर की थी, लगता है उसको यह बात समझ नें आ गई थी कि मैं उसको देख रहा था और वह मुझसे बात करने लग गई। मुझे समझ आ गया था कि मुझे भड़काने के लिए उसने यह चाल चली थी, लेकिन मैं भी उससे बात करने लगा। उसने अपनी निजी ज़िंदगी के बारे में मुझे कुछ नहीं बताया, उसने मुझसे यह पूछा कि दस डॉलर के बिल के पीछे कितनी बिल्लियाँ और कितने लैम्प पोस्ट होते थे।

'बिल्लियाँ और लैम्प पोस्ट?'

'नहीं पता है ना? तुमको तो पैसे की असली क़ीमत समझ भी नहीं आती ना। अच्छा चलो बता देती हूँ, चार बिल्लियाँ और 11 लैम्प पोस्ट।'

चार बिल्लियाँ और 11 लैम्प पोस्ट। मैंने अपने आपसे यह वादा किया कि अगली बार जब मैं दस डॉलर का बिल देखूँगा, तो इस बात को देखूँगा।

'तुम लोगों में से कोई ड्रग्स तो नहीं लेता?'

'थोड़ी-थोड़ी, लेकिन ज़्यादातर शराब ही। ज़्यादा नहीं, असल में हम उस तरह के नहीं हैं। ड्रग्स तुम्हारी पीढ़ी के लोग अधिक लेते हैं, नहीं?' मसलन मेरी माँ, वह घर के लिए खाना पकाने के नशे में रहती थीं, घर की साफ़-सफ़ाई और मेरे लिए परेशान रहती थीं। जब मेरे पति के धंधे में कुछ गड़बड़ हो जाती तो वह दुखी हो जातीं। क्या आप इस बात में यक़ीन कर सकते हैं? वह पापा के लिए, भाई और बहन सबके लिए दुखी रहती थीं। मुझे अपने आपको हर वक्त ख़ुश दिखाने के लिए बहुत मेहनत करनी पड़ती थी, तब मुझे लगा कि अब घर छोड़ ही देना चाहिए।'

एक और निजी इतिहास।

'तुम्हारी पत्नी की तरह,' एक नौजवान बोला, जिसके बाल सफ़ेद थे और उसने भौंहों में छल्ला पहना हुआ था। 'वह भी तो घर छोड़ कर चली गई थी, नहीं? क्या इसलिए कि उसको हर वक्त यह जताते रहना पड़ता था कि वह ख़ुश थी?'

यानी वह यहाँ भी थी। क्या उसने इनमें से कुछ नौजवानों को ख़ून सनी कमीज का टुकड़ा दिया था?

'वह भी दुखी रहती होगी,' ल्यूक्रेसिया ने हँसते हुए कहा। 'लेकिन जहाँ तक मुझे पता है कि अब वह दुखी नहीं है। इसको मैं साहस कहती हूँ!'

'मेरी पत्नी यहाँ क्या कर रही थी?'

'वह मंगोलियाई लड़के के साथ आई थी, उसके पास प्रेम को लेकर अजीब-अजीब विचार थे, जिसको हम लोगों ने अब समझना शुरू किया है। और वह सवाल पूछती थी और हम लोगों को अपनी कहानी सुनाती थी। एक दिन उसने दोनों करना बंद कर दिया। उसने कहा कि वह शिकायत कर-कर के थक चुकी थी। हम लोगों ने यह सुझाव दिया कि वह सब कुछ छोड़-छाड़ के हम लोगों के साथ आ जाए, क्योंकि हम लोग उत्तरी अमेरिका जाने की योजना बना रहे थे। उसने हम लोगों का शुक्रिया अदा किया, लेकिन उसने बताया कि उसको कोई और काम था और वह किसी और दिशा में जा रही थी।'

'क्या तुमने इनकी नई किताब नहीं पढ़ी?' अनस्तसिया ने पूछा।

'नहीं, पढ़ने का मन नहीं हुआ, लोगों का कहना था कि वह बहुत रोमांटिक किताब थी। और शराब लाने के लिए तुम कब जाने वाले हो?'

***

लोग हम लोगों को ऐसे रास्ता दे रहे थे मानो गाँव में समुराई आ गए हों, सीमांत शहर में डाकू आ गए हों, रोम में बर्बर आ गए हों। उस समुदाय के लोग किसी तरह की आक्रामक मुद्रा में नहीं थे, उग्रता उनके कपड़ों में थी, शरीर में किए गए छेद में, ज़ोर-ज़ोर से की जा रही बातचीत में, वे जिस तरह से अजीब दिख रहे थे उसमें थी। आख़िरकार हम लोगों को एक छोटा-सा स्टोर मिल गया : जब मैंने देखा कि वे स्टोर के आलों में

जाकर उथल-पुथल मचाने लगे तो मैं कुछ असहज महसूस करने लगा, मैं चौकन्ना हुआ।

मैं उनमें से किसी को नहीं जानता था, सिवाय मिख़ाइल के, और मुझे तब तो यह भी नहीं पता था कि उसने अपने बारे में जो कुछ बताया था वह सच था या नहीं। अगर उन्होंने कुछ चुरा लिया तो? क्या पता किसी के पास हथियार हो? क्या समूह के सबसे बड़े सदस्य होने के कारण इसके लिए मुझे ज़िम्मेदार होना चाहिए?

कैश काउंटर पर बैठा हुआ आदमी सुरक्षा के लिए दुकान की छत पर लगे शीशे को देखे जा रहा था। यह देखकर कि वह आदमी डर गया है, समूह के लोग दुकान में फैल गए, एक दूसरे को इशारे करने लगे और तनाव बढ़ने लगा। सब कुछ जल्दी ख़त्म हो जाए; इसलिए मैंने तीन बोतल वोदका ख़रीदी और कैश काउंटर पर चला गया।

वहाँ एक औरत सिगरेट ख़रीद रही थी, वह बोली कि उसके जमाने में पेरिस बोहेमियन और कलाकारों से भरा रहता था, दीवाने बेघरबार लोगों का जत्था नहीं होता था। उसने कैशियर को पुलिस बुलाने का सुझाव दिया।

'मुझे लग रहा है कि किसी भी पल कुछ बुरा हो सकता है,' वह फुसफुसाई।

अपनी छोटी-सी दुकान में इस तरह के आक्रमण से कैशियर घबराया हुआ था, जो उसकी वर्षों की मेहनत और बहुत सारे क़र्ज़ का नतीजा थी, जहाँ शायद सुबह उसका बेटा बैठता होगा, दोपहर में पत्नी और रात में वह स्वयं। उसने उस महिला की बात पर सहमति में सिर हिलाया, और मुझे समझ में आया कि उसने पहले ही पुलिस को फ़ोन कर दिया था।

मुझे ऐसी चीज़ों में भाग लेने से नफ़रत रही है, जिनसे मेरा कोई लेना-देना नहीं होता, लेकिन मुझे कायरता से भी नफ़रत है। जब भी ऐसा कुछ होता है, तो सप्ताह भर के लिए मुझे लगने लगता है, जैसे मेरा आत्म-सम्मान चला गया हो।

'चिंता मत करो...' मैंने कहना शुरू किया।

बहुत देर हो चुकी थी।

दो पुलिसवाले आए और दुकान के मालिक ने उनको इशारा किया, लेकिन वे नौजवान ऐसे जता रहे थे, मानो वे किसी और ग्रह से आए हों

और उन्होंने कोई ध्यान नहीं दिया – व्यवस्था के नुमाइंदों का सामना करने का उनका यह तरीक़ा था। हो सकता है कि यह सब उनके साथ पहले भी कई बार हुआ हो। उनको पता था कि उन्होंने कोई अपराध नहीं किया था (सिवाय इसके कि उन्होंने फ़ैशन के ख़िलाफ़ अपराध किया था, लेकिन अगले साल के फ़ैशन के साथ तो वह भी बदल जाता था)। उनको ज़रूर डर लगता रहा होगा, लेकिन उन्होंने जताया नहीं और वे ज़ोर-ज़ोर से बात करते रहे।

'एक दिन मुझे एक कॉमेडियन मिला था। उसने कहा कि जो लोग बेवक़ूफ होते हैं, उनको अपने आई कार्ड पर बेवक़ूफ लिखना चाहिए,' अनस्तसिया ने किसी से ख़ास व्यक्ति को ध्यान में रखते हुए यह बात नहीं कही थी, 'इस तरह हम लोगों को यह समझ आ जाता था कि हम किस से बात कर रहे थे।'

'हाँ, बेवक़ूफ लोग समाज के लिए असली ख़तरा हैं,' उस लड़की ने कहा, जिसका चेहरा सुंदर था, लेकिन उसने पिशाचों जैसे कपड़े पहन रखे थे, थोड़ी देर पहले वह लड़की मुझसे यह बात कर रही थी कि दस डॉलर के बिल के पीछे कितने लैम्प पोस्ट और बिल्लियाँ होती हैं। 'साल में एक बार उनका टेस्ट लिया जाना चाहिए और सड़क पर चलने के लिए उसी तरह से लाइसेंस दिया जाना चाहिए, जैसे ड्राइवर को गाड़ी चलाने का लाइसेंस दिया जाता है।'

पुलिस वाले देखने में उस ट्राइब के लोगों से अधिक उम्र के नहीं लग रहे थे, उन्होंने कुछ नहीं कहा।

'तुम जानते हो मुझे क्या करना अच्छा लगता है,' यह आवाज़ मिख़ाइल की थी, लेकिन मैं उसको देख नहीं पाया, क्योंकि वह एक शेल्फ़ के पीछे छिपा हुआ था। 'मैं इस दुकान में सारे लेबल बदलना चाहता हूँ। फिर लोगों को कुछ समझ नहीं आएगा। उनको यह समझ नहीं आएगा कि खाना गर्म, या ठंडा, उबला हुआ खाना चाहिए या तला हुआ। अगर वे लिखे हुए निर्देश को नहीं पढ़ें तो उनको यह पता नहीं होता कि खाना किस तरह पकाया जाए। वे खाना पकाने की सारी कला को भूल चुके हैं।'

इससे पहले जितने लोग वहाँ बोल रहे थे, सब एकदम पेरिस में बोली जाने वाली फ़्रेंच भाषा बोल रहे थे। केवल मिख़ाइल का लहजा विदेशी था।

'क्या मैं तुम्हारा पासपोर्ट देख सकता हूँ,' एक पुलिस वाला बोला।

'यह मेरे पास है।'

मैंने कहा तो स्वाभाविक रूप से था, लेकिन मुझे पता था कि इस बात का क्या मतलब था - एक और स्कैंडल। पुलिस वाले ने मेरी तरफ़ देखा।

'मैं तुमसे बात नहीं कर रहा था, लेकिन चूँकि तुम इन लोगों के साथ हो तो उम्मीद करता हूँ कि तुम्हारे पास ऐसा कोई कागज़ात होगा, जिससे यह पता चले कि तुम कौन हो, और किस वज़ह से अपनी उम्र से आधी उम्र के लोगों के साथ यहाँ वोदका ख़रीद रहे हो।'

मैं अपने कागज़ात दिखाने से मना कर सकता था। मेरे लिए यह क़ानूनी रूप से कोई ज़रूरी नहीं था। लेकिन मैं मिख़ाइल के बारे में सोच रहा था। एक पुलिस वाला उसके बगल में खड़ा था। क्या उसके पास सच में फ़्रांस में रहने की अनुमति थी? उसके बारे में, मैं जानता ही क्या था सिवाय उसकी उन कहानियों के कि उसको कुछ दिखाई देता था या मिर्गी के दौरे पड़ते थे? क्या पता उस समय के तनाव से उसको दौरा पड़ जाए?

मैंने अपनी जेब में हाथ डाला और अपना ड्राइविंग लाइसेंस निकाल लिया।

'तो आप...'

'हाँ मैं।'

'मुझे लगा था कि आप हैं। मैंने आपकी एक किताब पढ़ी है। लेकिन इसका मतलब यह नहीं है कि आप क़ानून से ऊपर हैं।'

यह बात सुनकर कि उसने मेरी किताब पढ़ी थी, मैं हैरान रह गया। मेरे सामने एक नौजवान वर्दी में खड़ा था, जिसने सिर के बाल मुंडवा रखे थे, जो 'ट्राइब' के लोगों की उस वर्दी से बहुत अलग थी, जो यह दिखाने के लिए थी कि वे अलग तरह के थे। शायद उसने भी कभी यह सपना देखा था कि उसके पास इतनी आज़ादी हो कि वह अलग दिखे, व्यवस्था को हल्के-से चुनौती दे, लेकिन कभी इतना असम्मान भाव से नहीं कि जेल में जाना पड़ जाए। शायद उसके पिता ऐसे थे, जिन्होंने उसको कभी विकल्प नहीं दिखाया, एक परिवार था, जिसको उसकी आर्थिक मदद की दरकार थी, या शायद उसको अपनी जानी-पहचानी दुनिया से बाहर निकलने में डर लगता था।

मैंने आहिस्ता से कहा :

'नहीं, मैं क़ानून से ऊपर नहीं हूँ। असल में, यहाँ किसी ने भी क़ानून नहीं तोड़ा है। जब तक कैश काउंटर पर बैठे व्यक्ति या सिगरेट ख़रीदने आई महिला ने किसी ख़ास बात की शिकायत नहीं की हो।'

जब मैं पीछे मुड़ा तो वह महिला ग़ायब हो चुकी थी, जिसने अपने जमाने के कलाकारों और बोहेमियन के बारे में कहा था कि वे सच बोलते थे और उनका बर्ताव बहुत अच्छा होता था। अगले दिन हो सकता है कि अपने पड़ोसियों से यह कहे कि उसकी वज़ह से डकैती की एक कोशिश टल गई।

'मुझे कोई शिकायत नहीं है,' कैश काउंटर पर बैठे आदमी ने कहा, 'मुझे चिंता हो गई थी, क्योंकि ये लोग बड़ी तेज़ आवाज़ में बातें कर रहे थे, लेकिन लगता है कि वे कोई नुक़सान पहुँचाने के इरादे से नहीं आए थे।'

'यह वोदका आपकी है सर?'

मैंने सिर हिलाया। वे जान रहे थे कि सब नशे में थे, लेकिन ऐसी स्थिति में जब किसी तरह का नुक़सान नहीं हुआ था, वे बात को बढ़ाना नहीं चाहते थे।

'बेवक़ूफ़ों के बिना यह दुनिया पूरी तरह से अस्त-व्यस्त बन जाएगी!' लेदर जैकेट वाले लड़के ने कहा। 'आज जितने बेरोज़गार लोग हैं, उनके बजाय बहुत सारे काम होते और कोई काम नहीं करता!'

'चुप हो जाओ!'

मेरी आवाज़ से लग रहा था कि मैं आदेश दे रहा था, जैसे अंतिम बात कह रहा था।

'सब लोग अभी बात करना बंद करो!'

मुझे हैरानी हुई कि ख़ामोशी छा गई। मेरा दिल तेज़ी से धड़क रहा था, लेकिन मैं पुलिस वाले से ऐसे बात किए जा रहा था, मानो मैं दुनिया का सबसे शांत इंसान हूँ।

'अगर ये सच में ख़तरनाक होते तो इस तरह से बात नहीं कर रहे होते।'

पुलिस वाला कैशियर की तरफ़ मुड़ा :

'अगर आपको हमारी ज़रूरत हो तो हम आसपास ही होंगे।'

और बाहर जाने के पहले उसने अपने सहकर्मी से कहा, जिससे कि उसकी आवाज़ पूरी दुकान में गूँजती सुनाई दे।

'मुझे बेवक़ूफ लोग पसंद हैं। अगर यह उनके लिए नहीं था, तो हो सकता है कि हमें कुछ वास्तविक अपराधियों से निपटना पड़ जाए।'

'सही कह रहे हो,' दूसरा पुलिस वाला बोला। 'बेवक़ूफ लोग सुरक्षित तरीक़े से ध्यान बँटाते हैं।'

उन्होंने सलाम किया और चले गए।

जब हम दुकान से निकले तो एक ही बात मेरे दिमाग़ में आई कि वोदका की बोतलों को तोड़ दिया जाए। एक मैंने बचा ली, जो तेज़ी से एक से दूसरे मुँह तक घूमने लगी। जिस तरह से वे पी रहे थे, उससे लग रहा था कि वे डरे हुए थे, उतने ही डरे हुए थे, जितना कि मैं था। एक ही अंतर था, धमकी देने पर वे आक्रामक हो गए थे।

'मुझे अच्छा नहीं लग रहा,' मिख़ाइल ने एक से कहा। 'आओ चलते हैं।' मुझे समझ नहीं आया कि आओ चलते हैं से उसका क्या मतलब था : सब अपने-अपने घर जाएँ, शहर जाएँ या पुल पर? किसी ने मुझसे नहीं पूछा कि मैं उनके साथ जाना चाहता था या नहीं, इसलिए मैं चुपचाप उनके पीछे-पीछे चलने लगा। मिख़ाइल की इस बात से कि 'मुझे अच्छा नहीं लग रहा' मैं परेशान हो गया; इसका मतलब यह हुआ कि उस रात हम लोगों को मध्य एशिया के सफ़र के बारे में बात करने का मौक़ा नहीं मिल पाएगा। क्या मुझे जाना चाहिए? या इनके साथ साथ बने रहना चाहिए और यह देखना चाहिए कि 'आओ चलें' का क्या मतलब था? मैंने पाया कि मैं मज़े में था और मैं उस लड़की को पटाने की कोशिश करना चाहता था, जिसने भूतों जैसे कपड़े पहने हुए थे।

उसके बाद।

जैसे ही कोई ख़तरा महसूस हो मैं छोड़ दूँगा।

जब हम आगे बढ़ रहे थे - कहाँ यह पता नहीं था - मैं उस सारे अनुभव के बारे में सोच रहा था। एक ट्राइब। यह प्रतीकात्मक रूप से उस दौर की वापसी थी, जब पुरुष सुरक्षा के लिए समूह बनाकर चलते थे और उनको जीवन-यापन के लिए बहुत कम चीज़ें चाहिए होती थीं। एक ट्राइब एक और विरोधी कबीले में थी, जिसको समाज कहा जाता है, समाज की

धरती से गुज़र रही थी और नकारे जाने से बचाव के लिए आक्रामकता को ढाल बनाते हुए। कुछ लोगों का समूह जो एक आदर्श समाज बनाने के लिए एक साथ आए थे, जिनके बारे में मैं इससे अधिक कुछ नहीं जानता था कि उन लोगों ने अपने-अपने शरीर छिदवा रखे थे और अलग तरह के कपड़ों में थे। उनके मूल्य क्या थे? वे ज़िंदगी के बारे में क्या सोचते थे? वे कमाते कैसे थे? क्या उनके कोई सपने थे या वे इसी तरह से दुनिया में भटकते रहना चाहते थे? यह सब उस डिनर से कहीं अधिक दिलचस्प था, जिसमें मैं अगली शाम जाने वाला था, जहाँ मुझे पता था कि क्या होने वाला था। मुझे पूरा लग रहा था कि यह वोदका का प्रभाव था, लेकिन मैं आज़ाद महसूस कर रहा था, मेरा निजी इतिहास और दूर दिखाई देने लगा था, बस केवल वर्तमान था, स्वाभाविक बुद्धि; ज़ाहिर ग़ायब हो चुका था...

ज़ाहिर?

हाँ, वह ग़ायब हो चुका था, लेकिन अब मुझे समझ आया कि ज़ाहिर उससे कहीं अधिक था, जैसे कि कोई आदमी किसी चीज़ से आसक्त हो जाता है, जैसा कि बोर्खेज ने लिखा है, कोरदोबा की मस्जिद के 12 सौ स्तंभों में से एक स्तंभ के संगमरमर में एक छेद से, या जैसा कि मेरा अपना दर्द भरा मामला है, कि दक्षिण एशिया में एक स्त्री से। ज़ाहिर उस हर चीज़ से आसक्ति थी, जो पीढ़ी दर पीढ़ी एक से दूसरे तक जाती रही, उसने किसी सवाल को बिना जवाब दिए नहीं छोड़ा, उसने सभी जगह को अपने वश में कर लिया; उसने हमें कभी यह सोचने का मौक़ा भी नहीं दिया कि कुछ बदल भी सकता था।

सर्व-शक्तिशाली ज़ाहिर लगता है, जैसे हर इंसान के साथ पैदा हुआ हो और बचपन में उसने पूरी ताक़त हासिल कर ली हो, उन क़ायदों को थोप दिया, जिनका उसके बाद से सम्मान किया जाना था :

जो लोग अलग तरह के होते हैं, वे ख़तरनाक होते हैं; वे किसी और कबीले के होते हैं; उनको हमारी धरती और हमारी औरतें चाहिए।

हमें शादी करनी चाहिए, बच्चे पैदा करने चाहिए, अपने जैसे लोगों को जन्म देना चाहिए।

प्रेम बहुत तुच्छ चीज़ है, एक आदमी के लिए काफ़ी होता है, और ऐसा कोई भी प्रसंग, जिसमें प्रेम की जगह इससे अधिक दिखाई देती, उसको विकृत नाम दिया जाता।

जब हम विवाह करते हैं, तो हमें दूसरे इंसान के शरीर और उसकी रूह को अपने वश में करने का अधिकार मिल जाता है।

हम लोग ऐसे काम करते, जिसमें हमारी कोई दिलचस्पी नहीं होती, क्योंकि हम एक व्यवस्थित समाज का हिस्सा हैं, और अगर जिसको जो मन में आए वह करने लगे, तो दुनिया में गतिरोध आ जाएगा।

हम लोग गहने इसलिए ख़रीदते हैं, क्योंकि यह हमें अपने जैसे लोगों की तरह लगते हैं, उसी तरह जिस तरह शरीर छिदवाने से किसी की पहचान दूसरे समूह के रूप में होने लगती है।

हम लोगों को हमेशा मौजमस्ती में रहना चाहिए और ऐसे लोगों का मज़ाक़ उड़ाना चाहिए जो अपनी सच्ची भावनाओं को प्रकट करते हों; क्योंकि यह किसी समाज के लिए ख़तरनाक होता है कि कोई सदस्य अपनी भावनाओं को प्रकट करे।

हम लोगों को हर हाल में 'नहीं' कहने से बचना चाहिए, क्योंकि लोग ऐसे लोगों को तरजीह देते हैं जो 'हाँ' कहते हैं, और इसके कारण हम प्रतिकूल परिस्थितियों में भी बचे रह पाते हैं।

हम जो महसूस करते हैं, इससे ज़्यादा यह मायने रखता है कि दूसरे लोग क्या सोचते हैं।

कभी गड़बड़झाला नहीं करें, इससे हो सकता है कि दुश्मन समाज का ध्यान आपकी तरफ़ चला जाए।

अगर आप अलग तरह से बर्ताव करेंगे, तो आपको समाज से निकाल दिया जाएगा, क्योंकि आप दूसरे लोगों को संक्रमित कर सकते हैं, और किसी ऐसी चीज़ को नष्ट कर दे सकते हैं, जिसको व्यवस्थित रूप देना ही बहुत मुश्किल काम था।

हम लोगों को हमेशा नए घर की तलाश करते हुए इसका ध्यान रखना चाहिए कि वह किस तरह का दिखे, और अगर आपके पास अपना कोई विचार नहीं हो तो आप किसी साज-सज्जा वाले को बुला सकते हो, जो पूरी कोशिश करेगा कि दूसरों को यह लगे कि हमारी पसंद कितनी अच्छी है।

हम लोगों को रोज़ तीन बार खाना चाहिए, चाहे आपको भूख लगी हो या नहीं, और उस समय सुंदरता का जो पैमाना हो उसमें आप नहीं समा

पा रहे हों तो हम लोगों को उपवास करना चाहिए, चाहे हम भूखों ही क्यों नहीं मर रहे हों।

हम लोगों को फ़ैशन के अनुसार कपड़े पहनने चाहिए, प्यार करना चाहिए चाहे हमारा मन हो या नहीं हो, देश की सीमा को बचाने के नाम पर क़त्लेआम करना चाहिए, समय बीतने की दुआ कीजिए, जिससे कि रिटायरमेंट जल्दी आ जाए, नेताओं के चुनाव में वोट दीजिए, जीवन-यापन के ख़र्चे को लेकर शिकायत कीजिए, अपने हेयर स्टाइल को बदल लीजिए, जो भी आपसे अलग हो उसकी शिकायत कीजिए, इतवार, शनिवार या शुक्रवार को चर्च जाइए, कब जाना है, यह आपके धर्म के ऊपर निर्भर करता है, और वहाँ अपने गुनाहों की माफ़ी माँगिए और अपने ऊपर गर्व कीजिए कि आपको सत्य का पता है, दूसरे धर्म वालों से नफ़रत कीजिए, क्योंकि वे झूठे ईश्वर की पूजा करते हैं।

हमारे बच्चों को हमारा अनुसरण करना चाहिए; आख़िरकार, हम लोग बड़े हैं और इस दुनिया के बारे में जानते हैं।

हम लोगों को युनिवर्सिटी की डिग्री ज़रूर लेनी चाहिए, चाहे हमें जो पढ़ने के लिए मज़बूर किया गया हो, उसमें कभी कोई काम नहीं मिले।

हमें उन चीज़ों को पढ़ना चाहिए, जो हम कभी इस्तेमाल नहीं करेंगे, लेकिन किसी ने कह दिया इन विषयों को जानना ज़रूरी है : अल्जेबरा, त्रिकोणमिति, हम्मूराबी की संहिता।

हम लोगों को अपने माँ-पापा को कभी दुखी नहीं करना चाहिए, चाहे इसका मतलब उनकी ख़ुशी के लिए कुछ भी करना क्यों ना हो। हम लोगों को संगीत चुपचाप सुनना चाहिए, चुपचाप बात करनी चाहिए, एकांत में रोना चाहिए, क्योंकि मैं बहुत ताक़तवर हूँ और रेल की पटरियों के बीच की दूरी को तय करता हूँ, सफलता के मायने बनाता हूँ, प्रेम करने का सबसे अच्छा तरीक़ा, इनाम का महत्त्व तय करता हूँ।

★★★

हम एक महँगे इलाक़े की एक अच्छी इमारत के आगे रुके। झुंड में एक आदमी ने सामने के दरवाज़े का कोड लगाया और हम सब तीसरी मंज़िल पर पहुँच गए। मुझे लगा कि हम लोग ऐसे किसी समझदार परिवार को खोज

पाएँगे जो अपने बेटे के दोस्तों को इसलिए रहने दें कि उनका बेटा घर के पास रहेगा और वे उसके ऊपर नज़र रख पाएँगे। लेकिन जब ल्यूक्रेसिया ने दरवाज़ा खोला तो पूरी तरह से अंधेरा था। जब खिड़की से आती बाहर की रोशनी में मैंने ध्यान से देखा तो मैंने पाया कि एक बड़ा-सा ख़ाली लिविंग रूम था। वहाँ एक ही सजावट थी, फ़ायर प्लेस के रूप में, जिसका वर्षों से इस्तेमाल नहीं किया गया था।

एक सफ़ेद बालों वाला लड़का, जो छह फ़ीट लम्बा था और जिसने एक बड़ी-सी बरसाती पहन रखी थी, वह रसोई में गया और कुछ मोमबत्तियाँ जलाकर लौटा। हम सभी फ़र्श पर गोल घेरा बनाकर बैठ गए, और उस रात पहली बार मुझे डर महसूस हुआ : वह किसी भयानक फ़िल्म की तरह लग रहा था, जैसे कि कोई शैतानी गतिविधि शुरू ही होने वाली हो, और शिकार होने वाला हो। वह अजनबी, जिसने इतनी होशियारी नहीं दिखाई और उनके साथ-साथ वहाँ चला आया।

मिख़ाइल कमज़ोर दिखाई दे रहा था, और उसकी आँखें इधर-उधर घूम रही थीं, किसी एक स्थान पर ठहर नहीं रही थीं, जिसके कारण मैं और असहज हो गया। ऐसा लग रहा था, जैसे उसको दौरा पड़ने ही वाला हो। क्या वहाँ मौजूद लोगों को यह पता था कि ऐसे हालात में क्या किया जाए? क्या यही अच्छा नहीं होता कि मैं वहाँ से निकल लूँ, जिससे कि किसी संभावित त्रासदी का हिस्सा होने से बच जाऊँ?

सबसे होशियारी का काम यही होता शायद, इस बात को देखते हुए कि मैं एक प्रसिद्ध लेखक था, जो आध्यात्मिकता के बारे में लिखता था और इसलिए उसको उदाहरण पेश करना चाहिए। हाँ, अगर मैं होशियारी दिखाता तो मुझे ल्यूक्रेसिया से यह कहना चाहिए था, अगर मिख़ाइल को दौरा पड़े तो उसको अपने प्रेमी के मुँह में कुछ डाल देना चाहिए जिससे कि उसकी जीभ नहीं मुड़ जाए और दम घुटने से उसकी मौत नहीं हो जाए। उसको इस बारे में पहले से ही पता रहा होगा, लेकिन सामाजिक ज़ाहिर के अनुयायियों की दुनिया में, हम कुछ भी संयोग पर नहीं छोड़ सकते, हम लोगों को अपनी अंतरात्मा के साथ शांत बने रहना चाहिए।

एक्सिडेंट के पहले मैंने इसी तरह से बर्ताव किया होता, लेकिन अब मेरा निजी इतिहास मेरे लिए मायने नहीं रखता था। यह अब इतिहास नहीं रह गया था और एक बार फिर से किसी क़िस्से जैसा बन गया था, एक

खोज, एक रोमांच, अपने अंदर और बाहर की यात्रा। एक बार फिर से मेरे आसपास की दुनिया बदल रही थी और मैं बाक़ी दिन इसी तरह बिताना चाहता था (मुझे याद आया क़ब्र के शिलालेख पर लिखवाने का मेरा एक आइडिया : वह मर गया जबकि वह ज़िंदा था)। मेरे साथ अतीत के अनुभव थे, जिसके कारण मैं तेज़ी से और सूक्ष्मता से प्रतिक्रिया दे पा रहा था, लेकिन जो सबक़ मैंने सीखे थे, मुझे उनकी परवाह नहीं थी। कल्पना कीजिए एक योद्धा की जो बीच युद्ध में रुककर यह तय करने लगे कि अब उसको कौन-सी चाल चलनी चाहिए? वह तो पलक झपकते ही मर जाएगा।

और मेरे अंदर के योद्धा ने अपनी सूझबूझ और तकनीक का सहारा लिया और यह तय पाया कि मुझे रुक जाना चाहिए, रात के उस अनुभव को बरक़रार रखना चाहिए, जबकि बहुत देर हो चुकी थी और मैं थका हुआ और नशे में था और इस बात से डरा हुआ भी था कि मैरी शायद चिंता में या गुस्से में मेरा इंतज़ार कर रही होगी। मैं मिख़ाइल के बगल में बैठ गया, जिससे उसको जैसे ही दौरा पड़े तो मैं तत्काल से कुछ कर सकूँ।

मैंने ध्यान दिया कि उसने अपने मिर्गी के दौरे को वश में कर रखा था। वह धीरे-धीरे शांत होने लगा, और उसकी आँखों में उसी नौजवान-सी चमक दिखाई देने लगी, जब वह आर्मेनियाई रेस्तराँ में सफ़ेद चोगे में स्टेज पर खड़ा होता था।

'शुरुआत हम लोग दुआ से करेंगे,' वह बोला।

और वही नौजवान लोग जो उस समय तक गुस्सैल, नशे की हालत में दिखाई दे रहे थे, अब उन लोगों ने अपनी-अपनी आँखें मूँद ली थीं और एक दूसरे का हाथ थामकर एक बड़ा घेरा बना लिया। यहाँ तक दो अलसेशियन कुत्ते भी कमरे के एक कोने में बैठे शांत दिखाई दे रहे थे।

'देवी जी, जब मैं कारों को देखता हूँ, दुकानों के शीशे में सजे सामान को देखता हूँ, सभी लोगों से गाफिल लोगों को देखता हूँ, जब मैं सभी इमारतों और स्मारकों को देखता हूँ तो मुझे उनमें आपकी कमी दिखाई देती है। हमें इस लायक़ बनाइए कि हम आपको वापस ला सकें।'

समूह के लोग एक साथ बोले जा रहे थे :

'देवी जी, हम लोग जिन परेशानियों का अनुभव कर रहे हैं, उनमें आपकी मौजूदगी का अनुभव करते हैं। हमरी मदद कीजिए कि हम हार नहीं

मानें। हमारी इसमें मदद कीजिए कि हम आपके बारे में शांत भाव से और पक्के इरादे के साथ आपके बारे में सोच सकें, तब भी जब इस बात को स्वीकार कर पाना मुश्किल है कि हम आपको प्यार करते हैं।'

मैंने ध्यान दिया कि वहाँ मौजूद सभी लोगों ने अपने कपड़े में कहीं न कहीं एक जैसे प्रतीक चिह्न लगाए हुए थे। किसी के कपड़े वह वह जड़ा हुआ था, या धातु के बैज की तरह, या कढ़ाई के टुकड़े के रूप में, या किसी के कपड़े पर कलम से बनाया गया था। 'आज रात मैं उस आदमी को समर्पित करना चाहता हूँ, जो मेरी दाईं तरफ़ बैठा है। वह मेरे बगल में इसलिए बैठा है क्योंकि वह मुझे बचाना चाहता था।'

उसको यह कैसे पता चला?

'यह एक अच्छा आदमी है। इसको पता है कि प्यार इंसान को पूरी तरह से बदल देता है और उसने प्यार के द्वारा खुद को बदलते हुए देखा भी। इसने अपने अंदर बहुत सारा निजी इतिहास सँभाल रखा है, लेकिन यह उससे लगातार मुक्त होने की कोशिश कर रहा है। यही वज़ह है कि आज रात यह हमारे साथ ठहरा हुआ है। यह उस स्त्री का पति है जिसको हम सब जानते हैं, वह औरत जो अपनी दोस्ती के सबूत के तौर पर मेरे पास ताबीज के रूप में एक निशानी छोड़ गई।'

मिख़ाइल ने ख़ून से सना कपड़े का टुकड़ा निकाला और अपने सामने रख लिया।

'यह एक अनजान सैनिक की कमीज का हिस्सा है। मरने से पहले उसने उस औरत से कहा : "मेरी कमीज को काटकर इसके टुकड़ों को उन लोगों में बाँट देना, जो मौत में यक़ीन रखते हों, और जो इस वज़ह से ऐसे जीते हैं, मानो आज का दिन उनकी ज़िंदगी का आख़िरी दिन हो। उन लोगों से कह दो मैंने अभी ईश्वर का चेहरा देखा है; उनसे कह दो कि डरें नहीं, लेकिन गाफिल नहीं हो जाएँ। एक सत्य की तलाश में रहो, जो प्रेम है। इसके क़ायदों के हिसाब से रहें।"'

कपड़े के उस टुकड़े को सब बड़े आदर से देखे जा रहे थे।

'हम जब पैदा हुआ थे, तब विद्रोह का दौर था। हम लोगों ने अपना सारा उत्साह उसमें उँडेल दिया, हमने अपनी ज़िंदगी और अपनी जवानी का ख़तरा उठाया, और अचानक, हमें डर लगने लगा, और शुरुआती दौर की उन ख़ुशियों ने असली चुनौतियों को रास्ता दिया : उदासी, एकरसता, अपनी क्षमताओं को लेकर आशंका। हमने यह पाया कि हमारे कुछ साथियों ने पहले ही हार मान ली थी। हम लोगों ने अकेलेपन का सामना किया, सड़कों के तीखे मोड़ों से अपने आपको बचाया, कई बार हम गिरे भी, लेकिन आसपास मदद के लिए कोई नहीं था, और अंत में अपने आपसे पूछते रहे कि हमने जितनी कोशिशें की क्या यह उनके लायक़ था भी।'

मिख़ाइल बोलते-बोलते रुक गया।

'यही बात है। और हम लोग आगे बढ़ते रहेंगे, यह जानते हुए कि हमारी आत्मा, इसके बावजूद कि वह अनंत है, फिलहाल समय के जाल में उलझ गई है, अपनी तमाम संभावनाओं और सीमाओं के साथ। जहाँ तक संभव हो पाएगा हम लोग अपने आपको इस जाल से आज़ाद करेंगे। जब यह असंभव साबित हो जाएगा और हम उस कहानी पर वापस लौट आएँगे, जो हमें सुनाई गई थी, तब भी हम अपने इस संघर्ष को याद रखेंगे और जैसे ही हालात सही लगने लगेंगे तो हम दुबारा संघर्ष करने के लिए तैयार हो जाएँगे। आमीन।'

'आमीन,' सभी लोगों ने एक साथ कहा।

'मुझे उस स्त्री से बात करनी है,' उस गोरे नौजवान ने कहा, जिसने अपने बाल आदिवासियों के अंदाज़ में कटा रखे थे।

'आज रात नहीं। मैं बहुत थक गया हूँ।'

सब निराश होकर फुसफुसाने लगे। आर्मेनियाई रेस्तराँ के लोगों के विपरीत इन लोगों को मिख़ाइल की कहानी पता थी और वे जानते थे कि वह अपने बगल की 'मौजूदगी' को महसूस कर रहा था। वह उठा और रसोई में एक गिलास पानी लाने के लिए चला गया। उसके साथ मैं भी गया।

मैंने पूछा कि वे लोग उस अपार्टमेंट में कैसे आ गए, और उसने बताया कि फ़्रांस के क़ानून के मुताबिक़ जिस इमारत का मालिक उसका इस्तेमाल नहीं कर रहा होता था, उसमें कोई भी क़ानूनी रूप से घुस सकता

था। कहने का मतलब यह कि वह उनका अवैध ठिकाना था। मैं यह सोचकर परेशान होने लगा कि मैरी मेरा इंतज़ार कर रही होगी। मिख़ाइल ने मेरी बाँह पकड़ ली।

'आपने आज कहा कि आप स्टेपीज़ के घास के मैदानों में जाना चाहते थे। मैं एक बार फिर से कह रहा हूँ : प्लीज मुझे अपने साथ ले चलिए। मैं अपने देश वापस जाना चाहता हूँ, चाहे कुछ समय के लिए ही सही, लेकिन मेरे पास पैसे नहीं हैं। मुझे अपने लोगों, अपनी माँ, अपने दोस्तों की याद आ रही है। मैं यह कह सकता था, 'उस आवाज़ ने मुझे बताया कि आपको मेरी ज़रूरत पड़ेगी," लेकिन यह बात सच नहीं है : आप एस्तर को बिना किसी की मदद के ही खोज लेंगे। लेकिन मैं अपने देश जाकर अपने अंदर फिर से अपने देश की ऊर्जा भरना चाहता हूँ।'

'मैं तुमको आने-जाने का किराया दे सकता हूँ।'

'मुझे पता है कि आप दे सकते हैं, लेकिन मैं वहाँ आपके साथ होना चाहता हूँ, आपके साथ उस गाँव में जाना चाहता हूँ जहाँ वह रहती है, मैं अपने चेहरे पर वहाँ की हवा को महसूस करना चाहता हूँ, उन रास्तों को खोजने में आपकी मदद करना चाहता हूँ, जो आपको उस औरत तक ले जाएगी, जिसको आप प्यार करते हैं। वह मेरे लिए बहुत मायने रखती थी - आज भी रखती है। वह जिन बदलावों से गुज़री, उसके मज़बूत इरादों से मैंने बहुत कुछ सीखा है, और मैं सीखने के लिए वापस जाना चाहता हूँ। आपको याद है, मैं एक बार "रुकी हुई कहानियों" की बात कर रहा था? जब तक आप उसके घर पहुँच नहीं जाते, तब तक मैं आपके साथ रहना चाहता हूँ। इस तरह से मैं आपकी और अपनी ज़िंदगी के दौर के ख़त्म होने तक आपके साथ रह पाऊँगा। जब हम उसके घर पहुँच जाएँगे तो मैं आपको अकेला छोड़ दूँगा।'

मुझे समझ नहीं आ रहा था कि क्या कहना चाहिए। मैंने कुछ और बात करने की कोशिश की और उस कमरे में मौजूद लोगों के बारे में पूछने लगा।

'ये वे लोग हैं, जो इस बात से डरे हुए हैं कि इनका भी हश्र कहीं आपकी पीढ़ी जैसा नहीं हो, वह पीढ़ी जिसने सपना देखा था कि वह दुनिया में क्रांति कर देगी, लेकिन जिसका अंत "यथार्थ" से समझौता कर लेने में हुआ। हम अपने आपको इसलिए मज़बूत जताते हैं, क्योंकि हम कमज़ोर

होते हैं। अभी भी हम में से कुछ ही लोग हैं, बहुत कम, लेकिन मुझे लग रहा है कि यह कुछ दिनों की बात है; लोग हमेशा अपने आपको धोखा देते नहीं रह सकते। अब बताइए कि मेरे सवाल के लिए आपका जवाब क्या है?'

'मिख़ाइल तुम इस बात को जानते हो कि मैं अपने निजी इतिहास से अपने आपको मुक्त करने के लिए कितना बेचैन हूँ। अगर तुमने मुझसे कुछ समय पहले पूछा होता, तो मुझे इस बात से कोई परेशानी नहीं होती, बल्कि सुविधा ही लगती कि तुम्हारे साथ जाऊँ, क्योंकि तुम उस देश को जानते हो, वहाँ के तौर-तरीक़े और ख़तरों की संभावना को भी। लेकिन अब मुझे ऐसा लगने लगा है कि मुझे एरियाँदने का धागा एक गेंद में बाँधकर मुझे उस भूलभुलैया से निकल जाना चाहिए और मुझे यह काम अकेले ही करना चाहिए। मेरी ज़िंदगी बदल चुकी है; मुझे ऐसा महसूस हो रहा है, जैसे मेरी उम्र दस या बीस साल कम हो गई है, और मेरे लिए यह अपने आप में काफ़ी है कि मैं रोमांच की खोज में निकलना चाहता हूँ।'

'आप कब जाएँगे?'

'जैसे ही वीजा मिल जाएगा। दो या तीन दिन में।'

'हो सकता है कि स्त्री आपके साथ जाए। आवाज़ कह रही है कि यह सही समय है। अगर आपका दिमाग़ बदले तो मुझे बताना।'

मैं उन लोगों को पार करता हुआ आगे की तरफ़ बढ़ा, सब ज़मीन पर लेटे थे, सोने की तैयारी में थे। घर के रास्ते में मुझे यह सूझा कि ज़िंदगी में उससे कहीं अधिक आनंद था, जितना कि मैंने इस उम्र में सोचा था : यह हमेशा संभव था कि वापस से जवान हुआ जाए, सनकी हुआ जाए। मेरा ध्यान वर्तमान पर इतना अधिक था कि मैं इस बात से हैरान हुआ कि जब मैं गुज़र रहा था तो लोग मुझे देखकर पीछे नहीं हटे जा रहे थे, डर के मारे अपनी आँखें नीची नहीं कर रहे थे। किसी ने मेरे ऊपर ध्यान भी नहीं दिया, लेकिन मुझे यह आइडिया अच्छा लगा; जब हेनरी IV पर यह आरोप लगाया गया था कि उसने एक कैथोलिक से शादी करके प्रोटेस्टेंट धर्म को धोखा दिया था, तो उसने कहा था : 'पेरिस और कुछ नहीं लोगों की भीड़ है।'

यह उससे भी अधिक था। मैं एक बार फिर से धार्मिक हत्याकांड देख सकता था, ख़ून-ख़राबा, राजा, रानियाँ, संग्रहालय, महल, पीड़ित कलाकार, शराबी लेखक, वे दार्शनिक जिन्होंने आत्महत्या कर ली, सैनिक जिन्होंने

दुनिया जीतने की योजना बनाई, देशद्रोही, जिन्होंने एक इशारे से पूरे राजवंश को नेस्तनाबूद कर दिया, वे कहानियाँ जिनको कभी भुला दिया गया था और अब जिनको याद करके सुनाया जा रहा था।

★★★

ना जाने कितने दिनों बाद मैं जब घर आया तो सीधे कम्प्यूटर के पास यह देखने के लिए नहीं गया कि किसी ने मुझे ई-मेल तो नहीं किया था, कहीं कोई ऐसी बात तो नहीं, जिसके ऊपर तत्काल कार्रवाई की ज़रूरत हो : कुछ भी तत्काल नहीं रह गया था। मैं बेडरूम में यह देखने के लिए नहीं गया कि मैरी सोई थी या नहीं, क्योंकि मुझे पता था कि वह बस सोने का नाटक कर रही होगी।

देर रात के समाचार देखने के लिए मैंने टीवी नहीं चलाया, क्योंकि समाचार वही थे जो मैं बचपन से सुनता आया था : एक देश दूसरे देश को धमकी दे रहा है, किसी ने किसी को धोखा दे दिया, आर्थिक स्थिति ख़राब है, किसी बड़े जुनून का अंत हो गया, इजरायल और फ़लस्तीन पचास साल बाद समझौते पर पहुँच पाने में असफल हो गए, एक और बम फट गया, तूफ़ान के कारण हज़ारों लोग बेघरबार हो गए।

मुझे याद आया कि सुबह के समय किसी बड़े नेटवर्क के पास किसी आतंकी हमले की ख़बर नहीं थी, सभी मुख्य समाचार के रूप में हैती में विद्रोह को दिखा रहे थे। मैं हैती की परवाह क्यों करूँ? इससे मुझे या मेरी पत्नी को क्या फ़र्क़ पड़ने वाला था, या पेरिस में ब्रेड की क़ीमत से, या मिख़ाइल की ट्राइब से? मैं अपने जीवन के पाँच मूल्यवान मिनटों को विद्रोह और राष्ट्रपति के बारे में सुनने में किस तरह बर्बाद कर सकता था, सड़क पर हो रहे विरोध प्रदर्शन के सामान्य दृश्यों को बार-बार देखते हुए, और जिसको इस तरह से बताया जा रहा था, मानो वह मानवता के इतिहास की कोई बड़ी घटना हो - हैती में विद्रोह! लेकिन मैं सब कुछ देख गया! मैंने अंत तक देखा! इन बेवक़ूफों को विशेष पहचान पत्र दिया जाना चाहिए, क्योंकि यही लोग सामूहिक बेवक़ूफी को चारा देते हैं।

मैंने खिड़की खोली और रात की ठंडी हवा को अंदर आने दिया; मैंने अपने कपड़े उतारे और अपने आप से कहा कि मैं ठंडक को सह सकता

था। मैं वहीं खड़ा रहा, कुछ सोच नहीं रहा था, बाद फ़र्श को पैरों से महसूस कर रहा था, मेरी आँखें एफ़िल टावर से लगी हुई थीं, मेरे कान कुत्तों के भौंकने की आवाज़ सुन रहे थे, पुलिस का सायरन और बातचीत, जिसको मैं समझ नहीं पा रहा था।

मैं, मैं नहीं था - और यह मुझे अच्छा लग रहा था।

'तुम बहुत अजीब लग रही हो।'

'अजीब से तुम्हारा क्या मतलब है?'

'उदास लग रही हो।'

'मैं दुखी नहीं हूँ। मैं ख़ुश हूँ।'

'देखो? यहाँ तक कि तुम्हारा कहने का लहजा भी झूठा है : तुम मुझे लेकर उदास हो, लेकिन कुछ कह नहीं पा रही हो।'

'मैं उदास क्यों होऊँगी?'

'क्योंकि कल रात मैं देर से आया और नशे में आया। तुमने तो पूछा भी नहीं कि मैं कहाँ गया था।'

'मेरी कोई दिलचस्पी नहीं।'

'क्यों दिलचस्पी नहीं है? मैंने तुमको बताया तो था कि मैं मिख़ाइल से मिलने गया था, नहीं बताया था?'

'फिर तुम उसके साथ बाहर नहीं गए थे?'

'हाँ। गया था।'

'इसमें पूछने वाली बात क्या है?'

'क्या तुमको ऐसा नहीं लगता कि तुम्हारा बॉयफ़्रेंड, जिसको तुम अपना प्रेम कहती हो, घर देर से आया, तो तुमको कम से कम यह तो जानने की कोशिश करनी चाहिए कि क्या हुआ था?'

'अच्छा ठीक है, बताओ क्या हुआ था?'

'कुछ नहीं। मैं मिख़ाइल और उसके कुछ दोस्तों के साथ बाहर गया था।'

'अच्छी बात है।'

'क्या तुमको मेरी बात का यक़ीन होता है?'

'बिलकुल होता है।'

'मुझे नहीं लगता है कि तुम अब भी मुझे प्यार करती हो। तुमको ईर्ष्या नहीं होती। तुम कोई परवाह नहीं करती। क्या मैं सामान्य तौर पर सुबह के दो बजे घर आता हूँ।'

'तुमने कहा नहीं था कि तुम एक आज़ाद इंसान हो?'

'और मैं हूँ।'

'ऐसा है तो यह बहुत आम बात है कि तुम सुबह दो बजे घर आओ और जो जी में आए करो। अगर मैं तुम्हारी माँ होती तो मुझे चिंता हुई होती, लेकिन तुम बड़े हो चुके हो, नहीं? तुम मर्दों को इस तरह से बर्ताव करना बंद कर देना चाहिए, मानो तुमको अपनी ज़िंदगी में औरत इसलिए चाहिए, जो तुम्हारे साथ बच्चों की तरह बर्ताव करे।'

'मैं इस तरह से चिंता की बात नहीं कर रहा था। मैं ईर्ष्या की बात कर रहा हूँ।'

'क्या तुमको यह अच्छा लगेगा कि मैं इस समय तमाशा करूँ, नाश्ते के समय?'

'नहीं, ऐसा मत करना, पड़ोसी सुन लेंगे।'

'मुझे पड़ोसियों की परवाह नहीं। मैं इसलिए कुछ नहीं कहूँगी, क्योंकि इस बार मेरा मन नहीं हो रहा। यह मेरे लिए मुश्किल तो है, लेकिन तुमने जगरेब में मुझे जो कहा था, मैंने उसको स्वीकार कर लिया है और मैं कोशिश कर रही हूँ कि मुझे उस बात की आदत पड़ जाए। वैसे अगर इससे तुमको ख़ुशी होती है, तो मैं हमेशा ऐसे जताऊँगी, जैसे मुझे ईर्ष्या हो रही है, गुस्सा हूँ, पागल हूँ या जो भी चाहो।'

'मैंने कहा ना कि तुम अजीब लग रही हो। मुझे ऐसा लगने लगा है कि तुम्हारी ज़िंदगी में मेरी अब कोई क़द्र नहीं रह गई है।'

'और मुझे लग रहा है कि तुम इस बात को भूल गए हो कि बाहर बैठक में एक पत्रकार तुम्हारा इंतज़ार कर रहा है, जो बहुत संभव है कि हमारी बातचीत सुन रहा हो।'

आह, पत्रकार। मैं स्वचालित पायलट के मोड में आ गया, क्योंकि मुझे यह पता था कि वह किस तरह के सवाल पूछेगा। मुझे पता है कि बातचीत किस तरह शुरू होगी ('अपने नए उपन्यास के बारे में कुछ बताइए। इसमें मुख्य संदेश क्या है'), और मुझे यह भी पता है कि मैं किस तरह जवाब दूँगा ('अगर मुझे कोई संदेश ही देना होगा, तो मैं एक वाक्य लिखूँगा; किताब नहीं')।

मुझे पता है कि वह मुझसे पूछेगा कि आलोचकों के बारे में मेरी राय क्या है, जिन्होंने आम तौर पर मेरी किताबों की बड़ी सख़्त आलोचना की है। मैं यह भी जानता हूँ कि अंत में वह यह सवाल पूछेगा : 'और क्या आपने नई किताब लिखने की शुरुआत कर दी है? इन दिनों आप किन योजनाओं पर काम कर रहे हैं?' जिसका जवाब यह होगा : 'यह गुप्त बात है।'

जैसी कि आशा थी, इंटरव्यू लेने वाले ने उसी तरह से शुरुआत की :

'आइए आपकी नई किताब के बारे में बात करते हैं। किताब का मुख्य संदेश क्या है?'

'अगर मुझे कोई संदेश ही देना होता, तो मैं एक वाक्य लिखता; किताब नहीं।'

'और आप लिखते क्यों हैं?'

'क्योंकि इस तरह से मैं अपनी भावनाओं को दूसरों के साथ साझा करता हूँ।'

यह वाक्य भी मेरे स्वचालित मोड की पटकथा का ही हिस्सा था, लेकिन मैंने रुककर अपने आप को सही किया :

'हालाँकि इस कहानी को अलग तरह से भी कहा जा सकता था।'

'अलग तरह से? आपके कहने का मतलब यह है कि *उधेड़ने का समय और सीने का समय* किताब से आप ख़ुश नहीं हैं?'

'नहीं, बल्कि मैं इस किताब से बहुत ख़ुश हूँ, लेकिन मैंने आपको जो जवाब दिया, उससे ख़ुश नहीं हूँ। मैं क्यों लिखता हूँ? इसका असली जवाब

यह है : मैं इसलिए लिखता हूँ, क्योंकि मैं चाहता हूँ कि लोग मुझे प्यार करें।'

पत्रकार ने मुझे संदेह से देखा : यह किस तरह की स्वीकारोक्ति है?

'मैं इसलिए लिखता हूँ, क्योंकि जब मैं किशोर था तो मुझे फुटबॉल खेलना नहीं आता था, ना मेरे पास कार थी या ना मुझे ज़्यादा जेबख़र्च मिलता था, और मैं बहुत हद तक फ़ालतू था।'

बात करने में मुझे काफ़ी मेहनत करनी पड़ रही थी। मैरी के साथ बातचीत से मुझे उस अतीत की याद आ गई थी, जिसका मेरे लिए अब कोई मतलब नहीं था; मुझे अपने असली निजी इतिहास के बारे में बात करने की ज़रूरत थी, ताकि मैं उससे मुक्त हो सकूँ। मैंने आगे कहना शुरू किया :

'मैं फ़ैशनेबल कपड़े भी नहीं पहनता था। मेरी क्लास की सारी लड़कियों की दिलचस्पी उसी में होती थी, इसलिए वे मुझ पर ध्यान ही नहीं देती थीं। रात में जब मेरे दोस्त अपनी-अपनी प्रेमिकाओं के साथ होते, तो मैं वैसी दुनिया बनाने में व्यस्त रहता था, जिसमें मैं ख़ुश रह सकूँ : मेरे साथ लेखक और उनकी किताबें होती थीं। एक दिन मैंने अपने मोहल्ले में रहने वाली एक लड़की के लिए कविता लिखी। मेरे एक दोस्त ने मेरे कमरे में वह कविता देखी और उसने वह कविता चुरा ली, और जब हम सभी साथ में थे, तो उसने पूरी क्लास को वह कविता दिखा दी। सब हँसने लगे। उनको यह बात बहुत अजीब लग रही थी कि मुझे प्यार हो गया था!'

'केवल वही लड़की नहीं हँसी, जिसके लिए मैंने कविता लिखी थी। अगली शाम जब हम थिएटर गए, उसने मेरे लिए इस तरह से इंतजाम किया कि वह मेरे बगल में बैठ जाए, और उसने मेरा हाथ थाम लिया। हम लोग हाथ में हाथ डाले थिएटर से निकले; मैं जो कुरूप था, कमज़ोर और फ़ैशनेबल भी नहीं था, उस लड़की के साथ टहल रहा था, जिस पर क्लास के सारे लड़के मरते थे।'

कहते-कहते मैं रुक गया। यह ऐसा था, मानो मैं अपने अतीत में जा रहा हूँ, उस पल में जब उसके हाथ ने मेरे हाथ को छुआ था और मेरी ज़िंदगी बदल गई।

'और यह भी एक कविता के लिए,' मैं कहे जा रहा था। 'एक कविता से मुझे यह समझ आया कि लिखने और अंदर की दुनिया का खुलासा करने से मैं अपने क्लास के लड़कों की बाहरी दुनिया के बराबर आ सकता था :

उनकी शारीरिक ताक़त, उनके फ़ैशनेबल कपड़े, कार, अच्छा खिलाड़ी होने के बराबर।'

पत्रकार कुछ हैरान हो गया, और मैं खुद उससे भी ज़्यादा हैरान था। उसने किसी तरह अपने को सहज किया और पूछा :

'आलोचकों ने आपकी किताब की इतनी आलोचना क्यों की, आपको क्या कारण लगता है?'

मेरा स्वचालित जवाब यह होता : 'आपको किसी भी ऐसे पुराने लेखक की जीवनी पढ़नी चाहिए, जिनको अब क्लासिक लेखक माना जाता है – ऐसा नहीं है कि मैं उनके साथ अपनी तुलना कर रहा हूँ, समझे ना – आप यह देखेंगे कि उस जमाने में उनके लिए भी आलोचकों ने बहुत सख़्ती से लिखा था। कारण बहुत सीधा है : आलोचक बहुत असुरक्षित होते हैं, क्या कुछ चल रहा होता है, उससे उनका कोई लेना-देना नहीं होता, जब राजनीति की बात आती है, तो वे डेमोक्रेट होते हैं, लेकिन जब संस्कृति की बात आती है, तो वे फ़ासिस्ट हो जाते हैं। वे यह मानते हैं कि जनता पूरी तरह इसके काबिल होती है कि वे यह चुन सकें कि उनके ऊपर शासन कौन करेगा, लेकिन जब फ़िल्म, किताब, संगीत के चयन की बात आती है, तो उनको समझ नहीं होती।'

मैंने एक बार फिर से अपना स्वचालित मोड हटा दिया, इस बात को पूरी तरह समझते हुए भी कि वह पत्रकार शायद ही मेरे जवाब को प्रकाशित करे।

'क्या आपने कभी लॉ ऑफ़ जांते के बारे में सुना है?'

'नहीं, मैंने नहीं सुना,' वह बोला।

'देखिए सभ्यता के आरम्भ से ही यह मौजूद रहा है, लेकिन 1933 में एक डेनिश लेखक ने इसके बारे में लिखा। जांते नामक एक छोटे-से शहर में शासन चलाने वालों ने दस आदेश जारी किए, जिसमें लोगों को यह बताया गया था कि उनको किस तरह से बर्ताव करना चाहिए, और ऐसा लगता है यह केवल जांते में ही नहीं है, बल्कि सभी जगह पर है। अगर मुझे एक वाक्य में कहना हो तो मैं कहूँगा : "औसत होना और गुमनाम रहना सबसे सुरक्षित विकल्प होता है। अगर आप इसको चुन लेते हैं तो आपको ज़िंदगी में कभी कोई बड़ी मुश्किल नहीं होगी। लेकिन आप जैसे ही इससे अलग होने की कोशिश करते हैं..."'

'मैं यह जानना चाहता हूँ कि जांते के आदेश क्या क्या हैं,' उस पत्रकार ने पूछा, जो देखने से लग रहा था कि इस बात में सच में उसकी दिलचस्पी थी।

'अभी तो मेरे पास नहीं है, लेकिन अगर आप चाहें तो मैं सार-संक्षेप कर सकता हूँ।'

मैं अपने कम्प्यूटर के पास गया और मैंने उसका एक संपादित रूप निकाला। 'आप कुछ नहीं हैं, कभी यह सोचने की कोशिश भी मत कीजिएगा, आप हम से ज़्यादा जानते हैं। आपका कोई महत्त्व नहीं है, आप कुछ भी सही नहीं कर सकते, आपके काम का कोई मतलब नहीं है, लेकिन जब तक आप हम लोगों को किसी तरह की चुनौती नहीं देंगे तब तक आप ख़ुशहाल ज़िंदगी जी पाएँगे। हम जो भी कहें उसको गम्भीरता से लीजिए और हमारी बातों पर कभी नहीं हँसिए।'

पत्रकार ने काग़ज़ के उस टुकड़े को मोड़कर अपनी जेब में रख लिया।

'आप सही कह रहे हैं। अगर आप कुछ नहीं होते, आपके काम का कोई असर नहीं पड़ता तो आप तारीफ़ के क़ाबिल होते हैं। लेकिन अगर आप उस औसतपन के दायरे से बाहर निकल जाते हैं और सफल हो जाते हैं तो आप क़ानून का पालन नहीं कर रहे और इसलिए आपको सज़ा मिलनी चाहिए।'

मुझे बहुत अच्छा लगा कि वह अपने आप निष्कर्ष पर पहुँच गया।

'और ऐसा नहीं है कि सिर्फ़ आलोचक ही ऐसा कहते हैं,' मैंने आगे कहा। 'बहुत से लोग, आप जितना सोच सकते हैं, उससे बहुत अधिक लोग ठीक यही बात कहते हैं।'

उस दिन दोपहर को मैंने मिख़ाइल का मोबाइल नम्बर मिलाया : 'चलो कज़ाकिस्तान साथ-साथ चलते हैं।'

ऐसा नहीं लगा जैसे उसको कोई हैरानी हुई हो; उसने मेरा शुक्रिया अदा किया और पूछा कि किस वज़ह से मैंने अपना इरादा बदल लिया।

'क्योंकि दो साल से मेरी ज़िंदगी में ज़ाहिर के अलावा और कुछ भी नहीं रहा। जब से मैं तुमसे मिला हूँ तब से मैं एक ऐसे रास्ते पर चल रहा हूँ जिसको मैं बहुत पहले भूल गया था, रेल की एक ऐसी पटरी जिसके ऊपर अब रेल नहीं चलती, पटरियों के बीच में घास उग आई है, लेकिन ट्रेन जिनके ऊपर अभी भी चल सकती है। अभी तक मैं अंतिम स्टेशन तक नहीं पहुँचा हूँ इसलिए बीच में रुक जाने का कोई मतलब नहीं है।'

उसने मुझसे पूछा कि क्या मुझे वीजा मिल गया। मैंने समझाया कि फ़ेवर बैंक एक बार फिर मेरी मदद को आया : एक रूसी दोस्त ने अपनी प्रेमिका को फ़ोन किया, जो कज़ाकिस्तान में एक बड़ी अख़बार कम्पनी की डायरेक्टर है, और उसी दोपहर तक मेरा वीजा तैयार हो गया।

'हम कब जाएँगे?'

'कल। टिकट ख़रीदने के लिए मुझे बस तुम्हारा असली नाम चाहिए, दूसरी लाइन पर ट्रैवल एजेंट है।'

'इससे पहले कि आप फ़ोन रखें मैं एक बात कहना चाहता हूँ : आपने रेल की पटरियों के बीच की दूरी के बारे में जो कहा था या अभी सुनसान पड़ी रेल की पटरियों के बारे में जो कहा वह मुझे सच में अच्छा लगा, लेकिन मुझे ऐसा नहीं लगता है कि इसी वज़ह से आप मुझे अपने साथ चलने के लिए कह रहे हैं। मुझे लगता है कि इसका कारण यह है जो तुमने एक बार लिखा था, और जो मुझे याद है; आपकी पत्नी हमेशा इन पंक्तियों को सुनाती रहती थी, और उन पंक्तियों में जो कहा गया है, वह फ़ेवर बैंक के कारोबार से कहीं अधिक रोमांटिक है :

रोशनी के योद्धा को यह पता होता है कि उसको बहुत कुछ का आभारी होना है। संघर्ष में उसकी मदद देवदूतों ने की; आकाशीय ताक़तों ने सब कुछ सही जगह पर रख दिया, जिससे कि वह सबसे अच्छा कर पाया। इसी वज़ह से सूर्यास्त के समय वह घुटनों के बल झुककर उस लबादे के लिए शुक्रिया अदा करता है, जो उसको बचाने के लिए है।

उसके संगी कहते हैं : 'यह कितना ख़ुशक़िस्मत है!' लेकिन वह इस बात को जानता है कि 'क़िस्मत' अपने आसपास देखना और यह जानना होता है कि उसके दोस्त कहाँ हैं, क्योंकि उनके शब्दों के माध्यम से देवदूतों की बात उसको सुनाई दी।

'मैंने जो लिखा वह मुझे याद नहीं है, लेकिन इसके लिए शुक्रिया। ट्रैवल एजेंट को देने के लिए मुझे तुम्हारा नाम चाहिए।'

टैक्सी कम्पनी को फ़ोन का जवाब देने में बीस मिनट लग गए। एक चिड़चिड़ी आवाज़ ने मुझे बताया कि मुझे आधे घंटे और इंतज़ार करना पड़ेगा। मैरी अपने भड़कीले सेक्सी काले रंग की ड्रेस में अच्छी लग रही थी, और मुझे आर्मेनियाई रेस्तराँ और उस आदमी की कहानी याद आ गई, जिसने यह स्वीकार किया था कि यह सोचकर उसकी भावनाएँ भड़क गई थीं कि उसकी पत्नी को कोई दूसरा आदमी चाहता था। मुझे पता है कि उस शानदार डिनर में जितनी महिलाएँ आने वाली थीं, सभी ऐसे कपड़े पहनकर आने वाली थीं कि लोगों का ध्यान उनके उरोज़ों और बदन के उतार-चढ़ावों पर टिका रहे, और उनके पति या प्रेमी, इस बात को जानते हुए कि उनकी पत्नियों और प्रेमिकाओं के ऊपर दूसरे लोगों की नज़र है, यह सोचेंगे : 'कोई बात नहीं, अच्छी तरह से देख लो, लेकिन दूरी बनाए रखो, क्योंकि यह मेरे साथ है, यह मेरी है। मैं तुमसे बेहतर हूँ, क्योंकि मेरे पास कुछ ऐसा है, जिसे तुम सभी पाना चाहते हो।'

मैं कुछ नहीं करने वाला, मैं ना तो कोई अनुबंध साइन करने वाला हूँ, ना कोई इंटरव्यू देने वाला हूँ; मैं बस इस समारोह में भाग लेने आया हूँ, अपने फ़ेवर बैंक में जमा मदद का बदला चुकाने आया था। डिनर में, मैं किसी बोरिंग आदमी के बगल में बैठ जाऊँगा, किसी ऐसे आदमी के बगल में जो मुझसे यह पूछेगा कि मुझे अपनी किताबों को लिखने के लिए प्रेरणा कहाँ से मिलती है। मेरे बगल में, सामने की तरफ़ एक जोड़ा उरोज़ शायद दिखाई दे रहा होगा, शायद मेरे किसी दोस्त की पत्नी का हो, और मैं बार बार उसको देखने से अपने आपको रोकूँगा, क्योंकि अगर मैंने एक सेकेंड के लिए भी देखा तो वह अपने पति को यह बता देगी कि मैं उसको घूर रहा था।

जब हम टैक्सी का इंतज़ार कर रहे थे, तो मैं मन ही मन उन विषयों की सूची बनाने लगा, जिनके ऊपर बातचीत हो सकती थी :

क) इसके ऊपर टीका-टिप्पणी होगी कि कौन कैसा लग रहा था : 'तुम बहुत सजीले लग रहे हो,' 'कितनी सुंदर ड्रेस है,' 'तुम्हारी

त्वचा तो बहुत चमक रही है।' जब वे घर वापस जाएँगे तो कहेंगे कि सब लोगों ने कितने ख़राब कपड़े पहने हुए थे और वे कितने बुरे लग रहे थे।

ख) हाल में मनाई छुट्टियों के बारे में : 'तुमको अरूबा ज़रूर जाना चाहिए, ज़बर्दस्त जगह है,' 'गर्मी की रात में केनकून में बिताने जैसा कुछ नहीं होता, समुद्र के किनारे बैठकर मार्टिनी पीते हुए।' असल में, होता यह है कि किसी को भी इन छुट्टियों में वैसा मज़ा नहीं आता, वे कुछ दिनों के लिए आज़ादी की भावना को महसूस करते हैं और उनको लगता है कि उनको मज़ा आया, क्योंकि उन्होंने अपने सारे पैसे ख़र्च कर डाले।

ग) और अधिक छुट्टियाँ, इस बार ऐसी जगहों पर जिसकी वे खुलकर आलोचना कर सकें : 'हाल में, मैं रियो दे जेनेरियो गया था - बहुत हिंसक शहर है,' 'कलकत्ता की सड़कों पर इतनी ग़रीबी दिखाई देती है कि सदमा-सा लग जाता है।' वे इन जगहों पर महज यह महसूस करने के लिए गए कि जब वे वहाँ से अपनी छोटी-सी दुनिया में वापस आए तो खुद को कितने ताक़तवर और ख़ास महसूस कर रहे थे, कम से कम यहाँ ग़रीबी और हिंसा तो नहीं थी।

घ) नए-नए तरह के उपचार : 'एक सप्ताह व्हीटग्रास जूस पीने से मेरे बालों की रंगत निखर आई,' 'मैंने बियारिज के एक स्पा में दो दिन बिताए; वहाँ का पानी आपकी रगों को खोल देता है और सारी दूषित चीज़ों को हटा देता है।' अगले सप्ताह वे यह पाएँगे कि व्हीटग्रास में ऐसा कोई ख़ास गुण नहीं था और किसी भी तरह का गर्म पानी आपकी रगों को खोल देता है और दूषित पदार्थों को दूर कर देता है।

ङ) दूसरे लोगों के बारे में : 'मैंने फलाँ-फलाँ को ना जाने कब से नहीं देखा है, कहाँ है?' 'अरे वह है ना उसकी माली हालत ख़राब हो गई तो उसको अपना अपार्टमेंट भी बेचना पड़ गया।' वे उन लोगों के बारे में बातें करेंगे, जिनको उस पार्टी में नहीं

बुलाया गया होगा, वे उस आदमी की अच्छी तरह से आलोचना कर लेंगे और फिर अंत में यह कहते हुए बात को ख़त्म करेंगे, बड़े मासूम ढंग से बेचारगी के भाव से : 'कुछ भी हो वह एक जानदार इंसान है।'

च) ज़िंदगी को लेकर कुछ शिकायतें, उस शाम के माहौल में थोड़ी विविधता लाने के लिए : 'काश! मेरी ज़िंदगी में कुछ नया होता,' 'मुझे अपने बच्चों की बड़ी चिंता होती है, ना तो वे ठीक से संगीत सुनते हैं ना ही साहित्य पढ़ते हैं।' वे इस बात का इंतज़ार करते हैं कि कोई और भी उसी तरह की बात करे, जिससे कि उनको अकेलापन महसूस नहीं हो और वे ख़ुशी-ख़ुशी पार्टी से जा सकें।

छ) बौद्धिक महफ़िलों में, जिस तरह की उस शाम की थी, हम लोग मध्य पूर्व के संघर्ष के बारे में बात करेंगे, इस्लामीकरण की समस्याओं के बारे में बात करेंगे, हाल की किसी प्रदर्शनी के बारे में, किसी हालिया दर्शन गुरु के बारे में, किसी ऐसी शानदार किताब के बारे में जिसके बारे में किसी ने सुना ही नहीं हो, और इस बारे में कि संगीत अब वैसा नहीं रहा जैसा कि होता था; हम बौद्धिकता बघारेंगे, अपनी संवेदनशील राय देंगे, जो हमारी भावनाओं से बिलकुल उलट होंगी - क्योंकि हम सब जानते हैं कि हमें उन प्रदर्शनियों में जाने से कितनी नफ़रत है, या उन असह्य किताबों को पढ़ने से, या नीरस फ़िल्मों को देखने से, हम सिर्फ़ इसलिए बात करते है, जिससे कि आज की जैसी रातों में हम किसी विषय पर बात कर सकें।

★★★

टैक्सी आ गई, और जब हम लोग उस जगह पर जा रहे थे, जहाँ पार्टी थी तो मैंने उस सूची में एक बहुत निजी चीज़ जोड़ दी : मैंने मैरी से शिकायत की कि मैं इस तरह के डिनर में जाने से कितना चिढ़ता था, उसने मुझे याद दिलाया, और जो सही भी है कि मुझे बहुत मज़ा आता था और मैं बहुत मज़े में वहाँ समय बिताता था।

हम पेरिस के सबसे सुंदर रेस्तराँ में घुसे और उस कमरे की तरफ़ बढ़े, जिसमें कार्यक्रम था - एक साहित्यिक पुरस्कार दिया जाने वाला था, जिसमें मैं एक जज था। सब इधर-उधर खड़े होकर बातचीत में लगे थे; कुछ लोगों ने अभिवादन किया और बाक़ी लोगों ने मुझे देखा और आपस में कुछ बातें करने लगे, पुरस्कार के आयोजक मेरे पास आए और मुझे उन लोगों से मिलवाने लगे, जो वहाँ मौजूद थे; हर बार वही चिढ़ पैदा करने वाली बात : 'आप जानते ही हैं, ये सज्जन कौन हैं।' कुछ लोगों ने मुझे पहचान लिया और मुस्कराए, कुछ लोग बस मुस्करा दिए, लेकिन उन्होंने मुझे पहचाना नहीं, लेकिन ऐसे जताते रहे, जैसे मुझे जानते हों, क्योंकि अगर वे यह जताते कि मुझे नहीं जानते हैं, तो वह वही बात होती कि वे अपने समय में रह ही नहीं रहे थे, और अपने समय की चीज़ों के बारे में उनको कुछ ख़ास पता नहीं था।

मुझे पिछली रात की वह 'ट्राइब' याद आई और मैं सोचने लगा : इन बेवक़ूफ़ों को जहाज में भरकर बीच समुद्र में भेज दिया जाना चाहिए और वहाँ हर रात इन लोगों को ज़बर्दस्ती पार्टी में शामिल किया जाए, और कई महीनों तक इन लोगों को लोगों से मिलवाया जाए, जब तक कि इनको यह याद नहीं हो जाए कि कौन-कौन है।

मैंने एक सूची उस तरह के लोगों की बनाई जो इस तरह के आयोजनों में जाते थे। दस प्रतिशत 'सदस्य' होते थे, फ़ैसला लेने वाले, जो उस रात इसलिए आए थे, क्योंकि फ़ेवर बैंक का कुछ क़र्ज़ चुकाना होता था, लेकिन जो हमेशा ऐसी चीज़ों के लिए अपनी आँखों को खोलकर रखते थे कि जो उनके लिए फ़ायदेमंद हो - कैसे धन बनाया जाए, कहाँ निवेश किया जाए। वे जल्दी ही यह बता सकते थे कि कोई आयोजन फ़ायदेमंद हो सकता था या नहीं, और सबसे पहले पार्टी से वही निकल जाते थे; वे कभी अपना समय बर्बाद नहीं करते थे।

दो प्रतिशत लोग 'प्रतिभाशाली' लोग होते थे, जिनका भविष्य बहुत उज्ज्वल होता था; वे थोड़ा बहुत नाम भी बना चुके होते थे, और उनको फ़ेवर बैंक के होने का पता भी चल चुका था और यह भी कि उसके संभावित उपभोक्ता कौन-कौन थे; उनके पास देने के लिए महत्त्वपूर्ण सेवाएँ होती हैं, लेकिन अभी फ़ैसले लेने की हालत में नहीं आए थे। वे सबके सामने अच्छे बने रहते थे, क्योंकि उनको इस बात का पता नहीं होता था कि वे किस से

बात कर रहे होते थे, और सदस्यों के मुक़ाबले वे अधिक खुले दिमाग़ के होते थे, क्योंकि उनके लिए हर सड़क कहीं न कहीं ले जाने वाली होती थी।

तीन प्रतिशत लोग वे होते हैं, जिनको मैं उरुग्वे के पूर्व गुरिल्ला समूह के नाम पर पर 'टपमारो' कहता था। वे किसी तरह इस पार्टी में आ गए थे और बेचैन थे कि किसी तरह का कोई संपर्क बन जाए; उनको यह समझ नहीं आता था कि यहीं बने रहें इसी समय चल रही किसी और पार्टी में चले जाएँ; वे बेचैन होते हैं; वे यह दिखाना चाहते हैं कि कितने प्रतिभाशाली हैं, लेकिन उनको आमंत्रित नहीं किया गया होता था, उन्होंने अभी पहले पहाड़ की चढ़ाई भी पूरी नहीं की होती थी, और इससे पहले कि वहाँ मौजूद दूसरे मेहमान इस बात को समझ पाते वे उनके सामने से हट जाते।

पार्टी में मौजूद बाक़ी 85 प्रतिशत लोगों को मैं 'ट्रे' कहता। मैं उनको ऐसा इसलिए कहता, क्योंकि जिस तरह से ट्रे के बिना कोई पार्टी नहीं हो सकती उसी तरह ऐसे मेहमानों के बिना भी कोई पार्टी नहीं हो सकती। ट्रे को यह पता नहीं होता कि वहाँ चल क्या रहा है, लेकिन उनको यह पता होता है कि वहाँ रहना मायने रखता है; उनको आयोजक आमंत्रित करते हैं, क्योंकि इस तरह के आयोजनों की सफलता इस बात पर भी निर्भर करती है कि वहाँ कितने लोग आते हैं। वे सब किसी न किसी तरह के भूतपूर्व होते हैं या इसी तरह के कुछ महत्त्वपूर्ण लोग - पूर्व बैंकर, पूर्व निदेशक, किसी प्रसिद्ध महिला के पूर्व पति, किसी ऐसे आदमी की पूर्व पत्नी जो इस समय सत्ता में हो। उन देशों के कुलीन जहाँ अब राजशाही नहीं है, राजकुमारियाँ और शाही परिवार की औरतें, जो अपने महलों को किराए पर देकर गुज़र-बसर करती थीं। वे एक पार्टी से दूसरी पार्टी में जातीं, एक डिनर से दूसरे डिनर में - क्या उनको इस सबसे ऊब नहीं हो जाती होगी, मैं सोचता था? हाल में मैंने जब इस बारे में मैरी से पूछा तो उसका कहना था कि जैसे कुछ लोगों को काम की लत पड़ जाती है, उसी तरह कुछ लोगों को मौज-मस्ती की लत पड़ी होती है। दोनों तरह के लोग दुखी होते हैं, उनको यह पता होता है कि कुछ न कुछ कमी है उनके जीवन में, लेकिन अपनी इस आदत को छोड़ नहीं पाते।

जब मैं एक कॉन्फ्रेंस के आयोजक के साथ सिनेमा और साहित्य पर बातचीत में मशगूल था, तो एक सुंदर युवती मेरे पास आई और बोली कि उसको *उधेड़ने का समय और सीने का समय* किताब कितनी अच्छी लगी

थी। उसने बताया कि वह किसी बाल्टिक देश की थी और सिनेमा में काम करती थी। उसको तत्काल टपमारो समूह ने पहचान लिया, क्योंकि लग तो ऐसा रहा था कि उसकी दिलचस्पी महज एक चीज़ में थी, मुझमें, लेकिन असल में उसकी दिलचस्पी किसी और चीज़ में थी; (कॉन्फ्रेंस के आयोजन में)। इसके बावजूद कि उसने ऐसी अशिष्टता कर दी थी, जिसको कि भुलाया नहीं जा सकता था, लेकिन तब भी यह मौक़ा था कि शायद उसकी प्रतिभा अनुभवहीन हो। कॉन्फ्रेंस के आयोजक ने पूछा कि 'सिनेमा में काम करने' से उसका मतलब क्या था। उस युवती ने बताया कि वह एक अख़बार में फ़िल्मों की समीक्षाएँ लिखती है और उसकी एक किताब भी प्रकाशित हो चुकी है (फ़िल्म पर? नहीं, मेरे ख़याल से अपने जीवन पर, छोटे-से नीरस जीवन पर)।

उसके बाद उसने एक बड़ी ग़लती यह कर दी कि सीधे यह पूछ लिया कि क्या इस साल के आयोजन में उसको बुलाया जा सकता था। आयोजक ने उसको बताया कि उसके देश में जिस महिला ने मेरी किताब छापी है, वह एक प्रभावशाली और काफ़ी मेहनती महिला है (और बहुत सुंदर भी, मैंने मन ही मन सोचा), और उसको पहले ही आमंत्रित किया जा चुका है। वे मुझसे बातें करते रहे; टपमारो कुछ मिनट वहाँ और मँडराते रहे, उनको समझ नहीं आ रहा था कि क्या करना है, फिर वहाँ से खिसक गए।

चूँकि उस शाम साहित्यिक पुरस्कार का आयोजन था, इसलिए वहाँ जितने भी मेहमान थे, टपमारो, प्रतिभाशाली और ट्रे सभी का कला की दुनिया से कुछ न कुछ लेना-देना था। दूसरी तरफ़, जो सदस्य थे वे या तो स्पांसर या फिर ऐसे न्यासों से संबंधित लोग थे जो संग्रहालय, शास्त्रीय संगीत के आयोजनों, तथा प्रतिभाशाली युवा कलाकारों को सहयोग देते थे। इस बारे में कई बार बातचीत के बाद कि किस उम्मीदवार ने उस रात पुरस्कार के लिए सबसे अधिक दबाव डाला था, उस आयोजन के सदर स्टेज पर चढ़े, उसने सभी लोगों से कहा कि वे मेज पर अपनी-अपनी सीट पर बैठ जाएँ, और कुछ चुटकुले सुनाए (यह सब आयोजन का हिस्सा था, और हम सब हँसने लगे), और यह कहा कि विजेता के नाम की घोषणा शुरुआती नाश्ते के बाद पहले दौर के खाने के दौरान की जाएगी।

मैं सबसे ख़ास मेज़ पर बैठा था जिसके कारण मैं उन लोगों से काफ़ी दूरी पर था जिनको मैंने ट्रे कहा था, और इसका मतलब यह भी था कि मुझे

किसी उत्साही और अपने में दिलचस्पी रखने वाले प्रतिभाशाली की भी परवाह नहीं करनी थी। मैं कार बनाने वाली एक कम्पनी की महिला निदेशक और कुलीन महिला के बगल में बैठा था, जिसने कला के क्षेत्र में निवेश करने का फ़ैसला किया था - मुझे हैरानी हुई कि दोनों में से किसी ने भी भड़काऊ कपड़े नहीं पहने हुए थे। मेज़ पर दूसरे मेहमानों में परफ़्यूम कम्पनी के निदेशक; एक अरब राजकुमार (जो पेरिस से गुज़र रहा था कि एक आयोजक ने उसको आमंत्रित कर लिया, जिससे कि पार्टी में कुछ रौनक़ आ जाए); एक इजरायली बैंकर जो 14 वीं शताब्दी की पांडुलिपियों को जमा करता था; जो उस आयोजन का मुख्य आयोजक था; मोनाको में फ़्रेंच काउंसिल और एक सुंदर लड़की, जिसके वहाँ होने का कारण मुझे समझ नहीं आ रहा था, लेकिन मुझे शक था कि वह शायद आयोजक की अगली रखैल हो।

मुझे बार बार चश्मा पहन कर अपने अगल-बगल बैठे लोगों के नाम पढ़ने पड़ रहे थे (मुझे उस काल्पनिक जहाज में सवार होकर इसी पार्टी में बार-बार बुलाया जाए तब जाकर मुझे सभी मेहमानों के नाम याद हो जाएँगे)। शिष्टाचार के कारण मैरी को किसी और मेज़ पर बिठाया गया था; इतिहास के किसी दौर में किसी ने यह तय किया कि जोड़ों को अलग-अलग बैठना चाहिए, जिससे कि इस बात का संदेह क़ायम रहे कि हमारे बगल में बैठा इंसान शादीशुदा है या कुँवारा, शादीशुदा है लेकिन उपलब्ध है। या शायद उसको ऐसा लगा हो कि अगर पति-पत्नी साथ बैठेंगे तो वे आपस में ही बात करते रहेंगे; लेकिन ऐसे में बाहर जाएँ ही क्यों, टैक्सी लेकर डिनर पर जाएँ ही क्यों?

जैसी कि मैंने अपनी सूची में दर्ज किया था हमारी बातचीत किन-किन विषयों पर हो सकती थी, हम लोगों की बातचीत सांस्कृतिक मुद्दों पर छोटी-छोटी बातों से हुई - कितनी शानदार प्रदर्शनी थी, कितनी अच्छी समीक्षा थी... सालमन और अंडे के साथ केवियर मछली - लेकिन मुझसे बार-बार लोग एक ही सवाल पूछ रहे थे, जिससे कि बार-बार मेरा ध्यान बँट जा रहा था कि मेरी नई किताब कैसी चल रही है, मुझे प्रेरणा कहाँ से मिलती है, क्या मैं किसी नई किताब पर काम कर रहा हूँ। सब बड़े सुसंस्कृत लग रहे थे, सभी किसी न किसी मशहूर हस्ती का नाम ले रहे थे, जो उनकी क़रीबी दोस्त थी। सभी इस बारे में बात कर रहे थे कि उस समय राजनीति की क्या हालत थी और संस्कृति के सामने किस तरह समस्याएँ थीं।

'हम कुछ और बात क्यों नहीं करते?'

अनजाने में यह सवाल निकल गया। मेज़ पर बैठे सभी लोग चुप हो गए। आख़िरकार, यह बहुत रुखाई की बात थी कि जब दूसरे लोग बात कर रहे हों तो उनको बीच में टोक दिया जाए और उससे भी बुरी बात यह थी कि अपनी तरफ़ लोगों का ध्यान खींचा जाए। ऐसा लग रहा था कि पिछली रात भिखारियों के वेश में पेरिस की सड़कों पर जो घुमाई की उसने ऐसा नुक़सान किया था जिसकी भरपाई मुश्किल थी, यानी अब मुझे इस तरह की बातचीत अच्छी नहीं लग रही थी।

'हम *अकोमोदादोर* के बारे में बात कर सकते थे : ज़िंदगी के उस पल के बारे में जब हम यह तय करते हैं कि अपनी ख़्वाहिशों का त्याग कर, जो हमारे पास है, उसी में गुज़ारा किया जाए।'

किसी ने इस बात में कोई दिलचस्पी नहीं दिखाई। इसलिए मैंने बात को बदलने का फ़ैसला किया।

'हम लोग इस बारे में बात कर सकते हैं कि जो कहानी हमें सुनाई गई है, उसको भुलाकर एक अलग ही कहानी को जीने की कोशिश का कितना महत्त्व है। हर दिन कुछ अलग करने की कोशिश करना - जैसे रेस्तराँ में अपने बगल की मेज़ पर बैठे आदमी से बात करने की कोशिश करना, अस्पताल में जाना, लीक से हटकर कुछ करना, सामने वाला इंसान क्या कर रहा है उसको सुनना, प्रेम की ऊर्जा को मुक्त रूप से बहने देना, बजाय इसके कि उसको एक जग में रख दिया जाए या किसी कोने में खड़ा कर दिया जाए।'

'क्या आप अवैध संबंधों की बात कर रहे हैं?' परफ़्यूम कम्पनी के निदेशक ने कहा।

'नहीं, मेरा मतलब यह है कि अपने आपको प्रेम का साधन बनाइए, इसके मालिक मत बन जाइए, किसी के साथ इसलिए होइए, क्योंकि आप सच में ऐसा चाहते हैं, इसलिए नहीं कि ऐसी रवायत है।'

बहुत नजाकत और कुछ व्यंग्य से मोनाको ने फ्रेंच काउंसिल ने मुझे इस बात का यक़ीन दिलाया कि इस मेज़ पर जितने भी लोग बैठे हैं उन लोगों को वह अधिकार और आज़ादी हासिल है। इस बात से सब सहमत हुए, लेकिन इस बात में कोई भरोसा नहीं करता कि यह सही है।

'सेक्स!' उस सुंदर स्त्री ने चिल्लाते हुए, उस शाम जिसकी भूमिका को कोई भी ठीक से समझ नहीं पाया था। 'हम लोग सेक्स के बारे में क्यों नहीं बात कर सकते? यह बहुत दिलचस्प है और इसमें ज़रा भी उलझन नहीं है!'

कम से कम उसने जो कहा था सहज भाव से कहा था। मेरे बगल में बैठी एक स्त्री मुँह बनाकर हँसने लगी, लेकिन मैंने ताली बजाई।

'आपने सही कहा कि प्रेम बहुत दिलचस्प विषय है, लेकिन मुझे यह नहीं लगता कि यह बातचीत का एक अलग विषय है। वैसे भी सेक्स के बारे में बात करने की कोई मनाही तो है नहीं।'

'यह भी बहुत बुरे अंदाज़ में है,' मेरे एक पड़ोसी ने कहा।

'क्या हम यह जान सकते हैं कि मनाही किसकी है?' आयोजक ने कहा, जो असहज महसूस करने लगा था।

'मसलन पैसा। इस मेज़ पर जितने लोग बैठे हैं, सबके पास पैसे हैं, या कम से कम हम जताते तो यही हैं। हम यह मान लेते हैं कि हम लोगों को यहाँ इसलिए बुलाया गया है, क्योंकि हम लोग अमीर हैं, प्रसिद्ध हैं और प्रभावशाली हैं। लेकिन क्या हम में से किसी ने यह सोचा है कि इस तरह के आयोजनों का उपयोग यह जानने के लिए किया जाए कि हम लोग कमाते कितना हैं? चूँकि हम लोग अपने आपको लेकर इतने निश्चिंत रहते हैं, अपने आपको इतना महत्त्वपूर्ण समझते हैं, तो हम लोग अपनी दुनिया को उस तरह से क्यों नहीं देखते हैं, जैसी कि यह है ना कि उस रूप में जिस रूप में हमने उसकी कल्पना की होती है?'

'आप कहना क्या चाह रहे हैं?' कार बनाने वाली कम्पनी एक निदेशक ने कहा।

'यह एक लम्बी कहानी है। मैं हैन्स और फ़्रिट्ज़ के बारे में बातचीत से शुरू कर सकता हूँ जो टोक्यो के एक बार में बैठे थे और उन्होंने एक मंगोलियाई बंजारे के हवाले से कहा इस बात को समझने के लिए कि हम क्या हैं यह ज़रूरी है कि हम इस बात को भूल जाएँ कि हम जो सोचते हैं कि हम हैं।'

'आपकी बात मुझे समझ नहीं आई।'

'इसमें मेरी ग़लती है। मैंने असल में पूरी तरह से इसको समझाया नहीं। लेकिन आइए इस बारे में थोड़ा और विस्तार से बात करते हैं : मैं यह

जानना चाहता हूँ कि हम में से हर आदमी कितना कमाता है, इसका मतलब क्या है, क्या यह धन की बात है, इस ख़ास मेज़ पर बैठकर।'

कुछ पल के लिए ख़ामोशी छा गई – मेरा दाँव चल नहीं पा रहा था। उस मेज़ पर बैठे सभी लोग आँखें फाड़े मुझे देख रहे थे : किसी की आर्थिक स्थिति के बारे में बात करना सेक्स के बारे में बात करने से भी ज़्यादा अनुचित माना जाता है, किसी से धोखे के बारे में पूछना, या भ्रष्टाचार के बारे में या संसदीय घालमेल के बारे में बात करने से भी ज़्यादा इसको उचित नहीं माना जाता।

हालाँकि अरब राजकुमार ने शायद इसलिए कि वह इस तरह के आयोजनों में की बातचीत से ऊब गया था, शायद उसी दिन उसके डॉक्टर ने उसको यह कहा था कि वह मर जाने वाला है, या शायद किसी और कारण से मेरे सवाल का जवाब देने का फ़ैसला किया :

'मैं महीने में क़रीब 20 हज़ार यूरो कमाता हूँ, वह राशि कितनी होगी यह फ़ैसला मेरे देश की संसद करती है। इसका इससे कोई संबंध नहीं है कि मैं ख़र्च क्या करता हूँ, क्योंकि मुझे "मनोरंजन" के नाम पर असीमित भत्ता मिलता है। दूसरे शब्दों में कहूँ तो मैं यहाँ दूतावास की कार में आया हूँ जिसको दूतावास का ड्राइवर चला रहा है, मैंने जो कपड़े पहने हुए हैं वे सरकार के हैं, और कल मैं निजी जेट विमान में यूरोप के एक और देश जा रहा हूँ, जिसमें पायलट का ख़र्च, ईंधन का ख़र्च और एयरपोर्ट का टैक्स उसी भत्ते से काट लिया जाएगा।' और उसने अंत में कहा :

'दिखाई देने वाली वास्तविकता एकदम से सही विज्ञान नहीं होती।'

अगर राजकुमार इतना खुलकर बोल सकता था, और यह देखते हुए कि अपने ओहदे के हिसाब से वह उस मेज़ पर मौजूद रहने वाला सबसे ख़ास आदमी था, इसलिए दूसरे चुप रहकर उसको शर्मिंदा नहीं कर सकते थे। वे उस खेल में शामिल होने वाले थे, सवाल और शर्मिंदगी के खेल में।

'मुझे ठीक से यह नहीं पता है कि मैं कितना कमाता हूँ,' आयोजक ने कहा, जो फ़ेवर बैंक के सबसे बड़े प्रतिनिधियों में एक था, और जिसको कुछ लोग 'लॉबियिस्ट' भी कहते थे। 'महीने में क़रीब 10 हज़ार यूरो के आसपास, लेकिन मुझे भी उन कई संस्थाओं से मनोरंजन भत्ता मिलता है, जिनका मैं सदर हूँ। उस खाते से मैं किसी भी चीज़ के लिए ख़र्च कर सकता

हूँ – डिनर, लंच करने, होटल, हवाई जहाज के टिकट, कई बार कपड़े भी, लेकिन मेरे पास निजी जेट नहीं है।'

वाइन ख़त्म हो गई थी, और उसने वेटर को इशारा किया, जिसने आकर हमारे गिलास फिर से भर दिए। अब बारी थी कार बनाने वाली कम्पनी के निदेशक की, शुरू में तो कमाई के बारे में बात करने की बात को नापसंद किया था, लेकिन अब लग रहा था कि इसमें मज़ा आ रहा था।

'मुझे लगता है, मेरी कमाई भी इसी के आसपास है और मुझे भी मनोरंजन के नाम पर असीमित भत्ता मिलता है।'

बारी-बारी से वहाँ सभी ने यह क़बूल किया कि उसकी कमाई कितनी थी। सबसे अमीर वह बैंकर था, वह साल के दस मिलियन यूरो कमाता था, साथ में बैंक में जो उसके शेयर थे, उसकी क़ीमत भी लगातार बढ़ती जा रही थी।

जब उस सुंदर युवती की बारी आई, जिसका किसी से भी परिचय नहीं करवाया गया था, तो उसने जवाब देने से मना कर दिया :

'यह मेरी निजी बात है। इसका मेरे अलावा किसी से भी लेना-देना नहीं है।'

'हम जानते हैं कि नहीं है, लेकिन हम लोग एक खेल खेल रहे हैं,' आयोजक ने कहा।

उस औरत ने खेलने से मना कर दिया, और ऐसा करते हुए उसने अपने आपको वहाँ सबसे ऊँचा कर लिया : आख़िरकार, उस मेज़ पर वह अकेली ही थी, जिसके अपने कुछ राज थे। हालाँकि अपने आपको ऊँचे दर्जे पर रखने के कारण बाक़ी सब लोग उससे चिढ़ गए। वह इस बात से डरी हुई थी कि उसका वेतन इतना कम था कि बताने पर वह अपमानित हो जाती, इसलिए उसने अपने राज को बनाए रखते हुए वहाँ मौजूद सभी लोगों को अपमानित कर दिया। वह इस बात को नहीं समझ पाई कि वहाँ मौजूद लोगों में से अधिकतर हमेशा खाई के किनारे खड़े रहते थे, वे उस मनोरंजन भत्ते के ऊपर बहुत अधिक निर्भर थे, जो रातों-रात ग़ायब हो सकता था।

फिर यह सवाल मेरी तरफ़ आया।

'यह कोई निश्चित नहीं होता। जिस साल मेरी नई किताब आती है, उस साल मेरी कमाई 5 मिलियन डॉलर हो जाती है, जिस साल मेरी किताब

नहीं आती है, उस साल अपनी प्रकाशित किताबों की रॉयल्टी से क़रीब दो मिलियन डॉलर कमा लेता हूँ।'

'आपने इसीलिए यह सवाल पूछा ताकि आप यह बता सकें कि आप कितना अधिक कमाते हैं,' उस युवती ने कहा, जिसने अपने राज़ नहीं बताए थे। 'कोई इस बात से प्रभावित नहीं हुआ।'

उसको यह बात समझ आ गई थी कि पहले उससे ग़लती हो गई थी और उस ग़लती को दुरुस्त करने के लिए वह आक्रामक हो रही थी।

'जबकि,' राजकुमार ने कहा, 'मुझे तो लगता था कि आपके क़द का लेखक कहीं अधिक कमाता होगा।'

यह बात मेरे समझने की थी। उस सुंदर लड़की ने उस रात फिर से अपना मुँह नहीं खोला।

कमाई के बारे में बातचीत से बहुत-सी वर्जनाएँ टूटने लगीं, लेकिन लोगों की कमाई वाली बात उनमें सबसे बड़ी थी। वेटर जल्दी-जल्दी आने लगे, वाइन की बोतलें जल्दी-जल्दी ख़ाली होने लगीं, आयोजक-सह-उद्घोषक लड़खड़ाते हुए स्टेज पर चढ़ा, उसने विजेता का नाम घोषित किया, पुरस्कार दिया और वापस फिर से बातचीत में शामिल हो गया, जो उस दौरान भी जारी थी, जबकि विनम्रता यह कहती थी कि जब कोई और बात कर रहा हो तो चुप हो जाना चाहिए। हम लोगों ने इस बारे में चर्चा की हम अपनी कमाई का करते क्या थे (इसमें अधिकतर अपने लिए 'ख़ाली समय' निकालना शामिल था, सफ़र में रहना या कोई खेल खेलना)।

मैंने सोचा कि बातचीत का विषय बदल दिया जाए और यह पूछा कि कौन किस तरह से अपनी अंत्येष्टि करवाना चाहेगा - धन की तरह मृत्यु के बारे में बात करना भी उतनी ही बड़ी वर्जना है - लेकिन वहाँ का माहौल इतना ख़ुशमिज़ाज था और सब इतनी अधिक बात कर रहे थे कि मैंने कुछ नहीं कहने का फ़ैसला किया।

'आप धन के बारे में बात तो कर रहे हैं, लेकिन आपको यह नहीं पता है कि धन क्या होता है,' बैंकर बोला। 'क्या आप लोगों को ऐसा लगता है कि थोड़ा सा रंगीन काग़ज़, प्लास्टिक का कार्ड और घटिया दर्जे के धातु से बने सिक्कों का कोई मोल होता है? इससे भी बुरा यह कि क्या आप लोगों को यह पता है कि आपके मिलियनों डॉलर कुछ नहीं, बल्कि इलेक्ट्रॉनिक आवेग होते हैं?'

ज़ाहिर है हम जानते थे।

'कभी सम्पत्ति वे चीज़ें होती थीं, जो इन महिलाओं ने पहन रखी हैं,' वह कहे जा रहा था। 'दुर्लभ चीज़ों के बने गहने जिनको कहीं ले जाना, गिनना और बाँटना आसान था। मोती, सोने के टुकड़े, मूल्यवान पत्थर। हम अपनी इस सम्पत्ति को दिखाने के लिए रखते थे। इन चीज़ों से जानवर और अनाज बदले जाते थे, लेकिन कोई जानवर या अनाज लेकर सड़क पर तो नहीं चल सकता था ना। मज़ेदार बात यह है कि हम आज भी क़बीलाई बर्ताव करते हैं - हम गहने पहनकर यह दिखाते हैं कि हम कितने अमीर हैं, जबकि कई बार हमारे पास धन से अधिक गहने होते हैं।'

'यह क़बीलों का अपना कोड होता है,' मैंने कहा। 'मेरे दिनों में जवान लोग अपने बाल लम्बे रखते थे, आजकल वे शरीर में छेद करवा लेते हैं। इससे उनको अपने जैसे लोगों को पहचानने में आसानी होती थी, जबकि इससे कुछ भी नहीं ख़रीदा जा सकता है।'

'क्या हमारे इलेक्ट्रॉनिक आवेग से एक घंटे की भी अतिरिक्त ज़िंदगी ख़रीदी जा सकती है? नहीं। क्या वे अपने उन प्यारों को वापस बुला सकते थे, जो दुनिया छोड़कर जा चुके थे? नहीं। क्या वे प्रेम ख़रीद सकते हैं?'

'वे प्यार तो ज़रूर ख़रीद सकते हैं,' कार बनाने वाली कम्पनी के निदेशक ने कुछ मज़ाक़िया लहजे में कहा।

हालाँकि उसकी आँखें भयानक उदासी को छिपाती हुई लग रही थीं। मैंने एस्तर के बारे में सोचा और सुबह पत्रकार से मैंने इंटरव्यू में जो बात कही थी, उसके बारे में भी सोचने लगा। हम अमीर, ताक़तवर, बुद्धिमान लोग इस बात को जानते थे कि अंदर ही अंदर हमने सारे गहने और क्रेडिट कार्ड इसीलिए जुटाए होते हैं, जिससे प्यार मिले, लोगों का लगाव हासिल हो और उनके साथ रहें, जो हमें प्यार करते हैं।

'हमेशा नहीं,' परफ़्यूम बनाने वाली कम्पनी के निदेशक ने पीछे मुड़कर मुझसे कहा।

'नहीं, आप सही कह रहे हैं, हालाँकि हमेशा नहीं। देखिए मेरी पत्नी मुझे छोड़ कर चली गई, जबकि मैं धनी आदमी हूँ। लेकिन क़रीब-क़रीब हर बार। अच्छा आपमें से कोई यह बता सकता है कि दस डॉलर के बिल के पीछे कितनी बिल्लियाँ और कितने लैम्पपोस्ट होते हैं?'

किसी को पता नहीं था और किसी की दिलचस्पी भी नहीं थी। प्रेम के बारे में टिप्पणी से वहाँ का ख़ुशमिज़ाज माहौल पूरी तरह से बदल गया, और हम लोग फिर से साहित्य के पुरस्कारों, प्रदर्शनियों, हाल में आई किसी फ़िल्म या उस नाटक के बारे में बात करने लगे, जिसको अप्रत्याशित रूप से सफलता मिली थी।

'तुम्हारी मेज़ पर कैसा माहौल था?'

'कुछ ख़ास नहीं।'

'अच्छा, मैंने पैसे को लेकर अच्छी बहस चलाई, लेकिन उसका अंत त्रासदी में हुआ।'

'तुम कब जा रहे हो?'

'मुझे यहाँ से सुबह साढ़े सात बजे निकलना है। तुम चूँकि बर्लिन जा रही हो, इसलिए हम एक टैक्सी से चल सकते हैं।'

'तुम कहाँ जा रहे हो?'

'तुम जानती हो कि मैं कहाँ जा रहा हूँ। तुमने पूछा तो नहीं, लेकिन तुम जानती हो।'

'हाँ, जानती हूँ।'

'वैसे ही जैसे तुम यह जानती हो कि इस समय हम अलविदा कह रहे हैं।'

'हम उस समय में वापस जा सकते हैं, जब हम पहली बार मिले थे : एक आदमी जो किसी के छोड़ जाने के कारण भावनात्मक रूप से टूटा हुआ था, और एक लड़की जो अपने पड़ोसी के प्यार में पागल थी। मैं उस बात को दुहरा सकती हूँ, जो मैंने एक दफ़ा तुमसे कहा था : "मैं आख़िर-आख़िर तक लड़ूँगी।" मैं लड़ी भी, और हार गई, अब मुझे अपने घावों को सहलाते हुए जाना है।'

'लड़ाई तो मैंने भी लड़ी और हार गया। जो उधड़ चुका है, मैं उसे सीने की कोशिश नहीं कर रहा। तुम्हारी तरह, मैं भी बुरे अंत तक लड़ता रहा।'

'मैं रोज़ तकलीफ़ उठाती रही, जानते हो, तुमको यह जताने की कोशिश करती रही कि मैं तुमको कितना प्यार करती हूँ, जब तुम मेरे साथ होते हो तो हर चीज़ मायने रखती है। लेकिन अब चाहे मुझे तकलीफ़ हो या नहीं हो, मैंने तय कर लिया है कि अब बहुत हो चुका। अब सब ख़त्म

हो गया। मैं थक चुकी हूँ। जगरेब में उस रात के बाद मैंने अपने आपसे कहा : अगर कुछ बुरा होना है, तो हो जाए। यह मुझे दृश्य से बाहर कर देगी, यह मुझे कहीं का नहीं छोड़ेगी, लेकिन एक दिन मैं उठ खड़ी होऊँगी।'

'तुमको कोई मिल ही जाएगा।'

'बिलकुल मिल जाएगा : मैं जवान हूँ, सुंदर हूँ, होशियार हूँ, सब मुझे चाहते हैं, लेकिन क्या मुझे वह सब अनुभव होगा, जो मुझे तुम्हारे साथ हुआ?'

'तुम्हें अलग तरह का भावनात्मक अनुभव होगा और जानती हो, चाहे तुमको इस बात का यक़ीन हो या नहीं, लेकिन जब हम साथ थे, तब मैंने तुमको प्यार किया था।'

'मैं जानती हूँ कि तुमने किया था, लेकिन इससे यह तकलीफ़ कोई कम नहीं हो जाती। कल हम लोग अलग-अलग टैक्सी में जाएँगे। मुझे अलविदा कहने से नफ़रत है, ख़ासकर रेलवे स्टेशन या हवाई अड्डे पर।'

इथाका में वापसी

‘आज रात हम यहाँ सोएँगे और कल हम लोग फिर से घोड़े पर बैठकर चल पड़ेंगे। स्टेपीज़ की बालू में मेरी कार नहीं चल सकती।’

हम लोग एक तरह के बंकर में थे, जो द्वितीय विश्वयुद्ध के किसी स्मारक-सा लग रहा था। एक आदमी ने अपनी पत्नी और पोती के साथ हमारा स्वागत किया और एक साधारण, लेकिन बहुत साफ़ कमरा दिखाया।

दोस कहे जा रहा था :

‘और एक नाम रखना मत भूलना।’

‘मुझे नहीं लगता है कि यह ज़रूरी है,’ मिख़ाइल बोला।

‘बिलकुल ज़रूरी है’, दोस ने ज़ोर देते हुए कहा। ‘हाल में, मैं उसकी पत्नी के साथ था। मुझे पता है कि वह किस तरह से सोचती है, मुझे पता है कि उसने क्या सीखा, मुझे पता है कि वह क्या चाहती है।’

दोस की आवाज़ में सख़्ती और नरमी दोनों एक साथ दिखाई दे रही थीं। हाँ, मैं एक नाम रख लूँगा, मैं वही करूँगा, जो उसने सुझाव दिया; मैं अपने निजी इतिहास को ख़ारिज करता रहूँगा, और अपनी निजी कहानी बनाने की दिशा में चलता रहूँगा - चाहे यह थकान के कारण ही क्यों नहीं हो।

मैं थक गया था। कल रात मैं मुश्किल से दो घंटे ही सो पाया था : दोनों देशों के समय में जो भारी अंतर था, मेरा शरीर अभी उसके मुताबिक़ ढल नहीं पाया था। मैं रात के 11 बजे अल्माती में उतरा - यह वहाँ का समय था - जबकि फ़्रांस में अभी शाम के छह ही बजे थे। मिख़ाइल ने मुझे होटल में छोड़ दिया और मैंने कुछ देर की झपकी ले ली, और कुछ घंटे में ही जग गया। मैंने बाहर देखा तो नीचे रोशनी दिखाई दी और मैंने सोचा कि यह समय पेरिस में डिनर के लिए निकलने का होगा। मुझे भूख लगी थी और मैंने रूम सर्विस से पूछा कि क्या वे मुझे खाने के लिए कुछ भेज सकते थे : ‘बिलकुल सर, लेकिन सर आपको सोने की कोशिश करनी चाहिए;

अगर आप नहीं सोए तो आपका शरीर यूरोपीय टाइमटेबल में ही फँसा रह जाएगा।'

मेरे लिए सबसे बुरी यंत्रणा यह है कि चाहने पर भी नींद नहीं आए। मैंने सैंडविच खाई और बाहर टहलने जाने का फ़ैसला किया। मैंने रिसेप्शनिस्ट से आम सवाल पूछा : 'इस समय बाहर टहलने जाने में कोई ख़तरा तो नहीं होगा?' उसने कहा कि कोई ख़तरा नहीं होगा, और मैं ख़ाली सड़कों, सँकरी गलियों, बड़े एवेन्यू में टहलने लगा; वह किसी भी शहर जैसा था, नियोन रोशनी, बीच-बीच में गुज़रती पुलिस की गाड़ी, कहीं कोई भिखारी, कहीं कोई वेश्या। मैं बार-बार अपने आपको यह बात याद दिला रहा था : 'मैं कज़ाकिस्तान में हूँ!' अगर मैं अपने आपको याद नहीं दिलाता रहता तो हो सकता है कि मुझे यह लगने लगता कि मैं पेरिस के ही किसी अनजान इलाक़े में हूँ।

'मैं कज़ाकिस्तान में हूँ!' मैंने उस निर्जन शहर से कहा, और एक आवाज़ ने जवाब दिया :

'बिलकुल आप हैं।'

मैं चौंक पड़ा। एक आदमी रात के उस अंधेरे में चौक के एक बेंच पर बैठा था, उसके बगल में उसका पीठ पर टाँगे जाने वाला थैला पड़ा था। उठते हुए उसने अपना परिचय दिया कि उसका नाम जान है, और वह हॉलैंड का रहने वाला है, वह बोला :

'और मैं जानता हूँ कि तुम यहाँ क्यों आए हो।'

क्या यह मिख़ाइल का दोस्त था? या गुप्तचर पुलिस मेरा पीछा कर रही थी?

'मैं यहाँ क्यों आया हूँ, बताइए?'

'मेरी तरह आप इस्तांबुल से सिल्क मार्ग के सहारे आए हैं।'

मैंने राहत की साँस ली, और इस बातचीत को जारी रखने का फ़ैसला किया :

'पैदल? मुझे तो यही समझ आया, इसका मतलब यह हुआ कि पूरे एशिया को पार करना।'

'मैं यही करना चाहता था। मैं अपनी ज़िंदगी से ऊब गया था। मेरे पास पैसे हैं, पत्नी है, बच्चे हैं, रॉटर्डैम में होज़ियरी फ़ैक्टरी है। एक समय

मुझे यह पता था कि मैं किस लिए लड़ रहा हूँ – अपने परिवार को स्थिर बनाने के लिए। अब मैं उतने पक्के तौर पर नहीं कह सकता। पहले जिन चीज़ों से मुझे ख़ुशी मिलती थी, अब उन्हीं चीज़ों से मुझे ऊब होने लगी है, उनके लिए मेरे अंदर कोई उत्साह नहीं रहा। अपनी शादी की ख़ातिर, अपने बच्चों की ख़ातिर, और काम के अपने जोश की ख़ातिर मैंने यह तय किया कि दो महीने पूरी तरह से अपने लिए निकाले जाएँ, और अपनी ज़िंदगी के बारे में अच्छी तरह से सोचूँ। और यह कारगर साबित हुआ है।'

'यही काम पिछले कुछ महीने से मैं भी कर रहा हूँ। क्या आपके जैसे बहुत से तीर्थयात्री हैं?'

'बहुत सारे हैं। ढेर सारे। यह ख़तरनाक हो सकता है, क्योंकि इन कुछ देशों के राजनीतिक हालात बहुत ख़तरनाक हैं, और लोग पश्चिमी देशों के लोगों से नफ़रत करते हैं। लेकिन हम निकल जाएँगे। मुझे लगता है कि तीर्थयात्री के रूप में आपको हमेशा इज़्ज़त के साथ देखा जाता है, जब तक कि आप इस बात को साबित करते रहें कि आप जासूस नहीं हैं। आपकी बातों से मुझे यह समझ आया कि आपके यहाँ आने का कारण अलग है। आप अल्माती में आए क्यों हैं?'

'उसी लिए, जिसके लिए आप आए हैं। मैं भी एक ख़ास सड़क के अंतिम सिरे पर जाने के लिए आया हूँ। क्या आपको भी नींद नहीं आई?'

'मैं अभी सोकर उठा हूँ। जितनी जल्दी मैं बाहर निकल जाऊँगा, उतनी ही संभावना इस बात की रहेगी कि मैं अगले शहर में पहुँच जाऊँगा; अगर नहीं, तो मुझे इन घास के मैदानों की बर्फ़ीली सर्दी में रात काटनी पड़ेगी, जहाँ हवा लगातार बहती रहती है।'

'ठीक है, शुभ यात्रा।'

'नहीं, कुछ देर रुकिए तो। मैं बात करना चाहता हूँ, अपने अनुभवों को साझा करना चाहता हूँ। ज़्यादातर तीर्थयात्री अंग्रेज़ी बोलना नहीं जानते।'

और वह मुझे अपनी ज़िंदगी के बारे में बताने लगा, जबकि मैं यह याद करने की कोशिश करने लगा कि मैं सिल्क मार्ग के बारे में क्या जानता था, पुराने व्यापार मार्ग के बारे में जो यूरोप को पूर्व के देशों से जोड़ता था। इस पारंपरिक मार्ग की शुरुआत बेरूत से हुई, एंटीयोक से होते हुए यह मार्ग

यांगत्सी नदी के किनारे चीन तक जाता था; लेकिन मध्य एशिया में यह एक तरह से सड़कों का जाल बन गया, सड़कें हर दिशा को जाने लगीं, जिसके कारण व्यापार केंद्रों की स्थापना हुई, जो समय के साथ शहर बन गए, जो बाद में अलग-अलग क़बीलों के बीच युद्ध में नष्ट कर दिए गए, उनको वहाँ के निवासियों ने फिर से बनाया, फिर से नष्ट हुए, फिर से बनाया गया। वैसे तो इस मार्ग से होकर तरह-तरह का सामान लाया - ले जाया जाता था - सोना, विचित्र पशु-पक्षी, हाथी दाँत, बीज, राजनीतिक विचार, गृह युद्ध के शरणार्थी, कारवाँ की रक्षा में चलने वाली निजी सेनाएँ, सशस्त्र लुटेरे - लेकिन रेशम सबसे दुर्लभ और सर्वाधिक माँग वाली चीज़ थी। इन्हीं मार्गों से बौद्ध धर्म श्रीलंका और तिब्बत तक फैला।

'जब मैं एंटीयोक से निकला तो मेरी जेब में क़रीब 200 डॉलर थे,' उस डच नागरिक ने पहाड़ों, नज़ारों, तरह-तरह के क़बीलों और अनेक देशों में पुलिस के साथ हुई तमाम तरह की परेशानी के बारे में बताते हुए कहा। 'मुझे यह पता लगाना था कि क्या मैं इस लायक़ था कि फिर से अपने आप को पा सकूँ। समझ रहे हो कि मैं क्या कह रहा हूँ?'

'हाँ समझ रहा हूँ।'

'मुझे भीख माँगने के लिए मज़बूर होना पड़ा। मुझे हैरानी हुई कि लोग उससे कहीं ज़्यादा उदार थे, जितना कि मैं समझता था।'

भीख? मैं उसके पिट्ठू बैग और कपड़ों को ध्यान से देखने लगा कि कहीं 'ट्राइब' का कोई चिह्न दिख जाए - मिख़ाइल की ट्राइब का - लेकिन मुझे नहीं मिला।

'पेरिस में आप कभी आर्मेनियाई रेस्तराँ में गए हैं?'

'मैं बहुत से आर्मेनियाई रेस्तराँ में गया हूँ, लेकिन पेरिस में नहीं।'

'क्या आप मिख़ाइल नाम के किसी आदमी को जानते हैं?'

'इस तरह के नाम इस इलाक़े में बहुत आम हैं। अगर मैं किसी मिख़ाइल को जानता भी होऊँगा तो मुझे याद नहीं आ रहा, इसलिए मुझे लगता नहीं है कि मैं इसमें आपकी कोई मदद कर पाऊँगा।'

'नहीं, मुझे आपकी मदद नहीं चाहिए। कुछ ऐसे संयोग थे कि मैं हैरान हो गया। मुझे ऐसा लगता है कि दुनिया भर में बहुत सारे लोग हैं, जो इस बात को लेकर जागरूक हो रहे हैं और इसी तरह से बर्ताव कर रहे हैं।'

'जब आप इस तरह के सफ़र पर निकलते हैं, तो पहली बात आपको जो सूझती है वह यह कि आप कभी वापस नहीं लौट पाएँगे। उसके बाद आप असुरक्षित, परित्यक्त समझने लगते हैं और आप सोचने लगते हैं कि अब छोड़ देना चाहिए। लेकिन अगर आप एक सप्ताह तक टिके रह जाते हैं, तो आप अंत तक जाकर ही मानेंगे।'

'मैं भी किसी तीर्थयात्री की तरह एक शहर की सड़कों पर घूम रहा हूँ, और कल मैं किसी और शहर में उतरा था। क्या मैं आपके लिए दुआ करूँ?'

उसने मुझे अजीब नज़रों से देखा।

'मैं किसी धार्मिक कारण से यात्रा पर नहीं निकला हूँ। क्या आप पुजारी हैं?'

'नहीं, मैं कोई पुजारी नहीं हूँ, लेकिन मुझे लगा कि आपके लिए दुआ करनी चाहिए। कुछ चीज़ों पर तर्क का ज़ोर नहीं चलता है, आप जानते हैं।'

जान नाम के उस डच नागरिक ने, जिसको अब मैं कभी नहीं देख पाऊँगा, अपना सिर झुकाया और अपनी आँखों को बंद कर लिया। मैंने उसके कंधे पर अपना हाथ रख दिया, और मातृभाषा में उसके लिए दुआ की कि वह अपनी मंज़िल तक सुरक्षित पहुँच जाए, लेकिन मेरी भाषा उसने नहीं समझी, और उसको सिल्क मार्ग पर उदासी और इस भावना के साथ छोड़ दिया कि ज़िंदगी का कोई मायने नहीं रह गया था; मैंने यह दुआ भी कि वह अपने परिवार के पास चमकती आँखों के साथ जब पहुँचे तो उसकी आत्मा पूरी तरह से साफ़ हो।

उसने मेरा शुक्रिया अदा किया, अपना पिट्ठू बैग उठाया और चीन की दिशा में बढ़ गया। मैं यह सोचता हुआ अपने होटल में लौट गया कि मैंने अपनी ज़िंदगी में इसके पहले किसी को दुआ नहीं दी थी। लेकिन मैंने भावुक होकर यह सब किया था, और वह भावुकता सही थी; मेरी दुआ का जवाब मिल जाएगा।

अगले दिन मिख़ाइल अपने दोस्त दोस के साथ आया, जो हमारे साथ जाने वाला था। दोस के पास कार थी, वह मेरी पत्नी को जानता था, घास के मैदानों से भी अच्छी तरह वाकिफ़ था, और जब मैं उस गाँव पहुँचता जहाँ एस्तर रहती थी, तो उस वक्त वह भी वहाँ होना चाहता था।

मैंने सोचा कि दोनों को मना कर दिया जाए – पहले तो मिख़ाइल आया, अब उसका दोस्त, और जब तक हम आख़िरकार गाँव में पहुँचेंगे तो पता चला कि बड़ी भीड़ हमारे साथ चल रही है, जोश बढ़ाती हुई, रोती-कलपती, यह देखने के इंतज़ार में कि आख़िर क्या होगा। लेकिन मैं बहुत थक गया था; इसलिए कुछ कहा नहीं मैंने। अगले दिन, मैं मिख़ाइल को इस बात की याद दिलाऊँगा कि उसने वादा क्या किया था, उस पल का कोई गवाह नहीं होना चाहिए।

हम कार में सवार हुए और कुछ समय के लिए सिल्क मार्ग पर चलते रहे। उन्होंने मुझसे पूछा कि क्या मुझे यह पता था कि वह सड़क कौन-सी थी और मैंने यह बताया कि पिछली रात मैं सिल्क मार्ग के एक तीर्थयात्री से मिला, तो उन लोगों ने यह बताया कि आजकल इस तरह की यात्रा काफ़ी बढ़ गई थी और हो सकता था कि इससे जल्दी ही देश के पर्यटन उद्योग को फ़ायदा होने लगे। दो घंटे के बाद हम मेन रोड से नीचे उतर गए एक और सड़क से होते हुए उस बंकर तक आए जहाँ हम अभी थे, मछली खा रहे थे और घास के मैदानों में बहने वाली हवा की आवाज़ सुन रहे थे।

‘एस्तर मेरे लिए बहुत मायने रखती थी,’ दोस ने मुझे बताया और अपनी एक पेंटिंग की फ़ोटो मुझे दिखाई, जिसमें ख़ून सने कपड़े के टुकड़े भी दिखाई दे रहे थे। ‘मैं भी ओलेग… की तरह यहाँ से निकल जाने का सपने देखता था।’

‘तुम मुझे मिख़ाइल कहो, नहीं तो वह समझ नहीं पाएँगे।’

‘मैं यहाँ से निकल जाने के सपने देखता था, जिस तरह से मेरी उम्र के बहुत से लड़के देखते थे। फिर एक दिन ओलेग यानी मिख़ाइल ने मुझे

फ़ोन किया। उसने बताया कि उसकी एक हमदर्द ने यह तय किया था कि वह कुछ दिन के लिए स्टेपीज़ में आकर रहेगी और वह चाहता था कि मैं उसकी मदद कर दूँ। मैं मान गया, मैंने सोचा कि मेरे लिए यही मौक़ा था और शायद मुझे उससे कुछ मदद मिल जाए : वीज़ा, हवाई जहाज का टिकट और फ़्रांस में नौकरी। उसने मुझसे दूर के एक गाँव में चलने के लिए कहा, जहाँ वह पिछली बार गई थी।

मैंने उससे यह नहीं पूछा कि क्यों, मैंने वही किया जो उसने कहा था। रास्ते में, उसने एक बंजारे के घर जाने की ज़िद की जिसके घर वह वर्षों पहले जा चुकी थी। मुझे हैरानी हुई वह जिससे मिलने की बात कर रही थी वे मेरे दादा थे। उसका उसी तरह से स्वागत किया गया, जिस तरह से वे लोग करते हैं, जो इस दुनिया में आदि-अंत से परे रहते हैं। मेरे दादा ने उसको बताया कि उसको यह लग रहा था कि वह उदास थी, लेकिन असल में वह ख़ुश थी और आज़ाद भी, और प्रेम की ऊर्जा का प्रवाह फिर से होने लगा था। उन्होंने उसको भरोसा दिलाया कि इसका असर सारे संसार पर पड़ेगा, उसके पति पर भी। मेरे दादा ने उसको घास के मैदानों की संस्कृति के बारे में बहुत कुछ बताया, और मुझसे कहा कि बाक़ी बातें मैं बता दूँ। अंत में, उन्होंने यह फ़ैसला किया कि वह अपना नाम बनाए रख सकती थी, जबकि यह परम्परा के ख़िलाफ़ था।

और जब उसने मेरे दादा से सीख लिया, मैंने उससे सीख लिया तो मुझे यह समझ आया कि मुझे बहुत दूर जाने की कोई ज़रूरत नहीं थी, जैसा मिख़ाइल ने किया था : मेरा मक़सद हो गया, इसी ख़ाली जगह में रहना – स्टेपीज़ में – और इसके रंगों को समझकर उसको पेंटिंग में बदलना।'

'मुझे यह समझ नहीं आ रहा है कि तुम्हारी इस बात का क्या मतलब है, मेरी पत्नी को क्या सिखाया गया। मैंने सोचा कि तुम्हारे दादा ने बताया कि हम लोगों को सब कुछ भूल जाना चाहिए।'

'मैं आपको कल दिखाऊँगा,' दोस ने कहा।

***

और अगले ही दिन उसने मुझे दिखाया और कुछ कहने की ज़रूरत नहीं रह गई। मैंने स्टेपीज़ में दूर-दूर तक फैले घास के मैदान देखे, जो देखने में

कुछ नहीं लगते थे, लेकिन रेगिस्तान थे, जो असल में ज़िंदगी से भरपूर था, जिसमें नीचे झाड़ियों में ख़ूब सारे जीव भरे हुए थे। मैंने आकाश को दूर-दूर तक धरती से लगकर चलते देखा, विशाल खुली जगह, घोड़ों के हिनहिनाने की आवाज़ सुनी, शांत हवा की आवाज़, और हमारे चारों तरफ़ कुछ भी नहीं था, कुछ भी नहीं। ऐसा लग रहा था, जैसे दुनिया ने विस्तार, सादगी और जटिलता को एक साथ दिखाने के लिए इस जगह का चुनाव किया था। ऐसा लग रहा था कि हम घास के इन मैदानों की तरह नहीं हो जाएँ, बल्कि हो जाना चाहिए, ख़ाली, अनंत और साथ ही ज़िंदगी से भरपूर।

मैंने ऊपर नीले आकाश में देखा, अपने धूप के चश्मे को उतारा, और अपने अंदर उस रोशनी को भर जाने दिया, इस भावना के साथ कि हम कहीं नहीं हैं और हर जगह हैं। उस ख़ामोशी में हम चले जा रहे थे और बीच-बीच में हम घोड़ों को झरने का पानी भी पिलाते, उन झरनों को वही खोज सकता था, जिसको इस जगह के बारे में अच्छी तरह से पता हो। बीच-बीच में हमें थोड़ी-थोड़ी दूरी पर घुड़सवार दिखाई दे जाते या अपने झुंड के साथ गड़रिए, धरती और आकाश के ढाँचे में जैसे जड़े हुए।

मैं कहाँ जा रहा था? मुझे कुछ भी पता नहीं था और इसकी परवाह भी नहीं थी। मैं जिस औरत की तलाश में था वह इसी अनंत में कहीं थी। मैं उसकी आत्मा को छूना चाहता था, कालीन बुनते हुए वह जिस गीत को गाती थी मैं उस गीत को सुनना चाहता था। अब मुझे समझ आ गया था कि उसने इस जगह का चुनाव क्यों किया था : यहाँ ऐसा कुछ भी नहीं था, बिलकुल नहीं जो उसके ध्यान को बँटा सके; इसी ख़ालीपन की उसको बहुत ख़्वाहिश थी। हवाओं ने धीरे-धीरे उसके दर्द को दूर कर दिया होगा। क्या उसने कभी सोचा होगा कि एक दिन मैं यहाँ आऊँगा घोड़े पर सवार होकर उससे मिलने के लिए?

आकाश से स्वर्ग का भाव उतर रहा था। और मुझे यह बात समझ आ गई थी कि मैं अपनी ज़िंदगी के यादगार पल का अनुभव कर रहा था; यह उस तरह की समझ थी, जो अक्सर हमें तब होती है, जब वह जादुई पल गुज़र चुका होता है। मैं पूरी तरह से यहाँ हूँ, बिना किसी अतीत के, बिना किसी भविष्य के, मेरा ध्यान पूरी तरह से सुबह पर है, घोड़ों के टापों के संगीत पर, उस नजाकत पर जिससे हवा मेरे बदन को सहलाती है, चिंतन में डूबे आकाश, धरती, पुरुषों के अप्रत्याशित अनुग्रह पर। मुझे श्रद्धा और

परम आनंद का अनुभव हो रहा है। मैं शुक्रगुज़ार हूँ कि मैं ज़िंदा हूँ। मैं मन ही मन प्रार्थना करने लगता हूँ, प्रकृति की आवाज़ को सुनते हुए और इस बात को समझते हुए कि अदृश्य संसार हमेशा अपने आपको इस दृश्य संसार में दिखाता है। मैं आकाश से कुछ सवाल पूछता हूँ, वही सवाल जो मैं बचपन में अपनी माँ से पूछा करता था :

हम कुछ लोगों को प्यार क्यों करते हैं और दूसरों से नफ़रत?
मरने के बाद हम कहाँ जाते हैं?
जब अंत में हमको मरना ही होता है तो हम पैदा ही क्यों होते हैं?
ईश्वर का क्या मतलब होता है?

स्टेपीज़ से हवा की लगातार आवाज़ के माध्यम से जवाब मिल रहा था। और यह काफ़ी था : यह जान लेना कि ज़िंदगी के बुनियादी सवालों के जवाब कभी नहीं मिल पाएँगे, और यह कि इसके बावजूद हम आगे जा सकते हैं।

★★★

सामने क्षितिज पर पहाड़ दिखाई देने लगे, और दोस ने हम लोगों से रुक जाने के लिए कहा। मैंने देखा कि पास में जल धारा थी।

'आज हम यहीं डेरा डालेंगे।'

हम लोगों ने घोड़े पर से बोरा उतारा और वहाँ तम्बू लगाने लगे। मिख़ाइल ने ज़मीन में गड्ढा करना शुरू कर दिया। 'बंजारे इसी तरह से किया करते थे; हम पहले गड्ढा करेंगे, फिर नीचे की सतह को पत्थरों से भर देंगे, किनारे पर चारों तरफ़ और पत्थर रख देंगे, और इस तरह से हमारे पास आग जलाने की ऐसी जगह बन जाएगी, जहाँ हमें हवा परेशान नहीं कर पाएगी।'

दक्षिण की तरफ़ पहाड़ों और हमारे बीच धूल का एक गुबार-सा उठा, जिसको देखते ही मैं समझ गया कि बहुत से घोड़ों के दौड़ने के कारण यह गुबार उठा था। जब मैंने अपने दोनों दोस्तों का ध्यान इस तरफ़ दिलाया तो दोनों खड़े हो गए। मुझे यह दिखाई दे रहा था कि वे तनाव में आ गए थे। उसके बाद दोनों ने रूसी भाषा में कुछ बातचीत की और फिर निश्चिंत

दिखाई देने लगे। दोस वापस से टेंट लगाने लगा और मिख़ाइल आग जलाने लग गया।

'क्या तुम मुझे बताओगे कि क्या चल रहा है?' मैंने कहा। 'ऐसा लग रहा है कि हम लोग ख़ाली जगहों से घिरे हुए हैं, इसलिए ऐसा नहीं है, यह बात तुम लोगों के ध्यान में नहीं रही हो, क्योंकि हम पहले से ही सभी तरह की चीज़ें देख चुके हैं : गड़रिए, नदियाँ, कछुए, लोमड़ियाँ और घुड़सवार। ऐसा महसूस होता है, जैसे हम लोगों को अपने आसपास सबकुछ साफ़-साफ़ दिखाई दे रहा हो, फिर ये लोग आते कहाँ से हैं?'

'इस अर्थ में यह ख़ालीपन एक भ्रम है : हम लगातार देख रहे होते हैं और देखे भी जा रहे होते हैं। कोई अजनबी जो घास के इन मैदानों के संकेतों को नहीं समझ सकता हो, उसको ऐसा लगेगा कि सब कुछ क़ाबू में है और वह बस एक ही चीज़ उसको दिखाई देगी घोड़े और सवार। जो लोग हमारी तरह से यहाँ लाए गए हैं, हम लोग यहाँ के ख़ास तरह के तम्बुओं, गोलाकार घरों को भी देख सकते थे, जो प्रकृति के नजारों में घुले-मिले थे। हम लोग यह जानते हैं कि घुड़सवार किस तरह से आगे बढ़ रहे हैं और किस दिशा में जा रहे हैं, इसको देखकर वहाँ के हालात का अंदाज़ा किस तरह से लगाया जा सकता है। पुराने जमाने में किसी क़बीले का बच पाना इस बात पर निर्भर करता था कि उसकी क्षमता कैसी थी, क्योंकि दुश्मन, आक्रमणकारी, तस्कर सब होते थे।'

'और बुरी ख़बर : उनको इस बात का पता चल चुका है कि हम इस पहाड़ी के किनारे-किनारे गाँव की दिशा में बढ़ रहे हैं और वे उस तांत्रिक को मारने के लिए लोगों को भेज रहे थे, जिसके ऊपर बच्चे की आत्मा आती थी और उस आदमी को मारने के लिए भी जो विदेशी स्त्री की शांति को भंग करने के लिए आ रहा था।'

वह ज़ोर से हँसने लगा।

'थोड़ा इंतज़ार कर लो फिर तुमको भी समझ आ जाएगा।'

घुड़सवार पास आ रहे थे और क्या हो रहा था, यह मुझे जल्दी ही दिखाई देने वाला था।

'यह मुझे बहुत अजीब लग रहा था - कि एक आदमी एक औरत का पीछा कर रहा है।'

'यह अजीब लग सकता है, लेकिन यह भी हमारी ज़िंदगी का हिस्सा है।'

वह औरत हमारे सामने से गुज़र गई, चाबुक घुमाते हुए, और दोस को देखकर उसने चिल्लाते हुए मुस्कराकर उसका अभिवादन किया, उसके बाद उस जगह के चारों तरफ़ गोल-गोल घूमने लगी, जहाँ हम लोगों ने अपना ख़ेमा बनाया हुआ था। जो आदमी उसका पीछा कर रहा था, उसने भी हमारी तरफ़ देखकर हमारा अभिवादन किया, और साथ ही वह उस औरत के पीछे घोड़ा दौड़ाए भी जा रहा था।

'नीना इतनी कठोर मत बनो,' मिख़ाइल बोला। 'इस सबकी कोई ज़रूरत नहीं है।'

'यह सब इसलिए कि जब इसकी ज़रूरत नहीं हो तब भी वह कठोर बन सकती थी,' दोस ने जवाब दिया। 'क्योंकि वह सुंदर है और उसके पास एक घोड़ा भी है, जो अच्छा है।'

'लेकिन यह सबके साथ ऐसा ही करती है।'

'मैंने इसको एक बार हराया था,' दोस ने मुझे गर्व के साथ बताया।

'तुम लोग इसलिए अंग्रेज़ी में बात कर रहे हो, क्योंकि तुम यह चाहते हो कि मुझे सब बात समझ आ जाए।'

वह औरत हँसती जा रही थी और घोड़े को और तेज़ हाँकती जा रही थी; उसकी हँसी से घास के मैदानों में ख़ुशी फैल गई।

'यह एक तरह का खेल है। इसक नाम है - कीज कू है या "लड़की को उतार दो।" और हम सबने इसमें बचपन या जवानी के दिनों में भाग लिया है।'

उस औरत का पीछा करने वाला आदमी उसके पास आता जा रहा था, लेकिन यह साफ़ दिखाई दे रहा था कि उसका घोड़ा अब और नहीं भाग सकता था।

'बाद में हम लोग तेंगरी के बारे में बात करेंगे, जो इन घास के मैदानों की ख़ास संस्कृति है,' दोस कहे जा रहा था। 'लेकिन अभी जब तुम यह देख रहे हो तो मैं एक ख़ास बात तुमको बताना चाहता हूँ। इस देश के इस इलाक़े में औरत प्रधान होती है। उसको प्रमुखता दी जाती है। जब तलाक़ होता है तो उसको दहेज की आधी रक़म वापस मिल जाती है, चाहे

तलाक़ उसी ने क्यों नहीं लिया हो। जब भी कोई आदमी किसी औरत को सफ़ेद पगड़ी में देखता है, तो इसका मतलब यह होता है कि वह माँ है; इसलिए हम मर्दों को अपने दिल पर हाथ रखकर इसके सम्मान में अपना सिर झुका देना चाहिए।'

'लेकिन उसका "लड़की को उतार दो" से क्या लेना-देना है?'

'पहाड़ की तलहटी के गाँव में घोड़े पर सवार मर्दों का एक समूह इस लड़की के आसपास जुटा होगा; इस लड़की का नाम नीना है; इस इलाक़े में सबसे ज़्यादा चाहने वाले इसी लड़की के हैं। उन लोगों ने 'कीज कू' खेल खेलना शुरू कर दिया होगा, जो प्राचीन काल का एक खेल है, जब इन घास के मैदानों की औरतें भी युद्ध में भाग लेती थीं।'

'उस जमाने में जब कोई शादी करना चाहता था, तो वह परिवार से बात करने के बारे में सपने में भी नहीं सोच सकता था : जो लोग लड़की से शादी करना चाहते थे और वे लड़की के साथ किसी एक स्थान पर जुटते थे, सब घोड़े पर सवार होते थे। लड़की घोड़े पर सवार होकर वहाँ जुटे मर्दों के चक्कर लगाती थी, हँसती थी, उनको भड़काती थी, उनको चाबुक से मारती। फिर उनमें से जो सबसे बहादुर आदमी होता, वह उस औरत का पीछा करने लगता। अगर वह लड़की उस आदमी के चंगुल में आने से एक निश्चित समय तक बची रह जाती तो वह आदमी धरती से कहता कि वह उसको हमेशा के लिए छुपा ले, क्योंकि उसका ख़राब घुड़सवार माना जाएगा – जो किसी योद्धा के लिए बड़े शर्म की बात मानी जाती है।'

'अगर वह उस लड़की के चाबुकों की परवाह नहीं करते हुए उसके पास चला जाता है और उसको ज़मीन पर गिरा देता है तो वह असली मर्द माना जाता है और उसको उस लड़की को चूमने और उसके साथ शादी करने की अनुमति मिल जाती है। ज़ाहिर है, लड़कियाँ इस बात को समझती हैं कि उनको किस से भागना है और किस को अपने आपको पकड़ने देना है।'

साफ़ लग रहा था कि नीना मज़े ले रही थी। वह एक बार फिर उस आदमी से आगे निकल गई और वह वापस गाँव की तरफ़ जा रही थी।

'वह सिर्फ़ दिखाने के लिए आई थी। वह जानती थी कि हम रास्ते में हैं और हम इस ख़बर को गाँव में लेकर जाएँगे।'

'मेरे दो सवाल हैं। पहला सवाल बेवक़ूफी का लग सकता है : क्या तुम लोग आज भी शादी के लिए लड़की का चुनाव इसी तरह से करते हो?'

दोस ने बताया कि आजकल यह बस खेल होकर रह गया है। पश्चिम के देशों में लोग तैयार होकर बार में जाते हैं, अच्छे-अच्छे क्लबों में जाते हैं, जबकि घास के इन मैदानों में 'कीज कू' पटाने के लिए सबसे अच्छा खेल माना जाता है। नीना कई नौजवानों को शर्मसार कर चुकी है, जबकि कुछ को उसने घोड़े से खुद को गिराने भी दिया है - उसी तरह जिस तरह अच्छे डिस्को में होता है।

'दूसरा सवाल और भी बेवक़ूफी भरा लग सकता है : क्या पहाड़ की तलहटी में बसे इसी गाँव में मेरी पत्नी रहती है?'

दोस ने सिर हिला दिया।

'अगर हम लोग वहाँ से सिर्फ़ दो घंटे की दूरी पर ही हैं, तो हम वहीं चलकर क्यों नहीं सोते? अभी अंधेरा होने में कुछ वक्त है।'

'तुम ठीक कह रहे हो। हम लोग केवल दो घंटे की दूरी पर ही हैं और दो कारण हैं, जिससे हम यहाँ रात भर के लिए ठहर रहे हैं। पहली बात, अगर नीना यहाँ नहीं आई हुई होती तो भी किसी ने अभी तक हम लोगों को देख लिया होगा और उसने जाकर एस्तर से कह दिया होगा कि हम लोग आ रहे थे। इस तरह से उसको यह फ़ैसला करने का समय मिल जाएगा कि वह हम लोगों से मिलना चाहती है या कुछ दिनों के लिए किसी और गाँव में जाना चाहती है। अगर वह किसी और गाँव में चली जाती है तो हम उसका पीछा नहीं करेंगे।'

मेरा दिल धड़कने लगा।

'इस सबके बावजूद कि यहाँ तक आने के लिए मैंने कितना कुछ किया?'

'अगर तुमको यही लगता है तो फिर तुम कुछ नहीं समझ पाए। तुमको यह कैसे लगा कि तुम्हारी कोशिशों के कारण तुमको उस इंसान का सम्मान, उसकी पहचान और समर्पण हासिल होगा, जिसको तुम प्यार करते हो? तुम यहाँ इसलिए आए हो कि इस रास्ते से तुमको गुज़रना ही था, अपनी पत्नी का दिल जीतने के लिए नहीं आए हो।'

उसकी यह बात चाहे जितनी भी बुरी लग रही हो, लेकिन वह सही कह रहा था। मैंने उससे दूसरे कारण के बारे में पूछा।

'तुमने अभी भी अपना नाम नहीं चुना है।'

'इससे कोई फ़र्क़ नहीं पड़ता,' मिख़ाइल फिर बोला। 'वह हमारी संस्कृति को नहीं समझता है और वह हमारे बीच का नहीं है।'

'यह मेरे लिए मायने रखता है,' दोस ने कहा। 'मेरे दादा कहते थे कि मुझे उस विदेशी औरत की उसी तरह रक्षा और मदद करनी चाहिए जिस तरह से उसने मेरी रक्षा की थी और मदद की थी। एस्तर के कारण मेरी आँखों में शांति है और मैं यह चाहता हूँ कि उसकी आँखों में भी शांति बनी रहे।

इसको एक नाम चुनना होगा। इसको हमेशा के लिए अपनी पीड़ा के इतिहास को भूल जाना होगा, और यह स्वीकार करना होगा कि यह एक नया इंसान है, जिसका अभी पुनर्जन्म हुआ है और अब से रोज़-रोज़ इसका पुनर्जन्म होगा। अगर यह ऐसा नहीं करता है, और अगर दोनों फिर कभी एक साथ रहे तो इसकी उम्मीद यह रहेगी कि उसने इसको जितनी तकलीफ़ पहुँचाई अब वह उसकी भरपाई करे।'

'कल रात मैंने अपने लिए एक नाम चुन लिया था,' मैंने कहा।

'मुझे बताने के लिए आज शाम तक का इंतज़ार करो।'

***

जैसे ही क्षितिज पर सूरज डूबने लगा, तो हम घास के मैदानों के उस इलाक़े में गए जहाँ विशाल रेत के टीले बने थे। अलग-अलग तरह की आवाज़ों की मुझे समझ हो गई थी, एक तरह की गूँज, ख़ूब तेज़ थरथराहट। मिख़ाइल ने कहा कि यह दुनिया के उन चंद स्थानों में है जहाँ बालू के टीले गाते भी थे।

'जब मैं पेरिस में था तो मैंने इस बारे में लोगों से बात की थी, उन्होंने इसलिए मेरी बात मान ली, क्योंकि एक अमेरिकी ने यह कहा था कि उत्तरी अमेरिका में उसको भी ऐसा ही अनुभव हुआ था; दुनिया में इस तरह के महज 30 स्थान हैं। आजकल ज़ाहिर है वैज्ञानिक हर बात की व्याख्या कर देते हैं। ऐसा लगता है कि इन जगहों की बनावट कुछ उस तरह की है कि हवा बालू के कणों में घुसकर इस तरह की आवाज़ें निकालने लगती है। लेकिन प्राचीन काल में लोगों के लिए यह स्टेपीज़ के जादुई स्थानों में से एक था, और यह बड़े सम्मान की बात है कि दोस ने तुम्हारे नाम को बदलने के लिए इस जगह का चुनाव किया।'

हम रेत के एक टीले पर चढ़ने लगे, और जैसे-जैसे हम आगे बढ़ने लगे आवाज़ और तेज़ होने लगी और हवा भी। जब हम ऊपर पहुँचे तो हम यह देख पा रहे थे कि दक्षिण में पहाड़ साफ़ दिखाई दे रहा था और हमारे चारों तरफ़ विशाल मैदान फैला हुआ था।

'पश्चिम की तरफ़ घूम जाओ और अपने कपड़े उतार लो,' दोस ने कहा।

मुझे जो कहा गया मैंने बिना कारण पूछे उसका पालन किया। मुझे ठंड लग रही थी, लेकिन ऐसा लग रहा था कि उनको मेरे स्वास्थ्य की कोई फ़िक्र नहीं थी। मिख़ाइल घुटनों के बल बैठ गया और लग रहा था, जैसे नमाज पढ़ रहा हो। दोस ने ऊपर आसमान की तरफ़ देखा, फिर धरती की तरफ़, फिर अपना हाथ मेरे कंधे पर रख दिया, उसी तरह जिस तरह मैंने उस डच नागरिक के कंधे पर रखा था, हालाँकि मुझे कारण खुद नहीं समझ आया था।

'स्त्री के नाम पर मैं तुमको समर्पित करता हूँ। मैं तुमको धरती को समर्पित करता हूँ जो स्त्री की है। मैं तुमको घोड़े के नाम पर समर्पित करता हूँ। मैं तुमको दुनिया को समर्पित करता हूँ, और दुआ करता हूँ कि दुनिया तुम्हारे इस सफ़र में तुम्हारी मदद करे। घास के इन अनंत मैदानों के नाम पर मैं तुमको समर्पित करता हूँ। मैं तुमको अनंत ज्ञान को समर्पित करता हूँ, और यह दुआ करता हूँ कि तुम्हारा आकाश हमेशा उससे अधिक विस्तृत रहे जितना कि तुम देख सकते हो। तुमने अपना नाम चुन लिया है और अब पहली बार उस नाम को बोलो।'

'अनंत घास के मैदानों के नाम पर मैंने अपना नाम चुन लिया है,' मैंने जवाब दिया, बिना यह पूछे कि मैं जो कर रहा था, वह उस अनुष्ठान के हिसाब से था या नहीं, बस मैं रेत के टीलों में हवा की आवाज़ का अनुसरण कर रहा था। 'कई शताब्दी पहले एक कवि ने युलिसिस नाम के एक आदमी के भटकने का वर्णन किया था, जो इथाका नाम के द्वीप पर वापस जा रहा था, जहाँ उसकी प्रेयसी उसका इंतज़ार कर रही थी। तरह-तरह के ख़तरों से उसका सामना हुआ, आँधी-तूफ़ान से लेकर सुख-सुविधा के लालच तक। एक बार तो ऐसा हुआ कि एक गुफा में उसका सामना एक ऐसे राक्षस से हुआ जिसकी बस एक आँख थी।'

'राक्षस ने उसका नाम पूछा। "कुछ नहीं," युलिसिस ने कहा। दोनों में लड़ाई हुई और उसने राक्षस की एक आँख को अपनी तलवार से छेद

दिया और फिर गुफा के मुहाने को चट्टान से बंद कर दिया। राक्षस से साथी उसकी चीख़-पुकार सुनकर उसकी मदद के लिए भागे। यह देखकर कि गुफा का मुहाना बंद था, तो उन्होंने पूछा कि उसके साथ कोई है क्या। "कोई नहीं! कोई नहीं!" राक्षस ने जवाब दिया। उसके साथी चले गए, क्योंकि उनके समुदाय को कोई ख़तरा नहीं था, और युलिसिस ने उस औरत से मिलने के लिए अपनी यात्रा फिर से शुरू कर दी जो उसका इंतज़ार कर रही थी।'

'तो तुम्हारा नाम युलिसिस है?'

'मेरा नाम कुछ नहीं है।'

मैं ऊपर से नीचे काँपने लगा, मानो मेरे शरीर में सैकड़ों सुइयाँ चुभा दी गई हों।

'तब तक ठंड पर ध्यान लगाए रहो, जब तक कि तुम्हारा काँपना कम नहीं हो जाता। अपनी हर सोच में ठंड भर जाने दो, जब तक कि किसी भी चीज़ के लिए कोई जगह बाक़ी नहीं रहे, जब तक कि वह तुम्हारा साथी और दोस्त नहीं बन जाए। इसको क़ाबू करने की कोशिश मत करो। सूरज के बारे में मत सोचना, उससे हालात और बुरे हो जाएँगे, क्योंकि तुमको यह पता चल जाएगा कि किसी और चीज़ - गर्मी - का भी अस्तित्व है और फिर ठंड को ऐसा महसूस होगा मानो उसको तुम ना प्यार करते हो ना तुमको उसकी तमन्ना है।'

मेरी मांसपेशियाँ गुस्से में फैलने और सिकुड़ने लगीं, जिससे कि ऊर्जा पैदा हो सके और मेरी ज़िंदगी बनी रहे। हालाँकि मैंने वही किया जो दोस ने करने के लिए कहा, क्योंकि मैं उसके ऊपर भरोसा करता था, उसके शांत रूप पर भरोसा करता था, उसकी कोमलता और उसके रौब पर। मैंने सुइयों को अपनी त्वचा को छेदने दिया, अपनी मांसपेशियों को संघर्ष करने दिया, मेरे दाँत बजने लगे, इस बीच मैं मन ही मन दोहराए जा रहा था : 'संघर्ष मत करो, ठंड तुम्हारा दोस्त है।' मेरी मांसपेशियों ने मेरी बात को मानने से इंकार कर दिया, और मैं उसी तरह से पंद्रह मिनट तक बना रहा, तब मेरी मांसपेशियों ने हार मान ली और उनका कम्पन थम गया, और मैं तंद्रा की अवस्था में आ गया। मैंने बैठने की कोशिश की, लेकिन मिख़ाइल ने मुझे पकड़ लिया और ऊपर की तरफ़ बनाए रखा, जबकि दोस मुझसे बात किए जा रहा था। उसकी आवाज़ ऐसी लग रही थी मानो कहीं दूर से आ रही हो, ऐसी जगह से जहाँ घास के मैदान आकाश से मिलते हैं :

'स्वागत है बंजारे, जिसने घास के मैदानों को पार किया। उस जगह पर स्वागत जहाँ हम हमेशा कहते हैं कि आकाश नीला है, जबकि वह धूसर (मटमैला) होता है, क्योंकि हम यह जानते हैं कि बादलों के ऊपर वह रंग मौजूद है। तेंगरी की धरती पर स्वागत है। मेरे पास स्वागत है, क्योंकि मैं यहाँ तुम्हारे स्वागत के लिए मौजूद हूँ और तुम्हारी खोज में तुम्हारा साथ देने के लिए।'

मिख़ाइल जमीन पर बैठ गया और उसने मुझे कुछ पीने के लिए कहा, जिसके पीते ही मेरे ख़ून में गर्मी दौड़ने लगी। दोस ने कपड़े पहनने में मेरी मदद की और हम टीले से नीचे उतर गए, जो आपस में बातें किए जा रहे थे; हम लोग अपने खेमे में लौट आए। मिख़ाइल और दोस ने खाना पकाना शुरू किया उसके पहले ही मैं गहरी नींद में सो गया।

'क्या हो रहा है? रोशनी अभी तक नहीं हुई?'

'रोशनी तो कब की आ गई। बाद रेत की आँधी आई हुई है, चिंता मत कीजिए। अपनी आँखों को बचाने के लिए धूप का चश्मा पहन लीजिए।'

'दोस कहाँ है?'

'वह अल्माती वापस चला गया, लेकिन वह कल शाम के अनुष्ठान से बहुत प्रभावित था। उसको यह करने की ज़रूरत नहीं थी। यह आपके लिए वक्त की बर्बादी थी और आपको निमोनिया भी हो सकता था। उम्मीद करता हूँ कि तुमको यह बात समझ आ गई होगी कि बस सब यह जताने के लिए था कि आपका कितना स्वागत है यहाँ पर। यह तेल ले लीजिए।'

'मैं बहुत ज़्यादा सो गया।'

'यहाँ से गाँव का सफ़र दो घंटे का ही है। हम लोग सूरज के आसमान में सबसे ऊँचाई पर चढ़ने के पहले ही वहाँ पहुँच जाएँगे।'

'मुझे नहाना है। कपड़े भी बदलने हैं।'

'वह असंभव है। आप स्टेपीज़ के बीचों-बीच हैं। तेल को कड़ाही में डाल दीजिए, लेकिन उससे पहले इसे स्त्री को चढ़ा दीजिए। नमक के अलावा यह आपके लिए सबसे उपयोगी साधन है।'

'तेंगरी क्या है?'

'इस शब्द का अर्थ होता है – "आकाश की पूजा;" यह एक तरह का धर्म है, जिसका कोई धर्म नहीं है। यहाँ से होकर सभी गुज़रे हैं – बौद्ध, हिंदू, कैथोलिक, मुसलमान, अलग-अलग तरह के मत, सभी की अपनी मान्यताएँ और अंधविश्वास। बंजारों ने मारे जाने से बचने के लिए धर्म बदल लिए, लेकिन वे आज भी इस विचार का प्रचार कर रहे हैं कि देवता की उपस्थिति हर जगह हर समय रहती है। आप देवत्व को प्रकृति के बीच से निकालकर चार दीवारों के बीच किताब में नहीं रख सकते। मुझे स्टेपीज़ में वापस आकर इतना अच्छा महसूस हो रहा है, मानो मुझे सच में पोषण की बहुत ज़रूरत रही हो। अपने साथ आने देने के लिए शुक्रिया।'

'मुझे दोस से मिलवाने का शुक्रिया। कल जब वह समर्पण की रस्म कर रहा था, तो मुझे ऐसा महसूस हुआ कि उसमें कुछ ख़ास बात थी।'

'उसने अपने दादा से सीखा, जिन्होंने अपने पिता से सीखा, और उन्होंने अपने पिता से सीखा, उसी तरह से यह रवायत चली आ रही है। बंजारों की जीवन शैली का हिस्सा है, और 19वीं शताब्दी के अंत तक उनकी कोई लिखित भाषा नहीं थी, जिसका मतलब यह था कि उनको *अकिन* की परम्परा विकसित करनी पड़ी, *अकिन* वह आदमी होता था, जो सब कुछ याद रखता था और कहानियों के रूप में आगे बढ़ाता जाता था। दोस एक *अकिन* है। जब मैं "सीखना" कहता हूँ, तो उम्मीद करता हूँ कि तुम उसका मतलब "ज्ञान संचित" करना नहीं समझते होंगे। इन कहानियों का दिन और नामों और किसी तरह के तथ्यों से कोई लेना-देना नहीं है। ये कहानियाँ नायक, नायिकाओं, पशुओं और युद्धों के बारे में हैं, आदमी के बुनियादी स्वरूप के प्रतीकों के बारे में, केवल उसके किए कामों के बारे में नहीं। ये कहानियाँ उनके बारे में नहीं हैं, जो विजयी हुए या जो हार गए, बल्कि यह उन लोगों के बारे में हैं, जो दुनिया में घूमते थे, स्टेपीज़ में ध्यान करते थे, और अपने अंदर प्रेम की ऊर्जा को भरने देते थे। तेल को और धीरे-धीरे डालिए, नहीं तो यह यह फैल जाएगा।'

'मुझे ऐसा महसूस हो रहा है कि मैं क़िस्मत वाला हूँ।'

'मैं उसको भी महसूस करना चाहता हूँ। कल मैं अल्माती में अपनी माँ से मिलने गया था। उन्होंने मुझसे पूछा कि मैं ठीक तो हूँ और कमाई कर रहा हूँ या नहीं। मैंने झूठ बोला और कहा कि मैं ठीक हूँ और पेरिस में मेरा नाटक का काम अच्छा चल रहा था। मैं आज अपने लोगों के बीच जा रहा हूँ, और ऐसा लग रहा है, मानो मैं कल ही गया होऊँ, और जैसे मैंने विदेश में जितना समय बिताया, उस दौरान मैंने कोई ख़ास काम नहीं किया। मैं भिखारियों से बात करता, "ट्राइब" के लोगों के साथ भटकता, रेस्तराँ में बैठक आयोजित करता, और इस सबसे मुझे हासिल क्या हुआ? कुछ नहीं। मैं दोस की तरह नहीं हूँ, जिसने अपने दादा से हुनर सीखा था। मुझे कई बार उस आत्मा की मौजूदगी दिशा दिखाती थी और कई बार मुझे लगता है कि यह सब शायद भ्रम था; शायद मुझे जो दिखाई देता था, वह मिर्गी का दौरा ही रहा हो, और कुछ नहीं।'

'एक मिनट पहले तुम मुझे इस बात का शुक्रिया अदा कर रहे थे कि मैं तुमको अपने साथ लेकर आया, लेकिन अब लगता है कि तुम उदासी के कारण ही वापस आए। सही से बताओ कैसा महसूस कर रहे हो।'

'मुझे एक साथ दोनों बातें महसूस होती हैं। मुझे कुछ चुनाव नहीं करना है। मैं अपने अंदर के विरोधाभासों के बीच आगे-पीछे करता रहता हूँ।'

'मैं तुमको कुछ कहना चाहता हूँ, मिख़ाइल। जब से मैं तुमसे मिला हूँ, तब से मैं भी अपने अंदर के विरोधाभासों में आगे-पीछे करता रहा हूँ। पहले मैं तुमसे नफ़रत करता था, फिर मैंने तुमको अपना लिया, और जब मैं तुम्हारे बताए रास्ते पर चलने लगा तो वह स्वीकृति सम्मान में बदल गई। तुम अभी जवान हो, और तुमको जो कमज़ोरी महसूस हो रही है वह बहुत आम बात है। मुझे यह नहीं पता कि तुम्हारे काम ने कितने लोगों को प्रभावित किया है, लेकिन मैं एक बात कह सकता हूँ : तुमने मेरी ज़िंदगी बदल दी।'

'आपकी दिलचस्पी तो बस अपनी पत्नी को खोजने में थी।'

'वह अभी भी है, लेकिन मैं कज़ाकिस्तान के घास मैदानों में इसी कारण से नहीं आया : इसके कारण मैंने अपने अतीत के पूरे जीवन की यात्रा कर ली। मैंने यह देखा कि मैं ग़लत कहाँ हुआ, मैंने यह देखा कि कहाँ मैं ठहर गया, मैंने उस पल को देखा, जब मैंने एस्तर को खो दिया। वह पल जिसको मेक्सिको के आदिवासी *अकोमोदादोर* कहते हैं – "हार मान लेने का बिंदु।" मुझे जिन चीज़ों का अनुभव हुआ, उनके बारे में मैंने कभी सोचा भी नहीं था कि इस उम्र में मुझे उस तरह के अनुभव होंगे। और यह सब इस वज़ह से हुआ क्योंकि तुम मेरे साथ थे, मुझे राह दिखा रहे थे, जबकि तुमको इसका इल्म भी नहीं रहा होगा कि तुम थे। क्या तुम कुछ और भी जानते हो? मुझे ऐसा लगता है कि जब तुम बच्चे थे तो तुमको आवाज़ें सुनाई देती थीं और कुछ दिखाई भी देता था। इन बातों में मेरा पहले भी विश्वास था, अब और अधिक करने लगा हूँ।'

'तुम वही आदमी नहीं हो जिससे मैं पहली बार मिला था।'

'नहीं, अब मैं नहीं हूँ। मुझे ऐसा लगता है, एस्तर को इससे अच्छा लगेगा।'

'आप ख़ुश हैं?'

'बिलकुल।'

'यही बात मायने रखती है। आओ कुछ खाते हैं, तूफ़ान थमने का इंतज़ार करते हैं, और फिर निकल लेंगे।'

'चलो तूफ़ान का सामना करते हुए चलते हैं।'

'नहीं, ठीक है। अगर आप कहें तो हम चल सकते हैं, लेकिन तूफ़ान किसी तरह का संकेत नहीं है, यह तो बस अराल सागर की तबाही का परिणाम है।'

गुस्सैल हवा शांत हो रही थी, और घोड़े के भागने की रफ़्तार तेज़ हो गई थी। हमने एक घाटी जैसे इलाक़े में प्रवेश किया और सारा नज़ारा बदल गया। सामने खुले अनंत विस्तार के स्थान पर लम्बे, नुकीले पहाड़ दिखाई देने लगे। अब मैं बाईं तरफ़ मुड़ा तो मैंने देखा कि एक झाड़ी में बहुत सारे रिबन पड़े थे।

'यहीं! यही पर तुमने देखा...'

'नहीं मेरा पेड़ तो काट दिया गया।'

'फिर यह क्या था?'

'यह एक ऐसी जगह है, जहाँ ज़रूर कुछ ख़ास होता होगा।'

वह घोड़े से उतरा, उसने अपना बोरा खोला, एक चाकू बाहर निकाला और अपनी कमीज की बाँह से एक पट्टी काटी और उसको उस झाड़ी की एक शाखा से बाँध दिया। उसकी आँखों की रंगत बदलने लगी; उसको शायद अपने पीछे किसी की मौजूदगी महसूस हो रही थी, लेकिन मैंने नहीं पूछा।

मैंने भी वही किया जो उसने किया। मैंने रक्षा और मदद की गुहार लगाई। मुझे भी अपने पीछे किसी की मौजूदगी महसूस हुई : मेरा सपना, उस औरत के पास वापसी की लम्बी यात्रा जिसको मैंने प्यार किया था।

हम फिर से घोड़े पर सवार हो गए। ना तो उसने बताया कि उसने क्या मन्नत माँगी थी और ना ही मैंने। पाँच मिनट के बाद हम लोगों को एक छोटा-सा गाँव दिखाई दिया, जिसमें सफ़ेद घर बने थे। एक आदमी हमारा इंतज़ार कर रहा था; वह मिख़ाइल के पास आया और रूसी भाषा में उससे कुछ बात करने लगा। दोनों ने कुछ देर बातचीत की और फिर वह आदमी चला गया।

'वह क्या चाहता था?'

'वह चाहता था कि मैं उसके घर उसकी बेटी का इलाज कर दूँ। ज़रूर नीना ने बताया होगा कि आज मैं वापस आ रहा था, और पुराने लोगों को अब भी यह याद है कि मुझे कुछ दिखाई देता था, कुछ अनुभव होता था।'

ऐसा लग रहा था, जैसे उसको कुछ समझ नहीं आ रहा हो; इस समय सब काम में लगे होंगे, या शायद खाना खा रहे हों। हम मेन रोड को पार कर रहे थे, जो लग रहा था कि उस सफ़ेद घर की तरफ़ जा रही थी, जो बगीचे से घिरा हुआ था।

'आज सुबह मैंने तुमको जो बात कही थी उसको याद रखना मिख़ाइल। हो सकता है कि तुमको मिर्गी के दौरे आते रहे हों और जिसका इलाज नहीं हुआ हो और जिसकी वज़ह से इसके पीछे पूरी कहानी बन गई, लेकिन यह भी तो हो सकता है कि दुनिया में यही तुम्हारा मक़सद रहा हो : लोगों को यह सिखाना कि वे अपने निजी इतिहास को भूल जाएँ और और शुद्ध, दैवी ऊर्जा के रूप में प्यार को लेकर कुछ और खुले हो जाएँ।'

'मैं आपको समझ नहीं पाता हूँ। हम लोग जितने महीने से एक दूसरे को जानते हैं, आपने इस पल के अलावा कुछ और बात नहीं की - एस्तर को खोजने के अलावा। और अचानक, आज सुबह से आप सबसे अधिक मुझे लेकर परेशान हैं। दोस ने कल रात जो अनुष्ठान किया शायद यह उसी का असर हो।'

'हाँ, मुझे लग रहा है कि उसका कुछ न कुछ असर ज़रूर था।'

मैं जो कहना चाहता था : मैं बहुत डरा हुआ था। अगले कुछ मिनटों में जो होने वाला था, मैं उसके अलावा कुछ भी सोचना चाहता था। आज मैं इस धरती का सबसे उदार इंसान बन गया था, क्योंकि मैं अपने लक्ष्य के पास था और और जो होने वाला था, उसको लेकर डरा भी हुआ था। मैं लोगों की मदद करने की कोशिश कर रहा था, ईश्वर को यह दिखाना चाहता था कि मैं एक अच्छा इंसान था और मुझे उनकी दुआ चाहिए, क्योंकि मैंने अपने लक्ष्य के पास इतनी दूरी तय करके और इतनी परेशानी उठाकर आया था।

***

मिख़ाइल घोड़े से उतर गया और उसने मुझे भी वही करने के लिए कहा।

'मैं उस आदमी के घर जा रहा हूँ, जिसकी बेटी बीमार थी। जब तक तुम एस्तर से बात करना मैं तुम्हारे घोड़े का ध्यान रखूँगा।' उसने पेड़ों के बीच एक सफ़ेद इमारत की तरफ़ इशारा किया।

'वहाँ।'

मेरे लिए अपने आप पर क़ाबू रख पाना मुश्किल होता जा रहा था।

'वह करती क्या है?'

'मैंने बताया था तुमको वह कालीन बनाना सीख रही है, और बदले में वह फ्रेंच भाषा सिखाती है। वैसे देखने में कालीन बड़े साधारण लगते हैं, लेकिन उनको बनाना बहुत मुश्किल काम है - स्टेपीज़ की ही तरह। उसको बनाने के लिए जो डाई बनाई जाती है, वह जिन पौधों से बनाई जाती है उनको एकदम सही समय पर तोड़ना पड़ता है, नहीं तो रंग सही नहीं आता। फिर ऊन को गरम पानी में मिलाकर ज़मीन पर फैला दिया जाता है, और जब ऊन गीला ही होता है तो धागे बना लिए जाते हैं; और फिर कई दिन के बाद जब सूरज की गर्मी कम हो जाती है, तो बुनने का काम शुरू किया जाता है। अंतिम साज-सँभाल का काम बच्चे करते हैं। बड़ों के हाथ इतने बड़े होते हैं कि बारीक़ कढ़ाई का काम उन हाथों से नहीं हो पाता है।'

कहते कहते वह रुक गया।

'और यह कोई मज़ाक़ की बात नहीं है कि यह बच्चों का खेल है। यह परम्परा है, जो सम्मान की हक़दार है।'

'वह कैसी है?'

'मुझे नहीं पता। मैंने छह महीने से उससे कोई बात नहीं की है।'

'मिख़ाइल ये कालीन एक और संकेत है।'

'कालीन?'

'तुमको याद है, कल जब दोस ने मुझसे अपना नाम चुनने के लिए कहा था, मैंने तुम लोगों को एक योद्धा की कहानी सुनाई थी, जो अपनी प्रिय की तलाश में एक द्वीप पर लौटता है? उस द्वीप का नाम था - इथाका और उस औरत का नाम था - पेनेलोप। तुमको क्या लगता है कि युलिसिस के जाने के बाद पेनेलोप क्या कर रही होगी? बुनाई! वह अपने ससुर लिरटेस के लिए कफ़न बुनती रही, जिससे कि कोई उससे विवाह की बात नहीं करे। जब कफ़न सीने का काम हो जाएगा तभी वह शादी कर पाती। जब वह युलिसिस के वापस आने का इंतज़ार कर रही थी तो दिन भर में वह जितना काम करती थी, रात में उसको उधेड़ देती और अगले दिन फिर से सीना शुरू कर देती।'

'उससे शादी करने की ख़्वाहिश रखने वाले यह चाहते थे कि वह उनमें से किसी एक को चुन ले, लेकिन वह यह सपना देखती थी कि वह जिस आदमी को प्यार करती थी, वह लौट कर आएगा। जब वह इंतज़ार करते-करते थक गई, तो युलिसिस लौटकर आ गया।'

'बस गाँव का नाम इथाका नहीं है और एस्तर का नाम पेनेलोप नहीं है।'

मिख़ाइल को यह कहानी बिलकुल समझ में नहीं आई, और यह समझाने का मेरा मन नहीं हुआ कि यह महज एक उदाहरण था।

मैंने अपने घोड़े की रस्सी उसके हाथ में थमा दी और सौ मीटर की उस दूरी को पार करने लगा, जिसने मुझे उस औरत से अलग कर दिया था, जो मेरी पत्नी होती थी, जो ज़ाहिर हो गई और जो एक बार फिर से वह प्रिय बन गई थी, जिसके बारे में सभी पुरुष सपने देखते थे कि जब वे काम या युद्ध से लौट कर आएँ तो उसको पाएँ।

मैं गंदा लग रहा था। मेरे कपड़ों और मेरे चेहरे पर बालू जम गई थी, बदन पसीने से भीगा हुआ था, जबकि बहुत ठंड थी।

मुझे इस बात की चिंता थी कि मैं कैसा दिखाई दे रहा था, जो दुनिया की सबसे कृत्रिम चीज़ है, मानो मैं अपने इस इथाका में इतना लम्बा सफ़र करके यह दिखाने के लिए आया था कि मेरे कपड़े कैसे दिखाई देते थे। जब उस बाक़ी सौ मीटर की दूरी को मैं पार कर रहा था तो पूरी कोशिश से उन बातों को सोचने का प्रयास कर रहा था कि उसकी - या मेरी? गैर मौजूदगी में क्या-क्या ख़ास बातें हुई थीं।

मिलने पर मुझे क्या कहना चाहिए? इस बारे में मैंने कई बार सोचा था और कुछ इस तरह की पंक्तियाँ मेरे दिमाग़ में आईं : 'इस पल का इंतज़ार मैं लम्बे समय से कर रहा था' या 'अब मुझे समझ आ गया है कि मैं ग़लत था,' या 'मैं यहाँ तुमसे यह कहने के लिए आया हूँ कि मैं तुमसे प्यार करता हूँ,' या यह भी कि तुम इतनी सुंदर कभी नहीं लगी थी।'

मैंने यह तय किया कि 'हेलो' बोलूँगा। मानो वह कभी गई ही नहीं हो। मानो बस एक दिन ही बीता हो, ना कि दो साल, नौ महीने, ग्यारह दिन और ग्यारह घंटे। और उसको इस बात को समझने की ज़रूरत है कि मैं बहुत बदल चुका हूँ, क्योंकि मैंने भी उन जगहों की यात्रा की जहाँ-जहाँ से वह गुज़री, ऐसी जगहों से जिनके बारे में मुझे कुछ भी पता नहीं था या जिन जगहों में मेरी किसी तरह की कोई दिलचस्पी नहीं थी। मैंने पेरिस में भिखारियों, नौजवानों और बड़ी उमर के लोगों के पास भी ख़ून से सने कपड़े के टुकड़े देखे थे, और पेंटर, डॉक्टर और पर्सी के रेस्तराँ में बैठे नौजवानों के हाथों में भी देखे थे, जो यह दावा करते थे कि जिनको कुछ दिखाई देता था और आवाज़ें सुनाई देती थीं। जबकि मैं उसके क़दमों का अनुसरण कर रहा था, मुझे उस औरत को भी जानना था, जिससे मैंने शादी की थी और जिसको फिर से पाया था, अपने जीवन का मतलब भी, जिसमें बहुत बदलाव हुए थे और जो एक बार फिर से बदलने वाला था।

इतने साल से शादीशुदा होने के बावजूद मैं अपनी पत्नी को कभी जान नहीं पाया। मैंने वैसी एक 'प्रेम कहानी' बना ली थी जैसी कि मैंने फ़िल्मों में देखी थी, किताबों में पढ़ा था, पत्रिकाओं में पढ़ा था, टीवी पर देखा था। मेरी कहानी में प्रेम ऐसा था, जो तब तक बढ़ता गया, जब तक कि उसका अपना एक आकार-प्रकार नहीं हो गया, उसके बाद अब उसको जीवित बनाए रखने की बात थी, किसी पौधे की तरह, जिसमें समय समय पर पानी देते रहना होता था और उसके मृत पत्तों को हटाते रहना पड़ता था। 'प्रेम' हमेशा से कोमलता, सुरक्षा, सम्मान, चैन, सफलता के अर्थ में देखा जाता रहा है, प्रेम को मुस्कान में भी दिखाया जा सकता है, 'मैं तुमको प्यार करता हूँ' या 'तुम मेरे घर आए यह देखकर मुझे बहुत ख़ुशी हुई' जैसे वाक्यों के माध्यम से भी कहा जाता है।

लेकिन चीज़ें उससे कहीं अधिक पेचीदा थीं, जितनी कि मैं सोचता था। सड़क पार करते हुए मैं एस्तर के साथ पागलों की तरह प्यार में होता था, और जब तक मैं दूसरी तरफ़ पहुँचता तो मुझे लगने लगता कि मैं फँस गया हूँ और इस बात से दुखी होने लगता कि किसी के साथ मैं इस तरह से जुड़ गया हूँ, और मेरा मन फिर से रोमांच के लिए तड़पने लगता। और फिर मैं सोचता : 'मैं अब उसको प्यार नहीं करता।' और जब फिर पहले जैसी गहराई से प्यार उमड़ता तो मुझे इस बात का शक होता और मैं अपने आपसे कहने लगता : 'मुझे ज़रूर इसकी आदत पड़ गई है।'

शायद एस्तर को भी इसी तरह के ख़याल आते और व अपने आप से कहती : 'पागल मत बनो, हम ख़ुश हैं, हम अपना बाक़ी जीवन इसी तरह से बिता सकते हैं।' आख़िरकार, उसने भी वही कहानियाँ पढ़ रखी थीं, वही फ़िल्में देख रखी थीं, टीवी पर वही धारावाहिक देखे थे, जब किसी में भी यह नहीं कहा गया था कि प्रेम का मतलब सुखद अंत से अलग कुछ होता है तो इसके बारे में इतना क्या सोचना? अगर वह हर सुबह यह दोहराती कि वह अपनी ज़िंदगी से ख़ुश थी तो इसमें कोई शक नहीं कि वह इसमें खुद भी भरोसा करने लगती और अपने आसपास भी सबको इसका भरोसा करवा पाती।

लेकिन वह अलग तरह से सोचती थी और अलग तरह से बर्ताव करती थी। उसने मुझे दिखाने की कोशिश की, लेकिन मैं देख नहीं पाया। मुझे उसको इस बात को समझने के लिए खोना पड़ा कि जिन चीज़ों का

स्वाद वापस आया वह इतने मीठे शहद की तरह होगा, जो हम लोगों ने कभी नहीं चखा होगा। अब मैं वहाँ था, एक ठंडे, उनींदे से गाँव में सड़क पर चलता हुआ, एक बार फिर उसके कारण एक रास्ते पर चला जा रहा था। पहला और सबसे महत्त्वपूर्ण जिस धागे ने मुझे बाँध रखा था – 'सभी प्रेम कहानियाँ एक जैसी होती हैं' – वह उस दिन टूट गया, जिस दिन मुझे मोटर साइकिल से धक्का लग गया। अस्पताल में प्रेम ने मुझसे बात की : 'मैं सब कुछ और कुछ भी नहीं। मैं हवा की तरह हूँ, जो उन खिड़की और दरवाज़ों से अंदर नहीं जा सकता जो बंद हों।'

और मैंने प्यार से कहा : 'लेकिन मैं तुम्हारे लिए खुला हूँ।'

और प्यार ने मुझसे कहा : 'हवा वायु से बनी होती है। तुम्हारे घर के अंदर वायु तो है, लेकिन सब कुछ बंद है। फ़र्नीचर धूल से भर जाएँगे, सीलन से पेंटिंग ख़राब हो जाएगी और दीवारों पर दाग़ लग जाएँगे। तुम साँस लेते रहोगे, तुम मेरे एक छोटे से हिस्से के बारे में जान पाओगे, लेकिन मैं तुम्हारा हिस्सा नहीं हूँ, मैं सब कुछ हूँ, और तुमको इस बारे में कभी पता नहीं चल पाएगा।'

मैंने देखा कि फ़र्नीचर पर धूल जमी हुई थी, पेंटिंग सीलन से ख़राब हो रही थी, और मेरे पास इसके सिवा कोई चारा नहीं रह गया था कि खिड़की और दरवाज़ों को खोल दूँ। जब मैंने ऐसा किया तो हवा आई और सब कुछ उड़ाकर ले गई। मैं अपनी यादों को सँभाले रखना चाहता था, उसको बचाना चाहता था जिसके बारे में मुझे लगता था कि मैंने उसको बड़ी मेहनत से हासिल किया था, लेकिन सब कुछ ग़ायब हो चुका था और मैं स्टेपीज़ की तरह ख़ाली हो चुका था।

स्टेपीज़ की तरह से ख़ाली : मुझे अब समझ में आया कि एस्तर ने यहाँ आने के बारे में क्यों सोचा होगा। यह शायद इस वज़ह से क्योंकि सब कुछ ख़ाली था और हवा अपने साथ नई-नई चीज़ों को लेकर आई, नई आवाज़ों को, जिनको मैंने कभी नहीं सुना था, ऐसे लोग जिनके साथ मैंने कभी बात नहीं की थी। मैंने अपने पुराने जोश को पा लिया, क्योंकि मैंने अपने आपको अपने निजी इतिहास से मुक्त कर लिया था; मैंने *अकोमोदादोर* को ख़त्म कर दिया था और यह पाया था कि मैं एक ऐसा आदमी था जो दूसरों को आशीर्वाद दे पाने में समर्थ था, उसी तरह से जिस तरह से घास के मैदानों के बंजारे और जादूगर अपने मानने वालों को आशीर्वाद देते थे।

मैंने यह पाया कि मैं जितना सोचता था, उससे कहीं अधिक समर्थ और बेहतर था; उम्र केवल उनकी रफ़्तार को कम कर देती है, जिनमें कभी अपनी रफ़्तार से चल पाने का हौसला नहीं होता।

एक दिन एक औरत के कारण मैंने अपने सपने की खोज में एक लम्बी तीर्थयात्रा की थी। कई साल के बाद उसी औरत ने मुझे एक बार फिर से सफ़र पर निकाल दिया, इस बार उस आदमी की तलाश में जो इस दौरान खो चुका था।

अब मैं ज़रूरी चीज़ों को छोड़कर हर चीज़ के बारे में सोचता हूँ : मैं मन ही मन एक धुन गुनगुना रहा हूँ, सोच रहा हूँ कि यहाँ कोई कार क्यों नहीं खड़ी है, मेरा ध्यान इस बात पर जाता है कि मेरे जूते काट रहे हैं और मेरी कलाई घड़ी में अभी भी यूरोप का समय है।

और यह सब है एक औरत के कारण, मेरी पत्नी, मुझे राह दिखाने वाली और मेरी ज़िंदगी के प्यार के कारण, जो अब मुझसे कुछ क़दम की दूरी पर ही है; उस सच्चाई को अब कोई नहीं रोक सकता, जिसके लिए मैं इतना तड़प रहा था और जिसका सामना करने से मैं इतना डरा हुआ हूँ।

मैं घर के सामने की सीढ़ी पर बैठकर सिगरेट पीने लगा। मैं फ़्रांस वापस जाने के बारे में सोचने लगा। मैं अपनी मंज़िल तक पहुँच गया, अब आगे क्या जाना?

मैं उठ गया। मेरे पैर काँप रहे थे। बजाय वापस जाने के मैं अपने कपड़े और चेहरे से बालू को झाड़ने लगा, ताकि मैं दरवाज़े के हैंडल को पकड़ कर अंदर जा सकूँ।

वैसे तो मैं इस बात को समझ रहा था कि हो सकता है, उस औरत को मैंने सदा के लिए खो दिया हो, जिससे मैं प्यार करता हूँ, लेकिन आज मुझे ईश्वर ने जो भी इनायतें दी हैं मुझे उसका आनंद उठा लेना चाहिए। इनायतों को जमा करके नहीं रखा जा सकता। ऐसा कोई बैंक नहीं है, जहाँ इनको जमा करके रखा जाए और जब मन हो तब इनका इस्तेमाल किया जाए। अगर मैंने इन इनायतों का पूरी तरह से उपयोग नहीं किया तो कहीं इनको फिर से नहीं खो दूँ।

ईश्वर जानता है कि हम सभी ज़िंदगी के कलाकार हैं। एक दिन, वह हमें हथौड़ा देता है, जिससे हम मूर्ति बना सकें, दूसरे दिन वह हमें कूची और रंग देता है, जिससे कि हम चित्र बना सकें या काग़ज़ और कलम देता है कुछ लिखने के लिए। लेकिन आप हथौड़े से चित्र नहीं बना सकते, या रंग और कूची से मूर्ति नहीं बना सकते। इसलिए हो सकता है कि यह मुश्किल लगे मुझे आज की इनायत को स्वीकार कर लेना चाहिए, चाहे वे हमें बद्दुआ जैसी ही क्यों नहीं लगें, क्योंकि मैं पीड़ा में हूँ और यह एक अच्छा दिन है, सूरज चमक रहा है, और सड़क पर बच्चे जा रहे हैं। यही एक तरीक़ा है, जिसके माध्यम से मैं अपने दर्द को पीछे छोड़ अपनी ज़िंदगी को फिर से सँवार पाऊँगा।

***

कमरे में बहुत रोशनी थी। जब अंदर आकर मैं मुस्कराया तो उसने ऊपर देखा, और फिर *उधेड़ने का समय और सीने का समय* किताब सामने फ़र्श पर बैठी औरतों और बच्चों को पढ़कर सुनाने लगी, चारों तरफ़ रंगीन कपड़े फैले थे। जब एस्तर रुक जाती तो वे अपने अपने काम पर ध्यान लगाते हुए सब दोहराने लगती।

मुझे गले में भारीपन-सा महसूस हुआ, मैं संघर्ष करने लगा कि मेरी रुलाई नहीं फूटे, और फिर मुझे कुछ भी महसूस नहीं हुआ। मैं खड़े होकर

वह सब देखे जा रहा था, उसके होंठों से अपने लिखे शब्द निकलते हुए देखता रहा, रंगों और रोशनी से घिरा हुआ और उन लोगों से जिनका ध्यान पूरी तरह से अपने काम पर एकाग्र था।

***

एक ईरानी फक़ीर के अल्फाज हैं : प्रेम एक ऐसी बीमारी है, जिससे कोई भी ठीक नहीं होना चाहता। जिनको यह रोग हो जाता है, वे कभी ठीक होना नहीं चाहते, और जो इसकी पीड़ा को सहते हैं, वे कभी नहीं चाहते कि उनका कोई उपचार हो।

एस्तर ने किताब बंद कर दी। औरतें और बच्चे सिर उठाकर मुझे देखने लगे।

'मैं अपने इस दोस्त के साथ टहलने जा रही हूँ जो अभी आए हैं,' उसने वहाँ बैठे लोगों से कहा। 'आज की क्लास ख़त्म हो गई।'

बच्चे और औरतें हँसने लगीं और और सिर हिलाकर हामी भरी। वह मेरे पास आई और मेरे गाल चूम लिए, बाँहों में बाँहें डाले हम बाहर निकल गए।

***

'हेलो,' मैंने कहा।

'मैं तुम्हारा इंतज़ार कर रही थी,' वह बोली।

मैंने उसको गले से लगा लिया, अपना सिर उसके कंधे पर रख दिया, और रोने लगा। वह मेरे बाल सहलाने लगी, और जिस तरह से उसने मुझे छुआ उससे मैं वह समझने लगा जो मैं समझना नहीं चाहता था, मैं वह स्वीकार करने लगा जो मैं स्वीकार नहीं करना चाह रहा था।

'मैंने अलग-अलग तरह से तुम्हारा इंतज़ार किया,' जब उसने देखा कि मेरे आँसू थम रहे थे तब वह बोली। 'किसी हताश पत्नी की तरह, जिसको यह पता होता है कि उसका पति उसके जीवन को कभी नहीं समझ पाएगा, और वह उसके पास कभी वापस नहीं लौटेगा, इसलिए उसके पास इसके सिवा कोई चारा नहीं है कि वह हवाई जहाज में बैठकर वापस चली जाए,

और जब अगली बात कोई बात हो तो फिर से उसको छोड़ दे, फिर वापस जाए, फिर छोड़ दे, फिर वापस...'

हवा मंद पड़ गई थी; वह जो कह रही थी पेड़ कि सुनाई दे रहा था।

'मैं उसी तरह से इंतज़ार कर रही थी, जिस तरह से पेनेलोप युलिसिस का इंतज़ार कर रही थी, जिस तरह रोमियो जूलियट का इंतज़ार कर रहा था, बित्राइस दाँते का इंतज़ार कर रही थी। इन ख़ाली स्टेपीज़ में तुम्हारी यादें भरी हुई हैं, उस समय की यादें जब हम साथ-साथ थे, उन देशों की यादें जहाँ हम साथ-साथ गए थे, अपनी ख़ुशियों और झगड़ों की। उसके बाद मैंने पीछे मुड़कर जब अपने क़दमों के निशान देखे तो मुझे तुम दिखाई नहीं दिए।'

'मुझे बहुत तकलीफ़ हुई। मुझे यह बात समझ आ गई कि मैं ऐसे रास्ते पर निकल चुकी थी, जहाँ से वापसी संभव नहीं थी और कोई वापस जाने की कोशिश भी करता है तो वह आगे ही जाता है। मैं उस बंजारे के पास गई जिससे मैं पहले मिली थी और मैंने उससे कहा कि वह मुझे अपने निजी इतिहास को भूलना सिखा दें, जिससे कि मैं उस प्रेम को महसूस कर सकूँ जो सभी जगह है। उसके साथ मैंने तेंगरी परम्परा के बारे में सीखना शुरू कर दिया। एक दिन, मैंने एक तरफ़ देखा और पाया कि वही प्रेम किसी और की आँखों में दिखाई दे रहा था, एक पेंटर की आँखों में, जिसका नाम दोस है।'

मैंने कुछ नहीं कहा।

'उस समय भी मेरे अंदर घाव बाक़ी था। मुझे यक़ीन नहीं हुआ कि एक बार और प्रेम कर पाना संभव है। उसने अधिक कुछ नहीं कहा; उसने मुझे रूसी भाषा बोलना सिखाया और मुझे बताया कि स्टेपीज़ में लोग आकाश को तब भी "नीला" कहते हैं जब उसका रंग मटमैला होता है, क्योंकि उनको यह पता होता है कि बादलों के ऊपर आकाश हमेशा ही नीला होता है। उसने मेरा हाथ पकड़कर उन बादलों से होकर गुज़रना सिखाया। उसने मुझे उससे नहीं, बल्कि अपने आप से प्यार करना सिखाया। उसने मुझे दिखाया कि मेरा दिल अपनी और ईश्वर के लिए था, ना कि किसी और के लिए। उसने कहा कि मेरा अतीत मेरे साथ-साथ हमेशा चलता रहेगा, लेकिन जितना ही मैं अपने आपको जितना ही तथ्यों से आज़ाद करके भावनाओं के ऊपर ध्यान लगाऊँगी, उतना ही मुझे यह बात समझ आएगी हमारे वर्तमान में स्टेपीज़ की जगह ख़ाली होती है, जिसको और अधिक प्रेम और जीवन की ख़ुशी से भरा जा सकता है।

आख़िर में, उसने मुझे यह बताया कि पीड़ा इसलिए होती है, क्योंकि हम दूसरे लोगों से यह अपेक्षा करते हैं कि वे हमें इस तरह से प्यार करें जिस तरह से हमने कल्पना की होती है कि कोई हमें प्यार करे, ना कि उस तरह से जिस तरह से प्यार को दिखाई देना चाहिए - आज़ाद और बेरोक, अपनी शक्ति से हमें दिशा दिखाने वाला और हमें आगे ले जाने वाला।'

मैंने उसकी तरफ़ देखा।

'और क्या तुम उसको प्यार करती हो?'

'मैंने किया था।'

'क्या तुम अभी भी उससे प्यार करती हो?'

'तुमको क्या लगता है? अगर मैं किसी और आदमी से प्यार कर रही होती और मुझे यह पता होता कि तुम आने वाले हो तो तुमको क्या लगता है कि मैं यहाँ होती?'

'नहीं, मुझे नहीं लगता है। मुझे लगता है कि तुम सुबह से दरवाज़ा खोलने का इंतज़ार कर रही थीं।'

'फिर ऐसे बेवकूफी के सवाल क्यों पूछना?'

शायद असुरक्षा के कारण, मैंने सोचा। लेकिन यह बहुत अच्छी बात थी कि उसने फिर से प्रेम को खोजने की कोशिश की।

'मैं पेट से हूँ।' एक पल को तो ऐसे लगा, जैसे मेरी दुनिया उजड़ गई हो।

'दोस का बच्चा है?'

'नहीं। किसी और का है जो कुछ दिन रहा और फिर चला गया।'

मैं हँसने लगा, जबकि मेरा दिल रो रहा था।

'वैसे मुझे यह लगता है कि इस एक घोड़े वाले शहर में करने के लिए कुछ ख़ास नहीं है,' मैंने कहा।

'एक घोड़े वाला शहर भी मुश्किल से है,' जवाब देते हुए वह भी हँस पड़ी।

'लेकिन अब शायद समय हो गया है कि तुमको पेरिस में वापस आ जाना चाहिए। तुम्हारे अख़बार से मुझे फ़ोन आया था कि क्या मैं यह बता सकता था कि तुमको कहाँ ढूँढ़ा जा सकता है। वे चाहते थे कि तुम

अफ़गानिस्तान में नाटो की गतिविधियों पर रिपोर्टिंग करो, लेकिन तुमको ना कहना होगा।'

'क्यों?'

'क्योंकि तुम गर्भवती हो! तुम यह तो नहीं ही चाहोगी कि तुम्हारे बच्चे का सामना युद्ध की नकारात्मक ऊर्जा से हो।'

'बच्चा? तुमको ऐसा नहीं लगता कि बच्चे के कारण मेरा काम बंद हो जाएगा? वैसे भी तुमको क्यों परेशानी हो रही है? इसमें तुमने तो कुछ भी नहीं किया है।'

'मैंने कुछ नहीं किया? मेरी वज़ह से तुम यहाँ आई। क्या इस बात का कोई मतलब नहीं है?'

उसने अपने सफ़ेद ड्रेस की जेब से ख़ून सने कपड़े का एक टुकड़ा निकाला और मुझे दे दिया, उसकी आँखों में आँसू थे।

'यह तुम्हारे लिए है। मुझे तुम्हारे साथ होने वाली बहसों की याद आ रही है।'

और फिर थोड़ा रुकते हुए उसने आगे कहा : 'मिख़ाइल से कहो कि एक और घोड़ा लेकर आए।'

मैंने उसके कंधे पर अपना हाथ रख दिया और उसको उसी तरह से दुआ दी जिस तरह से मुझे दी गई थी।

लेखक की बात

मैं ने 2004 में जनवरी से जून के बीच *ज़ाहिर* लिखा था, जब मैं इस दुनिया में अपनी तीर्थयात्रा कर रहा था। इस किताब के कुछ हिस्से फ़्रांस के पेरिस और सेंट मार्टिन में, स्पेन के मैड्रिड और बार्सिलोना में, बेल्जियम के रास्ते में एम्सटर्डम में, अल्माती में और कज़ाकिस्तान के स्टेपीज़ में लिखे गए।

फ़ेवर बैंक के बारे में मैंने पहली बार टॉम वुल्फ़ की किताब *'द बोनफ़ायर ऑफ़ द वेनिटीज'* में पढ़ा था। एस्तर ने किताब में फ़्रिट्ज़ और हैन्स की जो कहानी सुनाई है, वह डेनियल क्विन की किताब *इस्मायल* की एक कहानी पर आधारित है। मैरी ने चौकस रहने को लेकर जो सूफ़ियाना उद्धरण उद्धृत किया है, वह केनान रिफ़ाइ का है। पेरिस में 'ट्राइब' के मानने वाले क्या कहते हैं, उनके बारे में मुझे अधिकतर उन नौजवानों ने बताया जो इस तरह के समूह का हिस्सा थे। उनमें से कुछ लोगों ने इंटरनेट पर अपने विचार लिखे थे, लेकिन उनका लेखक कौन है, यह बता पाना असंभव है।

कहानी के मुख्य किरदार ने जो पंक्तियाँ बचपन में सीखी थीं और जो उसको तब याद आती हैं, जब वह अस्पताल में होता है ('जब कोई अनचाहा मेहमान आता है...') वे ब्राजील के कवि मैनुअल बांडेरा की कविता 'कोंसोआदा' से ली गई है। आगे के अध्याय में मैरी की कुछ टिप्पणियाँ स्वीडिश अभिनेत्री एगनेता सोदिन के साथ बातचीत पर आधारित हैं, जो उस समय की गई हैं, जब कहानी का मुख्य किरदार अमेरिकी अभिनेता से मिलने के लिए स्टेशन जाता है। अपने निजी इतिहास को भूलने वाला, जो सिद्धांत है, वह दीक्षा संस्कार संबंधी अनेक परम्पराओं का हिस्सा रहा है, उसके बारे में कार्लोस कास्तानेदा की किताब *जर्नी टू इस्तलान* में बताया

गया है। लॉ ऑफ़ जांते के बारे में डेनिश लेखक ऐकसेल सैंडेमोस ने अपने उपन्यास *'ए फ़्यूजिटिव क्रॉसिंग हिज ट्रैक्स'* में लिखा है।

दो लोग ऐसे हैं, जिन्होंने मेरे दोस्त होकर मुझे बहुत इ़ज़्ज़त बख़्शी है, वे हैं दिमित्री वोसकोबोयनिकोव और एवजेनिया दोत्सक, जिन्होंने मेरी कज़ाकिस्तान की यात्रा सम्भव बनाई।

अल्माती में मेरी मुलाक़ात इमांगलि तसमागम्बेतोव से हुई, जिन्होंने *सेंटौर्स ऑफ़ द ग्रेट स्टेपी* किताब लिखी है और जो कज़ाक संस्कृति के विशेषज्ञ हैं, उन्होंने कज़ाक के राजनीतिक और सांस्कृतिक हालात के बारे में बहुत ज़रूरी जानकारी दी। मैं देश के राष्ट्रपति नूरसुल्तान नजरबीव का भी शुक्रगुज़ार हूँ कि जिन्होंने मेरा ऐसा स्वागात किया, और मैं इस मौक़े का लाभ उठाते हुए उनको इस बात के लिए बधाई देना चाहता हूँ कि उन्होंने अपने देश में परमाणु परीक्षण पर रोक लगाई, जबकि उस देश में उसके लिए सभी ज़रूरी तकनीक मौजूद है, और इसके लिए भी कि उन्होंने यह फ़ैसला किया कि कज़ाकिस्तान के समस्त परमाणु जख़ीरे को वे नष्ट कर देंगे।

अंत में, स्टेपी में मुझे जो जादुई अनुभव हुए वे मेरे तीन सहयात्रियों के कारण हुए जो बड़े धीरज के साथ मेरे साथ बने रहे : केसर अलिमकुलोव, दोस (दोस्बोल केजीमोव), जो बहुत प्रतिभाशाली चित्रकार हैं, और किताब में मैंने एक किरदार उनके नाम का बनाया है, जो किताब के अंतिम हिस्से में आता है, और मेरी निमिरोवस्काया का, जो शुरू में मेरी दुभाषिया थी और जल्द ही मेरी दोस्त बन गई।

पाउलो कोएल्हो और ज़ाहिर के बारे में और बातें

पाओलो कोएलो के साथ बातचीत

***ज़ाहिर* का मुख्य आइडिया क्या है?**

यह कि संयोग घटित होते हैं, और यह कि हम इसके लिए हमेशा तैयार नहीं होते हैं। जब हमारे जीवन में सब कुछ लगने लगता है कि व्यवस्थित ढंग से चल रहा है, वही सबसे ख़तरनाक बिंदु होता है, क्योंकि हम जिसको "व्यवस्थित होना" कहते हैं, वह बस हमको सुनाई गई एक कहानी भर है, लेकिन यह कहानी लम्बे समय तक टिकने वाली नहीं है। मैं ऐसी कहानी तलाश करने की कोशिश करता हूँ, जो हमें सुनाई नहीं गई, मसलन उपन्यास के मुख्य किरदार को लीजिए, जो एक सफल लेखक है, जब उसकी पत्नी अचानक उसको छोड़ कर चली जाती है, तो वह मजबूर होकर अपनी ज़िंदगी का नए सिरे से मूल्यांकन करता है। हालाँकि आगे की दिशा में क़दम बढ़ाकर नए मौक़ों की तलाश करने के बजाय, वह इस सवाल से जैसे आसक्त हो जाता है : "मेरी पत्नी ने मुझे क्यों छोड़ा?" और यह ज़ाहिर में बदल जाता है।

ज़ाहिर क्या है?

होर्खे लुई बोर्गीस के अनुसार ज़ाहिर का विचार इस्लाम की परम्परा से आया है और शायद 18वीं सदी में पैदा हुआ। अरबी भाषा में "ज़ाहिर" का मतलब होता है, "जो दिखाई दे," "मौजूद," "जो अलक्षित रह पाने में असमर्थ होता है।" यह कोई वस्तु हो सकती है, कोई इंसान हो सकता है, और वह वस्तु या इंसान धीरे-धीरे हर विचार पर हावी हो जाता है, जब तक कि हम कुछ और सोचने में असमर्थ नहीं हो जाते। इसको या तो पावनता की अवस्था कहा जा सकता है या पागलपन की अवस्था।

आपके विचार में ज़ाहिर इंसान के रूप में हमारे सार्वभौम अनुभव का हिस्सा होता है?

ज़ाहिर कोई इंसान हो सकता है, कोई काम, या कोई मक़सद, लेकिन इसको पाने या हासिल करने की कोशिश हमें कभी ख़ुशी नहीं देती है; बल्कि यह एक रोग बन जाता है। दुर्भाग्य से इस तरह के अनुभव से सभी गुज़रते हैं।

क्या किसी आदमी के पूरे जीवन काल में एक से अधिक ज़ाहिर हो सकता है?

ज़ाहिर एक तरह से हताशा की प्रतिक्रिया में उपजता है; इसलिए इसका उत्तर हाँ है।

क्या कोई ज़ाहिर हमें लक्ष्य की दिशा दिखा सकता है, या यह महज ख़्वाहिश की चीज़ है?

यह एक चीज़ है कि अपने सपनों का पीछा किया जाए और उन संकेतों में विश्वास किया जाए, जो हमें हमारे रास्ते में दिशा दिखाता है। फिर हमारे सामने एक लक्ष्य होगा, लेकिन हमें सफ़र का मज़ा भी आता है। ज़ाहिर के साथ हमें हर क़दम पर आनंद की वही भावना, केवल एक ज़िद्दी ख़्वाहिश कि उसको हासिल करना है, हम जिसमें यक़ीन करते हैं, और जो हमारे जीने के लिए ज़रूरी है।

ज़ाहिर किस हद तक आत्मकथात्मक है? इस कहानी में आप कितने हैं?

यह किताब एक इंसान और लेखक के रूप में मेरे बहुत सारे अपने अनुभवों पर आधारित है। हर किताब में कुछ न कुछ आत्मकथात्मक होता ही है, क्योंकि हम यही कर सकते हैं कि अपने अनुभवों को रूपांतरित कर सकते हैं। हालाँकि मैं अभी भी अपनी पत्नी के साथ शादीशुदा हूँ, जो एक कलाकार है, और यह किताब उसी को समर्पित भी है।

इस किताब में एक सफल लेखक की पत्नी का अपना सफल करियर है, वह खुद जानी-मानी और सफल है, फिर भी वह अपने पति को छोड़ देती है, क्यों?

इंसान के लिए एक बड़ा फंदा होता है – "ख़ुशी की तलाश।" लेखक की पत्नी एस्तर वैसे तो हर लिहाज से सफल है, लेकिन वह ख़ुश नहीं है। इसलिए वह बजाय ऐसा काम करने के जो ज़्यादातर लोग करते हैं, अपनी भावनाओं को नजरअंदाज़ करने और अपने आपको काम में इतना व्यस्त रखने कि जीवन के अर्थ के बारे में उसको सोचने का मौक़ा ही नहीं मिले, वह "ख़ुशी" की तलाश में निकलने का फ़ैसला करती है।

और तब वह युद्ध संवाददाता बनने का फ़ैसला करती है?

बिलकुल। युद्ध एक ऐसा अनुभव है, जो लोगों की अंतिम सीमा तक परीक्षा लेता है और यह बता देता है कि उसके अंदर क्या अच्छा और क्या बुरा है। अफ़सोस की बात है कि हम दुनिया भर में चलने वाले संघर्षों में रोज़-रोज़ देखते हैं।

युद्ध को सराहने के लिए किसी के लिए युद्ध में शामिल होना ज़रूरी होता है क्या?

नहीं। युद्ध टेलिविज़न के माध्यम से रोज़ हमारे घरों में आता है, लेकिन यह कहने की बात नहीं है कि हम अपने जीवन का अर्थ कुछ बेहतर समझ पाते हैं। सच्चाई यह है कि हम लोगों ने कुछ मूल्य विकसित किए हैं (पैसे, सत्ता, सौंदर्यबोध) जो हमारा पूरा समर्पण माँगता है और जो हमारे जीवन और और संघर्ष के औचित्य को सिद्ध करता है, लेकिन असल में वे हमें ठहरकर अपने आप से यह पूछने से रोकते हैं : 'क्या मैं ख़ुश हूँ?' और अपने आप से यह पूछना कि हम जो काम कर रहे हैं, उस काम से ख़ुश हैं और उस आदमी के साथ ख़ुश हैं, जिसके साथ हम अपनी ज़िंदगी को साझा करते हैं और यह हमें हमारे भाग्य को समझने में मदद करता है। लेकिन इसके लिए बहुत हिम्मत चाहिए। इस उपन्यास में जो पति-पत्नी हैं, उनके बीच का रिश्ता बहुत अच्छा है, बहुत खुला रिश्ता है, पत्नी फिर भी पति को छोड़ देती है। मैंने विवाह की संस्था की सच्ची प्रकृति का इंसान के रूप में अपने अनुभवों के आधार पर विश्लेषण का प्रयास किया है।

आपके इस उपन्यास में एक प्रमुख किरदार कज़ाकिस्तान से क्यों आया है?

उस देश के प्राचीन तेंगरी परम्परा के कारण, एक ऐसी परम्परा जिसमें हमें

सिखाने के लिए अभी भी बहुत कुछ है। यह बिना किसी औपचारिक धर्म के आध्यात्मिकता है। इस परम्परा में मूल रूप से रोज़मर्रा जीवन के चमत्कारों का जश्न मनाया जाता है - यह उस इलाक़े में रहने वाले बंजारों तथा अन्य तरह के लोगों अधिक स्थापित धर्मों के प्रभाव से बचने का ज़रिया देता है। हाल में, मैं जब स्पेन गया तो मैं एक मास में गया, जब पादरी के उपदेश देने का वक्त आया तो मैं चर्च से बाहर निकलकर अपने आसपास के प्राकृतिक नज़ारे देखने लगा। वहाँ लाउडस्पीकर से पादरी का उपदेश सुनाई दे रहा था, और वह गॉस्पल की जो व्याख्या कर रहा था, वह मुझे इसलिए समझ में आ रही थी, क्योंकि मैं वहाँ था नहीं, नीचे दुनिया को देख रहा था, जो अपने आपमें इस चमत्कार का प्रतीक था कि हम जीवित हैं।

आप किताब कैसे लिखते हैं?

मैं अपने अवचेतन में डूब जाता हूँ। मेरे अंदर से जो सवाल उठते हैं, मैं उसकी दिशा में चलता हूँ, जिसका मेरे दिमाग़ के पास कोई जवाब नहीं होता है। मैं लिखने के क्रम में अपने जवाब तलाश लेता हूँ।

आपने जो उपन्यास लिखे हैं, उनमें से कौन-सा उपन्यास है, जिसको आप *ज़ाहिर* के सबसे क़रीब रख सकते हैं?

हर किताब अलग है और मेरी रूह की किसी ख़ास अवस्था का उसमें अनुभव लिखा गया है। मेरी किताबों की जो सबसे बड़ी विशेषता है, वह यह है कि इसकी शैली सीधी है, उसमें कुछ भी कृत्रिम नहीं है।

आपके प्रिय लेखक कौन हैं?

विलियम ब्लेक, हेनरी मिलर, होर्खे लुई बोर्गीस, होर्खे अमादो।

दुनिया में सबसे अधिक बिकने वाले लेखक के रूप में आपके अनुभवों ने किस तरह से साहित्य के प्रति आपके दृष्टिकोण को बदल दिया है?

जब मैं सफ़र में होता हूँ, तो पाठकों के ई-मेल पढ़ता हूँ, व्याख्यान देता हूँ, इससे मुझे यह बात समझ आई कि आज लोगों के लिए किताबों का वही महत्त्व हो गया है, जो मेरी पीढ़ी में संगीत का था।

क्या आपको लगता है कि पश्चिम में इस दौर में जिस तरह लोग मशहूर हस्तियों के पीछे पागल हैं, वैसे में किसी बुद्धिजीवी के लिए अभी भी जगह बची है?

मुझे लगता है कि एक बुद्धिजीवी भी मशहूर हस्ती हो सकता है, और वह इससे सम्मानपूर्वक और रचनात्मक तरीक़े से निपट सकता है, अपनी प्रसिद्धि का प्रयोग दुनिया को बेहतर जगह बनाने की कोशिश करते हुए। पीटर गाब्रियाल और बोनो इसके दो उदाहरण हैं।

क्या यह संभव है कि साहित्य के माध्यम से लोकप्रिय कल्चर और अकादमिक कल्चर के बीच समन्वय स्थापित किया जा सके?

जो आज लोकप्रिय कल्चर है, वह कल अकादमिक कल्चर हो जाएगा।

पाओलो कोएलो की जीवनी

पाओलो कोएलो का जन्म ब्राज़ील के रिओ डि जेनेरो शहर में 1947 में हुआ था। उन्हें हमारे समय के सबसे प्रभावशाली लेखकों में गिना जाता है। उनकी किताबों की 32 करोड़ से अधिक प्रतियाँ दुनिया के 170 देशों में बिक चुकी हैं और 88 भाषाओं में उनका अनुवाद भी हो चुका है।

उनमें प्रारंभ से ही लेखन का अद्भुत कौशल था और इसे पहचानते हुए उन्होंने *द ॲल्केमिस्ट* प्रकाशित की, जो *न्यू यॉर्क टाइम्स* की बेस्टसेलर सूची में लगातार 427 सप्ताह तक रहने के कारण अंतरराष्ट्रीय बेस्टसेलिंग की एक अद्भुत घटना बन गई है।

उन्हें अनेक प्रतिष्ठित अंतरराष्ट्रीय पुरस्कारों से सम्मानित किया जा चुका है। इनमें हैंस क्रिश्चियन एंडरसन अवॉर्ड, ग्रिनज़ेन कैवोर बुक अवॉर्ड और शेवालिए द लॉद्र नैसियोनाल द ला लेज़ियों दोनेर विशेष रूप से उल्लेखनीय हैं। वे 2002 से ब्राज़ीलियन अकेडमी ऑफ़ लेटर्स के सदस्य हैं और 2007 से यूनाइटेड नेशन्स के शांतिदूत के तौर पर काम कर रहे हैं। 2003 में उनका नाम गिनीज़ बुक ऑफ़ वर्ल्ड रिकॉर्ड्स में शामिल किया गया था, जब उन्होंने एक ही शीर्षक (द ॲल्केमिस्ट) के अनेक अनुवादों पर हस्ताक्षर किए थे। यह एक ही बार में किसी लेखक द्वारा सर्वाधिक हस्ताक्षर का रिकॉर्ड था। कुछ वर्षों बाद, 2009 में उन्होंने इसी किताब के लिए सबसे अधिक अनुवादित लेखक होने का नया गिनीज़ वर्ल्ड रिकॉर्ड स्थापित किया।